Ralf Oetinger

Benutzergerechte Software-Entwicklung

Springer-Verlag
Berlin Heidelberg New York
London Paris Tokyo

Dr. Ralf Oetinger
Knobelsdorffstraße 26, D-6600 Saarbrücken

ISBN-13:978-3-540-19135-3 e-ISBN-13:978-3-642-73572-1
DOI: 10.1007/978-3-642-73572-1

2142-3140-543210

Für A., I. und T.

Vorwort

Die starke Verbreitung von EDV-Anlagen in jüngster Zeit führt dazu, daß auch solche Personen mit Rechnern konfrontiert werden, die über keine nennenswerte EDV-Erfahrung verfügen. Um unter diesem Gesichtspunkt eine Software-Investition abzusichern, gilt es nicht nur die Einhaltung funktionaler Anforderungen zu überprüfen, sondern auch in immer stärkerem Maße der Frage nachzugehen, ob der zukünftige Anwender das System akzeptiert und er auch effektiv mit ihm umgehen kann. Die Beantwortung dieser Frage läuft letztlich auf die Beurteilung der Oberfläche des Programms hinaus. In diesem Programmteil, der für den Anwender die Verbindung zum Rechner darstellt, wird sich der spätere Systembenutzer bewegen. Für ihn ist es entscheidend, wie benutzerfreundlich die Software ist, d.h. in der Sprache der Arbeitswissenschaft, wie belastungsarm er mit dem System arbeiten kann. Das bedeutet aber, daß Benutzerfreundlichkeit ein zunehmend wichtigeres Argument für die Kaufentscheidung eines Produktes und damit zu einem Wettbewerbsfaktor für die Software-Hersteller wird.

Da bei der Umsetzung dieser Forderung allerdings noch erhebliche Fehler gemacht werden, scheint es zweckmäßig, die Software-Entwicklung auf diesen Aspekt hin zu untersuchen.

Die vorliegende Arbeit beleuchtet die Software-Entwicklung aus arbeitswissenschaftlicher Sicht. Betrachtungsschwerpunkt bildet dabei Software für den Büro- und Verwaltungsbereich.

Die Arbeit ist als Soll-Ist-Vergleich konzipiert. Die Soll-Daten basieren auf Überlegungen zu den Anforderungen der Anwender an eine mögliche EDV-Unterstützung. Die Ist-Daten entstammen einer umfangreichen empirischen Befragung bei 67 Software-Unternehmen in der Bundesrepublik Deutschland zum Thema "Benutzerfreundlichkeit bei der Software-Entwicklung". In der Arbeit werden die bei der Untersuchung entdeckten Defizitbereiche aufgezeigt und dazu Lösungsvorschläge erarbeitet.

Die analysierten Defizitbereiche betreffen die Entwickler und ihre Arbeitsweise, die Software-Firmen in der Rolle der Bereitsteller der entsprechenden Software-Entwicklungsumgebungen sowie die Kunden der Software-Unternehmen.

Als Ansatzpunkte für eine Verbesserung dieser Situation wird die Verwirklichung einer Reihe von Maßnahmen vorgeschlagen, zu denen z. B. gehören:

- Bereitstellung entsprechender Hardware und Systemsoftware
- Entwicklung benutzerfreundlicher Software-Entwicklungsumgebungen
- Behebung der bei den Software-Entwicklern festgestellten qualifikatorischen Defizite
- Auswahl geeigneter Einführungsstrategien auf Seiten der Anwender.

Die Verwirklichung der aufgezeigten Lösungsansätze kann im kurz- und mittelfristigen Bereich zu wesentlichen Verbesserungen sowohl bei den Software-Unternehmen als auch bei den Anwendern führen. Auf diese Weise läßt sich zumindest ein erster Schritt, weg von einer korrektiven und damit kurativen, hin zu einer stärker präventiv betonten Systemgestaltung nach software-ergonomischen Maßstäben unternehmen.

Die Arbeit wendet sich an alle Personen, die direkt oder indirekt von der Software-Entwicklung betroffen sind sowie an Angehörige von Hochschulen und Fachhochschulen, die sich zum Thema Benutzerfreundlichkeit von Software Kenntnisse aneignen wollen.

Die vorliegende Arbeit entstand während meiner Tätigkeit am Lehrstuhl für Industriebetriebslehre und Arbeitswissenschaft der Universität Kaiserslautern. Sie ist eine gekürzte Fassung der dort unter gleichem Titel angefertigten und vom Fachbereich Sozial- und Wirtschaftswissenschaften genehmigten Dissertation.
An dieser Stelle möchte ich meinem akademischen Lehrer Herrn Prof. Dr. Zink für die Betreuung der Arbeit danken. Mein Dank gilt weiterhin Herrn Prof. Dr. Müller-Merbach für die Übernahme des Korreferates sowie Herrn Prof. Dr. Billing. Ebenso möchte ich mich bei all denjenigen bedanken, die mich mit Rat und Tat bei der Anfertigung der Arbeit unterstützt haben. Insbesondere gilt mein Dank Frau Heidi Nürnberger, die große Teile der Arbeit geschrieben hat, Frau Johanna Brunion für das intensive Korrekturlesen und meinem Bruder Bernd Oetinger, der die Visualisierung vieler Abbildungen sowie des Fragebogens zur empirischen Untersuchung vorgenommen hat.

Saarbrücken, im Sommer 1987 Ralf Oetinger

Inhaltsverzeichnis

1. Problemstellung

Diese Arbeit basiert auf der Annahme, daß die Erstellung benutzerfreundlicher Software nicht nur von dem Maß des Wissens über den späteren Benutzer abhängt - wie dies insbesondere in kognitionspsychologischen Ansätzen vertreten wird -, sondern auch ganz speziell von der Qualifikation der Software-Designer determiniert wird. Dieser Personenkreis prägt, angefangen bei der Systemanalyse bis hin zur Programmerstellung, das Bild des Produkts nachhaltig. Obwohl man annehmen sollte, daß das Wissen über den Benutzer - z.B. über seine Aktivitäten, seine Handlungen und sein Verständnis bei der Interaktion mit dem EDV-System - größtenteils für die Gruppe der Designer geschaffen wird, zeigen doch einerseits die immer noch vorhandenen Software-Schwächen und andererseits die zwischen Hochschulen und Entwicklungshäusern bestehende - speziell in Fragen der Oberflächengestaltung von Software - geringe Kooperation, daß offensichtlich ein Defizitbereich existiert, der auch nicht alleine durch die Forderung nach verstärkter Zusammenarbeit zwischen Theorie und Praxis beseitigt werden kann./1/

Aufgrund dieser Hypothese geht es im Rahmen dieser Arbeit darum, zu ergründen, wie der Designprozeß aus arbeitswissenschaftlicher Sicht abläuft. D.h. im Mittelpunkt der Betrachtung stehen das Verhältnis zwischen Designer und Benutzer und die dieses Verhältnis determinierenden Variablen, wie z.B. die Ausbildung des Designers oder das Wissen über den späteren Benutzer bezüglich dessen Probleme und Ängste im Zusammenhang mit der Einführung und Anwendung der EDV. Hinzu kommen spezielle Aspekte des Designs, die für eine benutzerfreundliche Oberflächengestaltung - unabhängig vom Benutzertypus - von großer Bedeutung sein können, z.B. der Zeitpunkt des Oberflächenentwurfs oder die Normierung von Oberflächenteilen, die sich etwa in der Belegung von Funktionstasten niederschlagen könnte.

Um diese vermuteten Defizitbereiche aufzudecken, war es notwendig, die Arbeitsumgebung der maßgeblich an der Software-Erstellung beteiligten Personen (Software-Designer) - abgeleitet aus einer Befragung - darzustellen. Hierzu gehört eine Beschreibung der momentanen Software-Entwicklung sowie eine Beurteilung dieser Entwicklung hinsichtlich arbeitswissenschaftlicher Fragestellungen. Daneben wird das Wissen des Designers über den Benutzer und dessen Schwierigkeiten beim Umgang mit Software-Produkten analysiert.
Dieser Betrachtungsweise sind andererseits Überlegungen zur Benutzerseite, im wesentlichen repräsentiert durch Tätigkeitsinhalte und Arbeitsumgebung des Benutzers, entgegenzustellen. Hinzu kommen Überlegungen in bezug auf

Elemente der Software-Gestaltung, die teilweise eingesetzt werden, teilweise sich noch in der Entwicklung befinden.

Auf Basis dieser mehr theoretischen Erkenntnisse zur Erfassung von Soll-Größen, die aus arbeitswissenschaftlicher Sicht bei der Software-Entwicklung zu berücksichtigen sind, wird dann in einem Soll-Ist-Vergleich (Gegenüberstellung empirischer Daten als Ist-Größen mit diesen Soll-Größen) eine Defizitanalyse nach obiger Hypothese vorgenommen. Die Verbindung der Ergebnisse dieser beiden Analysen soll dann zur Formulierung von Maßnahmen beitragen, die zu Verbesserungen im Software-Entwicklungsprozeß für beide Seiten (Benutzer/Entwickler) geeignet sind.

Aufgrund der schon vorhandenen und zukünftig stark zunehmenden Verbreitung der EDV in Büro und Verwaltung wurde die Untersuchung ausschließlich auf Software-Gestaltungskriterien für diesen Bereich beschränkt.

Das Ziel der Untersuchung besteht darin, Vorschläge und Anregungen zu erarbeiten, mit deren Hilfe zukünftige Software-Oberflächen so entworfen werden können, daß sie in der Lage sind, den Problemlösungsprozeß des Benutzers sinnvoll zu unterstützen, und dadurch die Technik an den Menschen anzupassen.

2. Veränderungen der Rahmenbedingungen durch den Einsatz neuer Technologien (insbesondere EDV)

Der Begriff "Technologie" beinhaltet das Wissen um Verfahren, Methoden und Möglichkeiten der Anwendung bzw. Nutzung bestimmter Erkenntnisse einer Fachdisziplin./1/ Den Begriff "technologisch" kann man als Oberbegriff für technisch-organisatorisch-ökonomische Bedingungen verstehen./2/ D.h., durch technologische Entwicklungen werden z.B. auch organisatorische und ökonomische Bedingungen einer Unternehmung beeinflußt.
Die Auswirkungen technologischer Veränderungen vollziehen sich in allen gesellschaftlich relevanten Bereichen und tragen damit wesentlich zu einem Wandel der Lebenssituation bei. Unter den "neuen Technologien" werden zur Zeit u.a. Forschungen und Anwendungen im Bereich der Mikroelektronik subsumiert.

2.1 Relevanz der Computertechnologie für die Arbeitsplätze der Zukunft

Durch die Umsetzung technologischen Wissens, das sich u.a. in der Entwicklung von elektronischen Datenverarbeitungsanlagen zeigt, sind starke Veränderungen im gesamten wirtschaftlichen Bereich hervorgerufen worden. Obwohl diese Technologie erst seit Mitte der 40er Jahre unseres Jahrhunderts vorrangig zu militärischen Zwecken genutzt wurde, hat sie seit dieser Zeit unvergleichliche Entwicklungsschübe in allen industriellen Bereichen ausgelöst./3/ Diese Entwicklung führt beispielsweise dazu, daß verstärkt Beschäftigungsverlagerungen vom sekundären Bereich (Industrie) zum tertiären Bereich (Dienstleistungen) stattfinden und mit zunehmender Tendenz sich weiter vollziehen werden.

Vor einer analogen Situation befand man sich zu Beginn der industriellen Revolution Ende des 19. Jahrhunderts. Entsprechend dem damaligen Übergang in das Industriezeitalter spricht man heute vom Übergang in das Informationszeitalter - und damit einhergehend von einem gesellschaftlichen Wandel zur Dienstleistungsgesellschaft./4/ Diese Tendenz zeigt auch die Entwicklung der Zahl der jeweils in den traditionellen Sektoren (Land- und Forstwirtschaft, produzierender Bereich, sonstige Wirtschaftsbereiche - vor allem Dienstleistungen) beschäftigten Personen./5/

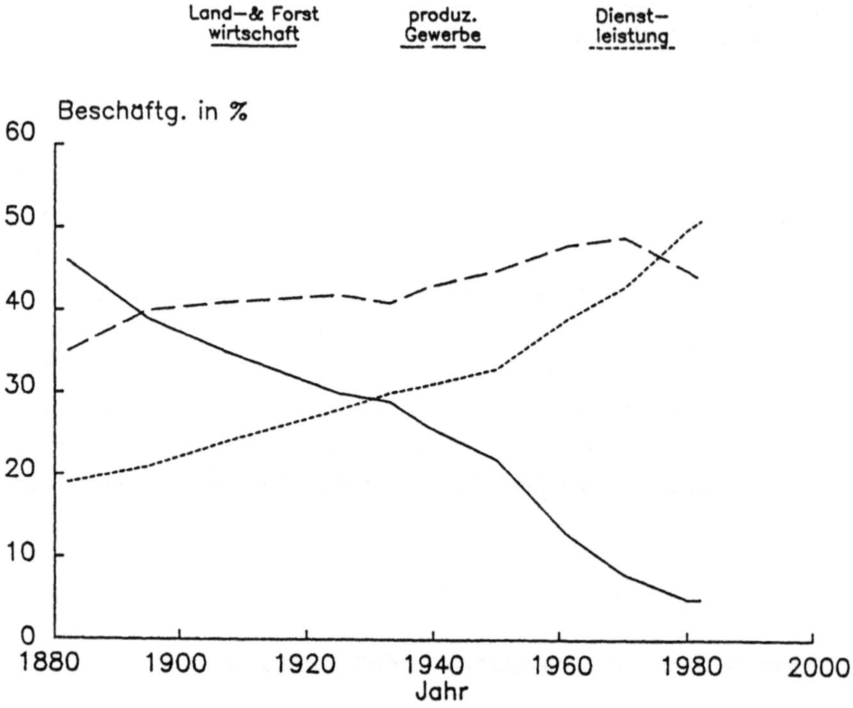

Abb. 1: Entwicklung der Erwerbstätigenzahlen innerhalb der einzelnen Produktionsbereiche in den letzten 100 Jahren /6/

Global läßt sich daraus ableiten, daß der Wechsel von kraftbetonten Tätigkeiten (die Domäne des Industriezeitalters) zu Kontroll- und Steuerungstätigkeiten (die Bereiche des Informationszeitalters) vollzogen wird./7/ Hauptwerkzeug zur Aufgabenerledigung im tertiären Bereich ist die elektronische Datenverarbeitungsanlage geworden. Die Verbreitung der EDV-Anlagen soll anhand zweier Prognosen belegt werden, die jeweils die Entwicklung für ein bedeutsames Marktsegment wiedergeben.

Die erste Abbildung (Abb. 2) zeigt die Entwicklung der Bürocomputer in der Bundesrepublik Deutschland prognostiziert von 1984 bis 1990./8/ Abbildung 3 zeigt den immer wichtiger werdenden Markt der Mikrocomputer, die kommerziell eingesetzt werden.

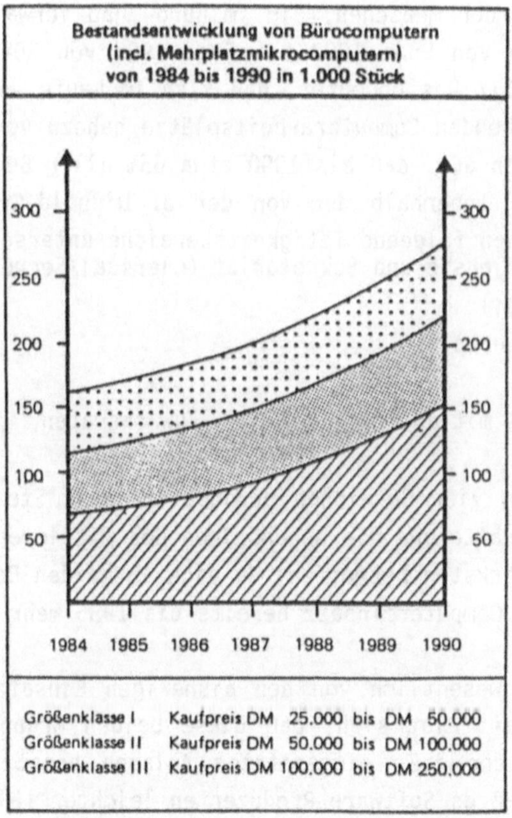

Abb. 2: Entwicklung des Bürocomputerbestandes in der Bundesrepublik Deutschland zwischen 1984 und 1990 /9/

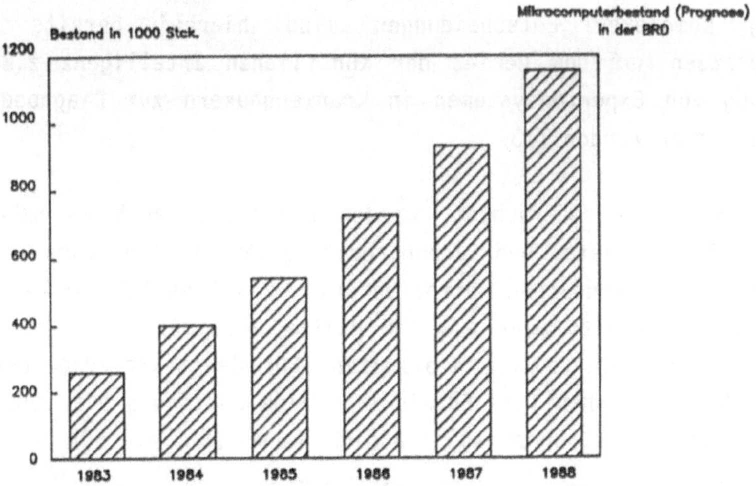

Abb. 3: Entwicklung des Mikrocomputerbestandes in der Bundesrepublik Deutschland zwischen 1983 und 1988 /10/

Nach einer Umfrage der J. Diebold-Group Inc. von 1983 unter 500 amerikanischen und kanadischen Unternehmen wurde schon zum damaligen Zeitpunkt prognostiziert, daß die Zahl der Menschen, die im Büro- und Verwaltungsbereich mit Computern arbeiten von Ende 1983 bis Ende 1985 von 30% auf 54% der Beschäftigten anwachse./11/ Das bedeutet, daß sich im Laufe von 2 Jahren die Zahl der schon bestehenden Computerarbeitsplätze nahezu verdoppelt. Andere Schätzungen gehen davon aus, daß bis 1990 etwa 65% aller Beschäftigten DV-Wissen benötigen./12/ Innerhalb der von der J. Diebold-Group Inc. durchgeführten Erhebung, wurden folgende Tätigkeitsbereiche untersucht:

- Bürounterstützung, Schreibdienste und Sekretariat (Clerical/Secretarial)
- Sachbearbeiter (Professional)
- mittleres Management (Managerial)
- Führungskräfte (Executive)

Dabei rechnete man allerdings mit unterschiedlichen Zuwachsraten.

Betrachtet man die in diesen vier Bereichen prognostizierten Steigerungsraten, so sind die Führungskräfte und die Angehörigen des mittleren Managements in naher Zukunft am stärksten betroffen, da sich in beiden Bereichen, dieser Prognose zufolge, der Computereinsatz bereits bis 1985 mehr als verdoppelt hat.
Diese Zahlen sind natürlich wesentlich von den bisherigen Einsatzgebieten der Rechner abhängig. Hierbei zeigt sich, daß diese beiden Gruppen einen relativ geringen Anteil an den z.Z. eingesetzten Anlagen besitzen. Dies kann damit zusammenhängen, daß es Software-Produzenten leichter fällt, solche Tätigkeiten, die ein hohes Maß an Routine enthalten, auf Computerprogramme zu übertragen, anstatt komplexe Entscheidungsprozesse und Entscheidungsabläufe auf einer Maschine nachzubilden. Erste Ansätze zur Abbildung komplexer Entscheidungen sind hierbei bereits von Forschungsansätzen auf dem Gebiet der Künstlichen Intelligenz z.B. mit der Einrichtung von Expertensystemen in Krankenhäusern zur Diagnoseunterstützung unternommen worden./13/

In absoluten Zahlen betrachtet, werden allerdings auch in naher Zukunft vorwiegend Sekretariats- und Sachbearbeitungstätigkeiten stark von der Ausweitung der EDV-Anwendungen betroffen sein. Bis Ende 1985 sollen, der Prognose zufolge, bereits mehr als die Hälfte aller Arbeitskräfte in diesen Tätigkeitsfeldern mit Computern arbeiten. Für den Sekretariatsbereich wird sogar auf Basis der heutigen Entwicklung eine Sättigung bis 1987 vorausgesagt, und damit eine nahezu vollständige Versorgung mit EDV-Arbeitsplätzen erwartet.

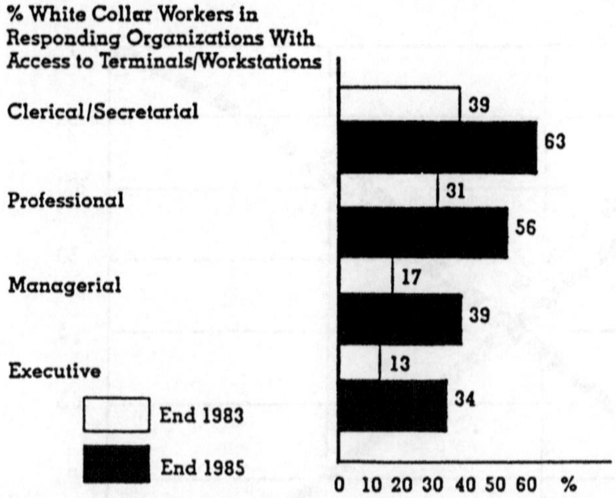

Abb. 4: Aufteilung der Computernutzer im Verwaltungsbereich in den Jahren 1983 bis 1985 /14/

Diese Entwicklung wird sich aller Voraussicht nach, ähnlich den Vereinigten Staaten, auch in Europa und anderen Industrieländern vollziehen.
Durch die starke Leistungssteigerung, z.B. durch die ständige Steigerung der Integrationsdichte elektronischer Bauteile auf der Hardwareseite und der gleichzeitigen Kostenreduzierung, ist eine Verbreitung solcher Rechenanlagen bis in Kleinbetriebe absehbar./15/
Als Beispiel dieser Entwicklung sei die Veränderung der Integrationsdichte elektronischer Bauteile (z.B. Speicherbausteine, Mikroprozessoren) im Vergleich zu den Baukosten je Transistorfunktion (Preis-Leistungsverhältnis) dargestellt (Abb.5).
Dieser Umstand - verbunden mit dem Anwachsen der Beschäftigtenzahlen im Dienstleistungsbereich - führt dazu, daß immer mehr Menschen mit immer weniger Rechnerkenntnissen sich bei der Erledigung ihrer täglichen Arbeit eines Computers bedienen müssen.

Diese Entwicklung ist mit erheblichen Konsequenzen sowohl für den späteren Computerbenutzer als auch für die Systeme selbst, insbesondere für die Software-Gestaltung und vor allem für die Programmoberflächengestaltung /17/ verbunden. Da die Software als Bindeglied zwischen Mensch und Problem fungiert, bestimmt sie im wesentlichen die zukünftigen Tätigkeiten bzw. Tätigkeitsabläufe und Problemlösungsprozesse. Deshalb ist sie als ein bestimmendes Kriterium zukünftiger Arbeitssysteme anzusehen, das entsprechend für den Menschen gestaltet werden muß.

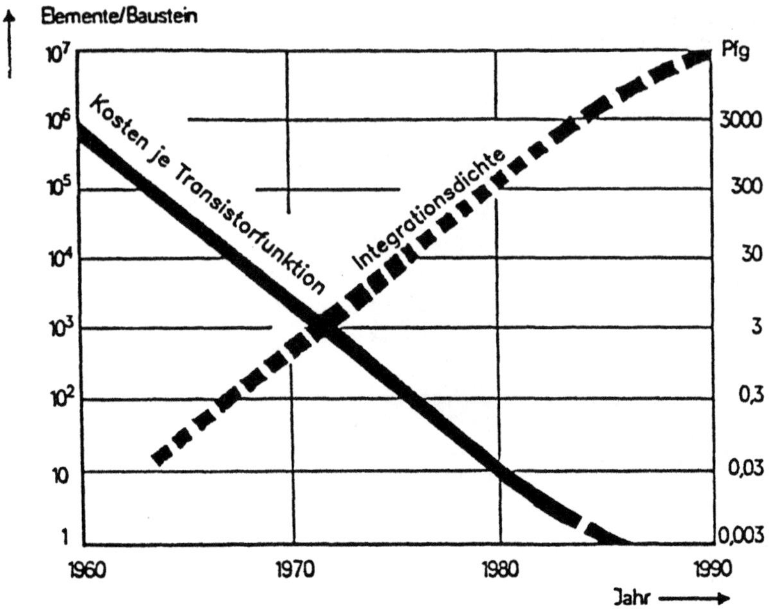

Abb. 5: Steigerung der Schaltkreiskomplexität im Zusammenhang mit der Preisentwicklung pro Transistorfunktion /16/

Mit dieser Entwicklung geht - wie schon erwähnt - parallel der Bedarf an EDV-Bedienungspersonal einher. Abbildung 6 zeigt den prognostizierten Bedarf an EDV-Kenntnissen bei den Beschäftigten bis 1990. So wird allein die Zahl der Beschäftigten mit geringen DV-Kenntnissen von ca. 15% im Jahre 1980 auf 50% bis 1990 ansteigen.

Die sich daraus ergebenden arbeitsinhaltlichen und arbeitsorganisatorischen Veränderungen sind erheblich. Es ist absehbar, daß die Vermittlung der erforderlichen EDV-Zusatzqualifikationen schwerlich in so kurzer Zeit allein durch Ausbildungsmaßnahmen bewältigt werden kann. Um dennoch diesen Anforderungen nachzukommen, ist es notwendig durch entsprechende Technikgestaltung, im Sinne einer Technikanpassung an den Menschen, die vorhandenen Qualifikationslücken soweit als möglich zu schließen. Damit läßt sich erkennen, daß nur durch die Berücksichtigung ergonomischer Erkenntnisse bei der Technologiegestaltung im weitesten Sinne dieses Ziel kurzfristig erreicht werden kann./19/ Allerdings wird durch solche Maßnahmen die Weiterbildung nicht überflüssig. D.h., die Beschäftigten werden sicherlich nicht gänzlich davon entlastet werden, sich auf diesem Sektor zu qualifizieren. Als Folge einer im obigen Sinne erfolgten Technikanpassung ist aber eine inhaltliche

Veränderung des "Lehrstoffs" in der Form denkbar, daß nun weniger die Vermittlung eher "technischer" Kenntnisse (z.B. Hardware-Wissen oder logischer Aufbau von Dateien) sondern die Vermittlung funktionalen Wissens (Anwendungswissen) im Vordergrund steht.

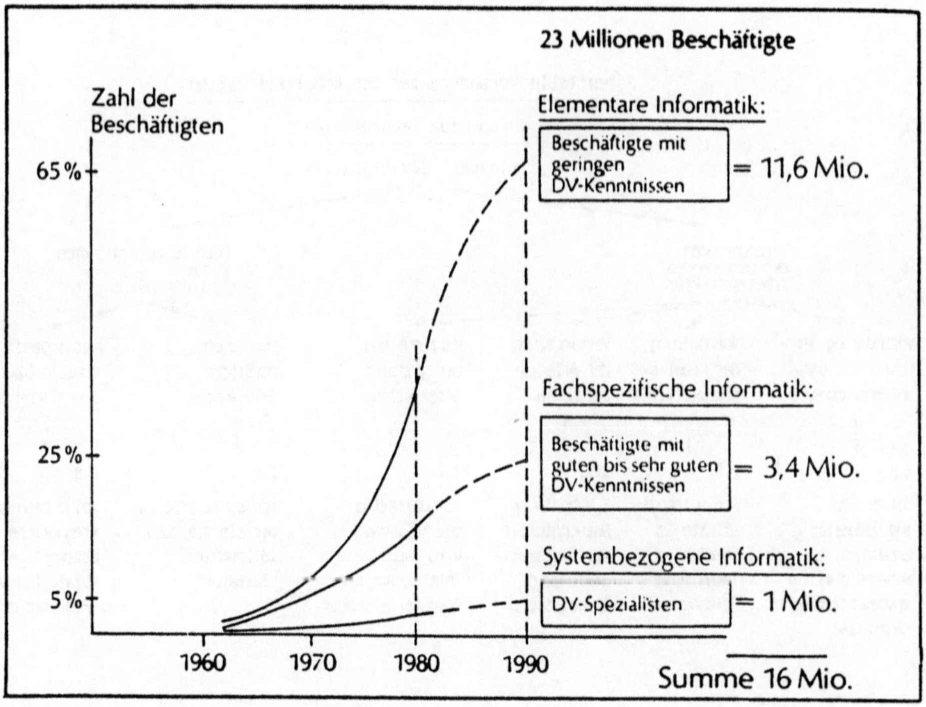

Abb. 6: Beschäftigtenzahlen und deren notwendige EDV-Kenntnisse in den 80er Jahren /18/

2.2 Veränderungen der Arbeitsinhalte durch neue Technologien

Aus arbeitswissenschaftlicher Sicht sind hierbei Fragen relevant, die sich mit Veränderungen der bestehenden Arbeitsstrukturen und Veränderungen der auf den Menschen einwirkenden Belastungsformen durch den EDV-Einsatz befassen. Was die Arbeitsstrukturen betrifft, so können durch den Rechner Veränderungen z.B. in den Bereichen:/20/

- Qualifikation
- Arbeitsproduktivität
- Arbeitsautonomie
- soziale Interaktion

auftreten.

Als potentielle neue Belastungsformen sind insbesondere physische, mentale und psychische Belastungen von Bedeutung.
Abbildung 7 gibt einen Überblick über die beiden Bereiche, die durch den breiten Einsatz neuer Technologien, insbesondere von EDV-Anlagen, einer Veränderung in diesem Sinne unterliegen.

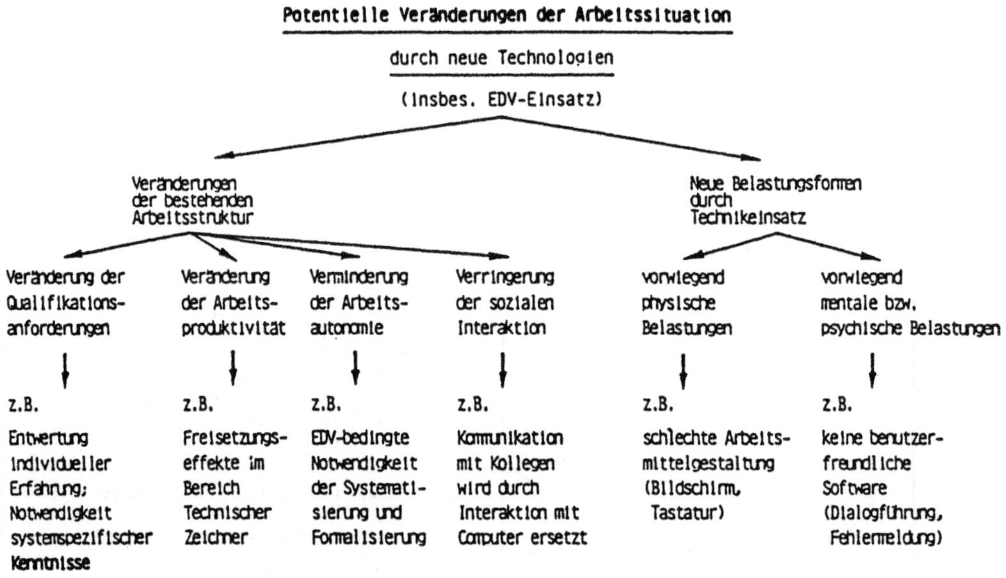

Abb. 7: Potentielle Veränderungen der Arbeitssituation durch neue Technologien (insbesondere EDV-Einsatz, Beispiel CAD) /21/

Wie schon aus der Beschreibung zukünftig notwendiger EDV-Kenntnisse ersichtlich, kommt in diesem Zusammenhang beispielsweise den geänderten Qualifikationsanforderungen, die aus dem technologischen Fortschritt resultieren, große Bedeutung zu.

2.2.1 Qualifizierungs- bzw. Dequalifizierungshypothesen

Aus der Diskussion der Einführung neuer Technologien lassen sich zwei gegensätzliche Qualifizierungshypothesen ableiten, die - um die Allgemeingültigkeit der Ansätze darzustellen - sowohl für den technischen Bereich (hierbei am Beispiel der Bedienung einer Werkzeugmaschine), als auch für den Verwaltungsbereich (am Beispiel der Verbuchung von Geschäftsvorfällen) dargestellt werden sollen.

Die erste Hypothese geht davon aus, daß der Mensch innerhalb dieses Systems zum reinen Maschinenbediener und Zuarbeiter des computergestützten Ablaufs dequalifiziert wird; sei es nun in der Fertigung, mit Hilfe von NC-Maschinen (numerisch gesteuerten Werkzeugmaschinen) oder in Verwaltungsbereichen durch Batchbetrieb.

Es ist dann eigentlich nur noch eine Frage der Zeit, wie lange der Mensch überhaupt noch am Produktionsprozess teilnehmen wird. Eine diesen Vorstellungen weit angenäherte Situation findet man z.B. an den Scanner-Kassen vor, die mit Hilfe der mittlerweile auf allen Artikeln gedruckten Barcodes die Abrechnung für den Kunden fast vollautomatisch durchführen. Die Aufgabe der früheren Kassiererin beschränkt sich darauf, dem System den Barcode so zu präsentieren, daß dieser fehlerfrei gelesen werden kann. Die Abrechnung selbst übernimmt das System. Lediglich der Vorgang "Geld in Empfang nehmen" wird noch von der Kassiererin wahrgenommen. Die nächste Entwicklungsstufe mit Einführung der sog. Point-of-sale-Systeme, die maschinenlesbare Datenträger für den privaten Zahlungsverkehr (z.B. Scheckkarte mit Magnetstreifen oder die sog. Chipkarte) verwenden, wird diese Tätigkeit jedoch vollends überflüssig machen./22/
Werden gleichzeitig noch verbesserte Barcodelesegeräte eingeführt, entfällt die Tätigkeit der Kassiererin vollständig. Der Einsatz des Personals wird sich dann auf Kontroll- und Überwachungstätigkeiten beschränken, um zu gewährleisten, daß dem Kassensystem auch alle Waren zur Abrechnung präsentiert werden. Dieses Beispiel zeigt anschaulich die immer stärker fortschreitende Reduzierung herkömmlicher Tätigkeitsinhalte durch Automaten und die dabei auftretende Verdrängung, der in diesen Systemen beschäftigten Menschen auf sog. Restarbeitsplätze, die sie zum "Lückenbüßer" und "Zuarbeiter" der Maschine machen.

"Der Mensch wird zum Lückenbüßer der Technik, d.h. er hat im allgemeinen Aufgaben zu erfüllen, die für den Automaten noch nicht lohnend sind bzw. diesen überfordern, wie z.B. manuelles Nachbessern oder Vorordnen"./23/
Der Inhalt der zweiten These führt zu dem Schluß, daß letztlich auf dem Wege der Höherqualifizierung eine Arbeitsbereicherung für den Menschen eintrete und die vorher geschilderten Restarbeitsplätze nur einen Zwischenschritt auf dem Wege der Qualifikationserhöhung darstellten./24/ Dies sei nachfolgend verdeutlicht.

Im Gegensatz zu den Anforderungen, die eine herkömmliche Drehmaschine an die Qualifikation des Maschinenbedieners stellt

- Geschicklichkeit
- Erfahrung zur Beurteilung von Werkzeugen (z.B. hinsichtlich ihres Verschleißes)
- Erfahrung zur Beurteilung des Werkstücks (z.B. in bezug auf die Qualität des Metalls)

entfallen diese Anforderungen zu einem großen Teil durch die Einführung einer NC-Maschine. Die NC-Maschine benötigt lediglich das Werkstück sowie das notwendige Bearbeitungsprogramm. Durch die zentrale Herstellung der NC-Programme in der Arbeitsvorbereitung bleibt für den Maschinenbediener nur noch die Tätigkeit "Beschicken" und in einem sehr eingeschränkten Maße "Bedienen" übrig. Die Beeinflussung seiner Arbeitsgeschwindigkeit etwa durch die Variation von Schnittgeschwindigkeit und anderer Bearbeitungsparameter ist durch das Programm fest vorgegeben und daher nicht beeinflussbar. Sobald auch die Vorgänge "Beschicken" und "Bedienen" wirtschaftlich von Automaten übernommen werden können, etwa durch den Einsatz induktiver Fördersysteme, wird der Mensch an diesem Platz völlig überflüssig.
Diese im Vergleich zur herkömmlichen Drehmaschine für den Menschen wesentlich inhaltsärmere Tätigkeit kann durch Einführung einer weiteren Automatisierungsstufe, nämlich der CNC- (Computer Numerical Controlled) gesteuerten Werkzeugmaschine und dem gleichzeitigen Übergang zur Werkstattprogrammierung in eine qualitativ anspruchsvollere Tätigkeit umgewandelt werden. Hierbei übernimmt der Maschinenbediener nicht nur die Tätigkeit "Beschikken" und "Bedienen", sondern stellt selbst die Lochstreifen zur Maschinensteuerung her bzw. übernimmt teilweise selbständig Programmiertätigkeiten an der Maschine./25/

Entsprechende Entwicklungen lassen sich auch im Büro- und Verwaltungsbereich feststellen. Als Beispiel sei der Arbeitsplatz eines Sachbearbeiters für Buchhaltungstätigkeiten betrachtet. Vor Einführung der EDV-Anlage geschah die Verbuchung im Durchschreibeverfahren, d.h. mittels Kladden, in denen der gesamte Buchungsvorgang erfaßt wurde. Nach Einführung einer zentralen Rechenanlage, die auf Lochkartenbasis arbeitete, mußte der Buchhalter die Zahlen der Urbelege auf Blätter, die im Lochkartenformat aufgebaut waren, computergerecht eintragen. Eine weitere Arbeitskraft stellte aus diesen Belegen Lochkarten her. Ein Operator las diese ein und druckte die entsprechenden Belege aus. Korrekturen - etwa notwendige Stornobuchungen - sind in diesem Batchbetrieb nur durch das erneute Ausfüllen von Buchungsblättern möglich. Die unmittelbaren Folgen (Auswirkung eines Buchungsvorgangs z.B. bei Fehlbuchungen) bleiben unersichtlich. Die Arbeit wurde somit

in Teile zerlegt und mehreren Mitarbeitern übergeben, deren Tätigkeit zu großen Teilen auf die Erstellung computerlesbarer Formulare beschränkt bleibt. Die Einführug eines Bildschirmarbeitsplatzes, an dem der Buchhalter im interaktiven Dialog direkt Buchungen eingeben und notfalls ändern oder korrigieren kann, führt wieder zu der ursprünglichen Form des Arbeitsinhaltes. Allerdings vollzieht sich dabei ein Wechsel von der einfachen Durchschreibebuchhaltung zum dialogorientierten Verbuchungsvorgang. Die Zwischenstufe, in der der Mensch zum einfachen Maschinenbediener wurde, ist mit Hilfe des interaktiven Computerdialogs in eine neue Arbeitsform überführt worden.
Eine inhaltliche Gegenüberstellung der Tätigkeiten im Batchbetrieb mit Tätigkeiten im Dialogbetrieb zeigt Abbildung 8.

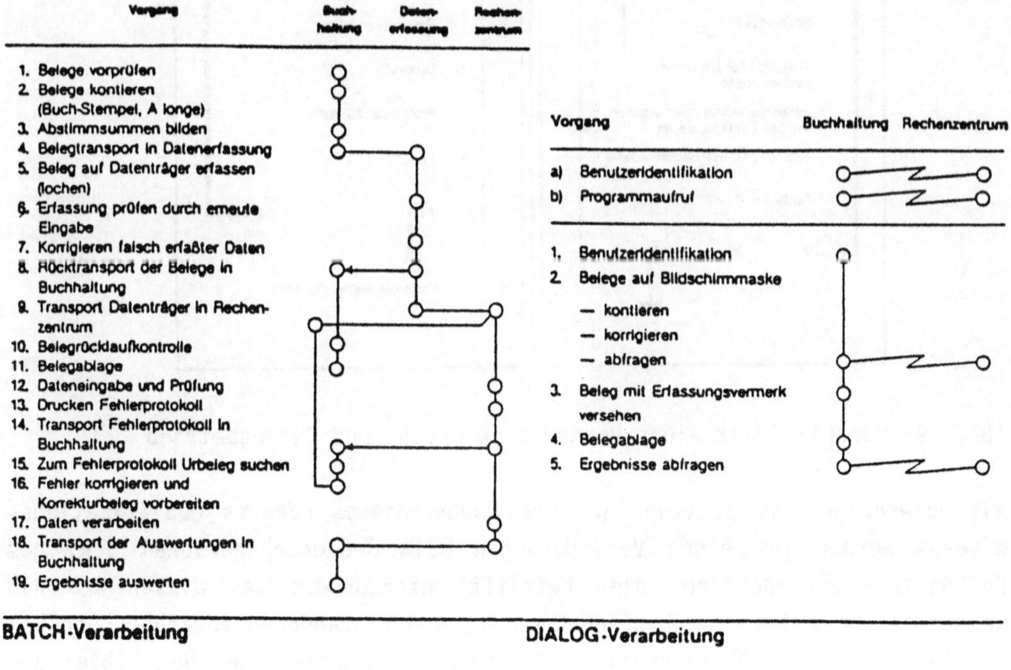

Abb. 8: Gegenüberstellung von Tätigkeiten im Batchbetrieb und im Dialogbetrieb /26/

Neben der Arbeitsanreicherung durch Dialogeinführung sprechen auch ökonomische Gründe für die interaktive Bearbeitung und gegen den Batchbetrieb.
Bei der Dialogverarbeitung ist es dem Sachbearbeiter möglich, Fehler sofort zu erkennen und zu korrigieren. Dies nimmt kaum Zeit in Anspruch, da sich der Sachbearbeiter bei der Vorgangsbearbeitung in einem eingearbeiteten

Fall befindet. Im Gegensatz dazu muß er, aufgrund der langen Duchlauf- und Rückmeldezeiten im Batchbetrieb, sich im Fehlerfalle neu in den Vorgang einarbeiten, was zu zusätzlicher Arbeitszeit führt. Die folgende Abbildung verdeutlicht den quantitativen Zusammenhang.

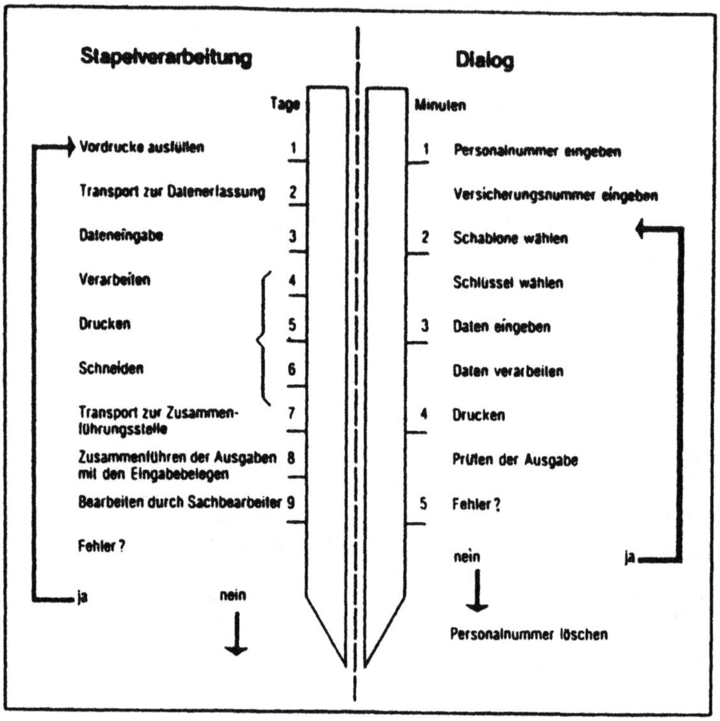

Abb. 9: Durchlaufzeit eines Vorgangs im Batch- und Dialogbetrieb /27/

Als notwendige Voraussetzung zur Erreichung dieses höheren Qualifikationsniveaus werden zum einen Veränderungen beim Bedienungspersonal d.h. dem Endbenutzer erforderlich, dies betrifft insbesondere das Wissen und die Kenntnisse beim Umgang mit einem Rechner, und zum anderen Veränderungen bei der Gestaltung des Arbeitsmittels "Computer" - speziell auf dem Gebiet der Software.

Nach diesen Anpassungsschritten im sozio-technologischen System kann man wiederum zu einer Arbeit gelangen, die vergleichbare Anforderungen an den Bearbeiter stellt und ähnliche Arbeitsinhalte in sich birgt, wie dies ohne EDV-Unterstützung der Fall war. Den Zusammenhang zwischen Automatisierung und gleichzeitiger Chance zur Arbeitsanreicherung mit gehaltvollen Tätigkeiten, sieht Zink durch einen "U"-förmigen Verlauf repräsentiert. Für die oben beschriebene Tätigkeit eines Sachbearbeiters im Rechnungswesen sind die Zusammenhänge in folgender Abbildung schematisch wiedergegeben.

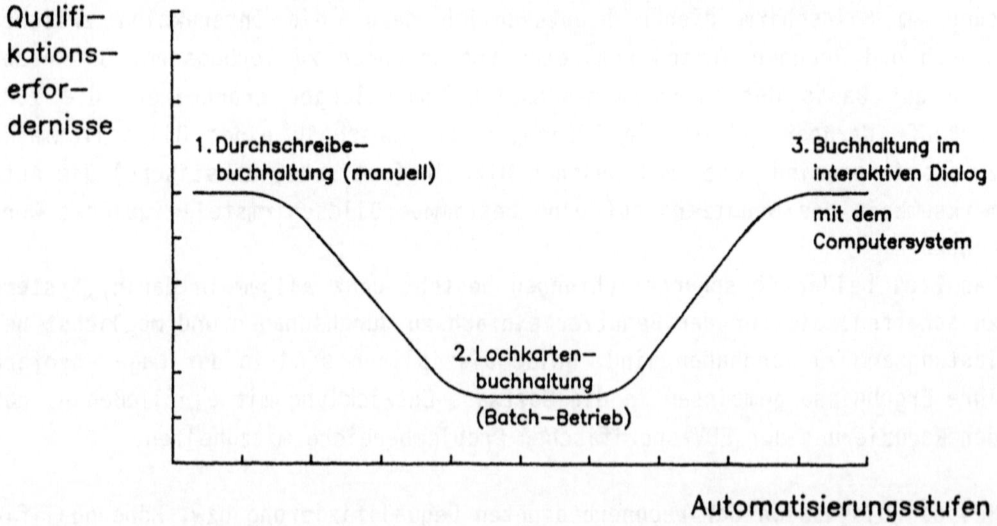

Abb. 10: Hypothetischer Zusammenhang zwischen Qualifikationserfordernissen und Grad der Automatisierung am Beispiel der Automatisierung der Buchhaltung

In diesem Zusammenhang ist mit Ulich /28/ darauf zu achten, daß der Benutzer nicht - aufgrund unzureichender Systemgestaltung (insbesondere Software-Gestaltung) - zum Systembediener wird, sondern sich als Benutzer eines technischen Systems mit dem Werkzeug "Computer" begreift.
Ergonomische Überlegungen bei der Gestaltung solcher Arbeitsplätze berücksichtigen insbesondere die Arbeitsorganisation/29/, die Hardware im engeren Sinne/30/ sowie die Mensch-Maschine-Schnittstelle.
Die Gestaltungsmaßnahmen im Rahmen der Mensch-Maschine-Schnittstelle beziehen sich dabei hauptsächlich auf die Programmoberfläche, über die der Benutzer mit dem Rechner kommuniziert. Hierbei geht ein Wandel der Arbeitsinhalte mit einem Wandel der Belastungsarten einher. Verstärkt tritt die Belastungsform der emotionalen Belastung /31/ in Erscheinung. Ihre Auswirkungen in erträglichen Grenzen zu halten, gelten u.a. Forschungen auf dem Gebiet der Software-Ergonomie.
Software-ergonomische Forschungen lassen momentan zwei generelle Richtungen erkennen, die mit Kognitionsforschung und Forschung zur Informationsgestaltung charakterisiert werden können. Die Kognitionsforschung versucht dabei vor allem Benutzerverhalten zu modellieren, um so Anhaltspunkte für notwendige Systemaktionen und -reaktionen zu erhalten mit dem Ziel, diese Erkenntnisse in der Software abzubilden. Forschungen zur Informationsgestal-

tung am Bildschirm dienen hauptsächlich dazu, die Interaktion zwischen Mensch und Rechner anhand konkreter Empfehlungen zu verbessern. So werden etwa auf Basis der Wahrnehmungsgesetze Empfehlungen erarbeitet, die z.B. Auskunft darüber geben, wie Informationen innerhalb einer Bildschirmmaske zu plazieren sind, oder mit welchen Mitteln (optische, akustische) die Aufmerksamkeit des Benutzers auf eine bestimmte Bildschirmstelle gelenkt werden kann.
Das Ziel beider Forschungsrichtungen besteht ganz allgemein darin, Systeme zu schaffen, die für den Benutzer einfach zu durchschauen und möglichst belastungsarm zu handhaben sind. Beide Disziplinen sind in der Lage - sofern ihre Ergebnisse gemeinsam in die Software-Entwicklung mit einfließen -, bei der Reduzierung der EDV-spezifischen Problembereiche mitzuhelfen.

Bei der Diskussion der rechnerbedingten Dequalifizierung bzw. Höherqualifizierung sollte die Fertigkeit "Bedienung des Rechners" - abgesehen von einer gewissen Einlernphase - nicht als eigenständige Qualifikation angesehen werden.
Die Möglichkeit zur Qualifikationsveränderung liegt u.a. in der mit dem Rechner erreichbaren Flexibilität bei der Arbeit und der Nutzung der damit verbundenen Möglichkeiten./32/
Als "intelligentes" Werkzeug mit Unterstützungscharakter erfüllt der Computer z.B. die Aufgabe, dem Benutzer die Umstellung auf geänderte Arbeitssituationen zu erleichtern und - etwa durch umfangreiche Hilfen - diese Modifikationen positiv zu unterstützen. Eine Chance zur Höherqualifizierung kann damit - beispielsweise aufgrund der erzielbaren Arbeitsflexibilisierung - in der verstärkten Individualiserung der Arbeit gesehen werden.

2.2.2 Neue Belastungsformen durch den Einsatz neuer Technologien

Als neue Belastungen können vorwiegend Belastungsarten auftreten, die im Zusammenhang mit dem neuen Arbeitsmittel Rechner (insbesondere Bildschirmarbeitsplatz) stehen.
Grundsätzlich sind dabei die vorwiegend physischen Belastungen sowie die psychisch-mentalen Belastungen zu unterscheiden. Überwiegend physische Belastungen können sich in körperlichen Schmerzen äußern, wie sie etwa von Cakir und anderen /33/ festgestellt wurden, und sind teilweise auf schlechte Arbeitsmittelgestaltung zurückzuführen. Dazu zählen vorwiegend Schmerzen im Bereich der Wirbelsäule (Kreuzschmerzen), Kopf- und Augenschmerzen.

Auf diesem Forschungsgebiet existieren zahlreiche Untersuchungen, deren Ergebnisse /34/ größtenteils ihren Niederschlag in der Praxis gefunden haben./35/ Daraus läßt sich schließen, daß zumindest von der Herstellerseite die Voraussetzungen erfüllt sind, damit EDV-Anwender - aus ergonomischer Sicht - an gut gestalteten Hardware-Komponenten arbeiten können, was sich im praktischen Einsatz vorwiegend auf das physische Wohlbefinden des einzelnen auswirken dürfte.

Hingegen sind Forschungsergebnisse zu den psycho-mentalen Belastungsformen bei der Arbeit am Bildschirm bisher weniger verbreitet. Dies hängt zum einen mit der Problematik der unterschiedlichen Benutzer zum anderen mit dem breiten Aufgabenspektrum zusammen, das durch die EDV-Anwendungen bereits abgedeckt ist./36/
Die nachfolgende Abbildung gibt einen Überblick über wichtige Gestaltungsfelder und ihre Zuordnung zu Belastungsformen, die durch den Technologieeinsatz entstehen können und sich auf den Arbeitsplatz im engeren Sinne beziehen./37/

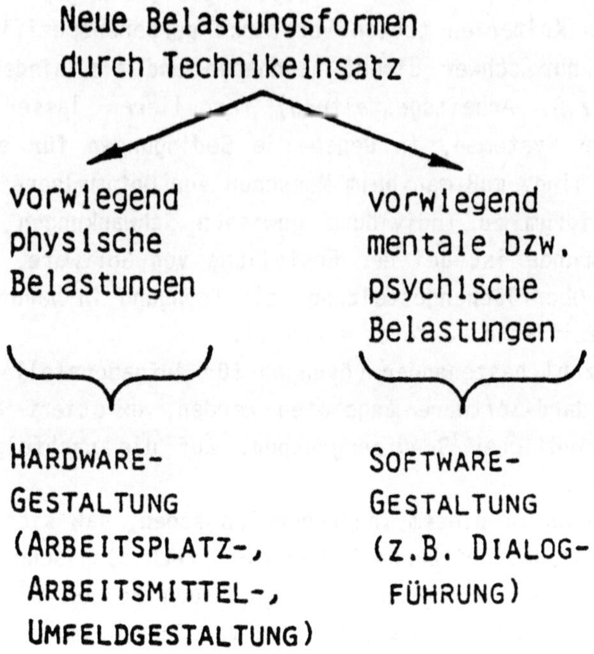

Abb. 11: Neue Belastungsformen durch Technikeinsatz und arbeitswissenschaftliche Gestaltungsfelder

Zur Reduzierung der Auswirkungen dieser Belastungen einerseits und zur Nutzung und Unterstützung der Qualifizierungspotentiale andererseits muß ganz allgemein das Ziel arbeitswissenschaftlicher Untersuchungen darin bestehen, solche Problemfelder zu erkennen und Lösungen aufzuzeigen, mit deren Hilfe die mit den Veränderungen einhergehenden negativen Maßnahmen zu lindern bzw. durch Präventivmaßnahmen zu vermeiden sind.

Im Bereich vorwiegend physischer Belastungen hat die hardware-ergonomische Forschung - wie erwähnt - bereits frühzeitig Untersuchungsergebnisse geliefert, die auch heute von Computerherstellern berücksichtigt werden. Was die vorwiegend mentalen und psychischen Belastungen anbelangt, so entsteht hierbei eine gänzlich neue Dimension der Belastung im Zusammenhang mit dem Computer. Sie ist direkt mit der zunehmenden Verbreitung von Bildschirmarbeitsplätzen verbunden und bezieht sich in starkem Maße auf "Verständnisprobleme" zwischen Mensch und Maschine. Zudem können diese kognitiven Vorgänge beim Menschen von intervenierenden Variablen stark beeinflußt werden, so daß z.B. die kognitiven Vorgänge "Erkennen, Verstehen, (richtig) Reagieren" nicht so ablaufen, wie sie von Systemdesignern geplant wurden. D.h., neben objektiven Kriterien treten verstärkt personenspezifische Einflüsse auf, die sich nur schwer direkt handhaben und als eindeutige Gestaltungsvorschläge (z.B. Arbeitsgestaltung) formulieren lassen. Im Gegensatz zu technischen Systemen, in denen die Bedingungen für eindeutige Optima i.d.R. bekannt sind, muß man beim Menschen von Optimalbereichen ausgehen, die von Individuum zu Individuum gewissen Schwankungen unterliegen./38/ Aus diesem Grunde ist bei der Erstellung von Software, insbesondere bei der Software-Oberflächengestaltung, die Trennung in benutzerspezifische und aufgabenspezifische Faktoren sinnvoll.
Entsprechend der Vielzahl bestehender Lösungen für Aufgabenstellungen, die mittlerweile als Standard-Software angeboten werden, existiert auch eine große Anzahl unterschiedlicher Benutzergruppen, auf die nachfolgend noch eingegangen werden soll.
Zusammenfassend läßt sich zu diesem Themenbereich sagen, daß sich in naher Zukunft aus den eingangs beschriebenen Gründen ein technologischer Entwicklungsschub mit den kurz aufgezeigten, weitreichenden Folgen für Arbeitsstruktur, Arbeitsorganisation und damit für die vorwiegend im tertiären Bereich Beschäftigten absehen läßt. Aus diesem Grund müssen die, die neuen Arbeitsformen determinierenden Faktoren - dort, wo sinnvoll, - an den Menschen angepaßt werden. Aus arbeitswissenschaftlicher Sicht kommt dabei dem Werkzeug "Computer" besondere Bedeutung zu. Hier gilt es, sowohl die Hardware als auch die Software auf ihre Tauglichkeit als Hilfsmittel zur Bewältigung zukünftiger Aufgaben hin zu überprüfen.

3. Eingrenzung des Untersuchungsbereichs

Als potentielle Einsatzfelder der EDV (außerhalb der Software-Häuser) lassen sich zwei z.Z. stark differierende Bereiche unterscheiden.
Zum einen kann EDV im Produktionsbereich (technischen Bereich) einer Unternehmung eingesetzt werden, d.h. zur Steuerung von Maschinen und Anlagen (z.B. NC, CNC, DNC) wobei den dort arbeitenden Menschen mehr die Rolle des Kontrolleurs und in einigen Teilbereichen die des Bedieners zukommt.
Zum anderen werden Computersysteme in Büro- und Verwaltungsbereichen eingesetzt. Dort werden sie mehr zur Unterstützung bei der Lösung von "Denkaufgaben" verwendet bzw. zur Informationsbe- und -verarbeitung (z.B. Datenarchivierung sowie Datensuche) etwa als Buchhaltungsmaschine oder Hilfsmittel zur Konstruktion und Disposition (CAD-Systeme oder PPS-Systeme).
Diese grundsätzliche Einteilung - in den einerseits produktionsorientierten (technischen) und andererseits administrativen (verwaltungsorientierten) Bereich - erhebt für sich nicht den Anspruch der Überschneidungsfreiheit und Vollständigkeit, zumal diese Bereiche zusehends ineinander verschmelzen. Man denke hierbei an die CIM (Computer-Integrated-Manufactoring) Ansätze, deren Verwirklichung zu einer Integration aller betrieblichen EDV-Systeme - die z.Z. noch größtenteils aus Insellösungen bestehen - führen würde. Dieser Trend deutet sich heute allerdings schon an, da ansatzweise CAD-Systeme bereits über Schnittstellen verfügen, die in der Lage sind, aus den Konstruktionsdaten diejenigen Daten herauszufiltern, die für die Weitergabe an die Arbeitsvorbereitung und damit die Programmierung der entsprechenden Bearbeitungsmaschinen notwendig sind./1/
Im administrativen Bereich der Unternehmung kann man heute jedoch von einer grundsätzlich verschiedenen (wesentlich intensiveren) Zusammenarbeit zwischen Mensch und Rechner sprechen als dies im produktionstechnischen Bereich der Fall ist./2/
Damit entstehen auch Differenzen hinsichtlich der Anforderungen an die Gestaltung der Software, die im Produktionsbereich bzw. im administrativen Bereich verwendet wird. Aufgrund der derzeit noch deutlichen Unterschiede dieser beiden Einsatzgebiete scheint eine getrennte Betrachtung für viele Bereiche noch angebracht zu sein.

Im Rahmen dieser Arbeit soll deshalb eine Beschränkung auf Büro- und Verwaltung vorgenommen werden, die sich zum einen mit der Bedeutsamkeit der zukünftig zu erwartenden noch stärkeren Verbreitung edv-gestützter Systeme bzw. der verwendeten Software (Kapitel 3.1) speziell in diesem Bereich begründen läßt. Zum anderen erscheint eine getrennte Behandlung dieser beiden

Unternehmensbereiche (Produktion und Verwaltung) durch die doch grundsätzlichen Unterschiede beim EDV-Einsatz gerechtfertigt.

3.1 Standard-Software für den Büro- und Verwaltungsbereich

Software läßt sich hinsichtlich ihres Problemlösungspotentials grundsätzlich in Individual- und Standard-Software unterteilen. Das Problemlösungspotential von Individual-Software ist sehr speziell auf eine bestimmte Anwendung hin ausgerichtet, während Standard-Software eher zur Lösung einer breiten Aufgabenklasse geeignet ist und damit bei vergleichbaren Anforderungen z.B. in verschiedenen Unternehmungen eingesetzt werden kann.
Im allgemeinen werden (im Vergleich zur Individualentwicklung) als Gründe für den Einsatz von Standard-Programmen z.B. geringere Kosten, bessere Qualität und geringere Belastung betriebsinterner Entwicklungskapazitäten genannt. Dagegen gelten als Vorteile eines Individual-Programms die bessere Erreichbarkeit einer maßgeschneiderten Lösung sowie die Möglichkeit, absehbare Modifikationen einfacher realisieren zu können./3/
Vor allem aus Kosten- und Kapazitätsgründen genießt Standard-Software jedoch einen gewissen Vorteil gegenüber eigenerstellten Programmen. Dies gilt insbesondere für kleinere und mittlere Unternehmen, die über keine nennenswerte Kapazität im EDV-Bereich (EDV-Abteilung) verfügen und damit verstärkt auf Fremdsoftware angewiesen sind./4/
Für die Software-Entwickler bedeutet dies, ein Produkt zu erstellen, das aufgrund seiner "Allgemeingültigkeit" von mindestens einer ganzen Branche eingesetzt, und somit auch mehrfach verkauft werden kann.
Die seit Einsatz der Dialogverarbeitung eingetretenen Veränderungen seitens der Benutzergruppe (weniger EDV-Experten, mehr edv-unerfahrene Personen) ist mit umfangreichen Anforderungen an die Software hinsichtlich Funktionalität (Aufgabenbezogenheit) und Handhabbarkeit (Benutzerfreundlichkeit) verbunden./5/
Um das Ausmaß derzeit bereits vorhandener Standard-Software zu verdeutlichen, soll daher nachfolgend eine Übersicht über den momentanen Stand der Software-Produkte für den Büro- und Verwaltungsbereich gegeben werden.
Folgt man der Gliederung des ISIS-Reports für Standard-Software, so lassen sich die angebotenen Produkte in Software für kommerzielle branchenneutrale bzw. branchenspezifische, technisch-wissenschaftliche Anwendungen und für die Systemprogrammierung unterteilen./6/ Hierbei haben vor allem die kommerziell orientierten Programme ein starkes Übergewicht. Ihr Anteil an dem gesamten Software-Angebot bewegt sich über die Jahre 1976 bis 1986 zwi-

schen rd. 54%-62%. Technisch-wissenschaftliche Anwendungen verfügen im gleichen Zeitraum dagegen über einen Anteil von rd. 14%-19%.
Im Rahmen der hier vorgenommenen Eingrenzung der Untersuchung auf Büro und Verwaltung werden somit knapp 2/3 aller Standard-Software-Produkte betrachtet. Für dieses Segment bestand das Software-Angebot im Jahre 1974 vorwiegend aus Programmen für Finanz- und Rechnungswesen sowie zur Unterstützung des Marketings bzw. des Vertriebs und des Personalwesens./7/
Diese Entwicklung hat sich bis heute fortgesetzt, wobei Software im Bereich Finanz- und Rechnungswesen weiterhin starke Zuwächse verzeichnet. Mit der Umstellung der EDV auf Dialogverarbeitung erweiterte sich das Angebot vor allem in bezug auf Programme für Fertigungsplanung und -steuerung (in größerem Umfang ab 1977), Bürokommunikation im weitesten Sinne (ab 1979) sowie für Projektplanung und -überwachung. Während Buchhaltungsprogramme und Software zur Lohnabrechnung oder Prognoserechnung auch im Batchbetrieb denkbar waren, setzen die später entstandenen Produkte alle mehr oder weniger einen Bildschirm voraus.
Im Bereich Management-Software, zu der man Produkte zur Unterstützung der Ergebnisaufbereitung bzw. Präsentation (z.B. Software für die Generierung von Präsentations- oder Businessgraphiken) sowie Informations-Retrieval-Systeme/8/ zählen kann, hat die Entwicklung erst im Jahre 1983 in größerem Umfang eingesetzt./9/ Der Bereich Standard-Software weist insgesamt jährliche Wachstumsraten von bis zu 23% auf./10/

Nach einer Aufstellung des ISIS Reports werden für Büro und Verwaltung folgende Bereiche mit branchenneutraler kommerzieller Standard-Software abgedeckt:/11/
- Finanz-/Rechnungswesen
- Personalwesen
- Kostenrechnung
- Marketing/Vertrieb
- Materialwirtschaft, Lagerwirtschaft, Beschaffung
- Fertigungsplanung/Fertigungssteuerung
- Instandhaltung/Wartung
- Projektplanung, Projektüberwachung, Netzplantechnik
- Bürokommunikation, Textverarbeitung
- Dokumentationssysteme, Information-Retrieval-Systeme
- Präsentations-Graphik, Business Graphics.

Zu jedem Gliederungspunkt existiert eine Vielzahl von Standardlösungen.
Die Mannigfaltigkeit der angebotenen Problemlösungen spiegelt gleichzeitig die große Zahl der vorhandenen Alternativen für die jeweilige Aufgabenbewältigung wider.

Ausgehend von dem vorhandenen breiten Angebot an Software kann man auf entsprechende Potentiale auf der Nachfrageseite schließen.

3.2 EDV-orientierte Tätigkeitstypologie im Büro- und Verwaltungsbereich

Betrachtet man Software-Produkte und deren Eignung zur Problemlösung, so kann dies nicht ohne Berücksichtigung des Kontextes erfolgen, in dem diese eingesetzt werden. Die Kontextberücksichtigung bezieht sich dabei einerseits auf den Benutzer - z.B. hinsichtlich seiner Qualifikation - und andererseits auf die Tätigkeit selbst, d.h. den Tätigkeitsinhalt und eingeschränkt das Umfeld (vor allem das organisationale Umfeld), in dem diese Tätigkeit ausgeführt werden soll. Aus software-ergonomischen Überlegungen ist es dabei insbesondere von Bedeutung, welche Tätigkeit ausgeübt wird und welche Anforderungen aus dieser Tätigkeit entstehen.
In Anlehnung an die von Heinisch und Sämann /12/ vorgeschlagene Gliederung von Bürotätigkeiten lassen sich folgende Funktionsarten unterscheiden:
- manuelles Handeln
- schematisches Denken
- geistig-schöpferische Tätigkeiten.

Die folgende Abbildung zeigt hierfür typische Berufsgruppen und ihren ungefähren Anteil an den jeweiligen Funktionsarten.

Funktions-Gruppe	Berufs-beispiel	Entschei-dungs-niveau	vorwiegen-de Funk-tionsart
1	Bürobote	keine Ent-scheidung	Manuelles Handeln
2	Schreib-kraft	Routine-Ent-scheidung	
3	Buch-halter	regel-hafte Ent-scheidung	Schema-tisches Denken
4	Personal-sachbe-arbeiter	Wahl-Ent-scheidung	
5	System-analy-tiker	Programm-Ent-scheidung	Schöpfe-risches Denken
6	For-schungs-leiter	Problem-lösung	

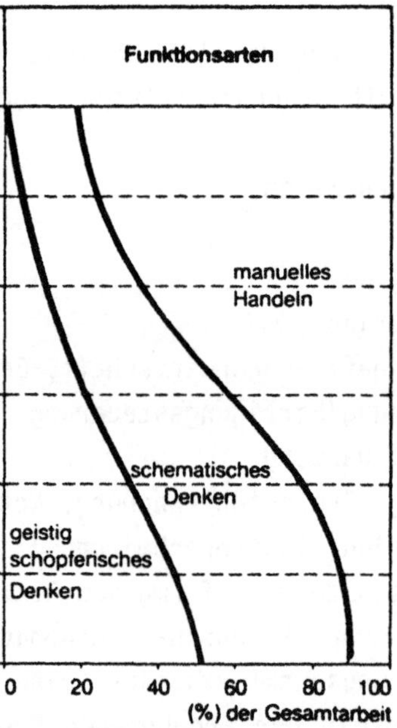

Abb. 12: Typische Berufsgruppen und ihr ungefährer Anteil an den jeweiligen Funktionsarten /13/

Betrachtet man die bisherige Verbreitung von EDV-Systemen, so kommt man zu dem Schluß, daß tendenziell verstärkt solche Arbeitsplätze vom Computereinsatz betroffen sind, die sich durch ein hohes Maß an schematischem Denken und manuellem Handeln auszeichnen. Zukünftig dürfte aber auch der Bereich des schöpferischen Denkens - beispielsweise durch den Einsatz von Expertensystemen - durch die EDV unterstützt werden.
Diese funktionale Gliederung der Bürotätigkeiten ist - will man eine edv-orientierte Tätigkeitstypologie aufstellen - um die Art der überwiegend verwendeten Kommunikation bzw. Interaktion zwischen Mensch und Rechner zu erweitern.

Als Interaktionsformen mit einem Rechnersystem und damit als zweite Dimension zur Einteilung der edv-bezogenen Tätigkeiten im Büro lassen sich zunächst die Bereiche:

- Datenerfassung bzw. Dateneingabe
- Einholung von Auskünften (Datenabfrage, Auskunftssystem)
- Dialog

unterscheiden./14/

Mit diesen Kommunikationsarten sind jeweils Tätigkeiten verbunden, wie sie im Büro- und Verwaltungsbereich bei der Be- und Verarbeitung von Informationen entstehen.

1. Dateneingabe

Bei der Dateneingabe geht schwerpunktmäßig der Informationstransfer zwischen Mensch und Rechner vom Menschen aus. Ein zeitweiliger Dialog erfolgt nur dann, wenn die Eingabeebene verlassen und zur Kommandoebene übergegangen wird. Dies kann z.B. für den Aufruf einer anderen Bildschirmmaske/15/ notwendig werden oder ist zur Systemanmeldung erforderlich. Ebenso können zur Beseitigung von Eingabefehlern Klärungsdialoge notwendig werden, sofern die dazu benötigten Änderungsfunktionen z.B. nicht über Funktionstasten angesprochen werden können. Charakteristisch für diese Form der Mensch-Rechner-Interaktion ist jedoch die stark einseitige Orientierung, bei der der Mensch Daten eingibt und das System in seiner Eigenschaft als Speichermedium verwendet wird.

2. Datenabfrage (Auskunftssystem)

Im Gegensatz zur Dateneingabe erfolgt der Informationsfluß bei der Datenabfrage auf Anweisung des Benutzers durch den Rechner. Ein Wechsel dieser Interaktionsform zur Interaktionsform "Dialog" ist wie bei der Dateneingabe für Teilbereiche notwendig. Das Auskunftssystem kann jedoch, je nach seinem Entwurf z.B. durch Anforderung von Selektionskriterien zur Informationsaufbereitung, über einen höheren Dialoganteil als die reine Dateneingabe verfügen. Die typische Informationsrichtung geht jedoch vom Rechner zum Menschen, sobald der Mensch seine Anforderungen spezifiziert hat.

3. Dialog

Unter Dialog ist eine Kommunikation zwischen Mensch und Maschine zu verstehen, die einen laufenden Informationsaustausch zwischen beiden Kommunikationspartnern notwendig macht. Typische Tätigkeiten in diesem Bereich verfügen häufig über einen Anteil schöpferisch-kreativer Arbeit. Bei Dialoganwendungen handelt es sich um solche Tätigkeiten, bei denen z.B., ausgehend von gewissen Basisdaten, neue Informationen erstellt werden. Als Beispiel sei hier das rechnergestützte Konstruieren (CAD) erwähnt oder die interaktive Erstellung von Geschäftsgraphiken.
Charakteristisch für diese Art der Mensch-Rechner-Kommunikation ist der etwa gleich hohe Anteil zwischen Datenein- und -ausgabe (sieht man von der anfangs immer notwendigen Datenerfassung und dem Anfangsdialog zur Systemanmeldung sowie dem Starten einer bestimmten Anwendung einmal ab).

Wie schon aus den Erläuterungen zu den einzelnen Dialogarten ersichtlich, ist eine solche Kategorisierung nicht überschneidungsfrei. D.h., je nach Software-Entwurf und Aufgabenstellung kann innerhalb eines Programms zu der überwiegend vorhandenen Interaktionsform eine weitere Interaktionsform hinzukommen, wie man sich dies am Beispiel eines professionellen Auskunftssystems mit mehreren Selektionsmöglichkeiten leicht verdeutlichen kann.
Aus dieser Beschreibung wird allerdings ersichtlich, daß zur Bildung einer edv-orientierten Tätigkeitstypologie eine solche Unterteilung nach verschiedenen Arten der Zusammenarbeit zwischen Mensch und Rechner vertretbar ist.

Die Unterteilung von Bürotätigkeiten nach der Zusammensetzung der wesentlichsten Funktionen im Büro sowie der "Art der Mensch-Rechner-Kommunikation" scheint den veränderten Bedingungen, wie sie durch den EDV-Einsatz

auftreten, am besten gerecht zu werden. Einerseits sind die wesentlichen Funktionsarten bei der Bürotätigkeit auch heute noch unverändert anzutreffen, andererseits muß diese Betrachtung jedoch, da neue Kommunikationstechniken und Informationssysteme eingesetzt werden, und dadurch doch einige Verschiebungen innerhalb der Tätigkeitsprofile in den Bereichen Kommunikations- und Informationsbearbeitung aufgetreten sind, um den für diesen Bereich typischen Aspekt der Kommunikationsart zwischen Mensch und Rechner erweitert werden.
Eine absolute Überschneidungsfreiheit der beiden vorgeschlagenen Dimensionen läßt sich nicht erreichen. Allerdings scheint die Art der Interaktion weitgehend arbeitsplatzunabhängig zu sein und damit die Verwendung der beiden Dimensionen (Funktionsart - Interaktionsform) für den Bürobereich akzeptabel.

Um diese Typologie auch bei der dieser Arbeit zugrunde liegenden empirischen Datenerhebung beibehalten zu können, wurde eine Beschränkung, der im Büro vorkommenden Tätigkeiten auf die wesentlichen Bereiche vorgenommen. Daraus ergeben sich die Tätigkeitsbereiche:
- Sekretariatstätigkeiten
- einfache Sachbearbeitungstätigkeiten
- Spezial- und Fachaufgaben
- Führungstätigkeiten.

Diese Einteilung entspricht in wesentlichen Elementen den von Szyperski /16/ in Befragungen festgestellten Benutzertypen, die sich wie folgt beschreiben lassen :

1. Sekretariatstätigkeiten

Die mit dieser Aufgabe betrauten Personen unterstützen die übrigen nachfolgend aufgeführten Personen bei der Aufgabenerledigung. Ihnen kommt hauptsächlich die Rolle der Bearbeitung von durch anderen Personen erstellten Informationen sowie der physikalischen Übertragung und Speicherung von Informationen zu.
Im Zusammenhang mit EDV sind dabei die Berufe Schreibkräfte, Sekretärinnen und Phonotypistinnen von besonderer Bedeutung.

2. Einfache Sachbearbeitungstätigkeiten

Diese Aufgaben weisen eine hohes Maß an Vorstrukturiertheit und Routine auf. Es sind in gewissem Umfang Fachkenntnisse erforderlich, die allerdings

weniger spezialisiert sind als bei den nachfolgend beschriebenen Spezial- und Fachaufgaben.
Berufsgruppen, die dieser Tätigkeit zugeordnet werden können, sind z.B. Sachbearbeiter für das Lagerwesen, den Einkauf, den Verkauf, Buchhalter oder Verwaltungsangestellte sowie Schalterdienstbeamte.

3. Spezial- und Fachaufgaben

"Hierunter fallen Tätigkeiten, bei denen Fachwissen und/oder spezielle Detailkenntnisse über ein bestimmtes Aufgabengebiet erforderlich sind. Die Aufgaben sind durchweg vom Ziel und Zweck her bestimmt; der Bearbeitungsweg ist relativ frei; die Arbeit ist schlecht strukturiert oder vielschichtig und erfordert Eigeninitiative und Ideen."/17/ Als Beispiele für in diesen Bereichen typische Berufe sind hierbei qualifizierte Einkäufer und Verkäufer, Wissenschaftler, Ingenieure in Konstruktion, Produktion und Datenverarbeitung sowie Anwälte, Notare, Richter, Organisatoren etc. zu nennen.

4. Führungsaufgaben

"Diese schließen ein: das Leiten und Motivieren von Mitarbeitern, den Aufbau und die intensive Pflege von Kommunikationsbeziehungen, die Lösung von Problemen und die Entscheidungsfindung unter Unsicherheit und Risiko, die Entwicklung der Grundzüge von Konzepten und Planungen sowie die Schaffung von Konsensbildung. Expertenwissen über bestimmte Fachgebiete spielt eine untergeordnete Rolle." Führungsaufgaben nehmen z.B. Vorstandsmitglieder, Geschäftsführer, Hauptabteilungsleiter, Bereichsleiter und Werksleiter wahr./18/

Im Sekretariatsbereich überwiegen eher Datenerfassungstätigkeiten, während im Managementbereich - je nach Unterstützung - eher Datenabfrage- und Dialogtätigkeiten vorkommen. Dateneingaben für den Managementbereich dürften eher die Ausnahme darstellen und z.B. in Form von interaktiven Beschriftungen von Graphiken oder der Bedienung eines Mailing-Systems anfallen.
Zu diesen tätigkeitsspezifischen Unterschieden im Büro- und Verwaltungsbereich kommen noch persönlichkeitsbedingte Unterschiede hinzu. In bezug auf die Nutzung von EDV-Programmen sind hierbei einerseits die Faktoren Motivation und Akzeptanz zu nennen - auf die im folgenden Kapitel eingegangen wird - andererseits aber auch die Frequentierung der EDV-Anlage und der Software sowie die vorhandene Übung anzuführen. Gerade in diesem Punkt kann im allgemeinen nicht davon ausgegangen werden, daß aus EDV-Anfängern

zwangsläufig EDV-"Anwendungs- experten" werden. Dies hängt ganz besonders mit der Art der Systemnutzung und der Einbindung des Systems in die tägliche Arbeit zusammen. Tatsächlich kann man also nicht allgemein folgern, daß aus ungeübten Benutzern zwangsläufig gut geübte werden. Denkt man etwa an Benutzer eines Messeauskunftsystems - oder eines Giromats - so kann man regelmäßig nicht von einer hohen Übung des Anwenders ausgehen. Starke Übung wird erst bei häufiger Frequentierung zwangsläufig eintreten. Allerdings gibt es auch Personengruppen, die von diesen Möglichkeiten wenig Gebrauch machen und deshalb auch immer ungeübte Personen bleiben werden. Ähnlich verhält es sich in einer Unternehmung, wenn man etwa an die Benutzung eines Information-Retrieval-Systems denkt, das z.B. auch sporadischen Anwendern helfen soll.
Insofern ist es also sinnvoll, die eingangs erwähnte Zweidimensionentypologie um den personenabhängigen Aspekt der Übung und Frequentierung zu erweitern. Natürlich wird bei einem Teil der Beschäftigten das Ziel und die Notwendigkeit bestehen, schnell zu einem gut geübten Benutzer zu werden, da ohne diese Voraussetzungen keine sinnvolle Aufgabenerfüllung möglich ist. Andererseits wird es aber immer einen Personenkreis geben, der entweder durch längeres Nichtbenutzen oder durch seltene Anwendung ungeübt bleiben wird./19/

Auf Basis dieser Überlegungen sollen in den nachfolgenden Kapiteln dieser Arbeit einerseits personenspezifische Aspekte, die im Zusammenhang mit dem EDV-Einsatz und der Software-Anwendung stehen, betrachtet werden. Andererseits gilt es in einer detaillierteren Form - als dies in der oben vorgenommenen einführenden Darstellung möglich war - die Einsatz- und Unterstützungsbereiche der Software für den Büro- und Verwaltungssektor zu analysieren, um daraus Anforderungen an das Software-Design abzuleiten.

4. Akzeptanz und Motivation als Voraussetzungen einer effektiven Nutzung neuer Technologien in Büro und Verwaltung

Wie sich aus der Beschreibung des allgemeinen EDV-Umfeldes (Kapitel 2) erkennen läßt, führt die Mikroelektronik zu erheblichen und tiefgreifenden Veränderungen in allen gesellschaftlichen Bereichen. Reduziert man die Betrachtung dieser Auswirkungen auf den hier behandelten Büro- und Verwaltungsbereich, so sieht man sich dort einer kontroversen Situation gegenüber:

Gerade in diesem Bereich trifft die Einführung neuer Techniksysteme auf Mitarbeiter, die über Jahre hinweg nur relativ wenig Veränderungen in Hinblick auf den Arbeitsinhalt bzw. die Arbeitsorganisation sowie auf die Arbeitsmittel erlebt haben./1/ Durch die Konfrontation mit gänzlich neuen Verfahren und zugleich teilweise neuen Organisationsformen sind erhebliche Probleme auf den unterschiedlichsten Ebenen innerhalb des Arbeitsprozesses zu erwarten. Oft steht dabei das Wissen der Betroffenen um die Notwendigkeit des Einsatzes effektiverer Hilfsmittel der Furcht vor Arbeitsplatzverlust aber auch der Angst vor Bedienungsschwierigkeiten mit den neuen Geräte gegenüber./2/

Damit, wie Reichwald /3/ es formuliert, der Anwender die von dem neuen Arbeitsmittel bereitgestellten Nutzungspotentiale in einer konkret beobachtbaren Arbeitssituation auch aufgabenbezogen abruft, muß zunächst die grundsätzliche Bereitschaft bestehen, sich mit dem neuen Medium auseinanderzusetzen und dessen Anwendungsmöglichkeiten kennenzulernen, um daraus Vorteile für die eigene Arbeitstätigkeit abzuleiten. D.h. es ist - auch aus wirtschaftlichen Gründen - anzustreben, daß die Anwender diese Systeme akzeptieren.

Ob ein Anwender das ihm zur Verfügung gestellte System annimmt und mit ihm in effektiver Weise arbeitet, hängt von verschiedenen Parametern ab, die zum einen in der betreffenden Person selbst liegen, zum anderen durch "äußere Faktoren" beeinflußt werden. Reichwald spricht in diesem Zusammenhang von organisatorischen, personalen und technikbezogenen Merkmalen./4/

Im weiteren Umfeld sind diese unmittelbaren Einflußfaktoren noch um volkswirtschaftliche und gesellschaftliche Größen zu ergänzen, die das Verhalten des Arbeitenden sowie die Arbeitssituation beeinflussen können. Einen nicht unwesentlichen Einfluß können z.B. Gewerkschaften und Arbeitgeberverbände, staatliche Stellen, Universitäten oder auch Gesetzgebung haben, die alle - über Empfehlungen und Verhaltensweisen, z.B. in den Massenmedien verbreitet - die Arbeitswelt beeinflussen. Diese Faktoren sind jedoch - zumindest was die Software-Gestaltung anbelangt - weitgehend als Gegebenheiten anzusehen und sollen deshalb für die weiteren Ausführungen nicht mehr berücksichtigt werden./5/

Im Software-Entwicklungsprozess sind einerseits die Anwender, andererseits die Software-Designer als Hauptbeteiligte anzusehen. Verfolgt man das Ziel, Software so zu erstellen, daß sie als intelligentes Hilfsmittel für einen Anwender zur Verfügung steht, so kann dies nicht unabhängig von benutzerbezogenen Daten erfolgen, die bei der Programmerstellung berücksichtigt werden müssen.
Aus der Zweckgerichtetheit der Software (sinnvolle und intelligente Unterstützung bei der Aufgabenerledigung) ergeben sich für die Software-Entwickler die Forderungen, Software so zu erstellen, daß beim Anwender zum einen der Wunsch und die Bereitschaft zu ihrem Einsatz besteht, und er sich zum anderen dieser Programme auch tatsächlich bedient.
Im Zusammenhang mit der Betrachtung des Einsatzes eines speziellen Rechnersystems bei der Arbeit läßt sich dieser Sachverhalt, abstrakt gesehen, auf die beiden Faktoren der Akzeptanz des Rechnersystems im allgemeinen und der Motivation zur Arbeit mit dem Rechnersystem im besonderen zurückführen.

Bereits in der Projektierungsphase einer Software-Entwicklung wird über Faktoren entschieden, die diese Aspekte beeinflussen. D.h., schon zu diesem Zeitpunkt bestimmt der Entwurf - zumindest in grundsätzlicher Weise - z.B. über Inhalt und Reihenfolge späterer Einzeltätigkeiten bzw. über Einflußmöglichkeiten des Anwenders beim Einsatz des Programms. Damit werden in dieser Projektphase Bedingungen fixiert, die sich auf die Aufgabenerledigung und damit den Tätigkeitsinhalt des Menschen im späteren Mensch-Rechner-System auswirken./6/

Im Sinne einer präventiven Systemgestaltung bedeutet dies für den Designer, daß er schon in einer sehr frühen Entwicklungsphase seinen Entwurf an den Einflußgrößen der Motivation und Akzeptanz orientieren muß. D.h. neben der Ausrichtung der Software-Entwicklung auf die Erfüllung funktioneller Erfordernisse wird in gleichem Maße die Adaption der Software-Oberfläche an die Erfordernisse der späteren Benutzer wichtig. So beeinflußt die Entwurfsgestaltung etwa wesentlich Teile der späteren organisatorischen Rahmenbedingungen und des Layouts./7/
Insofern kann der Software-Entwicklungsprozess von Anfang an nicht unabhängig vom späteren Anwender ablaufen, ohne daß mit schwerwiegenden Fehlentscheidungen zu rechnen ist, die sich z.B. beim Einsatz des Programms in Form von unzureichender Aufgabenerfüllung oder auf psychophysiologischer

Ebene in Unter- oder Überforderung äußern. Die Bedeutung der Einbeziehung der o.a. anwenderbezogenen Faktoren ist dabei sowohl bei individuellen Lösungen als auch bei Standardlösungen gleich groß.
Allerdings dürfte die Beseitigung von Fehlern, die auf die zu späte Berücksichtigung anwenderbezogener Faktoren zurückzuführen ist, bei Standard-Software mit höheren Kosten verbunden sein, da sie sich u.U. auf ganze Branchen auswirkt./8/ Nachfolgend wird deshalb versucht, aus den die Akzeptanz und Motivation des Anwenders bestimmenden Kriterien Anforderungen an das Software-Design zu formulieren.

4.1 Determinanten der Akzeptanz

Geht man vom Anwender des Techniksystems aus und stellt sich die Frage, ob die Potentiale der neuen Technik auch genutzt werden, so führt dies einerseits zu der Frage, ob das System vom Anwender akzeptiert wurde und andererseits dazu, ob er motiviert ist, mit dem System zu arbeiten. Nach Schönecker sind für die Akzeptanz zwei Kriterien bedeutsam, die beide erfüllt sein müssen./9/

Es handelt sich dabei zum einen um ein aufgabenbezogenes Verhalten des Anwenders gegenüber der EDV, das zum anderen mit der positiven Einstellung der betreffenden Person gekoppelt sein muß. Die erste Bedingung alleine genügt nicht, da z.B. auch die Bedienung von außen erzwungen werden kann. Damit läßt sich folgern, daß ohne die Bereitschaft des Benutzers, den Computer überwiegend vorurteilsfrei und ohne Bedenken als Werkzeug und Hilfsmittel bei der Aufgabenbewältigung einzusetzen, die Funktionsfähigkeit des Mensch-Rechner-System i.d.R. stark beeinträchtigt wird. In diesem Falle kann von einer Zusammenarbeit nicht gesprochen werden. Fehlende Akzeptanz kann zwar, wie schon angedeutet, in engen Grenzen durch extrinsische Maßnahmen (z.B. psychischer Druck oder hohe Bezahlung) bis zu einem gewissen Maß kompensiert werden, von einem Handeln des Betroffenen im Sinne eines motivierten Verhaltens kann jedoch keineswegs mehr gesprochen werden. Abgesehen von der unzumutbaren Situation für den Arbeitenden fällt dieses Arbeiten, wenn es überhaupt zustande kommt, vermutlich sehr uneffektiv aus.

Es ist daher sinnvoll und erforderlich, sich etwas genauer mit den grundsätzlichen Komponenten, die die Akzeptanz determinieren, auseinanderzusetzen. Die prinzipiellen Zusammenhänge zeigt folgende Abbildung:

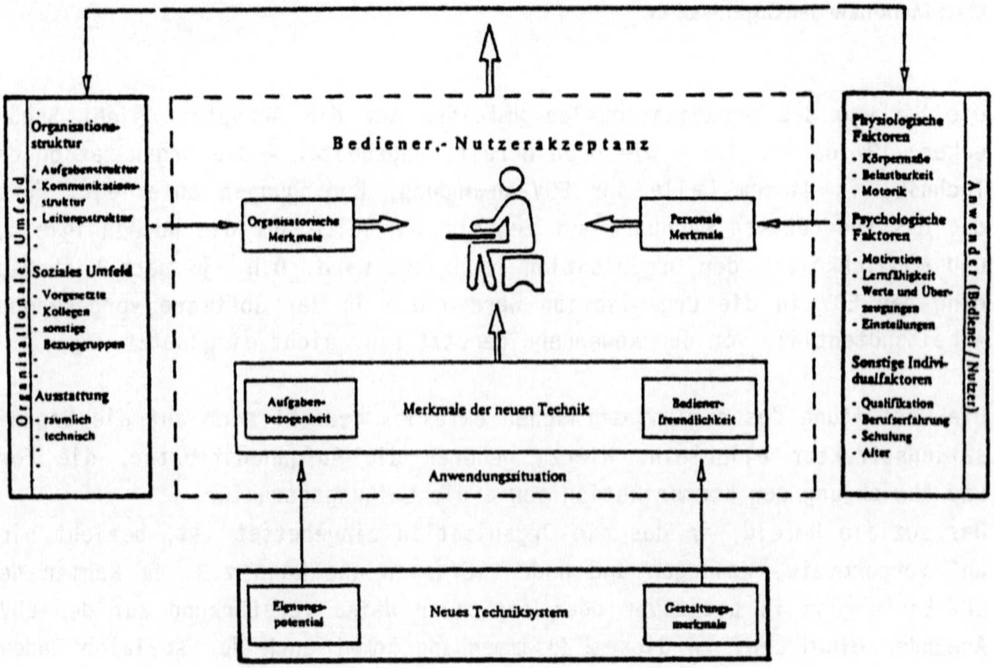

Abb. 13: Wirkzusammenhang der Akzeptanzkomponenten /10/

Neben diesen Faktoren, die im Zusammenhang mit Fragen der Akzeptanz stehen, spielt auch die Einführungsstrategie eine wesentliche Rolle.
Generell läßt sich feststellen, daß die dargestellten Einflußgrößen nicht unabhängig voneinander sind, sondern sich gegenseitig beeinflussen.
So bestimmt beispielsweise die Kombination von Organisationsstruktur und Technikmerkmalen den Nutzen der jeweiligen EDV-Anlage. Durch die Kombination dieser beiden Größen wird u.a. darüber entschieden, ob gewisse Funktionen in einem Programmpaket überhaupt verwendet werden (können) oder ob man darauf verzichtet, um z.B. die bisherige Ablauforganisation beizubehalten./11/

Hinzu kommen Merkmale des Anwenders (z.B. seine Qualifikation oder seine Erfahrung), die mit darüber entscheiden, inwieweit angebotene Funktionen eines Programms genutzt werden (können).
Nachfolgend sollen diese Einflußgrößen auf ihre Bedeutsamkeit für den EDV-Einsatz besprochen werden.

4.1.1 Merkmale der Organisation

Die Wirkung des organisationalen Umfeldes auf die Akzeptanz sieht Schönecker /12/ darin, daß - wie oben bereits angedeutet - die Organisation der Technik, in diesem Falle der EDV-Anwendung, Bedingungen auferlegt, durch die das theoretisch Machbare auf technischer Seite auf die Notwendigkeiten und Möglichkeiten der Organisation reduziert wird. D.h. je nach Einbeziehung der EDV in die Organisation werden die in der Software vorgesehenen Arbeitspotentiale von den Anwendern genutzt bzw. nicht eingesetzt.

Die Gestaltung des organisatorischen Umfeldes bezieht sich auf die Organisationsstruktur allgemein. Hierzu gehören die Aufgabenstruktur, die Form und Abwicklung der Kommunikation sowie die Leitungsstruktur.
Das soziale Umfeld, in das die Organisation eingebettet ist, bezieht sich auf Vorgesetzte, Kollegen und andere Gruppen und kann z.B. im Rahmen der EDV-Einführung in positiver oder negativer Weise verstärkend auf den EDV-Anwender einwirken. In diesem Zusammenhang kommt auch der sozialen Bedeutung des Computers eine entsprechende Rolle zu. Diese läßt sich beispielsweise mit den Begriffen Prestigegewinn und Statusverbesserung in positiver Weise oder mit Angst vor Arbeitsplatzverlust, Monotonie sowie Zunahme von Hektik am Arbeitsplatz in negativer Weise verknüpfen.

Eine kurzzeitige Prestigesteigerung mit deutlich positiver Arbeitseinschätzung konnte überwiegend bei solchen Beschäftigten festgestellt werden, bei denen sich die EDV-Installation als "Pilotanwendung" interpretieren ließ./13/
In umgekehrter Richtung wirken entsprechend die negativen Assoziationen, die mit dem Computereinsatz verbunden sind. So beeinflussen sie die generelle Bereitschaft zum Einsatz eines Rechners am Arbeitsplatz. Nach einer Untersuchung von Zink /14/, die sich mit der Beurteilung von CAD-Systemen aus der Sicht projektverantwortlicher Personen bzw. zukünftiger Benutzer befaßte, wurde die Frage nach tendenzieller Zunahme der Arbeitsintensität von etwa 79% der Befragten positiv beantwortet. D.h. neben der Furcht vor Freisetzungseffekten besteht beispielsweise auch die Vorstellung, daß mehr Arbeit in kürzerer Zeit zu bewältigen sei.

4.1.2 Merkmale der Anwender

Unter Merkmalen der Anwender versteht Reichwald insbesondere solche Faktoren, die sich auf die Leistungsbereitschaft und die Leistungsfähigkeit beim Menschen auswirken.
Die Leistungsfähigkeit wird von Eigenschaften des Menschen determiniert, die entweder von Geburt an vorhanden sind oder die im Laufe der Zeit durch Lernen erworben wurden.
Hierzu gehören beispielsweise Körpermaße und Belastbarkeit oder solche Größen wie Qualifikation und Berufserfahrung.
Die Leistungsbereitschaft hingegen stellt u.a. die aus der subjektiven Bewertung abgeleitete Entscheidung zur Leistungsabgabe dar. D.h. die Leistungsfähigkeit ist nur eine notwendige aber nicht hinreichende Bedingung.
Insofern ist der Leistungsbereitschaft und somit Faktoren wie Motivation, persönliche Einstellungen oder Überzeugungen im folgenden eine besondere Bedeutung beizumessen./15/

4.1.3 Merkmale der Technik

Im Zusammenhang mit der Tätigkeit an Bildschirmarbeitsplätzen stellen die Merkmale der Technik und damit verknüpft die Nutzungsmöglichkeiten des Computers sowie die daraus z.T. resultierende Einstellung gegenüber dem Arbeitsplatz die Faktoren dar, die durch Software-Gestaltungsmaßnahmen am ehesten zu beeinflussen sind.
Für das Techniksystem determiniert die Bedienerfreundlichkeit/ Benutzerfreundlichkeit und die Aufgabenbezogenheit des neuen Rechnersystems die Akzeptanz wesentlich.
Unter Bedienerfreundlichkeit sind dabei Gestaltungsaspekte, wie z.B. leicht verständliche, direkt intuitiv einsichtige Programmsteuerungen oder Bedienungskomponenten, mit deren Hilfe Programmstrukturen einfach zu aktivieren sind (z.B. Piktogramme für die Unterstützung spezieller Aufgaben), zu verstehen.
Aufgabenbezogenheit meint u.a. die richtige Abbildung der durchzuführenden Tätigkeitsabläufe und der dazu benötigten Informationen auf das Medium Computer mit Hilfe der Software. Statt des Begriffs "Bedienerfreundlichkeit" hat sich allgemein der Begriff "Benutzerfreundlichkeit" durchgesetzt, der im folgenden verwendet werden soll. Er läßt sich nach einem Entwurf der

DIN-Norm 66 234, Teil 8 durch folgende Begriffe charakterisieren:/16/

- Aufgabenangemessenheit
- Selbsterklärungsfähigkeit
- Steuerbarkeit
- Verläßlichkeit
- Fehlertoleranz und Fehlertransparenz./17/

4.2 Einflußmöglichkeiten der Software-Entwickler auf die Anwender-Akzeptanz

Die Operationalisierung der einzelnen Forderungen und damit die Übertragung auf konkrete Anwendungen erfolgt durch die Software-Entwickler bisher jedoch selbst bei identischen Tätigkeiten in unterschiedlicher Weise./18/

Unter Berücksichtigung von Aufgabenbezogenheit und Benutzerfreundlichkeit ergibt sich dann aufgrund der subjektiven Bewertung des Anwenders eine entsprechende Beurteilung über die Nützlichkeit des Rechners im Rahmen der zu erledigenden Tätigkeiten. Dieser Nutzwert ist von den dargelegten Faktoren abhängig und bestimmt das Maß der Akzeptanz des Systems mit.

Aufgrund der Komplexität des Zusammenwirkens akzeptanzbeeinflussender Faktoren muß jedoch hinsichtlich der Wirksamkeit und dem Grad der erreichbaren Verbesserung bedacht werden, daß wesentliche Verbesserungen von Arbeitsbedingungen grundsätzlich nur durch die Gestaltung bzw. Veränderung im gesamten soziotechnologischen System eintreten können. Dies läßt den Schluß zu, daß partielle Verbesserungen - wie sie z.B. durch benutzerfreundliche Software-Gestaltung erreichbar sind nicht grundsätzlich wirksam sein müssen und möglicherweise lediglich zu suboptimalen Lösungen führen. Dies bedeutet, daß man Maßnahmen zur Verbesserung der Arbeit nicht unmittelbar mit Erwartungen in Form eines Reiz-Reaktion-Schematas an Verhaltensänderungen (z.B. Zustimmung statt Ablehnung eines Systems aufgrund geringfügiger Veränderungen) des arbeitenden Menschen verknüpfen kann. Vielmehr handelt es sich bei der Arbeitsgestaltung, z.B. bei der Dialoggestaltung eines Softwareprodukts, um die objektive Veränderung einer Arbeitssituation, die sich auf die Person auswirkt. Welche Wirkung diese Veränderung mit sich bringt, ist aufgrund der Heterogenität der menschlichen Persönlichkeit, der Vielzahl das Verhalten mitbestimmender Faktoren sowie der interindividuellen Unterschiede nicht mit Sicherheit prognostizierbar.
Die Notwendigkeit zur Berücksichtigung solcher Kriterien, die nicht direkt den Bildschirmarbeitsplatz (Technik) betreffen, konnten auch Picot und

Reichwald /19/ nachweisen. Hierzu bemerkten sie, daß nach ihrer Meinung alle Erklärungsansätze, die nur die Einstellung gegenüber dem neuen Medium als Kriterium für die Beurteilung der Akzeptanz heranziehen, zu kurz greifen. Vielmehr müßten weitere Variablen, die den Kontext wie z.B. die Aufgabe an sich betreffen, mit in die Betrachtung einbezogen werden.

Für den Software-Designer stellt sich damit die Aufgabe im Rahmen seiner Einflußmöglichkeiten die Merkmale der Technik anwenderbezogen zu gestalten: D.h. die entwickelten Programme müssen die Erwartungen der Anwender erfüllen. Indirekt kann der Entwickler auf diesen Gesichtspunkt dadurch Einfluß nehmen, indem er versucht, die "theoretische Anwendbarkeit" des Systems zu erhöhen./20/

Eine Vorgehensweise zur Erhöhung des Rechnernutzens für den Anwender besteht z.B. in der Parameterisierung von Programmen dergestalt, daß eine konkrete Aufgabendurchführung erst nach dem (einmaligen) Setzen gewisser Parameter, die an die organisatorischen Bedingungen geknüpft sein können (im Sinne unternehmensspezifischer Anpassung), möglich wird. Eine sehr einfache Form der Parameterisierung besteht etwa für ein Textverarbeitungsprogramm in der Anpassbarkeit des Layouts an Firmenvordrucke. D.h. durch die (sinnvollerweise einmalige) Einstellung der Daten für fixe Textstellen, z.B. Datum, Betreff, Bezug und Bearbeiter, ist eine firmenspezifische Adaption realisiert. Solche Überlegungen zur Vergrößerung der theoretischen Anwendbarkeit werden umso wichtiger, je unsicherer die Daten der späteren Anwendung sind. Je nach Erfahrung und Frequentierung der Software kann aber z.B. der Versuch, ein Programm gänzlich variabel zu gestalten, Probleme bei dessen späterer Nutzung (z.B. Anwendungsschwierigkeiten) verursachen./21/

Daraus ergibt sich neben der reinen funktionellen Technikgestaltung zusätzlich für den Designer die Aufgabe einer bedienerfreundlichen Technikgestaltung. Durch sie wird u.a. der Umfang der vom Anwender zu erwerbenden Zusatzqualifikation mitbestimmt. Die Realisierung des benutzerfreundlichen Aspekts im Rahmen der Software-Entwicklung kann z.B. bedeuten, daß die Programme in ihrer Handhabung an den jeweiligen Anwender angepaßt werden können. Dies setzt zum einen voraus, daß die Tätigkeitsinhalte einzelner Arbeitsplatztypen bekannt sind./22/ Zum anderen sind Fragen zur Gestaltung der Software-Oberfläche im weitesten Sinne zu klären, was Gegenstand der Diskussion in Kapitel 6 sein wird.
Aufgrund der oben beschriebenen Komplexität der die Akzeptanz und allgemein das Verhalten bestimmenden Einflußfaktoren läßt sich selbst bei optimaler Verwirklichung der o.a. Programmanforderungen (aufgabenbezogene Handhabbar-

keit, Bedienungsfreundlichkeit) bei den Anwendern nicht unmittelbar EDV-Akzeptanz erwarten. Diese hängt wie bereits erwähnt noch von anderen Faktoren, z.B. organisationalen Bedingungen, ab, auf die der Software-Entwickler - wenn überhaupt - so nur (z.B. durch variable Software-Entwicklung) indirekt Einfluß nehmen kann.
Allerdings ist es auf diese Weise möglich, durch entsprechende gestalterische Maßnahmen Potentiale in die Software zu implementieren, die im Gesamtsystem (EDV-Einsatz in einer konkreten Organisation) akzeptanzförderlich wirken können.

4.3 Software-Design und Arbeitsmotivation

Betrachtet man nun wieder den Anwender, so stellt sich die Akzeptanz lediglich als eine notwendige aber keine hinreichende Bedingung zum effektiven Umgang mit dem System dar. Erst in Verbindung mit motiviertem Verhalten läßt sich ein akzeptiertes System auch sinnvoll einsetzen.
Zu diesem Zweck muß deshalb zunächst geklärt werden, wie motiviertes Verhalten zustandekommt und wodurch es beeinflußt werden kann. Eine Klärung dieser Fragestellung in bezug auf den Software-Entwicklungsprozeß kann danach möglicherweise wieder zu Rückschlüssen auf die Gestaltung der Software führen und zu einer Einordnung dieser Maßnahmen hinsichtlich ihres motivierenden Charakters beitragen.

Exkurs: Die Erklärung motivierten Verhaltens am Beispiel des Modells von Porter und Lawler

Zur Schaffung der Voraussetzungen für einen effektiven Umgang des Benutzers mit der Software sollen nachfolgend die Determinanten für motiviertes Verhalten dargestellt werden. Aus ihnen lassen sich Rückschlüsse auf die Bedeutung der EDV und der Software für den Anwender bzw. seine Arbeit ziehen und somit generelle Aussagen für das Design der Software und deren evtl. Wirkung abschätzen.

Nach Lawler /23/ wird die Motivation von der Erwartung der handelnden Personen beeinflußt, daß eine unternommene Anstrengung (A) zu einer bestimmten Leistung (L) und diese zu einer Belohnung (B) führt.
D.h., der arbeitende Mensch wägt in einem ersten Schritt ab, inwiefern eine Anstrengung wirklich zu einem Ergebnis führt. In einem solchen Abwägungsprozess beurteilt also die Person z.B., ob etwa durch - nicht von ihr beeinflußbare - äußere Umstände die Durchführung einer geplanten Handlung un-

möglich gemacht wird. Man spricht hierbei auch von einer A -> L - Erwartung.

Neben dieser A -> L - Erwartung hängt die Entscheidung, ob eine Leistung erbracht werden soll, noch von der subjektiven Bewertung hinsichtlich ihrer Folgen ab. Als Folgen einer Leistung stellt sich ganz allgemein eine Belohnung (positiv gewertetes Resultat einer Leistung) ein. Die Abschätzung der Person, ob und zu welcher Belohnung die Leistung führen wird (L -> B - Erwartung), stellt die zweite Komponente dieses Modells dar.

Wie erwünscht diese bei einem bestimmten Individuum ist, d.h. welchen subjektiven Wert sie bei jedem einzelnen hat, wird in diesem Modell durch die sogenannte Valenz (V) wiedergegeben. Insofern ergibt sich als dritte Größe, durch die motiviertes Verhalten erklärt werden kann, die subjektive Abschätzung des Wertes der Belohnung. Die folgende Abbildung zeigt diesen Ausschnitt des Modells von Lawler./24/

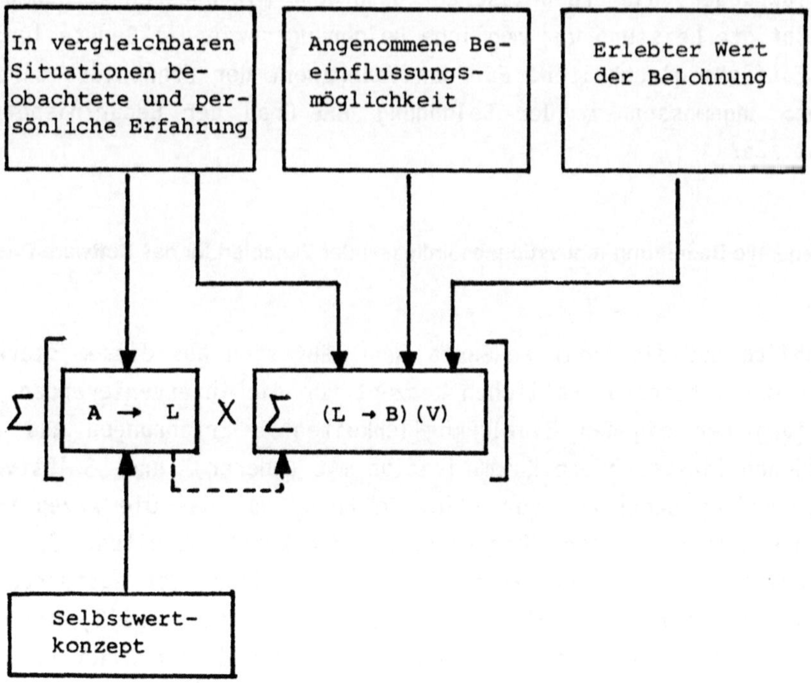

Abb. 14: Ausschnitt aus dem Modell von Lawler zur Erklärung motivierten Verhaltens

Ohne auf die sich in vielfältiger Weise gegenseitig determinierenden Variablen des umfassenden Globalmodells - wie es hier nur ausschnittsweise dargestellt ist - weiter eingehen zu wollen, sollen an dieser Stelle kurz einige für die Software-Gestaltung wesentliche Punkte betrachtet werden.

Wie die obige Abbildung zeigt, wird die Einschätzung der A -> L - Erwartung sehr stark vom Selbstvertrauen (Selbstwertkonzept) der betreffenden Person geprägt. So halten sich z.B. Personen mit niedriger Selbsteinschätzung für weniger fähig, was sich auf die Einschätzung der obigen Wahrscheinlichkeit negativ auswirkt.
Hinzu kommen frühere Erfahrungen, die aus vergleichbaren persönlich erlebten oder beobachteten Situationen gewonnen wurden. Im Zusammenhang mit der EDV-Einführung ist dabei u.a. das Ergebnis der Kommunikation mit anderen Personen über dieses Thema von besonderer Bedeutung. Als weiterer Einflußparameter kommt die Beurteilung der tatsächlichen Situation hinzu.
Ähnlich wie die A -> L - Erwartung unterliegt die Einschätzung hinsichtlich Qualität und Quantität der erreichbaren Belohnung äußeren Einflußfaktoren. Auch sie wird determiniert durch die schon in ähnlichen Situationen gemachten Erfahrungen, die Ergebnisse der Gespräche mit anderen Personen über die beabsichtigte Leistung und mögliche Belohnung sowie die Beurteilung der eigenen Einflußmöglichkeiten. Für den Valenzwert der Ergebnisse sind die Parameter: Angemessenheit der Belohnung und Grad der Bedürfnisbefriedigung evident./25/

4.3.1 Generelle Bedeutung motivationsbeeinflussender Variablen für das Software-Design

In Hinblick auf die Software-Gestaltung läßt sich aus diesem stark vereinfachten motivationstheoretischen Konzept für die intervenierenden Variablen "Bewertung der eigenen Einflußmöglichkeiten", "Erfahrungen aus ähnlichen Situationen (insbesondere Kommunikation mit anderen)" und "Selbstvertrauen" eine besondere Bedeutung vor allem im Bezug auf das die Akzeptanz mitbestimmende Kriterium der "Benutzerfreundlichkeit" ableiten. So kann beispielsweise das Selbstvertrauen bei der Beurteilung der Ausführbarkeit einer Aufgabe dadurch gestärkt werden, daß der Anwender weiß, daß die Software aufgrund der Bereitstellung umfangreicher und sinnvoller Erläuterungen (Hilfetexte) bei Anwendungsschwierigkeiten offene Fragen zu beantworten versucht. Ebenso können sich positive Systemerfahrungen - vor allem in problematischen Situationen, man denke etwa an das Verirren in einer komplexen Programmstruktur - günstig auf die Bereitschaft auswirken, sich im Programm auch an noch unbekannte Stellen zu bewegen und die dort bereitgestellten Funktionen auszutesten. Diese Lernerfahrungen können dem Anwender das Gefühl der Beherrschbarkeit des Systems vermitteln, was wiederum seine

Selbstbestätigung bestärken kann. In der Kommunikation mit anderen Personen können Vorurteile abgebaut oder zusätzliche Hemmnisse aufgebaut werden. Dieser Aspekt bezieht sich z.B. auf die Durchführung von Schulungsmaßnahmen, bei denen die "Schüler" später z.B. als Vermittler - in einem oft betriebenen Schneeballsystem - ihre erlernten Kenntnisse an andere Personen weitergeben. Damit entscheidet auch die Gestaltung und der Erfolg solcher Maßnahmen über die Bereitschaft zur Leistung und damit zur Arbeit mit dem System. Neben der Kommunikation können in diesem Zusammenhang auch die Gruppenbeziehungen als Verstärker in positiver oder negativer Weise angesehen werden.

4.3.2 Generelle Konsequenzen für das Software-Design

Für den Software-Designer bedeutet dies vor allem, Systeme zu schaffen, die sich durch die oben dargestellte Bedienbarkeit und Funktionalität auszeichnen.
Hierzu zählt z.B., daß die Software so entworfen wird, daß man mit ihr in relativ kurzer Zeit - natürlich nur in einem gewissem Umfang - Tätigkeiten ausführen kann und so rasch zu Erfolgserlebnissen gelangt. Ebenso ist z.B. darauf zu achten, daß der Anwender möglichst wenig schlechte Erfahrungen macht. Hierzu gehören zum einen die Beachtung und Umsetzung der Kriterien für eine benutzerfreundliche Oberflächengestaltung. Als Beispiel möge an dieser Stelle der Hinweis genügen, daß der Anwender sich jederzeit im System zurechtfinden muß und immer wieder an den Ausgangspunkt der Interaktion auf einfache Weise zurückkommen sollte. Vergebliche Versuche von einer Anwendung in eine andere zu wechseln, die dann im Extremfall beispielsweise im Ausschalten des Rechners mit einem kompletten Datenverlust enden, tragen sicherlich zu den schlechten Erfahrungen bei und sind nicht geeignet das Selbstvertrauen zu stärken. Zum anderen entstehen Anforderungen an die Schulung und den Schulungsinhalt./26/

In diesem Zusammenhang ist es daher denkbar, im vorhinein die Benutzer des Systems z.B. vor schlechten Erfahrungen dadurch zu schützen, indem man sie auch über die Grenzen des Systems aufklärt und sie bewußt an diese heranführt. Durch diese Präventivmaßnahme kann z.B. verhindert werden, daß der Anwender nicht erst in der Arbeitssituation auf diese Grenzfälle stößt und dann nicht weiß, wie er reagieren soll bzw. kann.

Eine positive Bewertung der eigenen Einflußmöglichkeiten läßt sich erreichen, indem der Benutzer Formalismen - z.B. Inhalt von Menütexten oder die

farbliche Gestaltung von Datenfeldern - selbständig variieren kann oder indem vom System her qualitative Veränderungen der Software beispielsweise durch Anbindung einer frei programmierbaren Schnittstelle - zugelassen werden.
Das Maß der qualitativen Veränderung hängt natürlich wesentlich von den Kenntnissen des einzelnen - beispielsweise hinsichtlich Software-Umfang oder auch Benutzung von Programmiersprachen - ab und muß daher auch dem jeweiligen Benutzer angepaßt sein. Die freie Programmierbarkeit stellt sicher die flexibelste Möglichkeit dar, dürfte aber i.d.R. z.B. im Sachbearbeitungsbereich zu einer Überforderung der Betroffenen führen. Für diesen Bereich wäre - gerade was qualitative Änderungen anbelangt - etwa die Möglichkeit, Formulare oder Druckausgaben selbständig zu ändern denkbar und würde auch - was die edv-mäßigen Voraussetzungen des durchschnittlichen Sachbearbeiters anbelangt - angemessen sein.

Die "Erfahrung in ähnlichen Situationen" prägt ihrerseits zukünftiges Verhalten und Erwartungen der Benutzer. Sie sind beispielsweise abhängig von den erlebten Freiheitsgraden, aber auch von der Unterstützung in bezug auf die Handhabung und die Art der Bedienung des Werkzeugs "Computer" bzw. der Software. Aus den dabei gewonnenen Erfahrungen, z.B. den erlebten Freiheitsgraden beim Umgang mit dem Werkzeug (Computer) in Verbindung mit externen Variablen, entstehen die Aussagen über den Computer und das Arbeiten mit dem Computer, die bei der Kommunikation mit anderen formuliert werden.

4.3.3 Ausgewählte Umsetzungsaspekte auf Basis der Theorie der Arbeitsmotivation von Herzberg

Was die Bewertung der erwarteten Belohnung anbelangt (L -> B - Erwartung), ist es zweckmäßig, die Frage nach den Arten der möglichen Belohnung und ihrer Bedeutung für die Motivation zu klären. Sieht man als Ursache der angestrebten Belohnung die Befriedigung von Bedürfnissen an und geht man weiter davon aus, daß die erfolgte Bedürfnisbefriedigung zu einer Zufriedenheit führt, so kann man die Frage nach der Belohnung in der Arbeitssphäre auf die Frage nach den Ursachen der Arbeitszufriedenheit zurückführen./27/ Als eine Möglichkeit zur Erklärung der Ursachen der Arbeitszufriedenheit kann der Ansatz von Herzberg angesehen werden.

Da sich Motivation nur als Ergebnis, z.B. in Verhaltensweisen während der Arbeit, erkennen läßt, hat Herzberg mit Hilfe der Critical-Incident Methode /28/ solche Faktoren zu identifizieren versucht, die potentiell zur Zufrie-

denheit oder Unzufriedenheit beitragen. Dabei gelangte er zur Trennung von sogenannten Hygienefaktoren und Motivatoren.
Als Hygienefaktoren wurden alle Kriterien bezeichnet, die in der empirischen Untersuchung zu keiner Zufriedenheit sondern - falls sie fehlten - zur Unzufriedenheit führten. Umgekehrt zählte er solche Faktoren zu den Motivatoren, die überwiegend zu starker Zufriedenheit beitrugen, beim Fehlen aber keine Unzufriedenheit bei den Betroffenen auslösten.
Nach seiner Theorie, die die Arbeitszufriedenheit als zweidimensionales Konstrukt postuliert, führt das Fehlen von Hygienefaktoren zur Unzufriedenheit, während eine Beseitigung des Mangels keine bzw. nur kurz andauernde Zufriedenheit mit sich bringt. Dementsprechend geht von den Hygienefaktoren keine motivierende Wirkung aus. Ihr Vorhandensein trägt zum allgemeinen Wohlbefinden bei. Die Existenz von Hygienefaktoren wird als angenehm und wichtig empfunden. Die Faktoren selbst unterliegen jedoch einer schnellen Gewöhnung und tragen deshalb nicht über längere Zeit zur Motivation bei.
Die Motivatoren ihrerseits beinhalten, falls sie vorhanden sind, diesen motivierenden Charakter. Die nachfolgende Abbildung zeigt die einzelnen Faktoren, unterteilt in Hygienefaktoren und Motivatoren aus einer Untersuchung von Zink./29/

Faktoren, die Zufriedenheit bewirken können, also Motivatoren im Herzbergschen Sinne darstellen, beziehen sich überwiegend auf die Arbeit selbst. Ulich zählt hierunter:/30/

- die Tätigkeit selbst
- die Möglichkeit etwas zu leisten
- die Möglichkeit sich weiterzuentwickeln
- Verantwortung bei der Arbeit
- Aufstiegsmöglichkeiten
- Anerkennung.

Als Faktoren, die eher zur Unzufriedenheit führen können, lassen sich solche spezifizieren, die eher mit der Arbeitsumgebung verbunden sind:
- Gestaltung der äußeren Arbeitsbedingungen
- soziale Beziehungen
- organisatorische Gegebenheiten
- Bezahlung
- Sicherheit des Arbeitsplatzes.

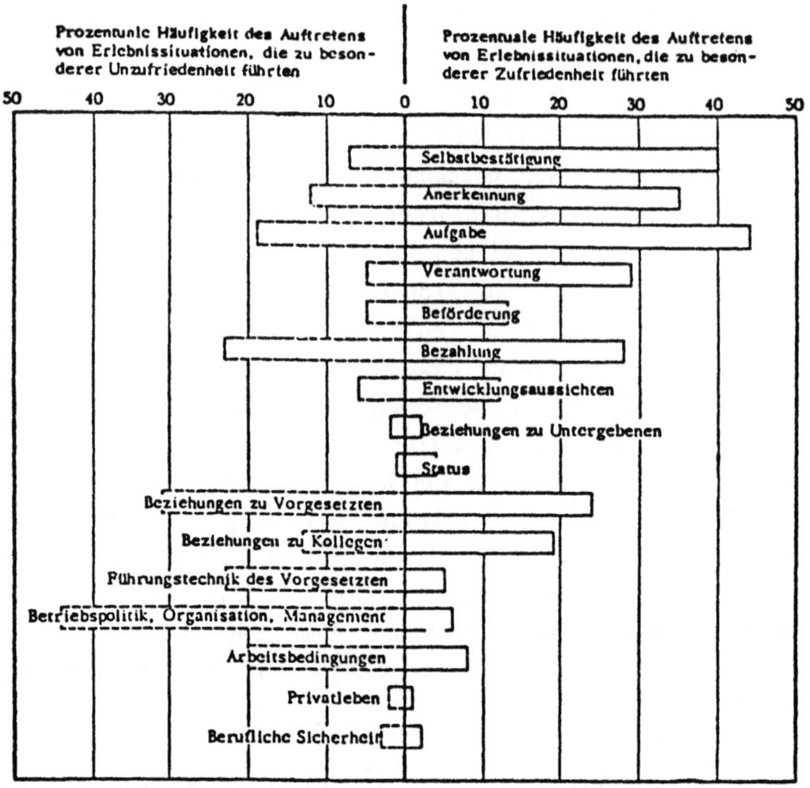

Abb. 15: Analyse von beruflichen Erlebnissituationen, die eine besonders positive oder negative Einstellung zur Arbeit hervorgerufen haben.

4.3.3.1 Motivationspotentiale von Hard- und Software

Aus diesen sehr allgemein formulierten Determinanten der Motivatoren und Hygienefaktoren im Herzbergschen Sinne gilt es nun für den spezifischen Bereich der Software-Gestaltung eine Standortbestimmung vorzunehmen, die die Rolle des Software-Designers hinsichtlich motivationaler Überlegungen verdeutlicht. Das Ziel dieser Analyse besteht darin, die Einflußmöglichkeiten softwaregestalterischer Maßnahmen auf die Arbeitsmotivation darzustellen.
Zur Standortbestimmung sollen zunächst einige gängige Assoziationen, Erwartungen und Erfahrungen formuliert werden, die in Verbindung mit dem Computereinsatz stehen.
Der Computer und die Einsatzmöglichkeiten des Computers spiegeln sich für den Benutzer in der Software-Oberfläche wider. Aus diesem Grund sind die

hier für den Computereinsatz aufgeführten Statements auch indirekt als Aussagen für die Software-Oberfläche und damit für den Designer - als letztes Glied der Tätigkeitskette bei Entwurf und Realisation der Mensch-Rechner-Schnittstelle - zu betrachten.
Nachfolgend eine beispielhafte Auflistung einer Reihe undifferenzierter Äußerungen, die - im Rahmen einer Meinungsbefragung - als Assoziation mit dem Begriff "Computer" ermittelt wurden./31/ Als positive Nennungen wurden dabei angeführt:

- der Computer erleichtert die Arbeit, kann als Hilfsmittel eingesetzt werden
- Computer tragen zu mehr Ordnung und Übersicht in die Arbeit bei
- die Arbeit kann schneller und genauer (effektiver) mit Hilfe des Computers durchgeführt werden
- Computer unterstützen den Fortschritt, stehen als Zeichen des Fortschritts
- Computer sind zukunftsträchtig (Anm. Es ist daher z.B. zu vermuten, daß der Computer für die mit ihm arbeitenden Personen oft sichere Arbeitsplätze schafft).

Als negative Nennungen wurden in dieser Umfrage folgende Statements angeführt:

- Angst vor Freisetzungseffekten und damit verbundene Arbeitslosigkeit und Arbeitsplatzvernichtung
- Rationalisierung (mit negativen Folgen z.B. Freisetzungen)
- Möglichkeit zu vermehrten Leistungskontrollen oder persönlicher Überwachung etc.
- Datenschutzprobleme
- Furcht vor gesundheitlichen Schäden
- Zunahme von Streß.

Überprüft man diese Aussagen hinsichtlich ihrer Bedeutung und ihres Stellenwertes für die Einordnung des Computers in motivationale Konzepte, so kann zunächst einmal - geht man von der zweidimensionalen Theorie Herzbergs aus - festgestellt werden, daß es sich bei einem Computer um ein Hilfsmittel handelt. Ein Hilfsmittel, dessen Aufgabe darin besteht, den Menschen bei seiner Arbeit die bestmögliche Unterstützung dadurch zukommen zu lassen, daß z.B. eine effektive und sinnvolle Aufteilung der einzelnen Arbeitstätigkeiten zwischen Mensch und Rechner vorgenommen wird. Insofern

stellt der Computer ein Werkzeug und damit überwiegend einen Hygienefaktor dar./32/
Alle oben angeführten Assoziationen, die zum Teil auch motivatorische Bestandteile enthalten, sind in diesem Zusammenhang zu sehen. Der Computer und die ihn repräsentierende Software-Oberflächen bzw. Programme stellen keinen Motivator für den arbeitenden Menschen dar. Sie können höchstens - aufgrund der Flexibilität eines Computersystems - als potentielle Möglichkeit zur Arbeitserweiterung oder Arbeitsbereicherung und damit zur Flexibilisierung bzw. Individualisierung der Arbeit gesehen werden.
Das bedeutet, die Realisierung von Arbeitsstrukturierungsmaßnahmen, wie z.B. Job Enrichment, kann beispielsweise durch entsprechend gestaltete Software unterstützt werden. Dies wird möglich, weil etwa ein Sachbearbeiter aufgrund erhöhter Datentransparenz, die ihm das Rechnersystem durch einfach zu bedienende Software zur Verfügung stellt, die von ihm erfaßten Daten - und die mit diesen Daten im Zusammenhang stehenden Konsequenzen - auch für andere Betriebsteile - besser überblicken kann. Man denke hierbei etwa an einen Konstrukteur, der edv-unterstützt durch einen Einblick in Lieferdaten und/oder Preise bestimmter Materialien/Werkstoffe in gewissem Umfang Kosten und Liefertermine eines Produkts schon in einer frühen Phase mitbestimmen kann.

4.3.3.2 Der Beitrag des Designers bei der Schaffung motivierender Aufgaben

Aus diesen Überlegungen heraus ergibt sich für den Software-Designer die Aufgabe, Programme so zu entwerfen, daß sie Potentiale zur Verwirklichung von Arbeitsstrukturierungsmaßnahmen wie Job Enrichment oder Job Enlargement enthalten. D.h. in letzter Konsequenz die benutzerfreundliche Software-Entwicklung um diesen Aspekt zu ergänzen.
Für zusätzliche Freiheitsgrade im Produkt kann der Software-Designer dadurch sorgen, indem er dem Benutzer z.B. eigene Gestaltungsräume überläßt. Man denke in diesem Zusammenhang etwa an die Möglichkeit des Benutzers, Veränderungen an der Software-Oberfläche vorzunehmen, z.B. indem er Menütexte oder Hilfsfunktionen so gestaltet, daß sie seinem Sprachverständnis entsprechen oder die Anordnung von Feldern einer Bildschirmmaske an vorhandene Formulare selbständig anpaßt.
Aus all diesen Überlegungen läßt sich allerdings keinerlei motivierende Wirkung "des Rechners an sich" ableiten. Allein die Möglichkeit, Veränderungen an der Software vorzunehmen, motiviert keinen Mitarbeiter sich bei der Arbeitserledigung der Computerunterstützung zu bedienen.

Vielmehr motiviert, wie oben schon angedeutet, die Arbeit an sich, so daß sich die Ansatzpunkte zur Schaffung motivierenden Verhaltens bei der Arbeit auf die Frage der Komponenten einer motivierenden Aufgabengestaltung zurückführen lassen. Auf diese Weise kann die Motivation und Arbeitszufriedenheit der Mitarbeiter positiv beeinflußt werden.
Die von Hackman /33/ als Kriterien einer motivierenden Aufgabengestaltung bezeichneten Aufgabendimensionen sollen im folgenden exemplarisch auf den Software-Entwicklungsprozess übertragen werden. Für den Software-Designer ergeben sich daraus folgende Anforderungen, die innerhalb der Software realisiert sein sollten, um eine Aufgabe als bedeutungsvoll erscheinen zu lassen:

1. Variation der Fähigkeiten

Dies bedeutet einerseits Ermöglichen des Wechsels zwischen verschiedenen Tätigkeiten und andererseits Berücksichtigung der Anzahl der Anforderungsarten, die eine Tätigkeit beinhaltet. Die Software-Gestaltung kann diesen Aspekten dadurch gerecht werden, indem sie z.B. für Kompatibilität zwischen verschiedenen Programmpaketen sorgt, einheitliche Datenformate zur Speicherung verwandter Informationen entwickelt und die Beschränkung auf portable Betriebssysteme zuläßt. Die heute noch bestehenden sehr großen Differenzen zwischen den einzelnen Hardwareherstellern /34/ tragen allerdings in keiner Weise dazu bei, Software - z.B. ihre funktionelle Einbindung in den betrieblichen Ablauf - für den einzelnen über den eigenen Arbeitsplatz hinaus, transparenter zu machen. Eine Erweiterung des Arbeitsbereichs ist z.B. durch die Übertragbarkeit unterschiedlicher, miteinander korrespondierender Unternehmensdaten sinnvoll. Dazu gehört z.B.: die beliebige Verknüpfung von Kalkulationsdaten oder Adressdaten, Texten und Graphiken untereinander oder die Einbeziehung von Konstruktionszeichnungen bzw. Skizzen, die mit Hilfe eines CAD-Systems erstellt wurden, in Angebotstexte./35/

2. Identifikation mit der Aufgabe

Hieraus entstehen Forderungen an die Schulung der Endbenutzer (z.B. individuell, d.h. etwa nach seinen bisherigen Erfahrungen mit EDV sowie firmenspezifisch) und Forderungen an die Software-Gestalter, was z.B. Formulargestaltung oder auch die Namensgebung in einer Datenerfassungsmaske anbelangt.

3. Wichtigkeit der Aufgabe

Sie kann umso schneller gesehen/verstanden werden, je größer die Transparenz der Software ist und je mehr Überblick und Verknüpfungsmöglichkeiten des eigenen EDV-Platzes mit anderen Bereichen besteht; hängt also direkt auch mit Punkt 1 zusammen.

4. Autonomie

Intelligente Unterstützung in Form einfacher Bedienerführung oder gut gestalteter Bildschirmmasken bzw. einfach zu erlernender und handhabbarer Bedienungselemente vermeiden Nachfragen und die Konsultation der EDV-Fachabteilung, so daß der Rechner in der Funktion eines Werkzeugs gesehen und genutzt werden kann.

5. Rückmeldung

Durch vermehrte Transparenz ist die Rückmeldung über die Konsequenzen der eingeleiteten Aktionen direkt sichtbar.

Auch hier gilt die schon verschiedentlich geäußerte Einschränkung, daß aufgrund vorhandener intervenierender Variablen, die nicht oder nur unwesentlich durch das Software-Design beeinflußt werden können (z.B. Fähigkeiten des Mitarbeiters oder Tagesdisposition etc.) sich aber auf das Verhalten auswirken, aus der Berücksichtigung dieser Größen in der Software nicht zwangsläufig auf motiviertes Verhalten geschlossen werden kann.

Bleibt man bei dem Modell von Herzberg, so läßt sich daraus für den Designer den nicht sehr erfreulichen Schluß ziehen, daß - da es sich ja bei einem Computer, wie begründet, um einen Hygienefaktor handelt - von den Benutzern außer Problemmeldungen kaum positive Rückmeldungen zu erwarten sind. Da sich Hygienefaktoren nach dieser Theorie lediglich zwischen den Polen "Unzufriedenheit" und "keine Unzufriedenheit" bewegen, besteht von Seiten der Benutzer keine besondere Anreizsituation zu einer positiven Rückmeldung.

4.4 Zusammenfassende Bewertung der dargestellten Überlegungen zur Akzeptanz und Motivation

Zusammenfassend kann daher festgestellt werden, daß die Software-Designer bei der Programmentwicklung in bezug auf Akzeptanz und Motivation zwei unterschiedliche Anforderungen zu erfüllen haben:
Zum einen sollen sie durch adäquate Software-Gestaltung (Aufgabenbezogenheit/Funktionalität und Benutzerfreundlichkeit) zur Beseitigung von Akzeptanzbarrieren beim Anwender beitragen. Zum anderen obliegt es ihnen z.B. durch die Berücksichtigung von Flexibilisierungs- und Individualisierungsmöglichkeiten in den Programmen auf der Software-Seite die Voraussetzungen zu schaffen, die unternehmensintern zur Realisierung motivierender Tätigkeiten verwendet werden können./36/

Wie die obige Darstellung gezeigt hat, kommt somit einerseits der Benutzerfreundlichkeit der Software, ergänzt um den Aspekt motivationsförderlicher Potentiale und andererseits der richtigen funktionellen Abbildung der Anforderungen der Benutzer in die Software erhebliche Bedeutung zu.
Beide Einflußparameter sind nachfolgend Gegenstand der Erörterung. Für die erfolgreiche Aufgabenabbildung ist es notwendig, die Inhalte der einzelnen Tätigkeiten zu kennen. Dies setzt eine Analyse der im Büro- und Verwaltungsbereich vorkommenden Haupttätigkeiten und die Diskussion der Art der dabei möglichen edv-mäßigen Unterstützung voraus (Kapitel 5). Für Faktoren der Benutzerfreundlichkeit sind u.a. software-gestalterische Maßnahmen zu betrachten (Kapitel 6).

5. Aufgabenbezogene Anforderungen an die Software-Gestaltung

Ausgehend von den Funktionen in Büro und Verwaltung lassen sich, wie in Kapitel 3.2 bereits kurz beschrieben, die Haupttätigkeiten: Führungs-, Fach- und Spezial-, (einfache) Sachbearbeitungs- und Unterstützungstätigkeiten (Sekretariatstätigkeiten) unterscheiden. Dabei können zum einen Anforderungen an die Benutzerfreundlichkeit von Software-Produkten aus verhaltenswissenschaftlichen Überlegungen - wie im vorangegangenen Kapitel diskutiert - abgeleitet werden. Zum anderen ergeben sich weitere Anforderungen in diesem Sinne aus den unterschiedlichen Einzeltätigkeiten im Bürobereich. Daneben resultieren aus den Einzeltätigkeiten auch Anforderungen an die Funktionalität der Software, d.h. z.B. an die Art und den Umfang der Programmfunktionen zur Unterstützung bei der Problemlösung.

Will man aus dem Tätigkeitsprofil typischer Büroaufgaben Kriterien ermitteln, die im Zusammenhang mit der Benutzerfreundlichkeit der Software stehen, so sind vor allem solche Einflußparameter zu berücksichtigen, die sich z.B. auf die Frequentierung von Programmen, die Kommunikation mit anderen Personen sowie auf die Anzahl repetitiver Funktionen, die z.B. im Laufe eines Arbeitstages zu erledigen sind, beziehen. Im Rahmen einer speziellen Büroaufgabe gehören hierzu der Umfang an strukturierbaren Tätigkeiten, der damit verbundenen Anteil an Routineaufgaben und die Anzahl der Wechsel zwischen unterschiedlichen Einzelaufgaben sowie die kommunikativen Beziehungen einer Person. Zur Durchführung einer solchen Analyse sollen deshalb nachfolgend in einem weiteren Detaillierungsschritt die eingangs erwähnten vier Haupttätigkeiten im Bürobereich - insbesondere hinsichtlich dieser Kriterien und der dabei möglichen edv-mäßigen Unterstützbarkeit - untersucht werden. Daraus lassen sich Anforderungen, die einen hohen Abstraktionsgrad besitzen, formulieren, weil aufgrund der vorhandenen spezifischen Unterschiede (innerhalb der einzelnen Büroarbeitstypen) diese Untersuchung zwangsläufig nur an deren Gemeinsamkeiten ausgerichtet sein kann.
Eine weitergehende Detaillierung ist deshalb nicht möglich, da durch die Besonderheiten eines speziellen Arbeitsplatzes die Vergleichbarkeit mit anderen "ähnlichen" Arbeitsplätzen verloren geht. Dies würde wiederum dazu führen, daß die Vergleichbarkeit mit den empirischen Ergebnissen der Designer-Befragung, die auf diesem abstrakten Niveau durchgeführt wurde, nicht gegeben wäre.
Ausgehend von den denkbaren Funktionsbereichen eines computerunterstützten Büros - das in Abbildung 16 wiedergegeben ist - läßt sich die Vielfalt der Einsatzmöglichkeiten eines Computersystems erkennen. Grundsätzlich sind je

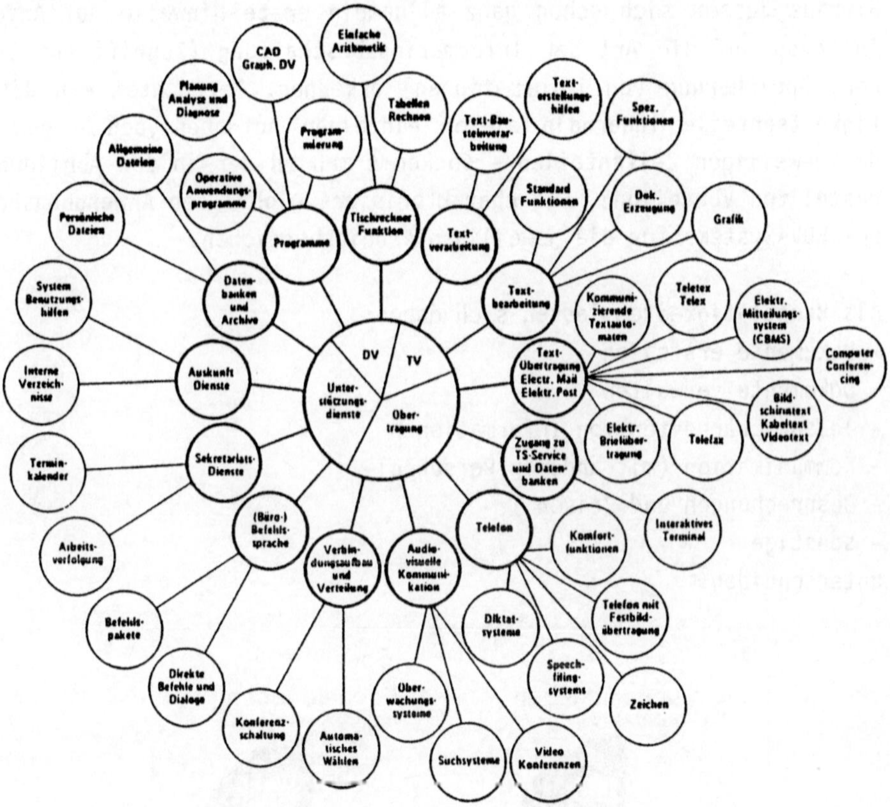

Abb. 16: Funktionen integrierter computergestützter Bürosysteme/1/

doch nicht an jedem Arbeitsplatz alle in der Abbildung dargestellten Funktionen erforderlich. Vielmehr bestehen bei den Anwendern in Abhängigkeit von tätigkeitsspezifischen Gegebenheiten gewisse Präferenzen für eine Gruppe von Funktionen.

5.1 Haupttätigkeiten der Aufgabenträger im Bürobereich

Geht man von dem Strukturiertheitsgrad der einzelnen Bürotätigkeiten aus, so lassen sich die Arbeiten in eher vorstrukturierbare und eher unstrukturierbare Bearbeitungsvorgänge unterteilen./2/
Dabei nimmt die Strukturierbarkeit und Formalisierbarkeit der Tätigkeiten ausgehend von den Sekretariatstätigkeiten über die Sachbearbeitungstätigkeiten hin zu Spezial- und Fachaufgaben bis zu den Führungstätigkeiten stark ab. D.h. die Planbarkeit der einzelnen Tätigkeiten und die Einhaltung vorgegebener Bearbeitungswege reduziert sich sehr stark von den Sekretariatstätigkeiten bis zu den Führungstätigkeiten.

Hieraus lassen sich schon ganz allgemein erste Hinweise auf Anforderungen in bezug auf die Art der Informationsbeschaffung (Zugriff auf Informationen, Speicherung von Informationen) erkennen. Betrachtet man die Haupttätigkeitsanteile innerhalb dieser einzelnen Aufgabentypen - gewichtet mit den jeweiligen Zeitanteilen - so kommt man zu der in der Abbildung 17 dargestellten Verteilung. Sie charakterisiert global den Anwendungsbereich eines EDV-Systems für die jeweiligen Arbeitsbereichen.

Als Haupttätigkeiten lassen sich dabei:
- Dokumente erstellen
- Dokumente verwalten
- lesen/verarbeiten von Informationen
- Kommunikation (mit anderen Personen)
- Besprechungen und Reisen
- sonstige

unterscheiden.

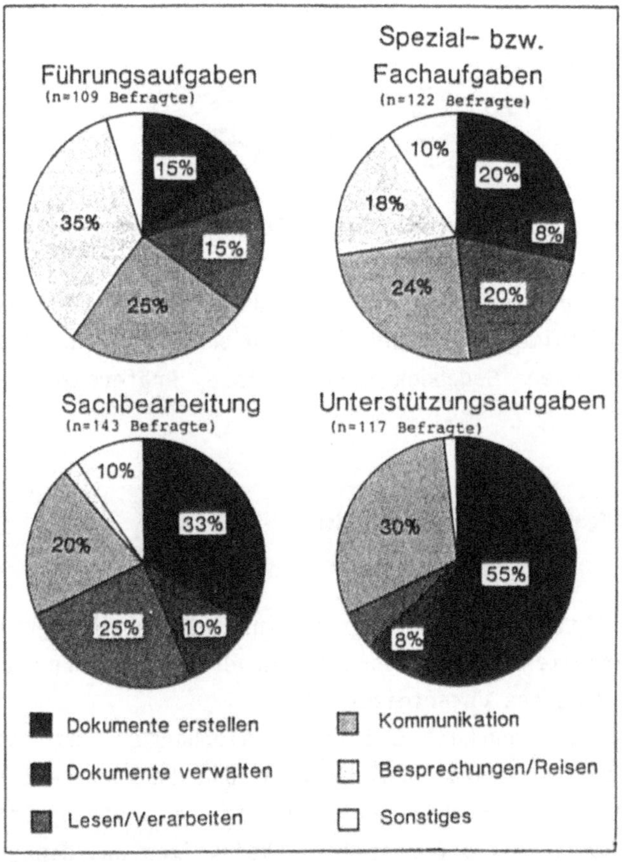

Abb. 17: Arbeitszeitverteilung im Büro /3/

Dabei kann ein ständig zunehmender Zeitanteil für die Erstellung und Verwaltung von Dokumenten/Schriftgut (Anstieg von ca. 15% bei Führungsaufgaben bis über 60% bei Unterstützungsaufgaben) festgestellt werden. Allerdings besteht bei den Tätigkeiten in Verbindung mit Texten (Textbe- und -verarbeitung) ein qualitativer Unterschied zwischen dem Sekretariatsbereich und den übrigen Bereichen.

Während die Personen im Bereich der Unterstützungsaufgaben (Sekretariatsbereich) in aller Regel Texte, die auf anderen Tätigkeitsebenen entwickelt wurden z.B. in ein Textsystem eingeben und dabei für syntaktische und formale Fehlerfreiheit verantwortlich sind, verwenden Führungskräfte sowie Personen, die Fach- und Spezialaufgaben erledigen, Textverarbeitungsprogramme eher zum Redigieren oder Korrigieren schon existierender Schriftstücke. Im Sachbearbeitungsbereich fallen diese Tätigkeiten ebenfalls an, zusätzlich entstehen hier aber Anforderungen an solche Programme, die mit denen bei Unterstützungstätigkeiten vergleichbar sind (schreibender Sachbearbeiter). Dies wird besonders deutlich, wenn von Anwenderexperten/4/ berichtet wird : "Wir wollen, daß in der Sachbearbeitung bis zu 80% der Texte selbst erstellt werden."/5/

Der Zeitaufwand zwischen den einzelnen Arbeitsplatztypen für schriftliche und mündliche Kommunikation, die aufgrund eigener Initiative stattfindet, bewegt sich bei rd. 20%-25% (Führungskräfte - Sachbearbeiter).

Nach Beschreibung der Haupttätigkeiten der einzelnen Aufgabenträger sollen diese Büroarbeitstypen nun im Kontext ihrer Aufgabenstellung, d.h. der Anforderungen an den Stelleninhaber, betrachtet werden. Erst aus dieser Betrachtungsweise lassen sich dann Anforderungen an die Software hinsichtlich Benutzerfreundlichkeit und Funktionalität treffen, wobei im Zusammenhang mit dieser Arbeit das Schwergewicht auf den Aspekt der Benutzerfreundlichkeit gelegt wird.

5.2 Tätigkeitsprofile als Voraussetzung einer sinnvollen EDV- Unterstützung

5.2.1 Führungstätigkeiten

Betrachtet man die Tätigkeiten der Führungskräfte in bezug auf ihre mögliche Unterstützung durch EDV, so stellt man zunächst einen relativ hohen Anteil an unstrukturierbaren Arbeiten fest. Da - wie die Ergebnisse ver-

schiedener Studien zeigen /6/ - die Führungskräfte hauptsächlich mit Kommunikationsvorgängen beschäftigt sind, entsteht die Notwendigkeit ihrer Unterstützung bei der Beschaffung und Aufbereitung der erforderlichen Informationen. Aus der häufigen Kommunikation mit anderen Personen kann man zudem auf den geringen Zeitanteil schließen, der noch zur Informationsbeschaffung zur Verfügung steht. Das bedeutet, innerhalb dieser Personengruppe trifft man überwiegend solche Personen an, die einen Rechner bzw. Software verhältnismäßig selten und in kaum planbaren Zeitabständen benutzen und deshalb über wenig Übung im Programmhandling verfügen. Hinzu kommen ständig wechselnde Aufgabenstellungen, die ein hohes Maß an Flexibilität bzw. Variationsmöglichkeiten bei den eingesetzten Programmen erfordern. Dazu gehört etwa die Möglichkeit zur Kreation neuen Datenmaterials, das z.B. aus der logischen Verknüpfung mehrerer Dateiinhalte (bzw. unterschiedlicher Informationen einer Datenbank) miteinander entsteht. Solche logischen Verknüpfungen sind immer dann denkbar, wenn es z.B. um den Vergleich von Zahlenmaterial aus den unterschiedlichsten Unternehmensbereichen geht (z.B. Gewinnentwicklung zu Umsatzdaten, produktbezogene Verkaufszahlen oder Bilanzvergleiche mit Branchenindizes etc.).
Neben diesen Anforderungen, die z.B. für ein Information-Retrieval-System gelten könnten, entstehen zudem Anforderungen an die Realisation der Kommunikation mit anderen Personen, sei es unternehmensintern oder -extern. Hierbei bieten sich die im Rahmen der neuen Medien entstehenden Möglichkeiten - etwa Videokonferenzen sowie Mailingsysteme zur Informationsübermittlung - an. Insbesondere was die neuen Medien anbelangt, dürfte der Bedarf nach kombinierten Daten aus Sprache, Text und Graphiken erheblich sein, was entsprechende Anforderungen an die Software-Bedienung mit sich bringt. Bezüglich des Präferenzverhaltens von Führungskräften bei der Wahl der Eingabemittel zur Steuerung eines solchen Systems konnten Schellhaas und Schönecker feststellen :

"Die Vorstellung, daß sich ein Manager selbst an ein Terminal setzt, um Informationen zu erstellen, erscheint den meisten Experten doch noch als utopisch. ("Die Angst vor der Tastatur") Nur die "spektakulärste Form der Texterstellung, die Spracheingabe, kommt für den Chef in Frage..."/7/

Insofern unterscheiden sich die Arbeitsplätze der Führungskräfte hinsichtlich der Anforderungen an die Ein-/Ausgabemittel doch deutlich von den nachfolgend beschriebenen Büroarbeitstypen.

Zusammenfassend kann somit für Software, die die Tätigkeiten von Führungskräften unterstützen soll, festgestellt werden, daß bei Auslegung der Benutzerschnittstelle vor allem folgenden tätigkeitsspezifischen Aspekten Rechnung getragen werden muß:

- nicht routinemäßige Zugriffe auf unterschiedliche Programme und damit ständig wechselnder Kenntnisstand des Anwenders über System und Software;
- überwiegend Zugriffe auf vorhandene Daten, weniger Eingaben selbsterstellter Daten (Ausnahme etwa Termine oder Anmerkungen);
- nicht planbare Zugriffe auf gänzlich verschiedene Datenbasen und damit die Notwendigkeit der Unterstützung durch ein sehr flexibel reagierendes Informations-Retrieval-System;
- Notwendigkeit zur Kreation neuer Daten durch die logische Verknüpfung bereits existierender Daten, die allerdings möglicherweise an den unterschiedlichsten Stellen innerhalb eines EDV-Systems gespeichert werden;
- ständig wechselnde Kommunikationspartner mit entsprechendem Informationsbedarf;
- Bedarf an graphischen Aufbereitungsmöglichkeiten im Rahmen der Kommunikation mit anderen Personen;
- Versuch textliche Eingaben zu reduzieren bzw. nicht unbedingt über Tastatur einzugeben; geringe Bereitschaft zur Bedienung einer Tastatur;
- Textbearbeitung im Rahmen von Redigier- und Korrekturaufgaben;
- geringer Wechsel zwischen verschiedenen Anwendungsprogrammen;
- Notwendigkeit zur Eingabe von Randbemerkungen, die später z.B. von Sekretariatskräften bei der Datenpflege verarbeitet werden (man denke etwa an Gesprächsnotizen, die an bestimmten Stellen eines schon vorhandenen Textes als Erläuterung bzw. Ergänzung eingefügt werden, aber in der Formulierung bzw. formalen Gestaltung noch aufzubereiten sind, um danach z.B. über ein Postkorbsystem weitergeleitet zu werden).

5.2.2 Spezial- und Fachaufgaben

Ebenso wie bei den Führungstätigkeiten dominieren bei den Spezial- und Fachaufgaben eher weniger strukturierbare Aufgaben, d.h. die Tätigkeiten machen z.B. häufige Wechsel zwischen den unterschiedlichsten Informationsebenen erforderlich. Das bedeutet, daß i.allg. großen Wert auf schnellen Zugriff gelegt wird, wobei inhaltlich gänzlich verschiedene Daten abgefragt bzw. eingegeben werden. Entsprechend können die Tätigkeiten auch häufig in ihren Anforderungen variieren und die gleichzeitige Beobachtung unterschiedlichster Informationsbereiche erforderlich machen. Man denke hierbei etwa an bereichsübergreifende Tätigkeiten wie Kreditbearbeitung.

In einem solchen Fall ist es u.a. notwendig, daß der Kreditbearbeiter zur Bonitätsprüfung die finanziellen Engagements und andere Aktivitäten des Kunden, die die Sicherheit des Kredits nachhaltig beeinflussen können, beachtet bzw. untersucht. Um einer solchen umfassenden Prüfung der Kreditwürdigkeit eines anfragenden Unternehmens nachzukommen, wäre es z.B. notwendig, Bilanzen des Unternehmens zu analysieren bzw. Kennzahlen, Indizes und Trendwerte zu ermitteln. Diese Daten könnten dann mit Branchendaten über mehrere Perioden verglichen werden, um so beispielsweise die Auswirkungen des Kredits auf die Liquiditätslage des Unternehmens unter bestimmten Prämissen (z.B. Konjunkturverläufe u.ä.) zu prognostizieren.
Will man eine solche Analyse durchführen, benötigt man Zugriffe zu entsprechenden statistischen Wirtschaftsdaten und zu Daten des Kreditnehmers. Hinzu kommt, wie dieses Beispiel zeigt, der Wunsch nach Visualisierung von Veränderungen, z.B. der Vergleich von Branchenkennzahlen mit entsprechender Betriebskennzahl über einen gewissen Zeitraum./8/ In Analogie zu dieser beispielhaft angeführten Tätigkeit eines Kreditfachmanns lassen sich für alle Bereiche, in denen Spezialisten und Fachkräfte tätig sind, ähnliche Anforderungen ermitteln.

Mehr als bei Führungskräften entstehen gerade bei diesen Arbeitsplätzen Anforderungen an Navigationshilfen/9/ zur besseren Orientierung in komlexen Programmen (z.B. beim Wechsel zwischen unterschiedlichen Programmen). Zudem dürfte es auch bei Fachkräften oft erforderlich sein, Daten miteinander zu kombinieren (z.B. Datenbankabfragen oder Aufbereitung anspruchsvoller Angebote mit Texten und Graphiken).
Neben diesen im voraus kaum bestimmbaren Datenzugriffen zeichnen sich solche Tätigkeiten auch durch eine hohe Unregelmäßigkeit beim Einsatz einzelner Software-Produkte aus. Daher dürfte gerade bei Spezial- und Fachaufgaben die gesamte Streubreite denkbarer Benutzerkenntnisse auftreten und dementsprechend anspruchsvolle Unterstützungen bedingen. Beispielsweise initiieren Fachkräfte Datenbankrecherchen, führen sie jedoch oft nicht selbst durch, weil sie die dazu erforderliche Abfragesprache (Query Language) und Abfragetechniken nicht beherrschen. Aufgrund der stark unterschiedlichen Systemerfahrungen der Anwender ist es notwendig, darauf abgestimmte Steuerelemente in der Software zu implementieren. Hinzu kommt, daß gerade Spezialisten und Fachkräften häufig graphische Darstellungen verwenden (z.B. CAD oder Präsentationsgraphik) und insofern hohe Ansprüche an hochwirksame Software-Komponenten zur graphischen Aufbereitung von Daten stellen. Weiterhin ist zur Förderung der Transparenz, z.B. bei Such- und Selektionsprozessen, an den Einsatz von Farben zu denken./10/

Zusammenfassend wird an diesen Arbeitsplätzen die Vielfalt vollintegrierter multifunktionaler Büroterminals, im Vergleich zu den übrigen Arbeitsplatztypen, am meisten ausgeschöpft, während die anderen Arbeitsplatztypen lediglich Teilbereiche des Funktionsspektrums beanspruchen./11/

Für den Software-Designer zeichnet sich diese Anwendergruppe durch folgende Merkmale aus, die sich in Anforderungen an die Software niederschlagen:

- starke Heterogenität der Anwendergruppe bezüglich Erfahrung und Übung mit Software; d.h. entsprechend sinnvolle Unterstützung z.B. in Form gezielter Hilfestellungen, da hier auch verstärkt Personen mit großer EDV-Erfahrung (zumindest was die Anwendung anbelangt) arbeiten;
- aufgrund hoher Anteile an unstrukturierbaren Tätigkeiten bei der Arbeitsaufgabe ergeben sich hohe Anforderungen an die Flexibilität der Software hinsichtlich der Oberflächengestaltung z.B. bezüglich Bedienungskomfort und Informationsgestaltung;
- wirkungsvolle Unterstützung bei der Kommunikation mit anderen Personen, insbesondere was die Integration verschiedener Daten (z.B. Graphik, Texte, Sprache) anbelangt;
- differenziertere Anforderungen an die Ein-/Ausgabe-Schnittstelle als bei anderen Arbeitsplatztypen aufgrund oft multifunktionaler Tätigkeiten (z.B. Digitalisiertablett zur Übermittlung graphischer Daten, Spracheingabe zur Mensch zu Mensch - Kommunikation etc.).

5.2.3 Sachbearbeitungsaufgaben

Durch die starke Orientierung auf einen Vorgang unterliegen die Sachbearbeitungsaufgaben häufig einem hohen Maße an Strukturiertheit und sind mit entsprechender Routine zu erledigen (z.B. Buchhaltungsaufgaben, Lohn- und Gehaltsabrechnungen, Verbuchung von Warenein- und -ausgängen). Diese relativ stark formalisierbaren Tätigkeitsinhalte sind u.a. als Ursache für die schon heute weite Verbreitung der EDV in diesem Bereich anzusehen./12/
Im allgemeinen kann man bei dieser Anwendergruppe - nach relativ kurzer Einlernzeit - von einer starken Programmfrequentierung und damit einem hohen Übungsgrad ausgehen. Für die Software-Gestaltung entstehen daraus Anforderungen, die in den vorher genannten Arbeitsbereichen nicht so häufig und nicht so stark auftreten. Diese Anforderungen beziehen sich einerseits auf zeitliche Aspekte, z.B. die Zeit, die man benötigt, um neue Programmfunktionen starten zu können, andererseits auf den Unterstützungsaspekt bei der Vorgangsbearbeitung.

Was die zeitlichen Überlegungen anbelangt, so dürften z.B. Menüdarstellungen (sieht man von der Einlernphase ab) für den Sachbearbeitungsplatz zu schwerfällig sein. Weiterhin entstehen bei der Beschaffung bildschirmmaskenübergreifender Informationen Anforderungen an die Programmsteuerung, die z.B. die dazu erforderlichen Eingaben zum Erreichen der entsprechenden Maske betreffen (Anzahl notwendiger Tastendrücke). Bei der Realisierung der Benutzerunterstützung sind gerade bei gut geübten Personen - wie sie bei den Sachbearbeitern verstärkt auftreten dürften - qualitative Veränderungen erforderlich. Dies sei am Beispiel von Fehlern erläutert.
Unterläuft einem routinierten Sachbearbeiter ein Fehler, so kann es sich entweder um Flüchtigkeitsfehler handeln, wobei dann das Anzeigen und Erklären des Fehlers bzw. dessen Ursachen durch das System sowie die Betätigung eventueller Korrekturtasten eher als störend empfunden wird. Oder es treten gewichtige Fehler auf, die z.B. aufgrund der Nichtbeachtung von Ablauf- und Bearbeitungsvorschriften entstehen. Im letzteren Fall ist eine genaue Erläuterung angebracht, da es sich hierbei um eine offensichtliche Wissenslücke beim Anwender handelt, zu deren Beseitigung ein Lernprozeß notwendig ist.
Weit weniger wichtig als der Wechsel zwischen verschiedenen Informationsdarstellungen innerhalb einer Anwendung dürfte der Wechsel zwischen verschiedenen Programmen sein. Insofern erfordert eine benutzerbezogene Software im Sachbearbeitungsbereich - je nach Aufgabenbreite - entsprechende Navigationshilfen und klare Informationsdarstellung, hauptsächlich in quantitativer Hinsicht.
Die Notwendigkeit zur Integration von Daten und Graphiken sowie verschiedener Texte miteinander, dürfte ebenso wie die Kreation eigener Auswertungen im Sachbearbeitungsbereich verstärkt anzutreffen sein.
Eine gewisse Bedeutung kommt dem elektronischen Mailing zu und den damit verbundenen Anforderungen nach Datenkompatibilität (vgl. dazu die Ausführungen in Kapitel 5.2.1).
Eher in geringem Umfang entstehen Anforderungen an die Übernahme graphischer Darstellungen, z.B. zur Verdeutlichung von Zahlenkolonnen.
Insgesamt lassen sich damit für den Bereich der Sachbearbeitungstätigkeiten folgende globalen Anforderungen an die Software-Oberfläche stellen:

- Anwendergruppe besteht in der Mehrzahl aus Personen mit größerer Software-Erfahrung und Übung;
- Realisierung von raschen Wechseln zwischen unterschiedlichen Bildschirmmasken und entsprechende Navigationshilfe zur Orientierung;
- sofern bei diesen Wechseln Informationen aus unterschiedlichen Bereichen zusammengetragen werden, sind ggf. Möglichkeiten zur Zwischenspeicherung

ganz bestimmter Teilbereiche innerhalb der Bildschirmmaske vorzusehen/13/;
- Darstellung und Aufbereitung notwendiger Informationen auf dem Bildschirm in qualitativer und quantitativer Hinsicht, insbesondere beim Verlassen bekannter Bereiche;
- Flexibilität der Software-Oberfläche aufgrund geänderter Aufgabenstellungen und damit verbundener Anforderungsänderungen an die Software;
- Fehlermeldungen beruhen vermutlich größtenteils entweder auf trivialen Fehlern (z.B. Vertippen) und sollten in diesem Bereich vom System flexibel handhabbar sein oder auf Unverständnis bzw. Unkenntnis oder Mißverständnis gegenüber dem Software-Produkt und müssen entsprechend ernstgenommen werden. Insofern ist die teilweise gebräuchliche Dreiteilung der Fehlermeldungen (in Meldungen für: Anfänger, Benutzer mit durchschnittlicher Übung und solche mit starker Übung) gerade in diesem Bereich nicht hilfreich.
- Unterstützung durch Software für die graphische Aufbereitung von Zahlenkolonnen sowie Unterstützung beim Handling nicht fachbezogener Informationssysteme etwa eines Datenbank-Management-Systems.

5.2.4 Sekretariatstätigkeiten

Unterstützungs-/Sekretariatsaufgaben sind als Service-Tätigkeiten für die ihnen jeweils angegliederten Abteilungen anzusehen. Insofern entstehen einerseits fachspezifische Anforderungen, andererseits aber auch typische Tätigkeiten, die jedem Service-Bereich gemeinsam sind und die sich hauptsächlich auf die Texterstellungen, Postbearbeitung oder Weiterleitung sonstiger Informationen beziehen. Als mehr oder weniger stark vorstrukturierte Tätigkeiten kommen z.B. die Planung von Terminen sowie Sucharbeiten und Registraturarbeiten hinzu. Diese Arbeiten sind durch häufige Unterbrechungen z.B. durch die Ad-hoc-Bearbeitung von Anfragen oder den kurzfristigen Einschub von Aufgaben mit höheren Prioritäten gekennzeichnet. Sie erfordern i.d.R. ein relativ geringes Fach- und Sachwissen (in bezug auf spezielle Arbeitsinhalte).
Unstrukturierte Tätigkeiten sind nur in geringem Umfange vertreten und betreffen vorwiegend Bereiche, die hauptsächlich organisatorischer Art sind, z.B. die Ablage von Schriftwechsel oder anderen Informationen. Da diese Tätigkeiten überwiegend arbeitsplatzspezifisch erledigt werden, muß entsprechende Software-Unterstützung vorhanden sein.
Die Ansprüche an Aufbereitungsmöglichkeiten, etwa von Zahlenkolonnen durch Graphikprogramme dürften momentan eher seltener sein. Es ist aber zukünftig

durchaus denkbar, insbesondere dann, wenn Texte und Graphiken problemlos verknüpfbar sind, daß die Arbeitsinhalte bestimmter Arbeitsplätze (in diesem Bereich) um solche Aufgabenstellungen erweitert werden.

Als potentielles Problemfeld deutet sich im Unterstützungsbereich beim Einsatz von EDV die Bedienung peripherer Geräte im allgemeinen und von Druckern im speziellen an (je nach Zuordnung auch von Plottern). Mögliche Schwachpunkte stellen dabei sowohl die Typenräder dar (bisher keine einheitliche Normung) als auch die Handhabung, Bedienung und Ansteuerung unterschiedlichsten Zubehörs (z.B. Blatteinzugsvorrichtung oder Traktorführung für Endlospapier und dabei beispielsweise die Bewältigung notwendiger Wechsel zwischen Endlospapier und Einzelblättern oder die Ansteuerung unterschiedlicher Einzelblätter - z.B. erste Seite mit Briefkopf, Folgeseiten ohne Briefkopf etc.). Neben diesen eher mit der Hardwarebedienung verbundenen Problemen kann gerade im Schreibbereich die visuelle Aufbereitung eines Schriftstücks, z.B. die Einstellung unterschiedlicher Schriftarten bei Matrixdruckern, eine potentielle Schwierigkeit darstellen. Hierbei sind vielfältige Abhängigkeiten - z.B. Blattbreite und Blattlänge in Verbindung mit geänderter Schriftbreite und -höhe oder die Auswirkungen verschiedener Steuersequenzen auf den Drucker - zu beachten.

Das erfordert eine benutzerseitig starke Unterstützung bei der Erzeugung des Outputs, da anzunehmen ist, daß mit der vergrößerten Leistungsfähigkeit solcher Geräte (Typenraddrucker, Matrixdrucker, Laserdrucker) auch die Ansprüche an die optische Qualität des Schriftguts steigen werden. Es ist also damit zu rechnen, daß zunehmend eine gemischte Verwendung unterschiedlicher Schriftmodi und -formen in den Schriftstücken stattfinden wird. Um diese Varianten sinnvoll und in ihrer ganzen Breite ausschöpfen zu können, sind besondere Anforderungen an die Wiedergabe der Texte auf dem Bildschirm zu stellen. Hierzu zählt eine exakte Darstellung des Textes auf dem Monitor in der gleichen Form, wie er später auf einem Drucker ausgegeben wird (sog. WYSIWYG-Prinzip /14/). Ohne diese identische Abbildung ist es aufgrund der Komplexität und der gegenseitigen Abhängigkeiten z.B. von Schriftgrößen und/oder Schriftarten kaum möglich, eine diese Potentiale ausschöpfende Textvorlage unter vertretbarem Aufwand mit dem Rechner herzustellen.

Was den Wechsel zwischen einzelnen Programmen anbelangt, so dürften sich die Anforderungen im Sekretariatsbereich im wesentlichen auf einige wenige Programme beschränken, wobei allerdings in hohem Maße mit unvorhergesehenen Wechsel zwischen verschiedenen Tätigkeiten, die durchaus von gleicher Art sein können (z.B. Briefe schreiben), gerechnet werden muß. Für die Software-Gestaltung ergeben sich daraus folgende Anforderungen, die bei der Oberflächengestaltung zu berücksichtigen sind:

- spontane Wechsel zwischen verschiedenen oder ähnlichen Tätigkeiten;

- einfache Bedienung peripherer Geräte, insbesondere Drucker; ggf. einfache Anpassung der Drucker an geänderte Gegebenheiten;
- in diesem Zusammenhang hohe Anforderungen an Textbe- und -verarbeitungsfunktionen vor allem auch an die visuelle Darstellung unterschiedlicher Schriftarten (z.B. Fettschrift, Unterstreichung oder Proportionalschrift) und Schriftgrößen (z.B. Engschrift, Breitschrift, Index- Exponentenschreibweise) auf dem Bildschirm;
- Unterstützung bei Aufgaben der Terminplanung;
- Unterstützung bei einfachen Ablagetätigkeiten, wobei mit wechselnden Aufgabenstellungen gerechnet werden muß, z.B. Umorganisation oder Zusammenstellung von Informationen (Briefwechsel) nach bestimmten Kriterien.

5.3 Zusammenfassende Bewertung unter Berücksichtigung zukünftiger Entwicklungen

Diese global aus den Tätigkeitsinhalten abgeleiteten Software-Anforderungen lassen schon einige grundsätzliche Gestaltungsanforderungen an die Software-Oberfläche erkennen. Zugleich wird deutlich, daß eine arbeitsplatzspezifische Gewichtung einzelner Funktionen notwendig ist. Das bedeutet aber, daß selbst bei gleichen Tätigkeiten (z. B. Schreibtätigkeiten) zwischen den einzelnen Büroarbeitsplatztypen (z. B. Sekretariatstätigkeiten, Sachbearbeitungstätigkeiten) stark unterschiedliche funktionale Anforderungen an die Software-Oberfläche entstehen können. Man denke etwa an die Textbe- und -verarbeitungsfunktionen, die im Unterstützungs- und Sekretariatsbereich einen gänzlich anderen Charakter besitzen, als in den übrigen Arbeitsbereichen. Neben diesen Kriterien, die aus den momentanen Tätigkeitsprofilen abgeleitet wurden, ist es sinnvoll, sich abzeichnende zukünftige Entwicklungen in die Betrachtung mit einzubeziehen, da zu erwarten ist, daß durch den EDV-Einsatz auch arbeitsplatzübergreifende Veränderungen eintreten werden.
Damit sind diese o.a. Anforderungen bei einer Veränderung von Arbeitsinhalt und -aufgaben in qualitativer und quantitativer Hinsicht ggf. um weitergehende Anforderungen zu ergänzen.
Arbeitsinhaltliche Veränderungen lassen sich einerseits durch organisatorische Veränderungen und andererseits durch Arbeitsstrukturierungsmaßnahmen, die z.B. in Form von Job Enrichment- bzw. Job Enlargement-Maßnahmen realisierbar sind, erreichen und schaffen dadurch gleichzeitig zusätzliche Software-Anforderungen.
Bei Erweiterungen der Tätigkeitsbereiche (Job Enlargement), die durch den allgemeinen betrieblichen EDV-Einsatz relativ einfach erfolgen können, entstehen z.B. zusätzliche Anforderungen, die auf verstärkte Navigationshilfe und damit auf die Informationsdarstellung i.allg. hinauslaufen. Als Bei-

spiel denke man daran, dem Konstrukteur - der z.B. durch die Verwendung bestimmter Materialien schon maßgeblich den späteren Produktpreis mitbestimmt - Einsicht in Daten der Einkaufsabteilung zu geben. Durch diese erweiterte Sichtweise kann der Konstrukteur z.B. Materialpreise einsehen, Verfügbarkeit oder auch evtl. zu erwartende Lieferschwierigkeiten vorhersehen und ggf. alternative Materialien, auch unter wirtschaftlichen Gesichtspunkten, auswählen.

Da gewöhnlich davon ausgegangen werden muß, daß solche für die eigene Tätigkeit eher peripheren Bereiche relativ selten aufgerufen werden, entstehen daraus spezielle Anforderungen an die Gestaltung der Software-Oberfläche. Diese Anforderungen resultieren zum einen aus der Unkenntnis des betreffenden Arbeitsbereichs und könnten sich in Interpretationsproblemen aufgrund fehlenden Hintergrundwissens äußern. Zum anderen muß auch zusätzlich eine größere Unterstützung bei der Anwahl und Auswahl bestimmter Daten gewährt werden, weil die betreffende Person diesen Bereich eben nur verhältnismäßig selten anspricht. D.h. bei einem Wechsel in einen anderen Tätigkeitsbereich kann aus einer gut geübten Person durchaus ein Benutzer mit geringen Kenntnissen werden. Eine durchgängig konsistente Benutzeroberfläche erleichtert die Software-Bedienung in den weniger bekannten - evtl. fachfremden Bereichen - wesentlich. Konsistenz bedeutet dabei z.B., daß Funktionstastenbelegungen auch in anderen Anwendungen identische Bedeutung besitzen, Editierfunktionen immer gleich arbeiten oder zum Verlassen von Anwendungen (oder Bildschirmmasken) immer identische Befehle verwendet werden.Werden diese arbeitsinhaltlichen Veränderungen noch um organisatorische Änderungen erweitert, so läßt sich auf Seiten der Anwender der Bedarf an flexibel handhabbaren Programmschnittstellen, die selbständige Modifikationen an der Software-Oberfläche zulassen, absehen.

Zusammenfassend bedeutet dies, daß sich i.allg. unternehmensinterne organisatorische und arbeitsinhaltliche Veränderungen in einem höheren Bedarf an Unterstützung bei der Navigation im Programm und bei der Kennzeichnung von Informationen (d.h. auf die Informationsgestaltung im weitesten Sinne) niederschlagen. Dies gilt auch, wie gezeigt wurde, für stark geübte Personen. Eine nachträgliche Berücksichtigung dieser Anforderungen gerade bei Standard-Software ist nur durch die Bereitstellung entsprechender vom Benutzer handhabbarer Schnittstellen möglich. Wie die Diskussion über potentielle Anforderungen an die Software-Oberfläche zur Unterstützung der entsprechenden Tätigkeitsfelder weiterhin zeigt, stellt jeder Aufgabentyp aufgrund seiner ihm zukommenden Aufgaben unterschiedliche Ansprüche an die Software und die Software-Oberfläche. Eine entsprechende Berücksichtigung dieser spezifischen Anforderungen kann nur dann erfolgreich realisiert werden, wenn entsprechendes Wissen beim Entwickler vorhanden ist bzw. eine gezielte

Informationsbeschaffung z.B. durch Beteiligung der späteren Anwender bei der Systementwicklung durchgeführt wird./15/

Neben diesen Anforderungen an arbeitsunterstützende Software (im Sinne von Problemlösungs-Software) entsteht zunehmend Bedarf nach Kommunikation und Informationsaustausch in nicht-natürlichsprachlicher Form zwischen einzelnen Personen bzw. Gruppen/Abteilungen. Die in diesem Zusammenhang an eine kommunikationsunterstützende Software gestellten Aufgaben sollen hier nur insofern in die Betrachtung mit einbezogen werden, als sie die Oberflächengestaltung dieser Programme betreffen. Als wichtigste Anforderung dürfte dabei einerseits der rasche und einfache Aufbau der Kommunikation gelten, andererseits die Möglichkeit, Texte, Bilder und Sprachen unabhängig von ihrer physikalischen Speicherung gleichzeitig zu übertragen (z.B. schriftlich fixierte Texte versehen mit mündlichen Ergänzungen). Daneben gelten für den Bereich der Telekommunikation und des Elektronic-Mailings die gleichen Anforderungen beispielsweise in bezug auf Übungsgrad, wie bei den speziellen Unterstützungsprogrammen. Was die Anforderungen an die Oberflächengestaltung betrifft, kann man diese Programme in gewisser Hinsicht mit den anderen Software-Paketen gleichsetzen. Die folgenden Abbildungen fassen die wesentlichen Aussagen dieses Kapitels hinsichtlich einer möglichen EDV-Nutzung in den einzelnen Aufgabentypen noch einmal zusammen./16/

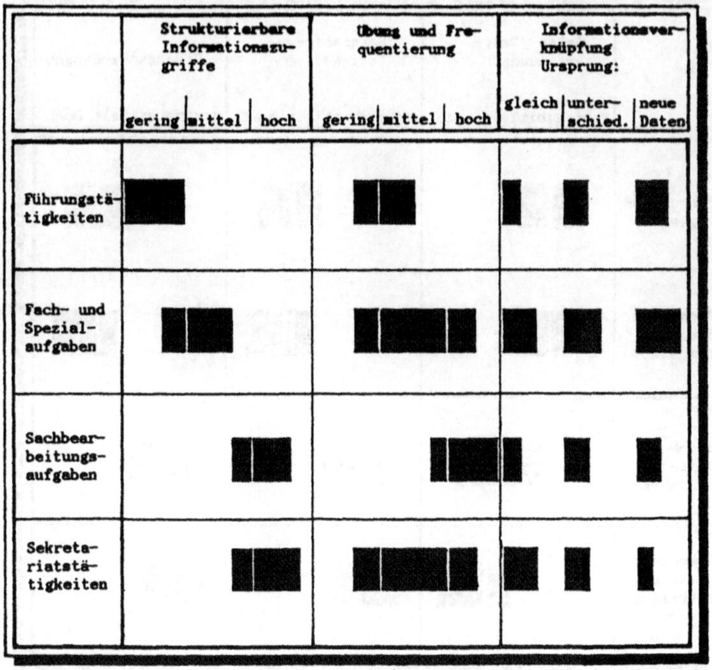

Abb. 18a: Anwendercharakteristika hinsichtlich der edv-unterstützten Aufgabenerledigung (Informationszugriff im weitesten Sinne, Benutzererfahrung)

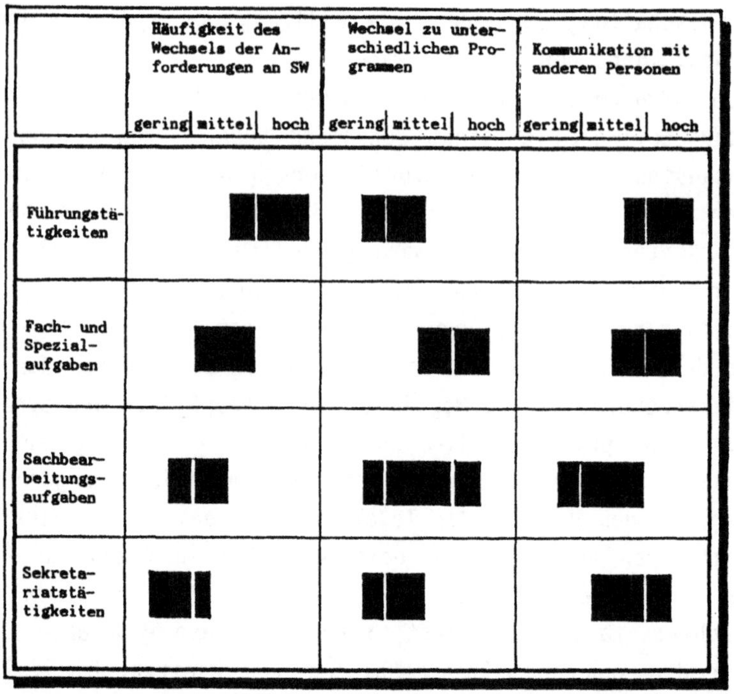

Abb. 18b: Anwendercharakteristika hinsichtlich der edv-unterstützten Aufgabenerledigung (Mensch-Mensch-Kommunikation, Aufgabenvielfalt)

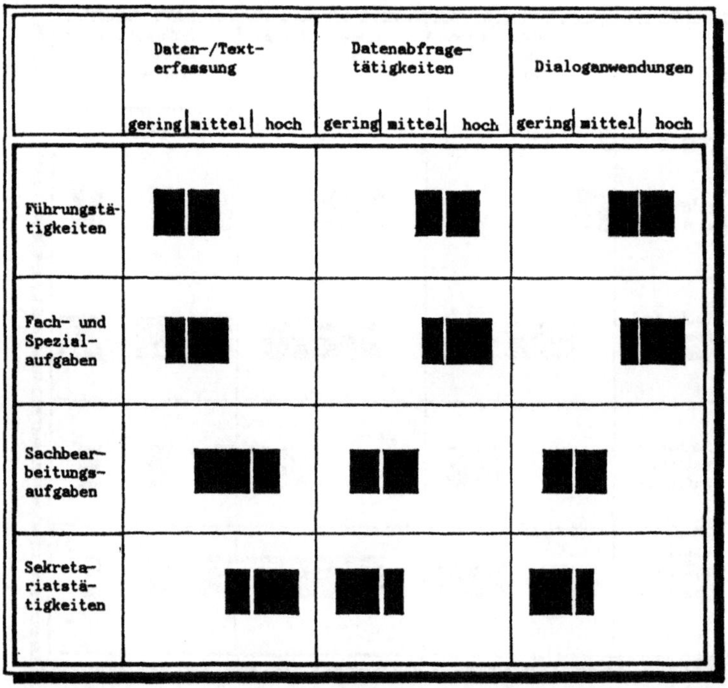

Abb. 18c: Anwendercharakteristika hinsichtlich der edv-unterstützten Aufgabenerledigung (Mensch-Rechner-Kommunikation)

6. Darstellung der Gestaltungselemente für die Software-Entwicklung und ihre arbeitswissenschaftliche Relevanz zur Unterstützung von Büro- und Verwaltungstätigkeiten

Betrachtet man die in Kapitel 4 dargestellten Technikkomponenten, durch die die Akzeptanz determiniert wird, so ergibt sich daraus einerseits die Betonung des Aspekts der Aufgabenbezogenheit und andererseits der Benutzerfreundlichkeit.Der aufgabenbezogene Entwurf von Software orientiert sich an den Tätigkeitsinhalten und den damit verbundenen Aufgabenstellungen, die in Kapitel 5 dargestellt wurden.
Die Benutzerfreundlichkeit wird in starkem Maße durch die Verwendung bestimmter Gestaltungselemente bestimmt, die zur Sicherstellung einer effektiven Interaktion zwischen Mensch und Rechner beitragen sollen. Um zu einer Einordnung und Systematisierung der nachfolgend dargestellten Gestaltungsparameter zu gelangen, ist es zunächst notwendig zu klären, welche Bereiche innerhalb eines Programmes nach arbeitswissenschaftlichen Gesichtspunkten in gestalterische Überlegungen einzubeziehen sind.

6.1 Bereiche der Software-Oberfläche in Anwendungsprogrammen

Für den mit Anwendungssoftware arbeitenden Menschen (z.B. im Büro- und Verwaltungsbereich) spielt sich der Informationsaustausch mit dem Rechner an der Software-Oberfläche ab, so daß sich die nachfolgende Diskussion auf diesen Bereich beschränkt./1/
Die Software-Oberfläche stellt den Teil des Programms dar, mit dem der Anwender beim Arbeiten konfrontiert wird. Dieser Programmteil, der nach außen für den Bearbeiter sichtbar wird, informiert den Benutzer z.B. über notwendige Eingaben oder teilt ihm angeforderte Daten in aufbereiteter Form mit.
Da die Ausgestaltung der Mensch-Maschine-Schnittstelle, d.h. der Nahtstelle zwischen Mensch und Rechner, über die Akzeptanz des Systems, den Umfang des aufgabengerechten Arbeitens und über die Effektivität bei der Aufgabenbewältigung mit dem Rechner letztlich entscheidet, muß die Software ganz allgemein so entwickelt sein, daß der Anwender bei der Arbeit möglichst gut unterstützt wird. Unterstützung bedeutet hierbei Hilfe bei der Orientierung sowohl innerhalb des Programms (insbesondere bei komplexen Anwendungen) als auch bei der Aufgabenerledigung selbst.
Neben diesen die Informationsaufnahme und -verarbeitung betreffenden Gesichtspunkten sind zudem die jeweiligen Ein- und Ausgabemedien als Ausgangs- bzw. Endpunkt der Kommunikation mitentscheidend für den Dialogver-

lauf. Wie bereits in Kapitel 5 dargelegt wurde, bestehen durchaus Präferenzunterschiede bei der Auswahl und dem Einsatz von Ein-/Ausgabemitteln, die sich z.B. bei Führungskräften in der Abneigung gegenüber der herkömmlichen Schreibmaschinentastatur äußert./2/
Die Ursachen für dieses Verhalten können zum einen tätigkeitsbedingt sein, d.h. aufgrund unterschiedlicher Eignung bzw. wegen betrieblich-organisatorischer Restriktionen (z.B. natürlichsprachliche Eingaben in einem Großraumbüro) entstehen. Zum anderen sind aber auch Statusdenken und Schwierigkeiten in der Handhabung bzw. Kostenfragen oder körperliche Einschränkungen (z.B. Behinderungen) als mögliche Gründe für unterschiedliches Auswahlverhalten denkbar. Insofern ist es sinnvoll, dem Aspekt der Eignung unterschiedlicher Ein-/Ausgabemedien für unterschiedliche Tätigkeitsinhalte Bedeutung beizumessen. Hierbei gilt es auch, nach realisierbaren Alternativen zu suchen, die die jeweilige Anpassung der Gestaltungselemente an die Bedürfnisse des Anwenders nach tätigkeitstypologischen und interindividuellen Gesichtspunkten zuläßt.
Im Rahmen einer sehr abstrakten Betrachtungsweise lassen sich folgende Bereiche unterscheiden, die in den Informationsaustausch zwischen Mensch und Rechner einbezogen sind:

- Dialogführung und Programmsteuerung
- Bildschirmgestaltung (informatorisch, inhaltlich)
- Ein-/Ausgabemittel.

Die Verknüpfung dieser Basisbausteine miteinander charakterisiert die Art der Kommunikation zwischen Mensch und Rechner.
Nachfolgend soll versucht werden, die z.Z. gängigen Gestaltungsparameter bei der Mensch-Computer-Interaktion in Abhängigkeit ihrer Eignung zur Unterstützung der in Kapitel 5 charakterisierten Tätigkeiten darzustellen. Insbesondere soll dabei aus arbeitswissenschaftlicher Sicht die Informations- und Kommunikationsgestaltung zwischen Mensch und Rechner beurteilt werden, um so zu einer um diesen Aspekt erweiterten Einordnung der Gestaltungselemente - auch für den Software-Designer - beizutragen.

6.2 Dialogformen und Programmsteuerungen

Zur Aktivierung bestimmter Programmfunktionen muß dem Benutzer eine Möglichkeit in Form der Programmsteuerung zur Hand gegeben werden, mit deren Hilfe er Software-Bereiche effektiv ansteuern bzw. aktivieren kann. In dieser Hinsicht konkurrieren unterschiedliche Techniken - auch bei gleichartiger Software - miteinander.Die vom Software-Designer getroffene Entschei-

dung für eine bestimmte Technik zur Steuerung des Programmablaufs beruht teilweise auf traditionellen Konzepten/3/, die beispielsweise durch Einschränkungen (Hardwarevorgaben, Leistungsumfang der verwendeten Programmiersprachen, Vorgaben durch das Betriebssystem, etc.) determiniert werden. Daneben sind aber auch tätigkeits- und benutzerspezifische Aspekte bei der Auswahl der Steuerung zu berücksichtigen.
Die Lösung unterschiedlicher Aufgabenstellungen kann aufgrund technischer Gegebenheiten oder Umweltbedingungen bestimmte Arbeitsmittel erforderlich machen. Im Bereich der Büro- und Verwaltungstätigkeiten tritt eine Beeinflussung durch externe Umweltbedingungen nur in Ausnahmefällen auf und dominiert in diesem Falle kaum die Auswahl einer bestimmten Steuerung./4/
Technische Gegebenheiten beruhen auf der unterschiedlichen Bearbeitungsweise von Aufgaben, wobei sich zur Ein- und Ausgabe von Daten entsprechend unterschiedliche Steuerungseinrichtungen eignen, die wiederum Einfluß auf die Programmerstellung nehmen können.
Unter der Prämisse der Implementierung einer möglichst belastungsarmen Programmsteuerung wird man sich beim Entwurf an der Vorgabe orientieren, daß der Benutzer, um Befehle auszulösen, nur selten die gewohnte Arbeitsumgebung - in diesem Fall das Eingabemedium - verlassen sollte. Aufgrund dieser Überlegung muß zwangsläufig beispielsweise die Konzeption einer Steuerung für die Bedienung eines CAD-Programmes anders ausfallen als für ein Textverarbeitungssystem.
Während bei einem CAD-Programm im allgemeinen graphische Daten (hauptsächlich Koordinaten) über das Digitalisiertablett eingegeben werden und entsprechend die Eingaben von Kommandos (z.B. Spiegelung um eine Achse, Löschen von Elementen einer Zeichnung) somit ebenfalls über das Tablett erfolgen sollte, bietet sich bei einem Textverarbeitungssystem im wesentlichen die Tastatur als physikalisches Übertragungsmedium für Befehle an.
Damit beeinflußt die Eignung eines bestimmten physikalischen Eingabemediums zur Erledigung einer Aufgabe auch die softwaremäßige Umsetzung der Befehlsübermittlung in inhaltlicher Form.
Im Falle der Verwendung eines Digitalisiertabletts ist es mit Hilfe eines Zeigerinstruments lediglich möglich, Positionen auf dem Tablett anzugeben. Daher muß zwangsläufig die Befehlsweitergabe in ähnlicher Form - z.B. als Quasi-Funktionstaste /5/ - realisiert werden. Eine Alternative bestünde in der natürlichsprachlichen Eingabe per Mikrophon, wobei der CAD-Anwender die Arbeitsumgebung für die Befehlsweitergabe nicht verlassen müßte.
Benutzerspezifische Gründe für die Auswahl einer bestimmten Programmsteuerung bei vergleichbarem Arbeitsinhalt beziehen sich vorwiegend auf interindividuelle Unterschiede. Diese Unterschiede beruhen größtenteils auf verschiedenen Kenntnisständen der Systembenutzer bezüglich des Programms, die

u.a. auf Differenzen in bezug auf Übung und Erfahrung beim Umgang mit dem System sowie auf den individuellen Arbeitsstil zurückgeführt werden können. Die Berücksichtigung der interindividuellen Unterschiede, die tätigkeitsunabhängig vorhanden sind, beeinflußt z.B. Faktoren wie Ausführlichkeit im Dialog, Art und Inhalt peripherer Unterstützungen (Hilfetexte u.ä.) sowie den Einsatz bestimmter Steuerungstechniken, um Befehle zu aktivieren. Hieraus ergibt sich die Notwendigkeit, Programmsteuerungen und Dialogtechniken so zu realisieren, daß sie sowohl den aufgabeninhaltlichen als auch den benutzerspezifischen Anforderungen gerecht werden./6/
Neben diesen aufgaben- und personengebundenen Aspekten, die beim Entwurf einer Programmsteuerung berücksichtigt werden sollten, lassen sich die Programmsteuerungsarten durch die Art der Befehlsrepräsentation (z.B. sichtbar auf Bildschirm oder nicht sichtbar als Funktionstastenbefehl) und durch die damit verknüpfte Art der Kommandoübertragung (Ein-/Ausgabemittel) charakterisieren. Für den Entwurf einer Steuerung ergibt sich somit die Notwendigkeit einer Systematisierung der Befehle, die z.B. auch dem Anwender die Bedienung erleichtern kann. Ein mögliches Gliederungskriterium stellt dabei die Ordnung der Befehle hinsichtlich ihrer Kontextabhängigkeit dar. Danach lassen sich die Kommandos in Basisbefehle und Spezialbefehle unterteilen.

Basisbefehle haben durch das ganze Programm hindurch Gültigkeit, während der Aktivitätsbereich der Spezialkommandos auf einen bestimmten Programmausschnitt beschränkt ist.
Basisbefehle besitzen aufgrund ihrer Kontextunabhängigkeit in allen Programmteilen die gleiche Bedeutung. So sind z.B. Cursorbewegungen, Hilfefunktionen ebenso wie absolute Sprünge in höhere Hierarchie-Ebenen des Programms oder Editierfunktionen als Basisbefehle anzusehen. Ihre Handhabung sollte deshalb an allen Stellen der Software gleich sein.
Die Gruppe der Spezialbefehle kann nicht ohne Kontext verwendet werden und bezieht sich jeweils auf einen bestimmten Teil eines Anwendungsprogramms (z.B. der Befehl "Kundenstammdaten anzeigen" ist in seiner Anwendung direkt an ein Programm gekoppelt, in dem Kundenstammdaten be- oder verarbeitet werden). Die hier dargestellte Einteilungssystematik ist nur auf einem relativ hohen Abstraktionsgrad generalisierbar. Die Entscheidung, ob ein Befehl kontextabhängig oder -unabhängig auftritt, hängt von der jeweiligen Aufgabe ab, so daß für alle Programme nur einige wenige kontextunabhängige Kommandos existieren. Unabhängig von der realisierten Steuerung eines Programms kann die grundsätzliche Trennung und Kennzeichnung der beiden Befehlsarten zur besseren Orientierung für den Benutzer bei der Bedienung eines Programms sehr sinnvoll sein, da sie eine zusätzliche Strukturierungshilfe darstellt.

6.2.1 Arten der Programmsteuerung und -bedienung

Wie die einleitende Diskussion gezeigt hat, richtet sich die Einteilung gebräuchlicher Programmsteuerungen nach den Tätigkeiten bzw. Aufgaben, die per EDV zu erledigen sind und nach Kriterien der Benutzerfreundlichkeit.
In Abhängigkeit von diesen beiden Größen existieren verschiedene Techniken, die sich zunächst vorwiegend an den Benutzererfordernissen - insbesondere an der Erfahrung und Übung mit dem Programm - orientieren. Sie stehen aus diesem Grund auch in einem gewissen Zusammenhang zur Dialogform, die zur Interaktion zwischen Mensch und Rechner eingesetzt wird. Je nachdem, welches Ordnungskriterium man zur Gliederung der Programmsteuerungsarten verwendet, lassen sich sehr unterschiedliche Arten beschreiben./7/
Gliedert man z.B. nach den Freiheitsgraden des Benutzers bei der Formulierung der jeweiligen Anweisung, so erhält man, geordnet in aufsteigender Reihenfolge, die von Dehning et al. als die "fünf häufigsten" Steuerungsarten bezeichneten Formen: Ja-Nein-Frage, Menütechnik, Form-Filling (Formulartechnik), Kommandosprache und natürliche Sprache.
Geht man davon aus, daß dem Anwender zur sinnvollen Nutzung des Programms die möglichen Befehle bekannt sein müssen und dies u.a. von der Art der Befehlsdarbietung und damit verbundener kognitiver Vorgänge, z.B. der Art des Erinnerns, abhängig ist, so gelangt man zu einer Einteilungssystematik, die nachfolgend als Grundlage für die weiteren Erörterungen dienen soll.
Kommandoinhalte können demnach für den Anwender in Form von:

- alphanumerischen Zeichen und/oder
- graphischen Symbolen sowie
- implizit (ohne visuelle Darbietung)

dargestellt werden.
Dementsprechend lassen sich hieraus die Steuerungsarten:

- Menütechnik (mit alphanumerischen Zeichen)
- Funktionstastensteuerung (unterschiedliche Repräsentation)
- Piktogramme (graphische Symbole) in Verbindung mit Windowtechnik
- Kommando- bzw. Befehlssprache (ohne explizite Darstellung der gültigen Befehle)

bilden.
Im Bereich der kommerziellen Anwendungen kommen dabei überwiegend der Menütechnik in unterschiedlichster Ausprägungsform (z.B. in Verbindung mit Funktionstasten) sowie der Kommandosprache Bedeutung zu. In jüngster Zeit wird die rein alphanumerische Mensch-Rechner-Interaktion durch Piktogramme erweitert. Diese werden i.d.R. in Verbindung mit der Windowtechnik eingesetzt. Die Kombination Piktogramme-Fenstertechnik kann somit als Ergänzung

traditioneller Steuerungsarten verstanden werden. Im folgenden soll deshalb auf diese hauptsächlich im Büro- und Verwaltungsbereich verwendeten Programmsteuerungen eingegangen werden. Wie sich zeigen wird, sind die reinen Formen dieser Steuerungsarten nur selten anzutreffen. Vielmehr handelt es sich meistens um Kombinationen unterschiedlichster Arten miteinander. So läßt sich z.B. die Steuerung über Funktionstasten in Abhängigkeit der visuellen Darbietung der Auswahlalternativen auf dem Bildschirm, entweder als reine Menüsteuerung oder (ohne visuelle Darstellung) als spezielle Form einer Kommandosprache (mit Kommandos auf Tasten) realisieren.

6.2.1.1 Menütechnik

Unter Menütechnik versteht man eine Programmsteuerungsart, bei der der Benutzer aus einer vorgegebenen Menge von Befehlen und/ oder Unterprogrammen eine Funktion auswählen kann. Die Anwahl und Aktivierung eines Befehls kann z.B. durch die Angabe einer Zahl geschehen, die als Stellvertreter der entsprechenden Funktion fungiert und vom Anwender anzugeben ist. Nach Empfehlungen der DIN 66 234, Teil 3 sollen dabei zur Darstellung von Ordnungsbegriffen vorzugsweise Ziffern statt Buchstaben verwendet werden /8, 9/.
"Ebenso wird die Suchzeit dadurch herabgesetzt und die Fehlerhäufigkeit vermindert, wenn die Begriffe nach der Häufigkeit ihrer Verwendung geordnet sind und wenn jeder Begriff in einer neuen Zeile beginnt."/10/ Entsprechend diesen Empfehlungen könnte ein Bildschirmmenü folgendes Aussehen haben:

1	=	Neuen Kunden erfassen
2	=	Ändern Kundendaten
3	=	Löschen Kundendaten
4	=	Drucken einzelner Kundendaten
5	=	Drucken aller Kundendaten
99	=	Zurück zum Hauptmenü

Abb. 19: Beispiel eines Bildschirmmenüs

Die Aktivierung einer einzelnen Funktion erfolgt nun über die Ansteuerung der entsprechenden Zeile. Dabei bieten sich zwei unterschiedliche Möglichkeiten an:

- zum einen kann man die Funktion durch die Angabe der Zahl, die vor der jeweiligen Funktionsbeschreibung steht, aktivieren;
- zum anderen bedient man sich eines Zeigerinstrumentes (z.B. Cursor, Maus oder Lichtgriffel bzw. eines Fingers beim Touch-Screen), um so die Zeile zu markieren, in der die Funktionsbeschreibung steht.

Die Markierung der Zeile kann optisch z.B. durch die Inversdarstellung der Funktionsbeschreibung verdeutlicht werden. Nach der Bedienung einer entsprechenden Bestätigungstaste erfolgt der Start des mit der Zeilenbeschreibung verknüpften Programmteils.Sofern die jeweiligen Beschreibungen klar und eindeutig formuliert sind, kann sich der Benutzer ohne größere Kenntnis in der Programmstruktur bewegen.Eine solche Steuerungstechnik, die für den ungeübten Benutzer viele Vorteile - besonders den des einfachen Verständnisses und der leichten Bedienbarkeit in sich birgt, weist auch gewisse Nachteile auf. Diese werden gerade in komplexen Programmen mit vielen Verzweigungsmöglichkeiten in Verbindung mit einer Aufgabe, die den ständigen Wechsel zwischen verschiedenen Bildschirmmasken erfordert, offensichtlich. Bei solchen Tätigkeiten kann die Programmsteuerung (zur Verzweigung in unterschiedliche Anwendungen des Programms) über Bildschirmmenü sehr eintönig werden und für den Benutzer zu nicht akzeptablen Arbeitsbedingungen führen. Verstärkt wird dieser Effekt zusätzlich durch den jeweils erforderlichen erneuten Menüaufbau und die damit verbundenen längeren Antwortzeiten des Systems.

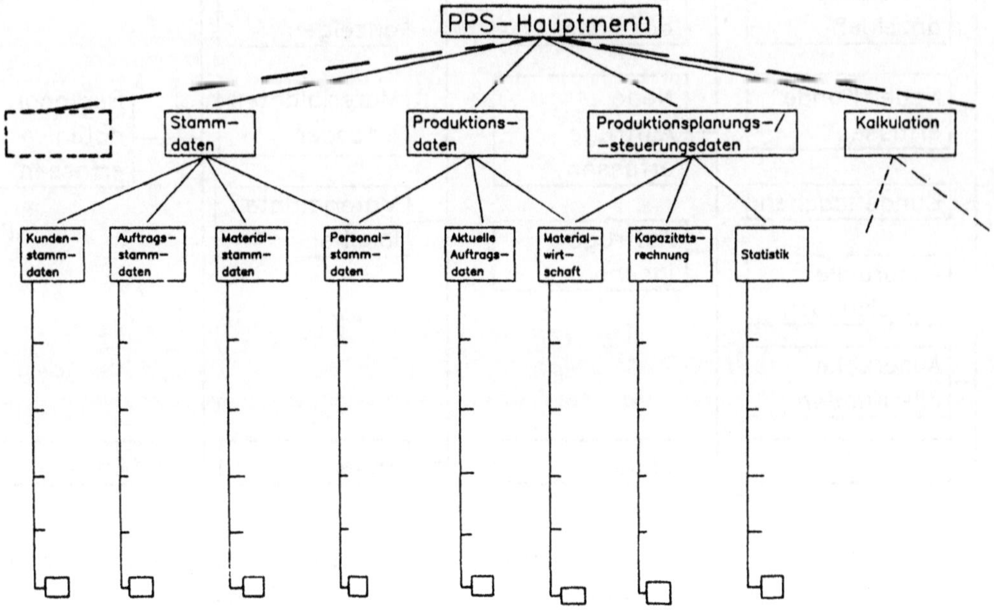

Abb. 20: Komplexe Programmstruktur dargestellt am Beispiel eines Ausschnitts aus dem Menü eines PPS-Programms /11/

Um beispielsweise einem Kunden per Telefon mitteilen zu können, ob ein von ihm dringend benötigter Auftrag zu einem bestimmten Termin fertiggestellt werden kann, muß der Sachbearbeiter im obigen Programm etwa zwischen den Bereichen "Aktuelle Auftragsdaten" und "Kapazitätsrechnung" hin- und herwechseln. Ggf. sind zudem noch Daten aus dem Bereich "Materialwirtschaft" zu berücksichtigen, so daß je nach Komplexität der Anfrage dem Kunden eine erschöpfende Auskunft erst nach mehrmaligem Wechsel zwischen den unterschiedlichen Ästen des Programms, was mit der Eingabe entsprechender Befehlsketten verbunden ist, erteilt werden kann.

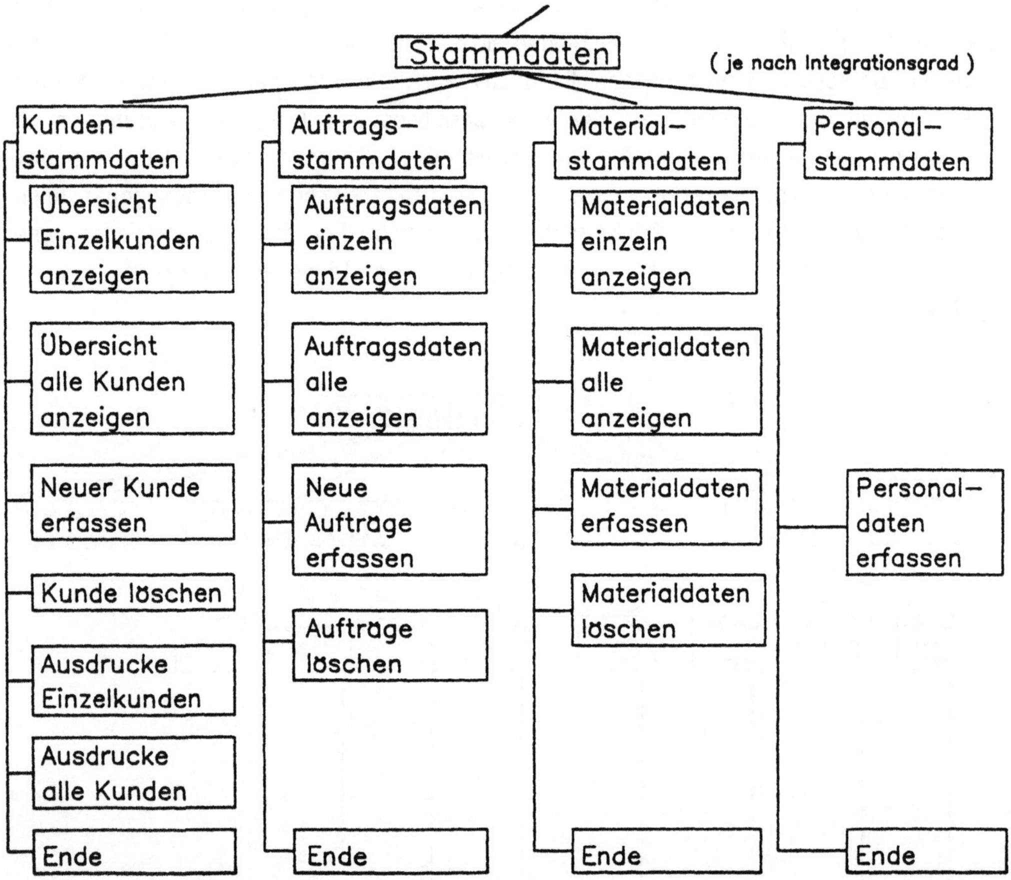

Abb. 21: Möglicher Aufbau eines Unterprogramms im Rahmen des oben erwähnten Ausschnitts aus dem Hauptmenü eines PPS-Programms

Der Nachteil der Menüsteuerung zeigt sich also einerseits bei Anwendungen, die den ständigen Wechsel zwischen verschiedenen Bildschirmmasken erfordern und andererseits bei gut geübten häufigen Benutzern, die die einzelnen

Menüs fast auswendig kennen und deshalb keine Präsentation des jeweils nächsten Arbeitsschrittes benötigen.

Bei menügeführten Programmen versucht man diesen Nachteil z.B. dadurch zu reduzieren, indem man die Eingabe einer ganzen Sequenz von Ziffern zuläßt. Dabei bezieht sich dann beispielsweise die zweite Ziffer auf das nachfolgende Menü, die dritte Ziffer auf das übernächste Menü etc. Auf diese Weise ist es möglich, einzelne Menüfelder vollständig zu überspringen und schneller zur gewünschten Bildschirmmaske zu gelangen. Das gleiche Verhalten kann durch Voreinstellungen, wie sie in der folgenden Abbildung schematisch dargestellt sind, erreicht werden. (Dabei handelt es sich nicht mehr um eine reine Menüsteuerung, sondern um die Kombination von Menü- und Kommandosteuerung).

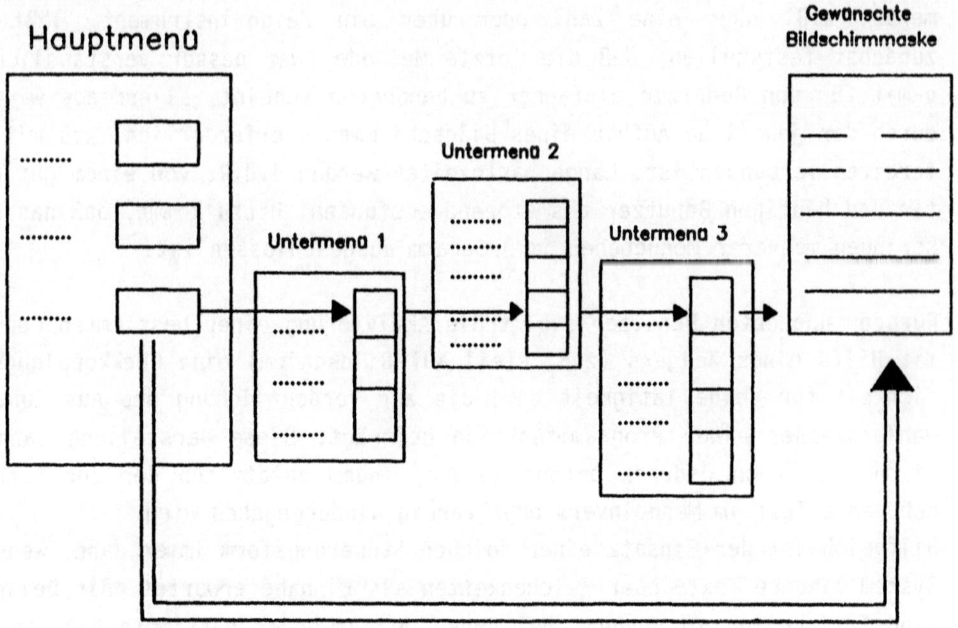

Abb. 22: Abkürzung einer Folge von Bedienschritten mit Hilfe der Voreinstellung /12/

Eine weitere Möglichkeit, dem Benutzer schnell durch aufwendige Menüverzweigungen zu helfen, besteht darin, daß das Programm dem Anwender eine Folgefunktion vorschlägt, die dieser - falls sie seinem nächsten Arbeitsschritt entspricht - lediglich bestätigen muß. Der Vorschlag des Systems (Besetzung des Antwortfeldes mit einem Defaultwert) sollte sich dabei an der wahrscheinlichsten Wahl, z.B. einem betriebstypischen Anwendungsfall (etwa dem Ablauf einer routinemäßigen Vorgangsbearbeitung) orientieren. Dadurch verringert man die Anzahl der erneuten Eingaben und beschränkt sich auf das Bestätigen der vom System als nächsten Schritt vorgeschlagenen Funktion.

Zum besseren Erkennen und Auffinden einer bestimmten Funktion im Rahmen eines umfangreichen Bildschirmmenüs sollte dessen Aufbau so erfolgen, daß sich darin die Häufigkeit der verwendeten Funktionen widerspiegelt. D.h. häufige Anwendungen sollten am Anfang des Menüs stehen, seltene Anwendungen am Ende. Um festzustellen, welche Anwendungen mit welchen Häufigkeiten belegt sind, kann z.B. das Verfahren der ABC-Analyse herangezogen werden, mit dessen Hilfe man zu einer Einteilung in A-Befehle (Befehle mit sehr häufiger Nutzung), B-Befehle (Befehle mit häufiger Nutzung) und C-Befehle (mit seltener Nutzung) gelangen kann.
Zur Eignung der unterschiedlichen Aktivierungsmethoden eines Bildschirmmenüs, z.B. über eine Zahl oder über ein Zeigerinstrument, läßt sich zunächst feststellen, daß die letzte Methode zwar besser verständlich und damit für den Benutzer einfacher zu handhaben scheint, allerdings wird dadurch der jeweilige Aufbau eines Bildschirmmenüs erforderlich, was mit Wartezeiten verbunden ist. Lange Wartezeiten werden i.d.R. von einem gut geübten und häufigen Benutzer als störend empfunden. Hinzu kommt, daß das Überspringen mehrerer Menüebenen im Programm ausgeschlossen ist.

Für den ungeübten Benutzer stellt die Aktivierung einer bestimmten Funktion mit Hilfe eines Zeigers (z.B. Pfeil auf Bildschirm) eine Rückkopplungsmöglichkeit für seine Tätigkeit dar, die zur Verdeutlichung des Aus- und Anwahlprozesses einer Programmfunktion beiträgt. Diese Darstellung kann optisch z.B. noch dadurch betont werden, indem zusätzlich der zur Funktion gehörende Text im Menü invers oder farbig wiedergegeben wird.
Hilfreich ist der Einsatz einer solchen Steuerungsform immer dann, wenn das System längere Texte oder Zeichenketten als Eingabe erwartet. Als Beispiele sind Tätigkeiten zu nennen, bei denen der Anwender bestimmte Dateien, die sich auf einem peripheren Speichermedium (Magnetband, Festplatte, Diskette) befinden, in den Hauptspeicher laden muß; etwa Textdateien für ein Textverarbeitungsprogramm, Adressdateien für eine Datenbankanwendung. Bei der Durchführung einer solchen Tätigkeit wird der Anwender im Rahmen einer Einleseprozedur aufgefordert, den Namen der entsprechenden Datei(en) anzugeben, damit das System auf sie zugreifen kann. Die Namensnennung läßt sich nun so realisieren, daß der Anwender aufgefordert wird, den kompletten Dateinamen über Tastatur einzugeben. Ein wesentlich belastungsärmeres Auswahlverfahren, als das Eintippen des kompletten Namens, stellt die Möglichkeit des "Anzeigens" des entsprechenden Dateinamens dar. Auf diese Weise

merkt sich das System die entsprechende Datei und liest alle so markierten Dateien - nach Abschluß der Einleseprozedur - beispielsweise in den Hauptspeicher ein.
Aufgrund der unterschiedlichen Eignung dieser beiden Steuerungsarten scheint es sinnvoll, sie im Rahmen einer Menüsteuerung so zu verknüpfen, daß ein jederzeitiger Wechsel zwischen ihnen möglich wird. Ganz allgemein sollte jedoch eine Rückkopplung, etwa durch die Verwendung der erwähnten Inversdarstellung, möglich sein. Für das Auswahlverfahren durch Vorwahl entsprechender Ziffern - insbesondere beim Überschreiten mehrerer Menüebenen - bietet es sich an, die damit adressierte Funktion bzw. deren Namen auf dem Bildschirm einzublenden. Ggf. kann sodann eine Bestätigung vom Benutzer verlangt werden, so daß dieser - gerade bei längeren Ziffernkombinationen - schon bei der Anwahl eine Rückmeldung über den aktivierten Befehl erhält. Damit lassen sich fehlerhafte Adressierungen und, bei der Ausführung des Befehls, längere Wartezeiten schon sehr früh vermeiden.
Sollte die Auswahl aufgrund einer fehlerhaften Eingabe nicht zur gewünschten Funktion führen, so muß zumindest die Eingabe (z.B. Ziffern) editierbar sein, um die erforderlichen Korrektureingaben auf ein Minimum zu beschränken.

Zusammenfassend läßt sich für die Menüsteuerung festhalten, daß es sich um ein Navigationsinstrument handelt, mit dessen Hilfe vor allem weniger gut geübte Personen bzw. gut geübte Personen mit seltener Frequentierung der entsprechenden Programme arbeiten können.

Der Vorteil der Menüdarstellung liegt in der Präsentation aller zu diesem Zeitpunkt verfügbaren Funktionen und ihrer gleichzeitig einfachen Aktivierung.
Nachteilig treten die verlängerten Antwortzeiten - durch den jedesmal notwendigen Bildschirmaufbau - und die umständliche Handhabung bei der Verzweigung in andere Programmteile auf. Dies gilt für einen gut geübten Benutzer, der sich in komplexen Anwendungen bewegt.
Implizit geht mit diesen Überlegungen der einfachen Handhabbarkeit auch die Vorstellung einher, daß der Benutzer sich in relativ kurzer Zeit eine "gute Vorstellung" über die Zusammenhänge im Gesamtsystem machen kann. D.h., daß er z.B. die hierarchische Struktur des Programms, wie sie in der Abbildung (PPS-Hauptmenü) wiedergegeben ist, schnell erlernen und fehlerfrei repräsentieren kann.
Widdel und Kaster /13/ konnten allerdings nachweisen, daß diese Annahme zumindest bei ungeübten Benutzern nicht ohne weiteres zutrifft. Den ohne Un-

terweisung arbeitenden Personen gelang es in Versuchen auch nach längerer Arbeitszeit nicht, die implementierte hierarchische Menüstruktur richtig wiederzugeben. Dies läßt auf eine nur unvollständige mentale Vorstellung über das Programm schließen. Das bedeutet, daß allein mit der Verwendung eines Menüsystems keine Garantie für eine erfolgreiche Software-Bedienung durch unerfahrene Benutzer verbunden ist. Vielmehr bedürfen die Benutzer zusätzlicher Hilfen (z.B. Visualisierungshilfen), die transparenzförderlich wirken und damit die mentale Modellbildung über die implementierten Zusammenhänge des Anwendungsprogramms unterstützen.

6.2.1.2 Funktionstasten

Die Steuerung eines Programms über Funktionstasten beruht auf der Hinterlegung von Kommandos/Befehlen auf entsprechenden Tasten. Dies bedingt auf der technischen Seite die Erweiterung der gewöhnlichen Schreibmaschinentastatur um solche Tasten, die frei programmierbar sind und bestimmte, von dem jeweiligen Programm gesteuerte Funktionen beinhalten.
Die Aktivierung einer Funktion und die Navigation im Programm wird durch das Drücken einer bestimmten Taste ausgelöst.
Damit sind sowohl in ihrem Gültigkeitsbereich begrenzte Befehle (Spezialbefehle) als auch generell im Programm gültige Befehle (Basisbefehle) durch Tastendruck aktivierbar. Bei der Auslösung eines Befehls kann nun im Gegensatz zum Bildschirmmenü der ursprüngliche Bildschirminhalt erhalten bleiben, da keine Darstellung der Kommandos - wie bei einem Menü - auf dem Bildschirm erfolgt.

Zwischen Menüsteuerung und Funktionstastensteuerung bestehen im Vergleich von Handhabbarkeit und Geschwindigkeit miteinander erhebliche Unterschiede. Mit zunehmender Übung und Programmfrequentierung auf Seiten des Anwenders kann die Funktionstastensteuerung i.d.R. wesentlich schneller und damit effektiver eingesetzt werden als die Menüsteuerung. Die Anzahl der auf programmierbaren Tasten hinterlegbaren Funktionen wird allerdings durch kognitive Grenzen des Menschen bestimmt. Diese Grenzen bestehen in der maximalen Behaltensleistung und der Möglichkeit des Wiedererkennens nach einer gewissen Zeit. Im Gegensatz zur Menüsteuerung, die das "Recognition Memory" im Gedächtnis anspricht, wird beim Einsatz von Funktionstasten das "Recall Memory" beansprucht./14/ Die stärkere Belastung des Menschen bei der Beanspruchung des "Recall Memory", d.h. bei der "freien Wiedergabe" äußert sich dabei darin, daß die Behaltensleistungen sehr begrenzt sind./15/

Aus diesem Grund werden verschiedene Techniken zur Steigerung der Merkleistung verwendet. Im EDV-Bereich sind vor allem die Verwendung mnemotechnischer Methoden /16/ und damit die Ausnutzung möglicher Assoziationen zu erwähnen. Entsprechend kann die Verwendung unterschiedlicher Tasten zur Darstellung inhaltlich verschiedener Befehle, z.B. Basisbefehle und Spezialkommandos, die Behaltens- und Erinnerungsleistung steigern. Eine Möglichkeit besteht z.B. in der farblichen Abgrenzung dieser beiden Tastenkategorien voneinander.

Sofern sich die aktuelle Bedeutung der Tasten visualisieren läßt, etwa durch eine kurze verbale Beschreibung auf dem Bildschirm, wird es möglich, Funktionstasten in größerem Umfang einzusetzen und ihre Bedeutung von Anwendung zu Anwendung zu verändern. Eine in dieser Form variierte Steuerung über Funktionstasten kann als Spezialfall der Menüsteuerung - innerhalb gewisser Grenzen - angesehen werden. Die Gedächtnisbelastung des Anwenders wird in diesem Falle wieder stärker vom "freien Wiedergeben" auf das "Wiedererkennen" verlagert.
Verfügt das Programm z.B. aus Hardwarerestriktionen oder anderen Gründen nicht über eine für diese Visualisierung reservierten Platz, so hilft man sich z.B. mit Schablonen.
Sie sind in der Nähe der Funktionstasten angebracht bzw. werden über die Tasten gestülpt und sollen entsprechend dem gewählten Programmteil die Kommandos, die man augenblicklich mit der Taste ausführen kann, wiedergeben. Da die Bedeutung der Taste während einer Programmbearbeitung mehrfach wechseln kann, ist es notwendig, auch entsprechend die jeweilige Schablone zu wechseln. Je nachdem wie häufig sich die Tasteninhalte ändern, kann es zu permanentem Hin- und Herblättern zwischen den einzelnen Schablonen kommen.

Der Anwender ist bei Verwendung dieses Hilfsmittels gezwungen, bei jedem Programmwechsel seine Befehlsleiste zu aktualisieren. Die damit verbundenen Arbeitsunterbrechungen sowie die anfallenden Suchaufgaben nach dem Standort und der Bedeutung der entsprechenden Befehle auf der Schablone dürfte innerhalb kurzer Zeit zur Schaffung von Ersatzlösungen führen, um eine einheitliche Aufgabenrepräsentation (z.B. nur Nachrichten vom Bildschirm) zu erreichen. Insofern läßt sich feststellen, daß solche Schablonen im allgemeinen nicht sinnvoll einsetzbar sind und zu Arbeitsbedingungen führen, die für den Benutzer nicht akzeptabel sind.
Hinzu kommt der bei häufigem Umblättern auftretende Verschleiß der Vorlage und als Folge ihre nur noch eingeschränkte Nutzungsmöglichkeit.

Von ähnlichen Problemen im Zusammenhang mit der Handhabung von Menüvorlagen bei einem CAD-System, die mit den Schablonen bei Funktionstasten verglichen werden können, berichtet Frieling/17/.

Ergänzend kann man aber auch durch inhaltlich sinnvolle Anordnung und gleichzeitiger Visualisierung (z.B. dem Färben von Tasten) einen Beitrag zur Unterstützung der Benutzer beim Wiedererkennen bzw. Erinnern der entsprechenden Bedeutung leisten.

Zusammenfassend läßt sich für die Steuerung eines Programms über Funktionstasten feststellen:

Der Vorteil des schnelleren Ansprechens von Unterprogrammen durch den Gebrauch der vorprogrammierten Tasten im Gegensatz zu den Bildschirmmenüs ist an entsprechende Benutzerkenntnisse gebunden. Diese müssen wesentlich umfangreicher und genauer sein, wie sich bei der Erörterung der jeweiligen Behaltensleistung und damit der Beanspruchung des Gedächtnisses beim Anwender ergab. Diese kognitive Zusatzbelastung läßt sich z.B. dadurch vermeiden, indem man die augenblickliche Bedeutung der Taste visuell darzustellen versucht. Da dies aus unterschiedlichen Gründen nicht immer direkt auf dem Bildschirm erfolgt, kommt man teilweise zu Lösungen, die nicht immer für den Anwender praktikabel sind und zudem auf kognitive Grenzen beim Menschen stoßen.
Sind Tasten zusätzlich mehrfach belegt, wobei der Benutzer z.B. durch die Betätigung der Shift-Taste zwischen verschiedenen Befehlen auf einer Taste wechseln kann, nimmt die Komplexität der Steuerung erheblich zu. Aus diesem Grund sind vor allem für einen seltenen, ungeübten Benutzer Funktionstasten nur eingeschränkt nutzbar. Allgemein dürfte das nur implizit vorhandene Wissen auch gut geübten Personen Schwierigkeiten bereiten, obwohl diese weit effektiver mit Funktionstasten als mit Menüsteuerungen arbeiten können.
Beim Entwurf solcher Tastenbelegungen ist aus kognitiver Sicht darauf zu achten, daß die einzelnen Tasten konsequent über alle Bereiche - sofern dies möglich ist - ihre Bedeutung beibehalten oder ähnliche Bedeutungsinhalte tragen. So lassen sich Mißverständnisse vermeiden und Assoziationen beim Benutzer leichter bilden.

6.2.1.3 Kommandosprache, Befehlssprache, Aktionscode

Als Kommandosprache, Befehlssprache oder auch Aktionscode werden solche Programmsteuerungen bezeichnet, die auf einer eigenständigen Sprache beruhen.
Denkbare Konstruktionen einer Kommandosprache reichen von der "natürlichen" Sprache über sog. Query Languages/18/ (Abfragesprachen) bis hin zu sehr abstrakten Programmiersprachen (z.B. APL oder RPG). Sie arbeiten auf der Basis impliziter Befehle, deren Bedeutungen dem Benutzer bekannt sein müssen. Um das Merken und Erinnern der Befehlsnamen zu erleichtern, wendet man häufig mnemotechnische Verfahren an.
Eine gebräuchliche Art Befehlsnamen abzukürzen, besteht dabei in der Verwendung der Anfangsbuchstaben des jeweiligen Befehlswortes. Um einen Sprung in die Programmverzweigung "Auftrag" durchzuführen, wäre der Buchstabe "A" anzugeben, entsprechend wäre ein Sprung in die "Kundendaten" durch "K" auszulösen etc. Falls ein Buchstabe zur eindeutigen Kennzeichnung eines Befehls nicht ausreicht, werden entsprechend die nachfolgenden Buchstaben mitbenutzt./19/
Die Kombination solcher Einzelkommandos zu einem Makrobefehl ist oftmals wünschenswert, da sie die direkte Adressierung einzelner Funktionen (Unterprogramme) erlaubt.
Im Unterschied zu den beiden vorgenannten Steuerungsarten (Menü, Funktionstasten) verfügt der Anwender über mehr Freiheitsgrade und kann im Extremfall ohne Beachtung einer Programmhierarchie an jede Programmstelle gelangen. Notwendig ist dabei lediglich die Angabe der Kommandosequenz durch den der entsprechende Programmteil identifiziert werden kann.
Allerdings stößt man auch hier an kognitive Grenzen des Menschen, wenn diese Befehle ohne Unterstützung ausgelöst werden sollen (vgl. Kapitel 6.2.1.2). Je nach Komplexität der Software, dürfte deshalb auch bei konsequenter Verwendung einer entsprechenden Steuerung jeder Bearbeiter hauptsächlich seinen aktuellen Arbeitsbereich kennen, während ihm die anderen Software-Teile größtenteils verborgen bleiben. Es fällt dem Benutzer schwer, sich ein entsprechendes Abbild der Informationsstruktur - ihres Aufbaus und ihrer logischen Verknüpfungen - zu schaffen.
In Abhängigkeit vom jeweiligen Abstraktionsniveau der Kommandosprache ergeben sich unterschiedliche Anforderungen an das Wissen (z.B. Wirkungsweise eines Befehls), das Erinnerungsvermögen und die Merkfähigkeit des Benutzers. Diese Zusatzanforderungen stehen in keinem primären Zusammenhang mit der Tätigkeitsausführung. Vielmehr betreffen sie eher die Arbeitsumgebung des Anwenders. Im Fall der Verwendung einer Programmiersprache sind etwa

Kenntnisse über Datenorganisation oder Schnittstellen erforderlich. Beim Einsatz einer stärker anwendungsorientierten Kommandosprache (z.B. Query Language) sind Kenntnisse der zulässigen und existierenden Befehle sowie deren syntaktischer Aufbau und ihre Wirkungsweise notwendig.

In diesem Zusammenhang wird direkt ersichtlich, daß der Designer beim Entwurf der Kommandonamen großen Wert darauf legen muß, die entsprechenden Programmfunktionen durch zutreffende Wörter sinnbildhaft darzustellen. Das erfordert in den meisten Fällen die Berücksichtigung betrieblicher Eigenarten und Gegebenheiten, was insbesondere bei Standardsoftware problematisch ist.

Unter der Prämisse der hohen Übung des Benutzers und der häufigen Frequentierung des Anwendungsprogramms stellt die Kommandosprache sicherlich ein sehr effektives Steuerungsinstrument zum Erreichen entsprechender Programmpositionen und zur Aktivierung von Unterprogrammen dar. Allerdings können dann Probleme entstehen, wenn es sich um Benutzer handelt, die seltener mit den Programmen arbeiten und deshalb z.B. Schwierigkeiten beim Erinnern der Befehlsnamen haben.
Insofern setzen Kommandosprachen eine lange und intensive Einlernphase voraus und erfordern regelmäßige Übung; d.h. die permanente Beschäftigung mit dem Programm. Aus diesem Grunde kann von einer generellen Eignung der Kommandosprache für alle Anwendungen nicht ausgegangen werden. Ihre Bedeutung erstreckt sich auf die Unterstützung eines gut geübten Personenkreises.

Vergleicht man Kommandosprache, Funktionstastensteuerung und Menüsteuerung miteinander, so kann man feststellen, daß die Unterstützung des Benutzers im Programm ausgehend von der Menüsteuerung über die Funktionstastensteuerung bis hin zur Kommandosprache kontinuierlich abnimmt. In entsprechender Reihenfolge nimmt z.B. die Komplexität der möglichen Operationen zu und damit erhöhen sich die Anforderungen, die vom System an den Benutzer gestellt werden und den Anwender zusätzlich belasten./20/ Ob dies als Beanspruchung empfunden wird, hängt vermutlich in hohem Maße von der Übung und Erfahrung des Benutzers ab.

6.2.1.4 Piktogramme-Windowtechnik

Aufgrund der Weiterentwicklung der Elemente für die Software-Oberflächengestaltung wird in jüngster Zeit im kommerziellen Bereich die Window-/Fenstertechnik stärker eingesetzt. Zur Ausnutzung der dieser Technik innewoh-

nenden Potentiale verfügen die Systeme i.d.R. über sog. bit-mapped display screens./21/ Aufgrund dieser Bildschirme ist es möglich, die darstellbare Zeichenmenge beträchtlich zu erweitern. Vor allem werden durch diese rastergraphikfähigen Bildschirme Piktogramme (Symbole) in größerem Umfang verwendet. Daneben erlauben die Systeme i.d.R. auch Variationen von Schriftbildern nach Größe und Typ sowie die Ausführung der Zoom-Funktion.
D.h., es besteht zwar zwischen der Informationsübertragung im Mensch-Rechner-System - insbesondere bei der Rechnersteuerung - keine zwingende Notwendigkeit zur Verwendung der Fenstertechnik. Jedoch treten diese beiden Elemente - historisch gesehen - parallel auf und sollen daher als zusammengehörende Einheit betrachtet werden. Durch die Kombination von Windowsystemen und Piktogrammen kommt es zu einer neuen Form der Mensch-Rechner-Interaktion, die sich mehr von den systembedingten Sachzwängen zu lösen versucht und eine stärkere Orientierung an den Benutzer anstrebt./22/
Durch den Einsatz von Piktogrammen (Icons) wird versucht, komplexe Inhalte, z.B. einen Befehl, durch graphische Zeichen zu ersetzen. Sofern das Objekt eindeutig durch sie spezifiziert werden kann, sind graphische Symbole als gute Alternative zu entsprechenden verbalen Darstellungen anzusehen.

Beispielsweise können Icons zur Kennzeichnung bestimmter Ein- oder Ausgabemedien benutzt werden (z.B. Drucker, Plotter, Plattenlaufwerk, Diskettenlaufwerk u.a.), so daß der Benutzer lediglich das entsprechende Symbol aktiviert und damit der Informationsaustausch automatisch stattfindet. Problematisch wird die Befehlsrepräsentation immer dann, wenn die Befehle einen entsprechenden Abstraktionsgrad besitzen, der nur schwer in bildhaften Symbolen abgebildet werden kann. Als Beispiel seien die Befehle "Kopieren eines Bereichs in einen anderen" oder "Rückgängigmachen einer Befehlskette" (sog. "UNDO"-Befehl) genannt. Damit eignen sich Icons hauptsächlich für Befehle, die kontextfrei sind (z.B. Befehle wie: Löschen, Kopieren, Bewegen, Entfernen, Hilfe/Information etc.)./23/
Unter Einbindung der Fenstertechnik ergeben sich weitere Vorteile in der Mensch-Rechner-Interaktion.
Die Fenstertechnik erweitert den physikalischen Bildschirm auf mehrere virtuelle Bildschirme. Dies wird dadurch erreicht, indem Teilbereiche des realen Bildschirms umrahmt werden und dieser Teil als selbständiger neuer Bildschirm aufgefaßt wird. Auf diese Weise wird es z.B. möglich, mehrere getrennt vorkommende Informationen auf dem Bildschirm gleichzeitig darzustellen. Je nach System können sich die Fenster gegenseitig ganz oder in Teilen überlappen, wodurch eine Situation geschaffen werden kann, die sich in Analogie mit dem Büroschreibtisch befindet. Auch dort liegen gleichzei-

tig mehrere Dinge (z.B. Schriftstücke), die sich teilweise überlappen und vom "Benutzer" (je nach seiner aktuellen Tätigkeit) aktiviert werden./24/
Durch die Kombination von Piktogrammen und Fenstertechnik kann die zusätzlich vom Anwender zu erbringende Erinnerungsleistung reduziert werden. Dies läßt sich einerseits durch die parallele Darstellung mehrerer Vorgänge auf einem Bildschirm erreichen. Andererseits können die graphischen Symbole dem Anwender die Systembedienung durch einfache und sinnhafte, graphische Darstellungen der Befehlsnamen erleichtern./25/
Neben der Verbindung der Fenstertechnik mit Piktogrammen sind natürlich auch andere Kombinationen, z.B. mit der Menütechnik, denkbar./26/

6.2.2 Einsatzbereiche der Programmsteuerungen

Wie die Diskussion der verschiedenen Arten der Programmsteuerung gezeigt hat, spielt bei der Auswahl die Überlegung, welcher Personenkreis am System arbeitet, eine erhebliche Rolle.
Dabei sind die personenspezifischen Variablen "Übungsgrad" und "Frequentierung" und teilweise "individueller Arbeitsstil" von Bedeutung. Je nach interindividueller Ausprägung dieser Merkmale eignen sich die vorher diskutierten Steuerungsarten in unterschiedlicher Weise für die entsprechenden Anwendungen. Darüber hinaus läßt sich daraus auch die relativ große Unabhängigkeit dieser Steuerungen von spezifischen Aufgaben und Tätigkeiten erkennen.

Da sich i.d.R. für einen bestimmten Arbeitsplatz zwar grob einige Aussagen zu dem jeweiligen Systemnutzer treffen lassen, aber z.B. durch Umbesetzungen, Neubesetzungen oder durch andere Gründe der Personenkreis ständigen Fluktuationen ausgesetzt sein kann und damit das vorhandene Übungsniveau auch ständig variieren kann, scheint es sinnvoll, zu einer integrativen Lösung in bezug auf die Programmsteuerung zu gelangen. Integration bedeutet hierbei, daß das Anwendungsprogramm z.B. parallel mehrere Programmsteuerungen anbietet, wobei der Benutzer entscheidet, mit welcher Steuerung er arbeiten will. Verknüpft man unterschiedliche Steuerungstechniken miteinander, so können dadurch Nachteile der einen Technik durch die Vorteile der anderen Technik ersetzt werden.
Als zusätzliches Einteilungskriterium auf abstraktem Niveau läßt sich dabei die Unterteilung der im Anwendungsprogramm vorkommenden Befehle in Basis-Kommandos und Spezialkommandos heranziehen. Während Basisbefehle für den Anwender generalisierbar sind, besitzen Spezialkommandos lediglich einen eingeschränkten Gültigkeitsbereich und erfordern deshalb formal und inhalt-

lich andere Darstellungsformen. Bei der Gestaltung der jeweiligen Steuerungsarten kommt die Schwierigkeit hinzu, geeignete Bezeichnungen für die Charakterisierung der einzelnen Funktionen zu finden. Diese müssen plastisch genug sein, um kurz und prägnant den Sachverhalt (z.B. das Unterprogramm bzw. den Befehlsinhalt) zu beschreiben. Auf diese Weise soll intuitiv dem Benutzer die richtige Vorstellung über den Funktionsinhalt vermittelt werden. Durch eine adäquate Wortwahl lassen sich so Mißverständnisse bei der Befehlsaktivierung vermeiden (weil sich der Anwender z.B. aufgrund mehrdeutiger oder ungewohnter Bezeichnungen im System verirrt).
Der richtigen Wortwahl kommt damit neben der Kennzeichung von Programmkommandos auch bei Systemmeldungen (z.B. Fehlermeldungen oder allgemeinen Systemhinweisen) Bedeutung zu.
Damit entscheidet der Software-Designer in diesem Programmbereich z.B. über zusätzliche emotionale Belastungen des Benutzers - etwa durch die Ausgabe unspezifischer Fehlermeldungen./27/
Bei der Verbindung unterschiedlicher Programmsteuerungsarten miteinander konkurriert aus kognitionspsychologischer Sicht die Möglichkeiten des "Sehens und Ansprechens" (bei der Menü- und teilweise Funktionstastensteuerung und Piktogrammen/Windowtechnik) sowie des "Erinnerns und Auslösens (Schreibens)" (bei Kommandosprachen und teilweise Funktionstastensteuerung) miteinander.
Daß der Benutzer auch bei Verwendung der Menüsteuerung Probleme mit der Repräsentation der zum Arbeiten erforderlichen Programmhierarchie besitzt, konnten Widdel und Kaster /28/ zeigen. Insofern sind Symbiosen der einzelnen Techniken sicherlich für den Benutzer besser geeignet als die ausschließliche Verwendung einer einzelnen Steuerungsform.

Als ersten Schritt zur Umsetzung dieser Erkenntnis kann man die parallele Implementierung zweier Steuerungsformen, die zum einen von einem "Anfänger", zum anderen von einem "Fachmann" genutzt werden kann, ansehen.

Während der sog. "Anfängerdialog" z.B. menügesteuert abläuft und keine menüebenenübergreifenden Sprünge erlaubt, ermöglicht der "Fachmanndialog" - z.B. basierend auf einer Kommandosprache - aufgrund seiner komplexen Befehle dem Benutzer maximale Beweglichkeit. Diese beschriebene Parallelimplementierungen sollten jedoch nicht als zwei wählbare Alternativen dem Anwender zur Verfügung stehen, zwischen denen er entweder die eine oder die andere Form auswählen kann, sondern die Realisierung sollte im Sinne eines "Sowohl-als-auch" erfolgen. Damit kann der Benutzer (durch ständiges Hinzulernen) den allmählichen Übergang von Anfängerdialog zum Fachmanndialog und umgekehrt bewältigen.

Das bedeutet für den Software-Designer, daß er dafür Sorge trägt, daß zwischen diesen beiden Extremen ein fließender Übergang geschaffen wird, der beispielsweise so aussehen kann, daß sich die Menüsteuerung sukzessiv um Kommandoeingaben erweitern läßt, indem z.B. die Eingabe von Kurzkommandos möglich ist. Umgekehrt sollte der "Fachmanndialog" auch den Rückschritt auf die Menüsteuerung zulassen, was z.B. bei längerer Abwesenheit des Benutzers sinnvoll ist, damit sich auch der gut geübte, aber seltene Benutzer wieder im System zurechtfindet.
Auf diese Weise kann sich der Anwender - in direkter Abhängigkeit seines Übungsgrades und seiner Kenntnisse - im System bewegen. Seine Lernerfahrungen während der Beschäftigung mit dem Programm sind dabei gleichzeitig in geändertes Steuerungsverhalten übertragbar. Setzt man zusätzlich Piktogramme und Windowtechnik ein, so gelangt man zu einer wesentlich transparenteren Oberfläche für den Anwender. Insbesondere können durch die verbesserten graphischen Möglichkeiten der Bildschirme allgemein bekannte Symbole zum Informationsaustausch verwendet werden. Durch die bildhafte Darstellung nur schwer beschreibbarer Prozeduren läßt sich das Systemhandling vereinfachen.

6.2.3 Dialogformen

Die Notwendigkeit des Informationsaustauschs im Mensch-Maschine-System erfordert einen Dialog zwischen Mensch und Rechner. Auf Seiten der Software lassen sich verschiedene Formen des Dialogs gestalten, die jeweils unterschiedliche Auswirkungen auf die Kommunikation zwischen Mensch und Rechner haben.
Die Unterschiede der Dialogarten untereinander können auf die jeweils für den Benutzer vorhandenen Freiheitsgrade zurückgeführt werden. Je nach Ausprägung des Mensch-Maschine-Dialogs ergeben sich daraus Konsequenzen für den Beschäftigten hinsichtlich der Art der Zielerreichung. D.h., der Anwender muß seine Verhaltens- und Arbeitsweisen an der bestehenden Dialogform und den damit verbundenen Einwirkungsmöglichkeiten orientieren, um zur Aufgabenerledigung in dem von ihm definierten Sinne zu gelangen.
Damit legt die jeweilige Dialogform die Rolle des Menschen im System fest.
Da die Haupttätigkeit des Menschen bei der Handhabung von Software darin besteht, Befehle auszuführen bzw. Daten zu transferieren (Dateneingabe, -abfrage), beeinflußt die Dialogform wesentlich die Art, wie diese Handlungen ausgeführt werden (können). Der Einfluß wird hauptsächlich bei den Pro-

grammsteuerungsarten deutlich, die ihrerseits an bestimmte Dialogformen gekoppelt sind.

Da es sich im Mensch-Rechner-Dialog um zwei Dialog-"Partner" handelt, bei denen gegenseitiger Wissensaustausch erforderlich ist, sind grundsätzlich folgende "reinen" Formen der Dialogführung denkbar:

- benutzerinitiierter Dialog
- rechnerinititiierter Dialog
- hybrider Dialog.

Je nach Dialogform fällt entweder dem Benutzer oder dem Rechner der aktive Part bei der Kommunikation zu, bzw. bei wechselseitiger Kommunikationssteuerung (hybrider Dialog) wird jeder Dialogpartner in bestimmten Bereichen aktiv.

6.2.3.1 Benutzerinitiierter Dialog

Beim benutzerinitiierten Dialog veranlaßt der Programmbenutzer den nächsten Arbeitsschritt durch explizite Angabe einer Anweisung, während der Rechner den Befehl interpretiert und ausführt oder mit einer Fehlermeldung antwortet. Die daraufhin folgenden Arbeitsschritte bleiben dann wiederum dem Benutzer vollständig überlassen.

D.h., den aktiven Teil bei der Kommunikation übernimmt gänzlich der Benutzer. Die Aufgabe des Rechners beschränkt sich in diesem Falle lediglich auf die Befehlsinterpretation und -ausführung. Eine derartige Kommunikationsform setzt beim Anwender voraus, daß er den Systemumfang sowie die Kommandosyntax vollständig kennt. Ebenso muß er permanent den Kontext der Anwendung überblicken und die Wirkungsweise der Befehle einschätzen können. Ohne diese Kenntnisse wird eine mühsame "Trial-and-error"-Strategie durchgeführt, bei der der Anwender hofft, in einem permanenten Versuchsprozeß auf die richtigen Handlungen bzw. notwendigen Befehle aus den bisher gemachten Fehlern schließen zu können.

Anwendungen, die mit solchen ausschließlich benutzeraktivierten Dialogformen arbeiten, findet man häufig bei Aufgaben vor, bei denen das zu erwartende Arbeitsergebnis nur unzureichend im vorhinein spezifiziert werden kann. Als Beispiel seien Anfragen an Datenbanken erwähnt, die mit Hilfe von Query Languages durchgeführt werden. Durch die Abfragesprache wird i.d.R. die vorhandene umfangreiche Wissensbasis so eingeschränkt, daß nach Ablauf des Selektionsprozesses die zu suchende Information als Ergebnis zur Verfü-

gung steht. Da die erfolgreiche Bearbeitung dieser Anwendung größtenteils von der Intuition des Fragenden und dessen Wissensstrukturen sowie dessen Assoziationsvermögen abhängt, ist in einem gewissen Umfang die alleinige Benutzersteuerung im Dialog erforderlich. Nur so lassen sich alle Möglichkeiten der Datenbankabfragesprache ausnutzen. Das gleiche gilt entsprechend für andere Software-Pakete z.B. CAD-Programme, die rechnerinitiiert gesteuert für den Anwender sehr umständlich zu bedienen wären.
Die Vor- und Nachteile, wie sie am Beispiel der Query Languages ersichtlich werden, gelten entsprechend für andere auf benutzerinitiierter Steuerung basierenden Software-Paketen.

Mit Rücksicht auf interindividuelle Unterschiede bei den Benutzern hinsichtlich Übung und Frequentierung können solche Anwendungen für seltene Benutzer deshalb in der Regel nur mit sehr beschränktem Funktionsumfang realisiert werden. Dabei läuft man Gefahr, daß mit zunehmender Übung der Benutzer sehr schnell an die Systemgrenzen stößt. D.h. benutzerinitiierte Dialoge werden in ihrer Komplexität stark durch das erforderliche Wissen der jeweiligen Benutzer determiniert. In einem komplexen Programm kann dies dazu führen, daß sich der Anwender nur sehr schwer zurechtfindet und häufig zu keiner ausreichenden Vorstellung über die generelle Programmstruktur gelangt. Im umgekehrten Falle, der Implementierung eines eng begrenzten Funktionsbereichs, stößt man aber möglicherweise sehr schnell an die Grenzen der Leistungsfähigkeit des Systems.
Aufgrund dieser stark ausgeprägten Einseitigkeit ist der Lernfortschritt in einem solchen System allein vom Anwender und seiner Initiative abhängig. Je nach Interesse oder Notwendigkeit können dadurch unterschiedlich große Programmteile vor dem Anwender verborgen bleiben, was dann wiederum zu einem uneffektiven Arbeiten führen kann.

6.2.3.2 Rechnerinitiierter Dialog

Im Gegensatz zum benutzerinitiierten Dialog übernimmt beim rechnerinitiierten Dialog der Computer den aktiven Part bei der Kommunikation. Je nach Realisationsform des Dialogs präsentiert der Rechner dem Anwender Alternativen, die dieser annehmen bzw. ablehnen kann oder gibt ihm Bereiche/Formulare vor, die dieser ausfüllen kann (muß) (sog. Formulartechnik).
Aufgrund der Dialogssteuerung durch den Rechner sind Eingabefehler, sofern sie sich auf der syntaktischen Ebene bewegen, größtenteils vermeidbar. Zur zusätzlichen Information des Anwenders z.B. über mögliche Folgeoperationen oder die Konsequenzen, die die Aktivierung eines bestimmten Kommandos mit

sich bringt oder über Eingabefehler, kann vom Rechner die Ausgabe von Meldungen veranlaßt werden.

Im Gegensatz zur rein benutzergesteuerten Dialogführung ist es bei dieser Form möglich, für mehr Transparenz in der Kommunikation zwischen den Dialogteilnehmern zu sorgen. Die erreichbare Flexibilität wird, wie beim benutzerinitiierten Dialog, durch dessen Vorwissen und seine Übung geprägt. In Abhängigkeit von diesen Parametern lassen sich die unterschiedlichsten Detaillierungsstufen realisieren. Eine Anwendung für einen seltenen und unkundigen Systembenutzer erfordert den schrittweisen Programmdurchlauf, wobei der Anwender jedesmal durch eine Eingabe, z.B. "Ja" oder "Nein", eine Verzweigung definiert, um so zum gewünschten Ziel zu gelangen (sog. Ja-Nein-Fragen). Diese Arbeitsweise ähnelt dem starren Abarbeiten einer Vorschrift und ist nur dann wirklich sinnvoll, wenn in starkem Maße von unkundigen Benutzern ausgegangen werden muß (z.B. für Fahrplan- oder Messeauskunftssystemen).

Mit zunehmender Übung können die Restriktionen in dieser Dialogform von einer reinen Ja-Nein-Entscheidung zu einer Mehrfachauswahl überführt werden. Im letzteren Fall wäre die Menüsteuerung realisiert. Sie kann ihrerseits wieder auf den jeweiligen Übungsgrad angepaßt sein. Durch den Übergang von einer einfachen Ja-Nein-Entscheidung zur Menüsteuerung wird zwar nicht die Notwendigkeit der Abarbeitung aller anstehenden Menüs beseitigt, es ist nun jedoch möglich, komplexere Strukturen auf einer Bildschirmeinblendung abzubilden.
Zusätzlich kann die Menütechnik auf einer weiteren Komplexitätsstufe, die entsprechend mehr Wissen auf Benutzerseite erfordert, in die Formulartechnik überführt werden. Durch sie ist es möglich, gleichzeitig mehrere Parameter zu variieren und entsprechend komplexere Operationen auszulösen. Formulare werden z.B. zur Definition von Druckausgaben, etwa Zeilenabstand, Buchstabenabstand, Anzahl der Zeilen pro Seite etc. verwendet. Ihr Gebrauch ist immer dort sinnvoll, wo Abhängigkeiten bestimmter Größen untereinander zu beachten sind, wie dies das gewählte Beispiel der Druckausgabendefinition zeigt.

Zusammenfassend zeichnet sich diese Art der Dialogführung durch Fehlerfreiheit sowie die permanente Präsentation der vorhandenen Programmbefehle aus, was mit einer relativ beschwerlichen Handhabung verbunden ist.
D.h., diese Art des Dialogs eignet sich eher für Benutzer, die über geringe Programmkenntnisse verfügen und/oder die Programme nur selten anwenden. Für sie ist eine entsprechende Präsentation der Programmöglichkeiten notwendig.

Bei gut geübten Benutzern kann das Aufzeigen aller Funktionen im Anwendungsprogramm als überflüssig bzw. hinderlich (z.B. wegen der eintretenden Zeitverzögerung beim Bildschirmaufbau) empfunden werden. Zusätzlich dürften sie aufgrund ihrer Übung und der guten Programmkenntnis den Wunsch nach Eigenbestimmung der Programmfortsetzung verspüren.

6.2.3.3 Hybrider Dialog

Bei dieser Dialogform wechseln sich Benutzer und Rechner in der aktiven Rolle bei der Kommunikation ab. Es handelt sich um eine Kombination aus benutzer- und rechnerinitiiertem Dialog. Das Ziel dieser Dialogform besteht darin, die Vorteile der beiden vorgenannten Formen zu vereinigen, um damit gleichzeitig deren jeweilige Nachteile zu beseitigen. Das bedeutet, daß jeder Dialogpartner im Mensch-Rechner-System quasi den Part übernimmt, den er aufgrund seiner Fähigkeiten am besten beherrscht. D.h., hierbei kommt es auf eine sinnvolle Funktionsteilung zwischen Mensch und Maschine an.
Ausgehend von der unterschiedlichen Eignung der Dialogpartner (Mensch-Rechner) für Be- und Verarbeitungsvorgänge kann eine grundsätzliche Rollenverteilung auch bei der Kommunikation vorgenommen werden./29/ Unter gleichzeitiger Berücksichtigung der Werkzeugfunktion, die der Rechner für den Bearbeiter wahrnehmen soll, muß grundsätzlich dem Menschen die Steuerung und Entscheidung überlassen werden. Dieser Grundgedanke ist sodann um den Eignungsgedanken, der die Fähigkeit beider Dialogpartner berücksichtigt, zu ergänzen.
Als flexibles Werkzeug kommt dem Computer bei der Mensch-Maschine-Kommunikation eine Assistenzfunktion zu. Als Assistent des Anwenders hat er die Aufgabe, die Flexibilisierung des rein benutzergesteuerten Dialogs zu unterstützen. Die Unterstützung kann z.B. in Hilfeleistungen, wie z.B. eines Fehlerkorrekturvorschlags bei Eingabefehlern, im Einblenden von erläuternden Texten oder in einer anderen Art der Metakommunikation, z.B. in der Aufforderung, einen bestimmten Befehl näher zu spezifizieren oder in der Darstellung der zur korrekten Eingabe notwendigen Syntax, bestehen.
Auf diese Weise ist es möglich, die Fehlerfreiheit des rechnergeführten Dialogs mit der Flexibilität des benutzergesteuerten Dialogs so zu verknüpfen, daß ein relativ fehlerfreier und flexibler Dialog zustande kommt, der weitgehend an den zwischenmenschlichen Dialog angepaßt ist. Dabei ergreift der Rechner immer dann die Inititative, wenn der Anwender merklich nicht weiter weiß.
Unterstützungen - wie oben angedeutet - sind heute bereits als komplette Hilfesysteme verfügbar, die in ihrer ausgereiften Form (erst in Versuchsla-

boratorien vorhanden) aktive Hilfe leisten sollen. Arbeitsfelder sind z.B. die Generierung eigener systeminitiierter Vorschläge zur Fortsetzung der Bearbeitung im Fehlerfall oder die Entwicklung flexibler, fehlertoleranter Systeme. Zudem sollen solche Hilfesysteme durch die Einblendung alternativer Befehlsfolgen - im Vergleich zur bisher verwendeten Befehlssequenz - den Benutzer auf vereinfachte Bearbeitungswege hinweisen./30/
Statische Annahmen über den typischen Systembenutzer zur Festlegung einer bestimmten Steuerungs- und Dialogtechnik können nicht getroffen werden, weil sich die Benutzer in einem dynamischen Prozeß hinsichtlich der erwähnten intervenierenden Variablen (Übung, Programmfrequentierung) befinden. Daher ist es sinnvoll, die Dialoggestaltung und damit auch die Programmsteuerung an diese Gegebenheiten anzupassen. Die Realisierung einer solchen flexiblen Programmoberfläche macht den permanenten Wechsel zwischen verschiedenen Steuerungsarten und Dialogformen notwendig, so daß der jeweilige Benutzer entsprechend seiner momentanen Situation die Arbeitsweise mit dem System seinem gegenwärtigen Wissensstand anpassen kann.

In diesem Zusammenhang kann der Einsatz von Expertensystemen sehr hilfreich sein. Mit ihnen wird es möglich werden, die Aktionen des Benutzers auch nach dem Aspekt "Wissen des Benutzers über das Programm" zu analysieren und damit kontinuierliche Wechsel zwischen unterschiedlichen Dialogmodi und Programmsteuerungsarten vorzunehmen.

Ohne Expertensysteme werden heute schon die oben angesprochenen Anfänger- und Fachmanndialoge verwendet. Da diese jedoch streng zwischen zwei Benutzergruppen (Anfänger ohne Kenntnisse, Experten mit hoher Übung und großem anwendungsorientierten Wissen) trennen, dürfte der Übergang von der einen zur anderen Gruppe nicht ohne Anpassungsschwierigkeiten auf der Seite der Anwender verlaufen.

6.2.4 Anwendung und Eignung unterschiedlicher Dialogformen für den Büro- und Verwaltungsbereich

Wie der vorausgegangenen Diskussion zu entnehmen ist, kann eine allgemeingültige Aussage zu sinnvollen Einsatzbereichen unterschiedlicher Dialog- und Programmsteuerungsformen für entsprechende Tätigkeiten im Büro- und Verwaltungsbereich nicht getroffen werden.

Die jeweils am besten geeignete Form wird durch den Übungsgrad des einzelnen Benutzers und die Häufigkeit im Umgang mit den Programmen bestimmt.

Insofern ist dieser Aspekt unabhängig von den jeweiligen Tätigkeitsbereichen in Büro- und Verwaltung zu sehen.
Aufgrund der fehlenden Einheitlichkeit auf Benutzerseite ist es deshalb sinnvoll, solche Programmsteuerungsarten und Dialogformen zu verwirklichen, die dieser Diskontinuität entgegenkommen.

Das bedeutet aber, daß dem Benutzer quasi die gesamte Palette der Kommunikationsarten angeboten werden muß, um so den zu erwartenden verschiedenen Ansprüchen der Anwender gerecht werden zu können. Eine in dieser Hinsicht ohne merkliche Übergänge ausgestattete Befehls- und Dialogstruktur in Anwendungsprogrammen setzt das permanente Wissen über den Anwender voraus, um adäquat auf seine Handlungen (Anfragen/Fehlhandlungen etc.) im entsprechenden Kontext reagieren zu können. Solange für diesen Bereich keine Expertensysteme zu Verfügung stehen, die die Systemreaktion in der beschriebenen Weise übernehmen können, sind nur Teillösungen realisierbar./31/

Will man auf Basis fehlender Unterstützung durch Systeme der Künstlichen Intelligenz dennoch eine Benutzerunterstützung realisieren, entsteht die Schwierigkeit der Einordnung des Benutzers nach seinem Kenntnisstand.
Denkbar ist dabei, daß die Benutzer den Grad der Ausführlichkeit des Systems (z.B. Informationen über Funktionen und deren Bedeutung) dadurch bestimmen, indem sie dem System ihre bisherige Erfahrung mit dem Programm mitteilen, d.h. sich hinsichtlich des Kriteriums "Erfahrung/Übung" selbst charakterisieren. Als Hilfsmittel zur Benutzercharakterisierung wird heute teilweise in Software-Paketen der Anwender aufgefordert, sich selbst hinsichtlich der eigenen Systemerfahrung in ein grobes Schema (z.B. Neuling, Benutzer mit mittlerer Erfahrung, Experte) einzuordnen. Alternativ dazu kann der Anwender auch das Maß der Ausführlichkeit über eine Skala selbst einstellen (z.B. 0 = keine Einblendungen bis 4 = sehr ausführlich mit permanenten Einblendungen). Diese Zuordnung steuert direkt die Ausführlichkeit im Dialog, z.B. bei der Anforderung von Informationstexten oder der Einblendung von Programmfunktionen.

Rich /32/ regt an, aus dem Verhalten des Benutzers, ohne dessen Kenntnis, auf den vorhandenen Wissensstand zu schließen. D.h., das System versucht, aus gewissen Handlungen bzw. Reaktionen auf das aktuelle Wissen des Anwenders zu schließen.
Als einfaches Beispiel sei das Anmeldeverfahren an einem Rechner erwähnt, durch das sich (nach Rich) gut geübte Benutzer von Neulingen unterscheiden lassen:

"Someone who begins a session with a series of advanced commands is probably an expert. Someone whose first few attempts to form commands are rejected by the system is probably a novice and needs some help." Schon an dieser Stelle könnte man automatisch den entsprechenden Bearbeitungsmodus auf Systemseite einstellen, wenn sich Anfänger und Experten immer so eindeutig verhielten.
Diese Aussagen gelten beispielhaft für Kommandosprachen. Eine teilweise Realisierung in dieser Richtung wurde auch schon vereinzelt bei einigen Sprachen zur Abfrage von Datenbanken (Query Languages) vorgenommen./33/

Solange auf diesem Feld allerdings keine fließenden Übergänge zwischen verschiedenen Dialogarten und Steuerungsformen möglich sind, wird das Dialog- und Steuerungsverhalten nicht an die zwischenmenschliche Kommunikation heranreichen./34/
Damit wird die Notwendigkeit offensichtlich, adaptive bzw. adaptierbare Systeme zu erstellen, um so die individuellen Unterschiede bei den Anwendern besser berücksichtigen zu können. Die gleichen Probleme entstehen bei der Diskussion um die sinnvolle Gestaltung von Hilfesystemen, da diese auch in weitem Maße vom Anwender abhängig sind.

Zusammenfassend zeigt sich, daß die Eignung unterschiedlicher Dialogformen und Programmsteuerungen für den Einsatz im Büro- und Verwaltungsbereich stark durch die jeweiligen Benutzer geprägt wird.
Das bedeutet, daß man nicht durch die Auswahl einer einzelnen Dialog- und Steuerungsform für ein Anwendungsprogramm zur optimalen Lösung gelangen wird, sondern nur die Realisierung einer variablen Kommunikations- und Kommandoschnittstelle ohne merkliche Übergänge zwischen verschiedenen Dialog- und Steuerungstechniken bei der Mensch-Rechner-Kommunikation zum Ziel führt.

Ganz generell scheint an Hand der üblicherweise anzutreffenden hohen Frequentierung entsprechender Anwendungssoftware im Sachbearbeitungsbereich und an Arbeitsplätzen, bei denen Fach- und Spezialtätigkeiten ausgeführt werden sowie teilweise im Schreibdienst, der Einsatz von Kommandosprachen sinnvoll zu sein. Hierbei sollte allerdings die Möglichkeit der alternativen Verwendung von Bildschirmmenüs erhalten bleiben. Dabei ist es notwendig, auch Sprünge über Programmhierarchien hinweg zuzulassen, bzw. die Möglichkeit zur hierarchiefreien Bewegung zu berücksichtigen. Im Managementbereich dürfte eine Vielzahl von Anwendungen von weniger geübten und selteneren Benutzern eingesetzt werden.

Ein Ansatz zur Bewältigung einer übergangslosen Zustandsänderung im System wurde mit Hilfe der Künstlichen Intelligenz, z.B. durch die Konstruktion von Expertensystemen angedeutet, ebenso wurde an einem Beispiel der momentane Stand in Software-Produkten aufgezeigt.

Für ständig wechselnde Aufgabenstellungen, die sowohl die gleichzeitige Einsicht in verschiedene Unterlagen erfordern als auch den permanenten Wechsel zwischen unterschiedlichen Arbeitsbereichen bedingen, sind Gestaltungsmaßnahmen am Bildschirm in Verbindung mit den diskutierten Steuerungstechniken erforderlich, wie sie z.B. durch die Window-Technik erreicht werden können.
Allerdings benötigt man zu dieser Technik auch entsprechende Hardware, die heute vielfach noch nicht vorhanden ist. Dazu gehören z.B. rastergraphikfähige Bildschirme in DIN A4- oder DIN A3-Format, um auch die unterschiedlichen Fensterinhalte gut erkennen zu können sowie entsprechend ausgebaute Betriebssystemsoftware zum Windowhandling.

6.3 Mittel zur Gestaltung des Bildschirminhaltes

Neben der Verwendung bestimmter Instrumente zur Informationsein- und -ausgabe sowie den softwareseitigen Steuermechanismen zur Navigation innerhalb der verschiedenen Programmteile eines Anwendungsprogrammes stellt die Gestaltung der Information einen sehr wesentlichen Bereich im Rahmen software-ergonomischer Überlegungen zum Aufbau von Programmoberflächen dar.

Da momentan der Bildschirm als Ein-, Ausgabemedium für Dialoginformation bzw. zur Darstellung von Arbeitsergebnissen das mit Abstand am meisten verwendete Medium darstellt und sich dieser Zustand künftig auch nur in Teilbereichen ändern dürfte, beschränken sich Maßnahmen zur Informationsgestaltung größtenteils auf diesen Bereich. Eine Erweiterung dieses zweidimensionalen Ein-, Ausgabemediums kann durch den Einsatz zusätzlicher Signale - etwa in akustischer Form - fallweise erfolgen.

Vordringlich gilt es aber, sich damit zu befassen, wie Informationen sinnvoll auf dem Bildschirm dargestellt werden können. Hierbei sind zwei gestalterische Dimensionen zu berücksichtigen. Die erste Dimension betrifft die Visualisierung der Informationen und bezieht sich damit auf deren richtige Codierung. Die relevante Präsentation einer Nachricht durch die Bildschirmdarstellung erleichtert das schnelle und richtige Zuordnen zum gewünschten Sachverhalt. Dabei gilt es, diese Informationen so zu gestalten,

daß der Bezug zur Realität bzw. zu vorhandenen Assoziationen geschaffen werden kann. Somit beschäftigen sich Untersuchungen im Bereich dieser Dimension, z.B. mit Fragen der Einsatzbereiche und der Eignung von Farben oder Kontraste etwa als Trennungsmittel unterschiedlicher Informationsarten voneinander oder als Hinweis auf Besonderheiten.
Die zweite Dimension bezieht sich auf den inhaltlichen Charakter der Information und schließt damit Fragen nach grundsätzlich vorhandenen Informationsbereichen in einem Programm oder Fragen nach der Verwendbarkeit unterschiedlicher Wörter zur treffenden Beschreibung eines Sachverhalts mit ein. D.h., hierbei geht es um das richtige Wiedererkennen von Sachverhalten und Zusammenhängen z. B. in Bildschirmmasken. Der Sinn des Einsatzes solcher Codierungsmittel besteht darin, den Anwender zu entlasten und ihn so von überflüssigen Konzentrationsanforderungen zu befreien. Empirische Ergebnisse, die im Zusammenhang mit der Gestaltung von Bildschirmmasken gewonnen wurden, zeigen deutlich, daß mit einem höheren Strukturierungsgrad eine Entlastung bei den Anwendern verbunden ist. In dem unten beschriebenen Fall ließen sich durch inhaltliche Gliederung höhere Arbeitsleistungen erzielen (Abb. 23), während die visuelle Variation eher die subjektive Beurteilung der Anwender hinsichtlich Annehmbarkeit der dargebotenen Masken beeinflußte (Abb. 24).

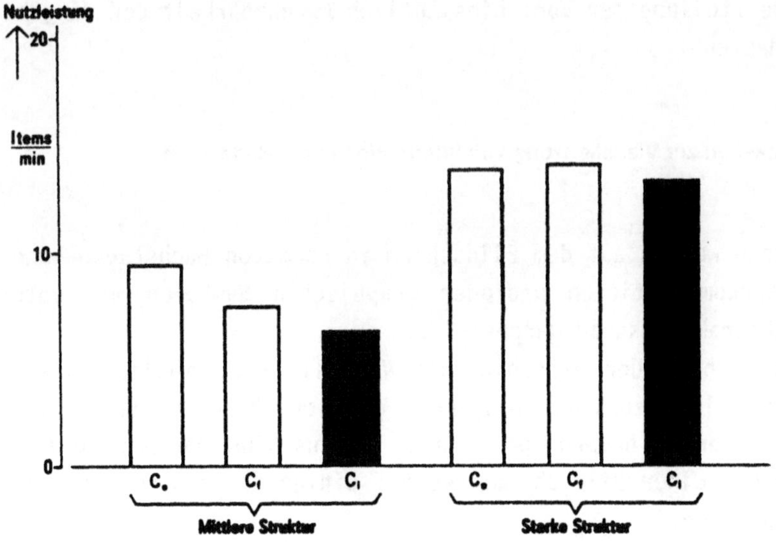

Abb. 23: Einfluß von Codierung auf die Leistung der Vpn.

Es handelt sich dabei um den Vergleich zweier unterschiedlich strukturierter Bildschirmmasken (mittlere Strukturierung und starke Strukturierung).

Jede Maske wurde in drei unterschiedlichen Darstellungen den Probanden angeboten (unverändert C_0, inverse Darstellung C_i, farbige Darstellung C_f). Es zeigte sich, daß die "Nutzleistung" (definiert als erkannte Items pro Sek.) bei der stark strukturierten Bildschirmmaske wesentlich höher war als bei der Maske mit mittlerem Strukturierungsgrad./35/

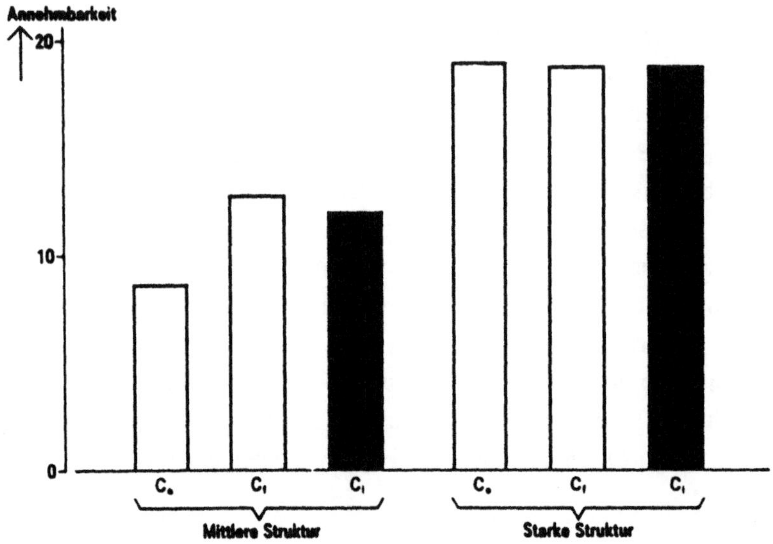

Abb. 24: Beurteilung der Vpn. hinsichtlich Annehmbarkeit der dargebotenen Masken

6.3.1 Möglichkeiten zur Visualisierung von Informationen am Bildschirm

Informationen werden auf dem Bildschirm in Form von Buchstaben- und Zahlen- bzw. Ziffernkombinationen und/oder graphischen Symbolen mit unterschiedlichstem Abstraktionsgrad dargestellt.
Zur Verdeutlichung der verschiedenen Visualisierungsmöglichkeiten von Informationen sollen zunächst allgemein die verschiedenen Variablen zur Informationscodierung besprochen werden. Im Anschluß daran wird am Beispiel der Gestaltung einer Bildschirmmaske auf einige der besprochenen Prinzipien näher eingegangen.

Neben den mehr oder weniger abstrakten Symbolen, wie Piktogrammen und Icons, sind auch Buchstaben oder Ziffern zur Gruppe der graphischen Zeichen zu zählen, allerdings mit einer bestimmten Vorbelegung. In dieser erweiterten Betrachtungsweise kann somit jede Darstellungsform auf dem Bildschirm

als graphisches Element aufgefaßt werden, das in mehr oder weniger konkreter Form (vom konkreten Text bis zum allgemeingültigen Symbol) unterschiedlichste Informationen trägt.
Informationen lassen sich optisch auf vielfältige Weise darstellen, wobei sich allerdings einerseits die verschiedenen Darstellungsmöglichkeiten nicht immer gegenseitig substituieren lassen, andererseits eine beliebige Kombination dieser Visualisierungsmöglichkeiten nicht grundsätzlich zu sinnvollen Ergebnissen führen muß.

Um die äußere Form einer graphischen Darstellung auf dem Bildschirm zu verändern, lassen sich folgende Mittel (Codierungsvariable) einsetzen :

- Gestalt
- örtliche Lage
- Helligkeit
- Farbe
- zeitliche Darbietung.

Die Variation und Kombination der einzelnen Variablen untereinander und miteinander ermöglicht es, z.B. unterschiedliche Informationsbereiche voneinander abzugrenzen bzw. wichtige Informationen hervorzuheben./36/

6.3.1.1 Gestalt

Informationsübertragung, die auf der Variation von Form und Gestalt beruht, tritt uns täglich in vielfältiger Weise entgegen. Man denke etwa an das Layout einer Tageszeitung oder die Aufmachung von Werbeplakaten. Zur Information benutzt man sowohl abstrakte Zeichen, deren Bedeutung nur aus dem Kontext ersichtlich ist, als auch allgemeingültige Symbole, z.B. Piktogramme oder Buchstaben/Wörter. Für das Verständnis der Information kommt es beim jeweiligen Betrachter auf dessen Wissen und Vorkenntnisse an. Ohne Kenntnis der in der Darstellung innewohnenden Konventionen können Informationscodierungen zu Mißverständnis oder Unverständnis führen./37/

Bei der einfachsten Form der Darstellung - zu denen die Icons zu zählen sind, da sie nur eine sehr eng begrenzte Aussagekraft besitzen - hängt das Verständnis des Symbols von dessen Übertragbarkeit auf bereits erlebte Situationen und der Fähigkeit zur Bildung entsprechender Assoziationen beim Betrachter ab. Sind dem Betrachter die Symbole unbekannt, so stoßen sie auf entsprechendes Unverständnis.

Icons werden z.B. zur Überwindung von Sprachbarrieren verwendet. Ein Anwendungsgebiet stellen internationale Konferenzen oder Sportveranstaltungen, wie die Olympischen Spiele, dar. Die Gültigkeit dieser Zeichen wird jedoch durch kulturspezifische Unterschiede eingeschränkt. Die nachfolgende Abbildung zeigt einige Beispiele.

Abb. 25: Anwendungsbeispiele für Piktogramme /38/

Ihr Gültigkeitsbereich reduziert sich umsomehr, je spezieller die Bedeutung des entsprechenden Zeichens ist. Daß auch mit zunehmendem Abstraktionsgrad die Interpretationsfähigkeit der Zeichen abnimmt, konnte z.B. Staufer im Rahmen einer Fallstudie zeigen, bei der parallel verschiedene Symbole zur Kommandosteuerung eines Anwendungsprogrammes und deren Sinnhaftigkeit getestet wurden./39/ Wie zu erwarten war, zeigen die Ergebnisse, daß es innerhalb einer Gruppe ähnlicher Piktogramme, die alle den selben Symbolgehalt tragen könnten, große Unterschiede beim intuitiven Verständnis gibt, da nicht alle Personen das Zeichen eindeutig mit einer Funktion assoziieren konnten.
Es zeigte sich auch, daß die Zeichen immer dann sehr gut und eindeutig erkannt wurden, wenn sie schon in einer anderen Umgebung bedeutungstragend verwendet wurden. Beispielsweise das Zeichen "i" für Information ist als Hinweisschild im Tourismusbereich sehr geläufig und wurde deshalb an den untersuchten Computerarbeitsplätzen ebenfalls als Zeichen verstanden, dessen Aktivierung eine Benutzerinformation auslöst. Diese Erkenntnis steht momentan noch in einem gewissen Widerspruch zu dem häufig benutzten Fragezeichen zur Auslösung der "Hilfefunktion" im Softwarebereich. Das für Piktogramme Gesagte gilt natürlich in gleicher Weise für Buchstaben oder Zeichenkombinationen. Dabei beruhen die Verständnisgrenzen einerseits auf sprachlichen Barrieren und andererseits auf dem eingeschränkten Wertebereich eines Wortes, z.B. als Fachkürzel, das möglicherweise nur für eine bestimmte betriebliche Abteilung Gültigkeit besitzt.

Abb. 26: Symbol "Haus" von einer sehr konkreten bis zu einer sehr abstrakten Darstellung /40/

Neben der Variation der Gestalt einer graphischen Darstellung von abstrakt nach konkret, wie sie am Beispiel von Icons und Buchstabenkombinationen erläutert wurde, können Informationen auch durch unterschiedliche Größen sowie durch verschiedene Orientierungen (d.h. räumliche Lage im Vergleich zur horizontalen Darstellung) differieren. Ebenso bietet sich für die Hervorhebung bestimmter Texte, z.B. von Überschriften, die Verwendung größerer Buchstaben an. Eine entsprechende Zuordnung zu bildlichen Informationen, etwa der Beschriftung einer Koordinatenachse, läßt sich durch die achsengerechte Schriftausrichtung erreichen; die Schrift an der Ordinate wird dabei, um 90 Grad zur Horizontalen gedreht, wiedergegeben.

Zusammenfassend läßt sich für die Gestaltvariation von Informationen, die je nach Abstraktionsgrad als Symbol oder Text bzw. Textkürzel auftreten können, festhalten:

Der Betrachter muß generell zum Verständnis der Symbole über das entsprechende Kontextwissen verfügen. Nur so ist es möglich, in graphischen Zeichen einen Sinn bzw. die Repräsentation eines Befehls zu erkennen.
Was die Variation der Gestalt anbelangt, so kann man graphische Zeichen hinsichtlich ihrer metrischen Verhältnisse (Längen-, Höhen- und Winkelveränderung) variieren und/oder hinsichtlich dem jeweiligen Abstraktionsgrad, dem die Darstellung unterliegt, verändern. Buchstaben, Ziffern und andere übliche Tastaturzeichen sind in dieser Betrachtungsweise als konkrete, bedeutungstragende graphische Symbole zu verstehen, für die entsprechendes gilt.

6.3.1.2 Örtliche Lage

Die Veränderung der örtlichen Lage einer Information sowie ihre Gruppierung mit anderen Informationen kann zur Verdeutlichung von Beziehungen unterschiedlicher Objekte zueinander verwendet werden. Damit können Lageveränderungen informatorisch wirksam werden. Da der Mensch bestimmten wahrnehmungspsychologischen Gesetzmäßigkeiten unterliegt, sollten diese bei der Codierung von Informationen beachtet werden.
Um Benutzern das Erkennen von zusammenhängenden Inhalten zu erleichtern, ist z.B. die Anwendung des Gesetzes der Nähe und der Gleichartigkeit hilfreich./41/
Die folgende Abbildung zeigt beispielhaft auf, wie beim Betrachter intuitiv Informationsblöcke gebildet werden.

Abb. 27: Gesetz der Nähe - Gesetz der Gleichartigkeit/42/

In der ersten Abbildung werden jeweils drei schwarze Figuren als ein zusammengehöriger Block aufgefaßt. D.h., hier fungiert die Entfernung als trennende Variable zwischen den beiden Blöcken (bestehend aus jeweils drei schwarzen Figuren).
Beim Gesetz der Gleichartigkeit werden die gleichartigen Figuren als zusammengehörend angesehen. Damit ergibt sich eine Trennung aufgrund unterschiedlicher Größen und Helligkeiten (schwarz - weiß).

Zusätzlich muß bei der Anordnung von Informationen auf die Eignung unterschiedlicher Bildschirmbereiche zur Informationswiedergabe geachtet werden. So sind z.B. die unteren Zeilen eines Bildschirms optisch weniger gut wahrnehmbar und deshalb als Bereich, in dem wichtige Mitteilungen vom System an den Benutzer ausgegeben werden, nicht sehr geeignet.
Da sich der Mensch in relativ kurzer Zeit an den formalen und inhaltlichen Aufbau eines Programms, z.B. einer Bildschirmmaske, die im Büro- und Verwaltungsbereich häufig benutzt wird, gewöhnt, sollte im Rahmen der Präsentation von Daten strikte Kontinuität gewahrt werden. D.h., bei entsprechen-

der Übung der Anwender werden die gleichen Informationen - z.B. in anderen Bildschirmmasken - an der selben Stelle erwartet.
Das bedeutet, daß nach der Festlegung der Gestalt - etwa des Layouts einer Bildschirmmaske - keine formalen Abweichungen in anderen Bildschirmmasken auftreten sollten. Dies gilt auch für die Standortwahl ähnlicher Informationen in unterschiedlichen Masken.

Bei der Variation der örtlichen Lage, d.h. Positionsänderungen vorhandener Informationen, ist zwischen relativer und absoluter Lageveränderung zur Informationscodierung zu unterscheiden. Absolute Lageveränderungen werden ohne Beziehung zu anderen Größen vorgenommen und sind demnach z.B. zur inhaltlichen Gestaltung einer Bildschirmmaske (vgl. oben) und der dabei notwendigen Trennung in verschiedene Informationsbereiche voneinander notwendig. Bei relativen Positionsveränderungen erfolgt die Lageänderung in Abhängigkeit zu einer anderen Größe, z.B. bei der Wiedergabe eines mathematischen Zusammenhangs durch eine Kurve. Dort verhält sich die Lage der Punkte proportional zur Werteveränderung und gibt damit den wertmäßigen Zusammenhang zwischen den beiden Größen auf Ordinate und Abszisse wieder. Ebenso werden relative Lageveränderungen, etwa bei Exponenten- oder Indexschreibweisen, benutzt.
Somit lassen sich örtliche Lageveränderungen unter Beachtung wahrnehmungspsychologischer Erkenntnisse zur Darstellung von Zusammenhängen bzw. zur Trennung unterschiedlicher Informationsbereiche verwenden. Wie die eingangs beschriebene Fallstudie (Kapitel 6.3) zeigt, führt dies zur Belastungsminderung beim Anwender.

6.3.1.3 Helligkeitsveränderung

Generell kann man durch Helligkeitsabstufungen die Aufmerksamkeit des Betrachters auf bestimmte Bereiche lenken. Gebräuchlich ist z.B. die Wiedergabe von Informationen in inverser Darstellung. Auf diese Weise erreicht man eine visuelle Selektion der unterschiedlich hell erleuchteten Informationsbereiche auf dem Bildschirm und dadurch getrennte Wahrnehmung (vgl. Gesetz der Gleichartigkeit, Kapitel 6.3.1.2). Damit sind Nachrichten oder Hinweise, denen der Benutzer in einer bestimmten Situation verstärkt Beobachtung schenken sollte, durch diese implizite Betonung schneller auffindbar.

Außer zur Beeinflussung der Aufmerksamkeit beim Anwender kann die Helligkeitsvariation auch zur graphischen Repräsentation bestimmter Relationen verwendet werden. D.h., der empfundene Unterschied zwischen zwei Helligkeitsstufen entspricht dabei dem Unterschied zwischen zwei Wertepaaren, die in einer bestimmten Relation zueinander stehen. Da Helligkeitsunterschiede und deren Empfindung physiologische Größen sind, ist es wichtig, das subjektive Empfinden solcher Differenzen zu kennen, um eine Entsprechung zwischen mathematischen Differenzen und Helligkeitsunterschieden zu erreichen. In diesem Zusammenhang sei auf das Weber-Fechnersche Gesetz hingewiesen, das in einer groben Näherung davon ausgeht, daß zwischen der Darbietung eines Reizes und der Empfindung durch den Menschen ein logarithmischer Zusammenhang besteht./43/ Bertin /44/ spricht bei einer Grauskala von einem arithmetischen Zusammenhang zwischen der zunehmenden Einschwärzung einer Grauskala und dem Empfinden dieser Einschwärzung. Entsprechend gelten diese Überlegungen auch für die Größen- und Farbvariationen, sofern durch eine Änderungen solcher Variablen mathematische Zusammenhänge dargestellt werden sollen./45/

Zusammenfassend kann man festhalten, daß die Verwendung unterschiedlicher Helligkeitsstufen ein geeignetes Codierungsmittel zur Steuerung der Aufmerksamkeit auf einen bestimmten Bildschirmteil bzw. einen bestimmten Informationsbereich hin darstellt. Daneben eignen sich Helligkeitsvarianten auch zur Wiedergabe bestimmter mathematischer Relationen, wobei allerdings die physikalisch-psychologischen Zusammenhänge zwischen Reizdarbietung und Reizempfindung berücksichtigt werden müssen, um nicht zu einer fehlerhaften Repräsentation zu gelangen.

6.3.1.4 Codierung durch Farbe

Die unter 6.3.1.3 getroffenen Feststellungen zur Verwendung von Helligkeitsabstufungen bei der Informationscodierung gelten entsprechend für die Farbcodierung. Farben eröffnen jedoch aufgrund vorhandener Farbalternativen ein weit größeres Spektrum, aus dem sich auch ein breites Einsatzfeld für die Informationsgestaltung am Bildschirm ergibt.

Im Gegensatz zur Hell-Dunkel-Variation, die sich zwischen den Extremwerten "schwarz" und "weiß" bewegt, befindet man sich im Farbenbereich innerhalb eines dreidimensionalen Gebildes, wobei jeder Farbton durch die Variablen Sättigung, Buntton und Dunkelstufe definiert wird. In grober Näherung kann man den Farbraum mit einer Kugel vergleichen, auf deren Äquator die unterschiedlichen Farbtöne (in völliger Sättigung) verlaufen und deren Mittelachse die Grauwerte wiedergibt.

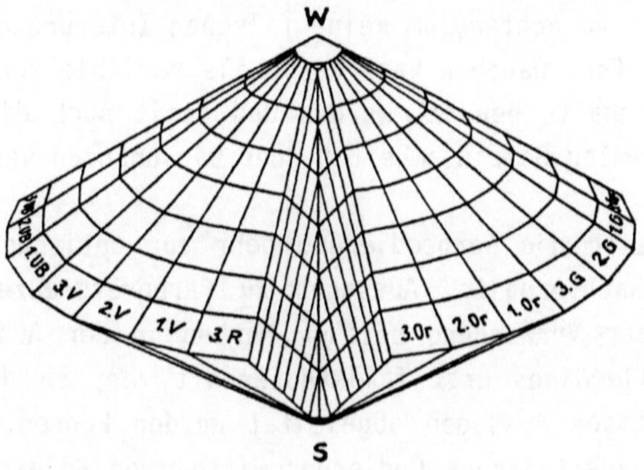

Abb. 28: Farbraum /46/

Farbe kann einerseits zur ästhetischen Gestaltung und andererseits zur Informationsübertragung verwendet werden.
Unter ästhetischen Gesichtspunkten versucht man die entsprechende Darstellung für den Betrachter anregend und attraktiv zu gestalten. Diese Erkenntnis macht man sich schon seit langem, z.B. in der Werbebranche zur Animation oder auf einem anderen Sektor, z.B. bei der Gestaltung von Räumen /47/, zunutze. Die Erweiterung des Farbeinsatzes am Bildschirm unter diesen Gesichtspunkten ist durchaus denkbar und stößt, wie erste Fallstudien zeigen, auf positive Resonanz./48/

Als Informationsträger werden Farben zur Wiedergabe qualitativer und quantitativer Werte verwendet. In qualitativer Hinsicht wäre etwa die Darstellung von Temperaturverläufen denkbar, wobei die Überschreitung eines bestimmten Grenzwertes durch Farbänderungen optisch verdeutlicht werden könnte, oder die Beschreibung bestimmter geographischer Zusammenhänge mittels verschiedener Farben angedeutet wird. Bei der Verwendung von Farben als qualitativen Informationsträger macht man sich die psychologische Vorbelegung bestimmter Farben zunutze. Bespielsweise wird in unserem Kulturkreis "rot" als Warnung oder Alarmsignal bzw. Stop-Zeichen verstanden, etwa an einer Ampel, während "grün" auf "freie Fahrt" oder Unterstützung, Hilfestellung hindeutet./49/

Unter Berücksichtigung dieses Aspektes kommt dem Farbeinsatz am Bildschirm eine wesentliche Rolle zu, da es möglich wird, sich der auf Konventionen beruhenden Bedeutungen auch in Anwendungsprogrammen zu bedienen./50/ Bei der Darstellung mathematischer Größen durch Farbvariationen ist in Analogie zur Helligkeitsvariation in diesem Bereich auf die psychologische Wirksamkeit solcher Unterschiede zu achten, um keine falschen Interpretationen bei dem Betrachter hervorzurufen. Daneben kann Farbe als Variable zur optischen Trennung verschiedener Inhalte benutzt werden und damit auch die Wahrnehmung und Zuordnung bestimmter Gemeinsamkeiten oder Dissonanzen verstärken.

Zusammenfassend eignet sich die Farbcodierung sehr zur optischen Darstellung unterschiedlicher Sachverhalte. Aussagen zu Farbpräferenzen und den Anwenderreaktionen bei der Verwendung solcher Farben in der Arbeitssituation liegen zur Zeit allerdings erst fallstudienhaft vor, so daß hieraus noch keine allgemeingültigen Aussagen abgeleitet werden können. Insgesamt scheint daher Farbe als zusätzliches Codierungsmittel von Bildschirminformationen ein - zwar z.Z. noch spärlich und relativ undifferenziert eingesetztes - aber dennoch gut geeignetes Hilfsmittel für zukünftige Anwendungen darzustellen.

6.3.1.5 Zeitliche Darbietung

Die Variation der zeitlichen Darbietung von Informationen auf dem Bildschirm ist technisch auf die Veränderung der Wiederauffrischungsrate des Bildschirmes zurückzuführen. Hohe Bildwiederholungsraten bewirken ein stehendes flimmerfreies Bild, währendniedrige Raten Flimmern und bei weiterer Reduzierung Blinken hervorrufen.
In aller Regel wird durch Blinken versucht, die Aufmerksamkeit des Betrachters auf eine bestimmte Stelle am Bildschirm zu lenken. Daneben können auch zeitliche Veränderungen - etwa die Bewegung eines Gegenstandes - durch die Abbildung der Information an bestimmte unterschiedliche Bildschirmpositionen simuliert und dargestellt werden. Diese Methode wird z.B. im Schiffsverkehr oder bei Radarsystemen eingesetzt, um den voraussichtlichen Kurs eines entgegenkommenden Fahrzeugs anzuzeigen, und ihn in Verbindung mit anderen Daten (z.B. dem eigenen Kurs) zu setzen, um so ggf. einer Kollission vorzubeugen./51/

Die Funktionstüchtigkeit von blinkenden Darstellungen konnte bereits in sehr frühen Studien, z.B. bei Suchaufgaben nach Informationen auf dem Bildschirm, nachgewiesen werden./52/ Im Gegensatz zur herkömmlichen Darstellung verbesserten sich dabei die Suchzeiten um bis zu 50%. Gleichzeitig gelang es aber auch nachzuweisen, daß sich die Lesbarkeit eines blinkenden Textes verschlechtert (im angesprochenen Fall benötigten die Probanden durchschnittlich 10% mehr Zeit). /53/ Das bedeutet, daß zwar einerseits die blinkende Darstellung sehr stark aufmerksamkeitserregend arbeitet, anderseits aber das identifizierte Objekt nicht selbst blinken sollte, sondern die Umgebung der betreffenden Information blinkend dargestellt werden sollte. Beispielsweise könnte man einer solchen Forderung dadurch nachkommen, indem man einen blinkenden Rahmen um den Suchbegriff darstellt oder einen Punkt neben der eigentlichen Information blinkend wiedergibt, bzw. das Blinken in seiner zeitlichen Darbietung begrenzt. Auf jeden Fall sollte das Blinken nur sparsam verwendet werden, um nicht zu einer Reizüberflutung beim Anwender zu gelangen.

6.3.2 Einsatzmöglichkeiten der dargestellten Codierungsformen zur Informationsgestaltung im Büro- und Verwaltungsbereich

Durch die Kombination bzw. die alleinige Verwendung der einzelnen Codierungsformen ist es möglich, Informationen zusätzlich nach visuellen Gesichtpunkten auf dem Bildschirm zu gliedern und sie so von anderen Informationen abzugrenzen. Da es aufgrund der theoretisch denkbaren Kombinationsmöglichkeiten zu einer Informations- bzw. Reizüberflutung beim Benutzer kommen kann, ist es sinnvoll, sich bei der Informationsgestaltung gewissen Selbstbeschränkungen zu unterziehen. Die Grenzen sind dabei durch die Wahrnehmungsfähigkeit und die maximale Anzahl von Differenzierungsstufen beim Menschen vorgegeben. Untersuchungen zur Anzahl noch unterscheidbarer Objekte auf dem Bildschirm wurden schon sehr früh unternommen und beziehen sich im allgemeinen auf die maximale Anzahl von einsetzbaren Varianten, die noch fehlerfrei von Probanden identifiziert werden können./54/ Die Arbeiten von Benz, Grob und Haubner treffen Aussagen über maximale Kombinationen innerhalb einer Codierungsart, nehmen aber nicht Stellung zur Frage der Kombinierbarkeit mehrerer verschiedener Codierungsarten miteinander. Eine Übersicht zu diesen Ergebnissen kann man der folgenden Abbildung (Abb. 29) entnehmen.

Im Rahmen der Gestaltung von Bildschirminformationen sind trotz Einschränkungen technischer oder finanzieller Art im allgemeinen folgende Codierungsformen im Einsatz:

- Kontraststufen, d.h. die Variation des Helligkeitswertes einzelner Bildschirmzeilen zum Teil in Verbindung mit Zeitcodierung,
- Farben,
- Graphiken,
- Piktogramme bzw. Icons,

Codierungsarten		Unter-scheidbar	Empfohlene Stufen	Beispiele
Farbe	Helligkeit	4 ... 6	2 ... 3	grau/weiß, dunkelgrün/ hellgrün
	Farbton	9 ... 11	6 ... 8	rot, gelb, blau, grün
	Sättigung	3 ... 4	–	–
	Farbkontrast	20 ... 25	aufgaben-abhängig	gelb auf schwarz, grün auf weiß
	photometr. Kontrast	4 ... 6	bis 2	weiß auf schwarz schwarz auf weiß
Gestalt	α-numerische Zeichen	fast un-begrenzt	90–100	A, B, c, d α, β, γ 1, 2, 3
	Abstrakte Bildzeichen	fast un-begrenzt	bis 20, in Sonderfällen mehr	□X+ ∇–O
	Piktogramme	fast un-begrenzt	bis 20, bei bekannten Piktogrammen mehr	
	Größe	4 ... 5	bis 3	A A A
	Orientierung	25 ... 30	bis 8 (bis 24 mit Bezugs-System)	
	Konfiguration	fast un-begrenzt	bis 8 gleich-zeitig	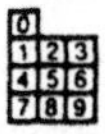
Ort	absolute Lage	9 ... 11	bis 9	links oben, mitte, rechts unten
	relative Lage	16 – 20	bis 4	X^2, a_{ij}
Zeit	Frequenz	4 ... 6	1 ... 3	Blinken mit 2 Hz
	Tastverhältnis	4 ... 6	1 ... 3	1 : 1, 1 : 3

Abb. 29: Unterscheidbare Reizstufen verschiedener Codierungsarten/55/

- Bilder, die z.B. auf Bildplatten gespeichert sind,
- gestalterische Prinzipien zur Erhöhung der Lesbarkeit von dargebotenen alphanumerischen Informationen.

Schränkt man die Betrachtung auf den Büro- und Verwaltungsbereich ein, so muß zunächst geklärt werden, welche Informationen dort zu be- und verarbeiten sind.
Einerseits werden Informationen verarbeitet, die aus der Kombination alphanumerischer Zeichen entstanden sind, andererseits bedient/erstellt man graphische Darstellungen (z.B. Konstruktionszeichnungen) sowie Kombinationen aus textlichen und graphischen Elementen. Die generelle Basis zur Informa-

tionsgestaltung stellt unabhängig von der verarbeiteten Information eine einheitliche und durchgängige Bildschirmaufteilung nach formalen und inhaltlichen Gesichtpunkten dar./56/
Dabei ist es notwendig, daß der Benutzer jederzeit weiß:

- in welchem Programmteil er sich befindet;
- welche Eingaben zu machen sind, bzw. welche Informationen in der momentanen Anwendung abgefragt werden können bzw. einzugeben sind;
- welche Befehle z.Zt. aktiv und damit einsetzbar sind;
- welche Fehler unter Umständen gemacht wurden und wie diese zu beseitigen sind.

D.h., es existieren vier verschiedene Informationskategorien, die mit den Oberbegriffen:

- Standortinformation
- Arbeitsinformation
- Kommando- bzw. Steuerinformation
- Systeminformation (z.B. Meldungen, Fehlernachrichten)

bezeichnet werden können.
Daraus läßt sich der grundsätzlich formale Aufbau einer Bildschirmmaske ableiten, der - einmal festgelegt - konsequent verwendet werden sollte. Die Informationsgestaltung innerhalb dieser einzelnen Funktionsbereiche ist nun stark aufgabenabhängig und deshalb auch nur unter allgemeingültigen Gesichtspunkten diskutierbar.
Betrachtet man Bildschirminformationen, die überwiegend Texte beinhalten, so gilt es zunächst, Grundsätze zur Gruppierung und Formatierung von Daten zu beachten, denen je nach Zugehörigkeit der Aufgabe zur Dialogkategorie: Datenein-, Datenausgabe und "echter" Dialog unterschiedliche Bedeutung zukommt./57/
Beispielhaft sind nachfolgend Hinweise zur formalen Gliederung textlicher Informationen wiedergegeben, die zur besseren Lesbarkeit von Wörtern-Zahlen bzw. Buchstaben-Ziffernkombinationen beitragen können:/58/

1. Verwendung von Groß- und Kleinschrift;
2. Verwendung eines Zeichensatzes, der an die jeweiligen nationalen Gegebenheiten angepaßt ist, z.B. für den deutschsprachigen Raum Berücksichtigung von "ß" und den Umlauten;
3. eindeutige Abgrenzung der Feldbeschreibungen von den Ein-/ Ausgabefeldern, z.B. durch Einfügen eines Doppelpunktes;

4. bei Zahlen zur Kennzeichung der Dezimalstelle das Komma an Stelle des Dezimalpunktes verwenden - wie er im englischsprachigen Raum üblich ist;
5. Zahlen rechtsbündig ausrichten;
6. Texte linksbündig ausrichten, speziell in Aufzählungen;
7. keine führenden Nullen verwenden, z.B. statt 0100.20 DM besser 100,20 DM;
8. bei der Datumsangabe (bzw. Uhrzeit) Trennung von Tages-/ Monats-/Jahreszahl durch Punkt; statt 270385 besser 27.03.85, d.h. die Beibehaltung natürlicher Brüche, ggf. Betonung durch Einfügen von Zeichen, z.B. Interpunktion;
9. lange Nummern durch Leerzeichen trennen und in Gruppen, z.B. in 3er-Gruppen ausgeben; statt 123456789 besser 123 456 789 oder falls möglich, Buchstaben benutzen;
10. beim Zählen mit 1 statt mit 0 beginnen;
11. Vermeiden von Blocksatz (gleichzeitige rechts- und linksbündige Ausgabe von Texten), da diese Ausrichtung häufig durch das Einfügen von Leerzeichen realisiert wird und entsprechend die Abstände zwischen den einzelnen Wörtern unterschiedlich groß sind.

Neben diesen formalen Kriterien ist eine Strukturierung der Gesamtinformation in Informationsblöcke nützlich, um so auch zu einer inhaltlichen Gliederung der Information zu gelangen.

Die Berücksichtigung der o.a. Prinzipien bei der Gestaltung von Bildschirmmasken ermöglicht besseres Erkennen und Auffinden entsprechender Informationen und damit eine gute Unterstützung des Anwenders beim Erkennen relevanter Daten, was sich in einem verbesserten Arbeitsergebnis mit geringeren Belastungen zeigen kann. Wie Fallstudienergebnissen zu entnehmen ist, konnten Fehlerreduzierungen bis zu 60% und eine Bearbeitungsverkürzung von bis zu 30% festgestellt werden./59/ Da diese Untersuchungen jedoch fallstudienhaft durchgeführt wurden, können die ermittelten Daten lediglich als Anhaltswerte für eine zu erwartende Verbesserung angesehen werden./60/ Besseres Erkennen bzw. Auffinden bestimmter Informationen läßt sich zudem durch Helligkeitsunterschiede bzw. farbliche Unterlegung der entsprechenden Bereiche erreichen. Ebenso kann die Codierung durch Farbe und Hell-Dunkel-Unterschiede zur Konstruktion von Systemmeldungen mit unterschiedlichem Bedeutungsgehalt bzw. zur visuellen Trennung der beschriebenen Informationskategorien eingesetzt werden. Die farbliche Trennung von Benutzereingaben, Systemmeldungen, Eingabefeldern und Eingabe-/Ausgabedaten wird heute schon teilweise verwendet./61/ Ebenso bedient man sich in ersten Anfängen der psychologischen Vorbelegung, z.B. durch die Kennzeichnung von Meldungen mit unterschiedlicher Bedeutung in verschiedenen Farben, wobei beispielsweise eine Meldung in roter Schrift als Alarmmeldung verstanden wird, die sofortige Aktionen erfordert./62/ Daneben birgt auch die Einflußmöglichkeit des Menschen auf die Informationsdarstellung mit Hilfe der farblichen Veränderung, z.B. des Bildschirmhintergrundes und/oder der Schriftfarben Chancen in sich, das für den Benutzer sichtbare Arbeitsmittel "Bildschirm" auf seine jeweiligen Bedürfnisse auszurichten. Im Rahmen einer Fallstudie konnten hierbei Farbbereiche ermittelt werden, die eindeutig präferiert wurden. Daneben gelang es zudem, den beteiligten Personen Handlungsspielräume einzurichten, die bei den Versuchspersonen auf große positive Resonanz stießen./63/

Zu einer weitergehenden Trennung kann man nun noch die Variation der Größe von Objekten hinzuziehen, die es z.B. ermöglicht, Bildschirminformationen mit unterschiedlich großen Zeichen darzustellen (die Aufmachung entspräche dann etwa dem Layout einer Zeitung). Die Verwendung der Zeitcodierung durch Blinken einzelner Bereiche kann zusätzlich zur Steuerung der Aufmerksamkeit auf einen Punkt benutzt werden. Da das Blinken sehr intensiv wirkt, dürfte es sich vorwiegend für relativ stark beschriftete Bildschirme - z.B. bei Textverarbeitung - eignen, um z.B. das Ergebnis einer Suchoperation kenntlich zu machen. Blinksignale sollten aufgrund ihrer starken Reizung nur sparsam verwendet werden.

Exkurs: Erläuterung der Gestaltungshinweise am Beispiel einer Bildschirmmaske

Die Anwendung der vorgenannten Gestaltungshinweise soll am Beispiel einer Bildschirmmaske dargestellt werden./64/

Die nachfolgende Abbildung zeigt beispielhaft eine Bildschirmmaske, wie sie etwa in Produktionsplanungs- und Steuerungssystemen zum Einsatz kommt. Es handelt sich dabei um die Darstellung einer Grobinformation über einen bestimmten Kunden. Die Maske wird mit Daten aus den Kundenstammdaten beschickt. Aus der allgemeinen Betrachtung der Informationen einer Bildschirmmaske lassen sich, was die Informationsdarstellung anbelangt, einerseits inhaltliche Anforderungen und andererseits Anforderungen in bezug auf das Layout formulieren.

```
                          K U N D E N D A T E N
                               UEBERSICHT
KUNDEN.NR 1234
ANSCHR.1 FIRMA MEIER KG      ANSCHR.2 HERRN R. OTTO.    STR./NR.INDUSTRIESTR. 23
ORT 7500 KARLSRUHE.
AKT.AUFTR.NR 56789..           AUFTR.WERT LFD. 120000 DM
                               AUFTR.WERT AKT. 35000  DM
                               LETZT.AUFTR. DAT 100484
---------------------------------------------------------------------------------
RUEST.PAUSCH. 580.70 DM
PRUEF.A1 140.50 DM             PRUEF.A2 150.80 DM               PRUEF.A3 160.70  DM
PRUEF.A4 190.00 DM
PRUEF.B1 320.00 DM             PRUEF.B2 350.50 DM               PRUEF.B3 389.70  DM
PLATZMIETE 300.00 DM           STDSATZ-MONT. 65,70 DM    STDSATZ-ING. 91,20  DM
UNTERS. A 1200.00 DM           AUSWERTEN A 750.00  DM
UNTERS. B 3600.00 DM           AUSWERTEN B 1800.00 DM

RABATTSTAFFEL
30 TDM - 50 TDM 5.00 %         UEB 100 TDM 9.50 %
50 TDM - 100 TDM 7.50 %
---------------------------------------------------------------------------------
FT1 NÄCHSTE KUND.NR.                               FT9 ZURUECK ZUM HAUPTMENUE
FT2 DATEN ÄNDERN
SYSTEMMELDUNG z.B DIESE KUNDNR. IST NICHT VORHANDEN, WAEHLEN SIE EINE NEUE
```

Abb. 30: Bildschirmmaske im Anfangszustand (vor Umgestaltung)

Je nach Aufgabenstellung kann man die Informationen nach inhaltlichen Gesichtspunkten in die Bereiche:

- Datenein-/Datenausgabe
- Programmsteuerung
- Benutzerunterstützung

unterteilen.

Parallel dazu ist die Layout-Planung jedes dieser Informationsbereiche nach den folgenden Gesichtspunkten:

- formaler Aufbau
- inhaltliche Darbietung
- visuell-akustische Darbietung

von Bedeutung.

Die oben dargestellte Maske orientiert sich zwar schon grob an diesen Gesichtspunkten, man kann jedoch nicht von einer optimalen Gestaltung sprechen. Durch einige formale Änderungen sind bereits Verbesserungen in der Lesbarkeit erzielbar. Diese Änderungen betreffen die formale Darstellung von Information, wie sie unter Punkt 6.3.2 bereits beschrieben wurde. Durch diese Maßnahmen verbessert man das Erkennen der auf dem Bildschirm dargestellten Informationen. Sie wirken sich allerdings noch nicht auf das bessere Erfassen der unterschiedlichen Informationsblöcke aus. Zur Untergliederung des Maskeninhaltes in Informationsblöcke müssen diese zunächst bestimmt werden. In diesem Beispiel bieten sich als zusammengehörende Blöcke im Bereich der Arbeitsinformation an:

1. Kundenanschrift und Kunden-Nummer
2. "Auftragsstammdaten"
3. Preisliste
   3.1 Kosten der einzelnen Versuchsarten und deren Auswertung
   3.2 Zusatzkosten als Zuschlagsblock, versuchsunabhängig
4. Rabattstaffel

Zur eindeutigen Trennung der restlichen Informationsbereiche von der Arbeitsinformation wird ein Doppelstrich benutzt und die zweite Überschrift "Übersicht" in die erste Zeile eingefügt. In Analogie dazu erfolgt auch die Trennung vom Befehls- und Meldungsbereich innerhalb der Maske. Als letzten Schritt in der Verbesserung der anfänglichen Bildschirmmaske bietet sich die optische Trennung der einzelnen Informationsbereiche, z.B. durch Kontrast- oder Farbveränderungen sowie Größenvariationen in der Schrift, z.B. bei den Überschriften, an. Unter Berücksichtigung dieser Punkte ergibt sich dann die neu gestaltete Bildschirmmaske.

```
Maske: KUNDENDATEN                        -Übersicht-
===========================================================================
Kunden.Nr.:  1234                          Akt.Auftr.Nr.      : 56 789

Anschr.1 : Firma Meier KG.                 Auftr.Wert lfd.    :    120.000 DM
Anschr.2 : Herrn R. Otto                   Auftr.Wert akt.    :     35.000 DM
Str./Nr. : Industriestr.23                 Letzt.Auftr. Datum: 10.04.84
PLZ-Ort  : 7500 Karlsruhe
---------------------------------------------------------------------------
                  V E R S U C H                                  Z U S A T Z
Prüfung A1 :   140,50 DM     Prüfung B1 :   320,00 DM     Rüst.Pausch.    :  580,70 DM
Prüfung A2 :   150,80 DM     Prüfung B2 :   350,50 DM     Platzmiete      :  300,00 DM
Prüfung A3 :   160,70 DM     Prüfung B3 :   389,70 DM     Std.satz-Mont.:    65,70 DM
Prüfung A4 :   190,00 DM                                  Std.satz-Ing. :    91,20 DM
Unters. A  : 1200,00 DM      Unters. B  : 3600,00 DM
Auswerten A:   750,00 DM     Auswerten B: 1800,00 DM
                                                          R A B A T T S T A F F E L
                                                           30 TDM  -  50 TDM: 5,00 %
                                                           50 TDM  - 100 TDM: 7,50 %
                                                               über 100 TDM: 9,50 %
===========================================================================
Nächste Kund.Nr.     Daten ändern                                Programm beenden

Systemmeldung: z.B. Diese Kund.Nr. ist nicht vorhanden, wählen Sie eine neue
```

Abb. 31: Bildschirmmaske nach der Umgestaltung

Zusammenfassend läßt sich für die Gestaltung einer Bildschirmmaske festhalten:

1. Gesamtmaske

Konsequente, nicht überlappende Aufteilung der Bereiche
- Standortinformation
- Arbeitsinformation
- Kommando- oder Steuerinformation
- Systemmeldungen

2. Einzelinformationsbereiche

a) Standortinformation

Angabe der Maske im Gesamtprogramm (hier: Kundendaten) sowie ihrer speziellen Funktion (hier: Übersicht) mit kurzen eindeutigen Begriffen

b) Arbeitsinformation

- Aufteilung der Information in inhaltlich zusammengehörende Bereiche
- zur Kennzeichnung von Datenein- bzw. -ausgabefeldern am Arbeitsvorgang orientierte Begriffe verwenden, d.h. Fachwörter aus dem Benutzerkreis, der dieses Programm verwendet
- Feingliederung der Informationen durch Verwendung unterschiedlicher Kontraststufen bzw. verschiedener Farben
- daneben Einhaltung der bereits vorher beschriebenen Kriterien zur besseren Informationsdarstellung (Groß-, Kleinschrift etc.)

c) Kommandoinformationen

- eindeutige Kommandos im Sinne des Benutzers (z.B. DEL = DELETE ist als Befehlsname für "Löschen" ungeeignet)
- je nach Realisationsmöglichkeit farbliche Abgrenzung zur Arbeitsinformation
- Konsequente Kommandobezeichnung und Anwahl, gerade für sich wiederholende Kommandos, wie z.B. "Beenden eines Programmteils". Dieser konsequente Aufbau sollte zudem durch alle Programme, mit denen der Benutzer arbeitet, durchgehalten werden.

d) Systemmeldungen

- eindeutige Texte je nach Bedeutung unter Verwendung zusätzlicher akustischer oder visueller Informationen (z.B. Pieps-Ton oder kurzes Aufblinken). Diese Art der mehrfachen Information empfiehlt sich immer dann, wenn davon auszugehen ist, daß der Benutzer den Fehler - z.B. wegen starker Übung oder Reizgewöhnung (z.B. bei häufiger und schneller Dateneingabe) - nicht mehr wahrnimmt.
- zusätzliche Korrekturhinweise neben der reinen Fehlermeldung
- Betriebssystemmeldungen abfangen, so daß keine unkontrollierten Fehlermeldungen auftreten können./65/

6.4. Ein-/Ausgabemittel

Die Kommunikation zwischen Mensch und Rechner erfolgt physikalisch durch verschiedene Ein-/Ausgabemittel. Neben der Tastatur und dem Bildschirm, die als traditionelle Ein-/Ausgabemittel betrachtet werden können, sind in jüngster Zeit neue Instrumente hinzugekommen. Ihre Aufgabe besteht hauptsächlich darin, den zwischen Mensch und Rechner vorhandenen Kommunikationskanal /66/ zu verbreitern. Auf diese Weise wird es möglich, Interaktionen stärker an den Aufgabeninhalten zu orientieren bzw. sie in Analogie zur Mensch-Mensch-Kommunikation zu gestalten. In diesem Zusammenhang sind z.B. sprachverstehende Systeme oder Touch-Screens zu sehen. Im Sinne der Verbesserung der Mensch-Rechner-Interaktion, die z.B. auch den Aspekt der adäquaten Datenübertragung betrifft, sind z.B. Eingabemittel wie das Digitalisiertablett zu sehen. Sie erleichtern durch das Antippen von Punkten auf dem Tablett (z.B. bei einer Konstruktionszeichnung) die Eingabe von Koordinaten (etwa in Form von "X-Wert, Y-Wert") erheblich. Was die Ausgabe der Daten durch den Rechner anbelangt, so sind außerhalb des Bildschirmbereiches kaum größere, allgemeinnutzbare Veränderungen aufgetreten. Als wesentliche Neuerung tritt hier die Ausgabe durch synthetische Sprache hervor. /67/ Alle anderen Ausgabeformen eignen sich eher für bestimmte Anwendergruppen. So können z.B. Blinde durch die Ausgabe der Information auf einer elektronisch gesteuerten Stiftplatte beim Lesen des Bildschirminhaltes wirkungsvoll unterstützt werden./68/ Da sich die Darstellung der Ein-/Ausgabemittel in dieser Arbeit mehr an Kriterien des Interaktionsverlaufs orientiert, soll auf die physikalische Funktionsweise dieser Geräte nicht eingegangen werden. Durch die stärkere Orientierung der nachfolgenden Beschreibung am Informationsaustausch, d.h. am Ablauf der Kommunikation, wird auch

nicht auf ergonomische Überlegungen im traditionellen Sinne, die sich auf die Geräteergonomie beziehen (z.B. Steigung der Tasten einer Schreibmaschinentastatur, Blendung, Kontrast etc.), eingegangen./69/
Weiterhin bleiben solche Ein-/Ausgabemittel außer acht, denen keine direkte kommunikative Beziehung zukommt, z.B. Schriftleseeinrichtungen oder Drucker und Plotter.

6.4.1 Ein-/Ausgabemittel in Büro und Verwaltung

Für die Mensch-Rechner-Interaktion in Büro und Verwaltung lassen sich als gebräuchliche bzw. denkbare Ein-/Ausgabemittel charakterisieren:

- Zeigerinstrumente (Rollball (Maus), Joystick, Digitalisiertablett u.a)
- Tasteninstrumente (Funktionstasten)
- Sensorische Instrumente (Touch-Screen, Lichtgriffel, Lese"pistole")
- natürlichsprachliche Mittel.

6.4.1.1 Zeigerinstrumente

Als Zeigerinstrumente sind Rollball (Maus), Joystick und als spezielle Form das Digitalisiertablett zu erwähnen. Mit ihrer Hilfe werden Koordinaten erfaßt und zu unterschiedlichen Zwecken weiterverarbeitet. Die Erfassung kann z.B. durch die Bewegung der Maus auf einer Unterlage relativ zu einer absoluten Position erfolgen. Gleichzeitig wird die veränderte Position durch ein Symbol auf dem Bildschirm dargestellt. Das Digitalisiertablett nimmt insofern eine besondere Rolle ein, als der Bewegungsraum durch die physikalischen Grenzen des Tabletts eingeschränkt ist. Im Gegensatz zu den anderen Zeigerinstrumenten sind durch diese Einschränkungen aber auch absolute Bewegungen möglich.

Eingesetzt werden diese Übertragungsmittel zur Ansteuerung von Objekten, die auf dem Bildschirm vorhanden sind. Mit Hilfe eines oder mehrerer an der Maus angebrachter Knöpfe ist es zudem möglich, nach der Markierung des Objekts weitere Operationen auf ihnen auszuführen, z.B. kann nach der Markierung auf diese Weise ein Befehl aktiviert werden (etwa Bewegen einer Textstelle an eine neue Position). Realisiert man die Ansteuerung von Programmfunktionen über Zeigerinstrumente, so muß der Anwender zunächst z.B. das

Objekt markieren, danach den entsprechenden Befehl starten und das Objekt nach seinen Vorstellungen manipulieren. Im Vergleich zur reinen Tastatureingabe dieser Befehlssequenz ist eine gewisse Überlegenheit solcher Eingabemittel zu erwarten. Momentan wird versucht, die optimale Anzahl dieser Zusatzfunktionen (Knöpfe) und ihre sinnvolle Verwendung wissenschaftlich zu klären./70/

Zusammenfassend läßt sich für die Zeigerinstrumente festhalten, daß sie den Kommunikationskanal zwischen Mensch und Rechner dadurch verbreitern, daß sie auf einfache Weise die Durchführung bestimmter Funktionen - insbesondere die Markierungs- und Aktivierungsfunktion - übernehmen. Eine Erweiterung des Befehlsvorrates solcher Instrumente läßt sich - wie am Beispiel der Maus gezeigt - erwarten. Für den Anwender sind diese Funktionen aufgrund ihrer direkten Darstellung auf dem Bildschirm einfacher zu handhaben als andere Markierungsarten (z.B. die Eingabe einer Befehlssequenz über Tastatur).

6.4.1.2 Tasteninstrumente

Als wichtigste Instrumente zur Datenübertragung mittels Tasten sind neben der alphanumerischen Schreibmaschinentastatur die Funktionstasten zu nennen. Sie beinhalten implizit Befehle und dienen als Übermittlungsinstrumente der jeweils auf ihnen hinterlegten Programmkommandos. Dabei kann der Anwender durch sinnvolle Trennung und Klassifizierung in bestimmte Befehlstypen beim Merken und Auffinden der jeweiligen Kommandos unterstützt werden. Insofern sind Funktionstasten mit variabler und fixer Belegung zu unterscheiden. Aufgrund der starken Verknüpfung mit der Steuerung über Funktionstasten sei auf die Ausführungen in Kapitel 6.2.1.2 verwiesen.

6.4.1.3 Sensorische Instrumente

Instrumente, die auf sensorischen Methoden beruhen, gewinnen ihre Informationen mit Meßfühlern. D.h., im Gegensatz zu den Zeigerinstrumenten kann ein sensorisches Instrument direkt aus seiner Plazierung Informationen ableiten. Der Vorgang "Anzeigen und Markieren" auf einem parallel zum Bildschirm vorhandenen zweiten Medium (Tisch bei Verwendung der Maus, Tablett bei Digitalisierverfahren) wird durch direktes Markieren des Objekts auf dem Bildschirm verwirklicht. Instrumente, die auf dieser Methode beruhen, sind z.B. Lichtgriffel und Touch-Screen.

Der Touch-Screen registriert den Berührungspunkt des Anwenders am Bildschirm. Die Berührung kann durch einen Finger oder einen Gegenstand (z.B. Bleistift) erfolgen. Durch das Antippen einer bestimmten Bildschirmstelle spezifiziert der Anwender einen Bereich und kann so ein Objekt markieren und dadurch z.B. einen Befehl aktivieren. Bei diesem Verfahren entfällt die Ansteuerung über ein weiteres Instrument und mögliche Positionierungsfehler.
Allerdings ist der Anwender bei der Benutzung eines solchen Verfahrens ständig gezwungen, seine gewohnte Arbeitshaltung zu verlassen, um z.B. Kommandos auszuführen.

6.4.1.4 Natürlichsprachliche Ein-/Ausgabe

Versucht man die Mensch-Rechner-Kommunikation unter dem Ziel einer Simulation der Mensch zu Mensch-Kommunikation zu verwirklichen, so führt dies zu Überlegungen, eine natürlichsprachliche Schnittstelle einzusetzen./71/

Zwischen den Menschen wird i.allg. die Form des natürlichsprachlichen Dialogs am häufigsten zur Interaktion benutzt. D.h., die Software-Anwender sind im Gebrauch dieser Kommunikationsform hinreichend gut geübt. Zudem entfällt - bei einer völlig natürlichsprachlichen Kommunikation - zum großen Teil das Erlernen einer künstlichen Sprache (z.B. einer Query Language). Aufgrund ihrer Übung sind die Anwender z.B. in der Lage, Probleme so zu artikulieren, wie sie es aus ihrer Sicht für angemessen und richtig erachten, während sie bei der Verwendung formaler Sprachen (z.B. Query Languages oder Programmiersprachen) sowohl in der Ausdrucksweise als auch in der Formulierung komplexer Zusammenhänge starken Einschränkungen und dem Zwang zur Einhaltung vorgegebener Formalismen unterliegen. Die Formulierung komplexer Sachverhalte kann dadurch, daß der natürlichsprachliche Dialog mit der Maschine durch keine Formalismen beschränkt ist, für den Benutzer einfacher werden.

Durch das Zulassen freiformulierter Texte ohne starre Syntaxvorschriften , läßt sich die Einstiegsschwelle zur Steuerung eines Rechnersystems senken. Je nach Realisierung kann zusätzlich bei bestimmten Tätigkeiten die Dateneingabe über Tastatur durch Spracheingabe über Mikrophon abgelöst werden. Bei der Datenausgabe über Lautsprecher erfolgt eine Entkopplung des Anwenders vom Bildschirm. D.h., er ist nicht gezwungen, seinen Blick auf ein bestimmtes Ausgabemedium zu richten, um die angeforderte Information zu erhalten. Damit läßt sich eine lokale Unabhängigkeit des Anwenders erreichen, die für bestimmte Tätigkeitsinhalte sinnvoll genutzt werden kann (z.B. Computerabfragen per Telefon). Die momentan eingesetzten Sprachschnittstellen können jedoch in keiner Weise als "natürlichsprachlich" bezeichnet werden. /72/ Die Ursachen hierfür beruhen u.a. auf Schwierigkeiten bei der Spracherkennung und ihrer inhaltlichen Analyse./73/ Aufgrund der maschinell durch zuführenden Inhaltsanalyse gesprochener Texte steht gerade der Bereich der natürlichsprachlichen Schnittstellen in einer engen Beziehung zur Forschung auf dem Gebiet der Künstlichen Intelligenz./74/

Neben diesen syntaktischen und semantischen Faktoren bleiben bei der natürlichsprachlichen Kommunikation zwischen Mensch und Rechner im Vergleich zum Mensch-Mensch-Dialog nonverbale Aspekte vollkommen unberücksichtigt. Gerade sie beinhalten jedoch wie Watzlawick et al. betonen, eine wichtige Gesprächskomponente./75/ Durch die Beschränkung auf einen streng formalen Informationsaustausch, in dem Korrektheit und Eindeutigkeit verlangt wird, eignet sich der natürlichsprachliche Dialog folglich nur für einen Teil möglicher Kommunikationsformen.

Aufgrund dieser nur eingeschränkten Einsetzbarkeit (z.B. problematisch in Großraumbüros) hängt die Verwendung stark von den jeweiligen Aufgabenstellungen ab. Demzufolge kann auch der Einsatz einer natürlichsprachlichen Schnittstelle lediglich zu partiellen Veränderungen führen und damit nur in Teilbereichen den Menschen z.B. vom Erlernen und Benutzen einer formalen Sprache entlasten.

Nimmt man an, daß die o.a. Schwierigkeiten, durch die sich die heute noch verwendeten natürlichsprachlichen Systeme auszeichnen, beseitigt sind, lassen sich aus dieser Darstellung zusammenfassend folgende Vor- und Nachteile beschreiben, die auch dann noch über weite Strecken Gültigkeit haben dürften /76/:

Vorteile:

- Benutzer beherrschen die natürliche Sprache besser als eine formale Sprache.

- Der Anwender muß seine Aufgaben nicht erst in die konzeptuelle Struktur einer formalen Sprache übersetzen, um mit dem Rechner interagieren zu können (z.B. Informationsabfragen).

- Die Formulierung komplexer Sachverhalte wird dadurch, daß der natürlichsprachliche Dialog mit der Maschine durch keine Formalismen beschränkt ist, für den Benutzer einfacher und somit eher akzeptabel.

- Durch den Einsatz natürlichsprachlicher Systeme kann die Einstiegsschwelle zu einem Rechnersystem in dem Sinne gesenkt werden, daß der Zwang zur Beherrschung rechnerspezifischen Wissens sowie ggf. des Erlernens einer abstrakten Sprache zunehmend entfällt. Je nach Realisierungsgrad läßt sich zumindest teilweise die Dateneingabe über Tastatur oder andere Eingabemedien durch gesprochene Sprache ablösen.

Nachteile:

- Es ist mit längeren Problemlösungzeiten durch möglicherweise auftretende Formulierungsschwierigkeiten zu rechnen.

- Bei unpräzisen Formulierungen sind lange Klärungsdialoge (z.B. zur Vermeidung mehrdeutiger Formulierungen) im Mensch-Maschine-System nicht auszuschließen.

- Es besteht die Gefahr von Fehlinterpretationen durch das System (z.B. bei der Verwendung von Ambivalenzen).

- Durch die hohe Systemkomplexität lassen sich die Systemgrenzen eines sprachverstehenden Systems häufig nur unscharf formulieren und können damit zu falschen Vorstellungen beim Benutzer (z.B. über die Einsatzbereiche und Wissensbasis des Systems) führen.

- Wegen des hohen Softwareaufwandes ist mit längeren Systemantwortzeiten zu rechnen.

6.4.2 Einsatzmöglichkeiten der Ein-/Ausgabemittel

Aus der Darstellung der Ein-/Ausgabemittel lassen sich hinsichtlich des Informationstranfers zwischen Systembenutzer und Rechner zwei Gruppen unterscheiden.Die erste Gruppe beinhaltet solche Übertragungsinstrumente, die in starkem Maße zum Anzeigen bzw. Aktivieren von Objekten eines Anwendungsprogrammes dienen. Sie eignen sich damit primär nicht als Dateneingabeinstrumente im traditionellen Sinne. Zu dieser Gruppe sind Rollball (Maus), Joystick, Funktionstasten und Touch-Screen zu rechnen. Die zweite Gruppe kann sowohl zur Spezifikation von Objekten benutzt werden als auch zur Dateneingabe. Hierzu zählen Digitalisiertablett und natürlichsprachliche Systemkomponenten.

Geht man zunächst von der Kommunikation zur Rechnersteuerung aus, so scheint es im Sinne der Schaffung einer adäquaten Mensch-Rechner-Interaktion sinnvoll, neben der Tastatur über Eingabealternativen zu verfügen. Während sich die Zeigerinstrumente sowie die sensorischen Übertragungsmittel hauptsächlich zur Spezifikation eines am Bildschirm dargebotenen Objektes eignen - und dabei der Tastatur überlegen sind, - können Funktionstasten zur Markierung und gleichzeitigen Aktivierung des Objekts (z.B. eines Kommandos) verwendet werden./77/

Diese beiden Arten unterscheiden sich, wie schon bei den verschiedenen Programmsteuerungsarten erwähnt, vorwiegend in der kognitiven Belastung des Anwenders beim Erinnern (Wiedererkennen bzw. freie Wiedergabe). Hinzu kommt z.B. bei sensorischen Instrumenten - insbesondere dem Touch-Screen - die Notwendigkeit, die gewohnte Arbeitshaltung zu verlassen, um z.B. Befehle, die auf dem Bildschirm dargestellt sind, auszulösen. Diese Änderung in der üblichen Arbeitshaltung kann z.B. auch beim Einsatz der Maussteuerung in Verbindung mit Korrekturtätigkeiten erforderlich werden und sich als Zusatzbelastung für den Anwender auswirken.

Die Verwendung natürlichsprachlicher Mittel zur Steuerung eines Computersystems muß momentan für den Bürobereich noch überwiegend als futuristische Alternative angesehen werden. Obwohl die Digitalisierung gesprochener Texte über Computer möglich ist, beschränkt sich ihr Einsatz eher auf die Substitution von mündlicher bzw. fernmündlicher und teilweise schriftlicher Kommunikation statt auf die Steuerung von Software.

Während die o.a. Ein-/Ausgabemittel sich mehr generell zur Steuerung eines Rechnersystems eignen, lassen sich natürlichsprachliche Systeme stärker im Bereich der Unterstützung und Hilfestellung bzw. Auskunftsermittlung einsetzen. Konkret sind damit natürlichsprachliche Systeme in der allgemeinen Information (z.B. Messeauskunft, Fahrplanauskunft), Beratung und Ausbildung einsetzbar./78/Damit läßt sich als Einsatzbereich der vorgestellten Ein-

/Ausgabemittel in Büro und Verwaltung festhalten, daß mit der Schaffung von Eingabealternativen eine Chance zur Verbesserung der Mensch-Rechner-Kommunikation verbunden ist.

Je nach Tätigkeit fällt allerdings die Eignung der verschiedenen Mittel unterschiedlich aus. Hierbei fallen die verschiedenen Formen der kognitiven Belastung bzw.der Schwierigkeiten bei der Handhabung der Instrumente ins Gewicht. In Analogie zu den Steuerungsarten sind somit auch beim richtigen Einsatz der Ein-/Ausgabemittel tätigkeitsbedingte Unterschiede zu beachten. Was die Substitution der Tastatur als Eingabemittel betrifft, so stehen zum einen Lichtgriffel (bzw. Lese"pistole") und Digitalisiertablett für überwiegend spezielle Aufgabenstellungen zur Verfügung. Zum anderen wird die natürliche Sprache in jüngster Zeit häufig in Bürokommunikationssystemen zur Sprachspeicherung und -vermittlung verwendet./79/ Ein Ziel dieser Anwendung besteht darin, zu einer zeitlichen und lokalen Entkopplung der Kommunikationspartner beizutragen. Dies wird erreicht, indem gesprochene Texte über EDV-Anlagen zwischengespeichert und weiterversendet werden. Damit entfällt z.B. der Zwang zur gleichzeitigen Anwesenheit der Gesprächspartner an einem bestimmten Ort./80/

7. Ergebnisse einer empirischen Untersuchung zur Entwicklung von Software für den Büro- und Verwaltungsbereich

Die Befragung befaßt sich - wie eingangs bereits erwähnt (vgl. Kapitel 1) - mit arbeitswissenschaftlichen Fragestellungen im Rahmen der Software-Entwicklung./1/

Die Bedeutung, die der Berücksichtigung solcher Fragestellungen beim Software-Entwurf zukommt, läßt sich vor allem für Standard-Software leicht verdeutlichen. Gerade bei Standard-Software sind die Entwickler bei der Oberflächengestaltung in der Regel - abgesehen von Pilotkunden, die nicht immer repräsentativ sein müssen - in starkem Maße auf ihr erworbenes Wissen, ihre Erfahrungen aus früheren Software-Entwicklungen angewiesen. Stimmen diese Erfahrungen mit dem momentanen Erkenntnisstand überein, so kann davon ausgegangen werden, daß Software in diesem Bereich so produziert wird, daß sie ergonomischen Ansprüchen genügt. Wie allerdings schon mehrfach betont, ist die Berücksichtigung dieses Gedankengutes erst in jüngster Zeit verstärkt in den Vordergrund gerückt, so daß noch Defizite in dieser Hinsicht vermutet werden können. Zur Aufdeckung dieser Schwachstellen und zur Erarbeitung von Lösungsansätzen soll diese empirische Datenerhebung dienen.

Das Wissen des Designers läßt sich zunächst in die beiden Komponenten "problembezogenes" Wissen und "benutzerbezogenes" Wissen zerlegen. Diese beiden Komponenten sind einerseits deutlich durch den jeweiligen Bezug zum Problem getrennt, weisen andererseits aber immer dann Überschneidungsbereiche auf, wenn es um die endgültige Realisierung der Schnittstellen in bezug auf die Mensch-Maschine-Kommunikation geht. Dabei sind zum einen die Bereiche der Kommunikationsbeziehung zwischen Mensch und Rechner von Bedeutung, die sich in einer sehr abstrakten Betrachtungsweise etwa auf die Kriterien der Benutzerfreundlichkeit nach Dzida reduzieren lassen und ihren Eingang in DIN-Vorschriften gefunden haben./2/ Zum anderen sind die Software-Umgebungsbedingungen (z.B. der organisatorische Kontext, in dem die Software eingesetzt werden soll) als potentielle Schwachstellenbereiche bei der Betrachtung zu berücksichtigen.

Da die Designer über Funktionsweise und Aussehen beider Software-Teile im wesentlichen entscheiden, wurde diesen Gesichtspunkten im Rahmen der Befragung besondere Bedeutung zugemessen.

Aus diesen Gründen gliedert sich der Fragebogen auch inhaltlich in die drei Teilbereiche:

1. Software-Erstellung
2. Designer
3. Endbenutzer aus Designer-Sicht

Durch diese Gliederung sollte versucht werden, das Wissen und die Arbeitsumgebung der Designer weitgehend zu erfassen, da beides sich auf den Entwurf- und Entwicklungsprozeß auswirkt.
Techniken der Software-Entwicklung, z.B. Rapid Prototyping oder Hilfsmittel zur Problemstrukturierung, sollen in diesem Zusammenhang nur sehr eingeschränkt berücksichtigt werden, obwohl evtl. auch schon durch die Wahl der Entwicklungsmethoden Weichen für die Art der Aufgabenerledigung gestellt werden.

7.1 Beschreibung der an der Untersuchung teilnehmenden Unternehmen

Die 67 in die Auswertung aufgenommenen Unternehmen gliedern sich nach Beschäftigtenzahl folgendermaßen auf:

Anzahl der Beschäftigten	%-Anteil der befragten Unternehmen
1 bis 10	7,5%
11 bis 20	13,4%
21 bis 50	13,4%
51 bis 100	14,9%
über 100	50,8%

Tab. 1: Anzahl der Mitarbeiter im Gesamtunternehmen (N=67)

In diesem Kollektiv ist sowohl die Gruppe der kleineren und mittleren Unternehmen (bis 100 Personen) als auch die Gruppe der auf dem gesamten Weltmarkt bedeutenden Soft- und Hardwarefirmen (deutlich über 100 Beschäftigte) größtenteils erfaßt.
In den Software-Entwicklungsabteilungen der befragten Unternehmen war Anfang 1985 folgende Zahl an Personen beschäftigt:

Anzahl der Beschäftigten	%-Anteil der befragten Unternehmen
1 bis 10	25,4%
11 bis 20	20,9%
21 bis 50	26,9%
über 50	26,8%

Tab. 2: Anzahl der in den Software-Entwicklungsabteilungen beschäftigten Personen (N=67)

Befragt nach ihren Software-Entwicklungserfahrungen, die sich aus der durchschnittlichen Anzahl an Implementierungen ergeben, zeigt sich folgendes Bild:

Anzahl durchschnittl. Implementierungen	Anzahl der befragten Unternehmen
1 bis 10	10,9%
11 bis 50	37,6%
über 50	51,5%

Tab. 3: Anzahl durchschnittlicher Implementierungen der befragten Unternehmen (N=67)

Beantwortet wurden die Fragebögen im allgemeinen von Führungskräften aus den Software-Entwicklungsabteilungen (Tab. 4):

Position	Anzahl der Befragten
Abteilungsleiter	64,2%
Gruppenleiter	14,9%
Geschäftsführer	10,4%
Mitarbeiter	7,5%
keine Angaben	3,0%

Tab. 4: Positionen der Antwortenden im Unternehmen (N=67)/3/

Die Aufgabenstruktur dieses Personenkreises zeigt Tabelle 5. Die Benutzergruppen, für die die Software schwerpunktmäßig hergestellt wird, ist in der folgenden Abbildung (Abb. 32) wiedergegeben.

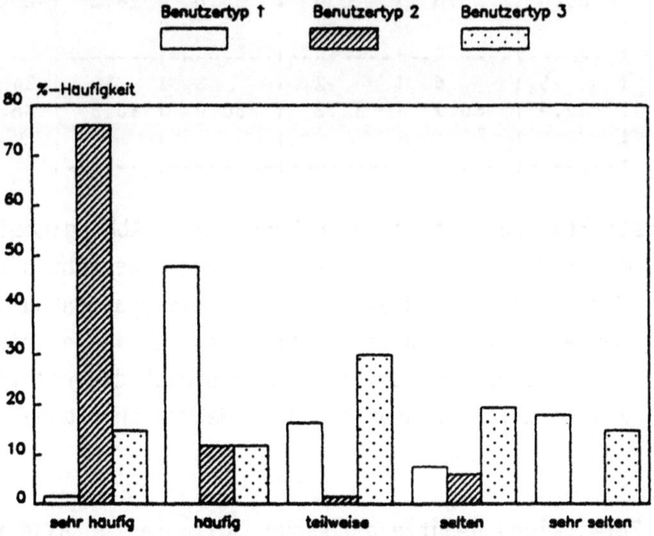

Abb. 32: Anteil verschiedener Benutzergruppen an der Software-Produktion (N=67)/4/

Die Benutzertypen bedeuten:
Benutzertyp 1 = "Naiver" Endbenutzer mit seltener Systembenutzung
Benutzertyp 2 = "Naiver" Endbenutzer mit häufiger Systembenutzung
Benutzertyp 3 = "Spezialist" mit EDV-Kenntnissen

Insgesamt überwiegen dabei solche Anwender, die größtenteils über keine EDV-Kenntnisse verfügen und für die die benutzergerechte Software-Gestaltung in besonderen Maße evident ist. Damit soll allerdings nicht gesagt werden, daß sich die Notwendigkeit zur Entwicklung benutzerfreundlicher Software im wesentlichen auf diesen Kreis beschränkt.

	Anzahl Mitarbeiter im Gesamtunternehmen (Personen)					
Aufgabe	- 10	11-20	21-50	51-100	>100	n %
Entwurf der Software	5 100.0	8 88.9	4 44.4	7 70.0	15 45.5	39 59.1
Koordination und Leitung	5 100.0	8 88.9	9 100.0	10 100.0	30 90.9	62 93.9
Teilweise Programmierung	2 40.0	3 33.3	2 22.2	4 40.0	9 27.3	20 30.3
Anwender-schulung	3 60.0	5 55.6	0 0.0	3 30.0	6 18.2	17 25.8
Vertrieb	3 60.0	6 66.7	2 22.2	3 30.0	10 30.3	24 36.4

Tab. 5: Aufgabenstruktur der antwortenden Personen in Abhängigkeit von der Unternehmensgröße (erste Zahl eines Kästchens bezieht sich auf die Nennung, die zweite Zahl stellt die relative Spaltenhäufigkeit dar; die Summenspalte enthält als Prozentwert die relative Zeilenhäufigkeit, auf diese Weise ist eine Vergleich der relativen Spaltenhäufigkeiten untereinander möglich; Mehrfachnennungen möglich)

Vielmehr ist die Entwicklung benutzergerechter Software für alle EDV-Anwender unabhängig von ihren EDV-Erfahrungen und Kenntnissen erforderlich und sinnvoll. Allerdings verändern sich die Anforderungen an eine Unterstützung dann in quantitativer Hinsicht, so daß z.B. für Systementwickler entsprechend gut handhabbare Entwicklungstools wichtig sind. Auf die Diskussion dieses Fragenbereichs soll und kann im Rahmen dieser Erörterungen nicht eingegangen werden, da sich die Befragung insbesondere auf Software bezog, die im Büro- und Verwaltungsbereich eingesetzt wird. Da in diesen Bereichen heute regelmäßig noch nicht von EDV-Kenntnissen ausgegangen werden kann, /5/ was teilweise in der Literatur zur Verwendung des Begriffs "naiver Benutzer"/6/ führt, sind andere Maßstäbe für diesen Personenkreis anzusetzen, als etwa für EDV-Experten, die ihrerseits Software entwickeln.

7.1.1 Software-Spektrum

Im wesentlichen stellen die befragten Software-Unternehmen (vgl. Abb. 33) Programme zur Unterstützung von Sachbearbeitungstätigkeiten im weitesten Sinne sowie von Führungskräften her./7/
Hauptsächlich werden für folgende Einzelbereiche Programme entwickelt:

Tätigkeit	% Anteil Unternehmen
Sekretariatstätigkeit	
Textverarbeitungsprogramme u. ä.	20,9%
Auskunftssysteme etc.	14,9 %
Einfache Sachbearbeitungstätigkeiten	
Dateneingabe	46,3%
Dialog	50,7%
Spezielle Sachbearbeitungstätigkeiten	
Dateneingabe	35,8%
Datenausgabe	64,2%
Dialog	70,1%
Führungstätigkeiten	32,8 %

Tab. 6: Prozentuale Verteilung des Software-Spektrums der befragten Unternehmen (es wurden nur Antworten mit "am häufigsten" berücksichtigt; N=67)

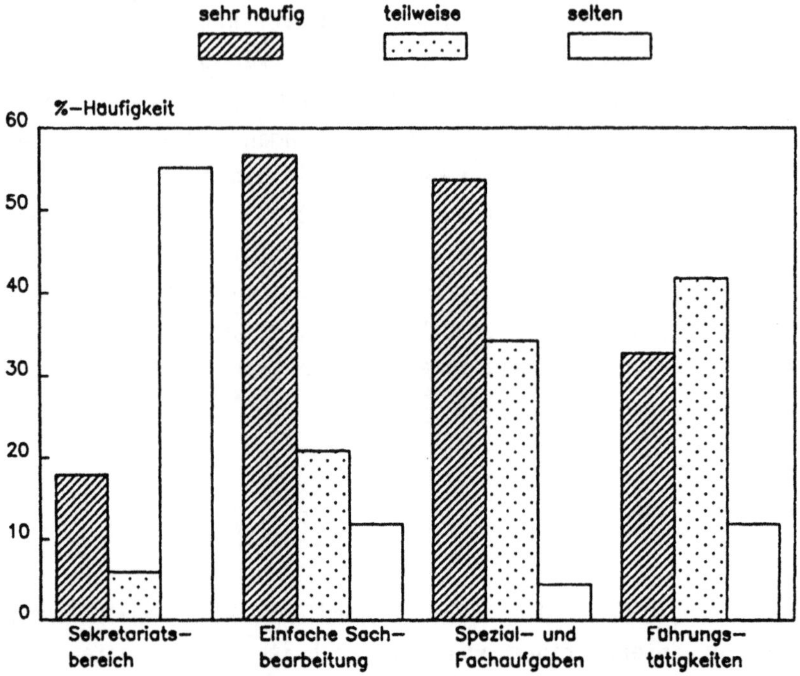

Abb. 33: Häufigkeit der Produktion von Software zur Unterstützung bestimmter Tätigkeitsbereiche in Büro und Verwaltung bei den befragten Unternehmen (N=67) /8/

Den Angaben zufolge werden im wesentlichen Programme zur Bewältigung von Spezial- und Fachaufgaben mit überwiegend Auskunft- und Dialogcharakter entwickelt.An zweiter Stelle folgen Programme für Dialoganwendungen bzw. zur Dateneingabe für einfache Sachbearbeitungstätigkeiten sowie Programme für Führungskräfte. Software für die Unterstützung von Sekretariatstätigkeiten gehört eher zu den selteneren Aufgabenstellungen.

7.1.2 Tätigkeitsbereiche

Aus den Angaben zu:
- Unternehmensgröße und durchschnittlicher Anzahl Implementierungen
- Produktspektrum der Befragungsgruppe

läßt sich folgendes ableiten:

Ausgehend von der Unternehmensgröße ergibt sich ein Kollektiv, das sich zu ca. 50 % aus Unternehmen kleinerer bzw. mittlerer Größenordnung (bis 100 Beschäftigte in Gesamtunternehmen) sowie zu ca. 50 % aus Großunternehmen (mit über 100, teilweise sehr deutlich über 100 Mitarbeiter) zusammensetzt (vgl. Tab. 1, Kapitel 7.1).

Gerade weil sich die Befragung nicht nur auf die großen Software-Häuser (teilweise Hard- und Software-Hersteller) beschränkt, fließen auch Erfahrungswerte kleinerer Firmen in die Auswertung ein. Diese Erfahrungen sind um so wichtiger, da häufig Teilprobleme - im Software-Bereich - von Großunternehmen an kleinere Software-Häuser zur Bearbeitung weitergegeben werden. Auf Basis dieser Erkenntnis läßt sich die Notwendigkeit der Befragung auch mittlerer und kleinerer Software-Häuser begründen, da diese aufgrund ihrer Subunternehmerfunktion das Produkt nachhaltig durch ihre Software-Entwicklungsstrategie prägen.
Bei der Auswahl der Befragungsgruppe wurde allerdings eine Einschränkung nach "unten hin" durchgeführt, die sich auf einen Jahresumsatz von 1 Mio DM bezog. Diese Einschränkung wurde vor allem wegen der hauptsächlich bei Kleinstbetrieben in der Software-Branche anzutreffenden Kurzlebigkeit sowie ihrer relativ geringen allgemeinen Marktpräsenz vorgenommen. In Abhängigkeit der Variablen "Mitarbeiterzahl" zeigt folgende Abbildung das Software-Spektrum der Unternehmen.

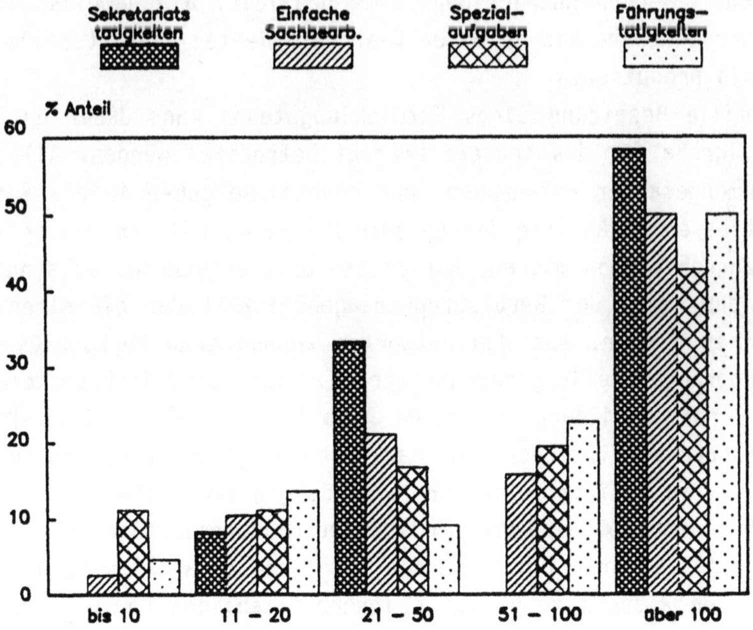

Abb. 34: Hauptsächliches Software-Spektrum der befragten Unternehmen in Abhängigkeit von ihrer Mitarbeiterzahl. (Es wurden nur Antworten mit "hauptsächlich" berücksichtigt; N=67)

Hieraus läßt sich erkennen, daß die kleineren Unternehmen nur über ein in geringem Maße ausgeprägtes Produktspektrum verfügen.

Aus den in Kapitel 7.1 getroffenen Aussagen zum Software-Angebot läßt sich ableiten, daß das Befragungskollektiv in weiten Bereichen Dienstleistungen (in Form von Programmen) für den betrachteten Büro- und Verwaltungsbereich erbringt. Da zudem die Antworten aus einem breiten Spektrum kleinerer, mittlerer und großer Software-Unternehemen stammen, können die Ergebnisse für eine allgemeine Darstellung der Software-Entwicklung aus arbeitswissenschaftlicher Sicht für den erwähnten Bereich verwendet werden. D.h. die Befragungsergebnisse können als repräsentativ für den Büro- und Verwaltungsbereich angesehen werden.

7.1.3 Personelle Zusammensetzung der Entwicklungsteams

Zumindest bei größeren Programmen kann man nicht davon ausgehen, daß die Software-Entwicklung vom Pflichtenheft bis zur Installation die Aufgabe einer einzelnen Person darstellt. Hier - wie bei anderen Entwicklungstätigkeiten auch - werden Entwicklungsteams gebildet, die jeweils Teilbereiche (Module) der Software bis zu einer klar definierten Schnittstelle eines anderen Moduls produzieren.
Die personelle Besetzung eines Entwicklungsteams kann daher als entscheidende Stellgröße für das spätere Produkt betrachtet werden. Alle in diesem Team zusammengefaßten Erfahrungen und Kenntnisse gehen in die Software ein und beeinflussen nachhaltig das gesamte Programm, mit dem die späteren Endbenutzer zurechtkommen müssen. Aus diesen Gründen scheint es sinnvoll, nach der Ausbildung bzw. der Berufsgruppenzugehörigkeit der einzelnen Software-Entwickler zu fragen. Aus den Antworten können dann Rückschlüsse auf die Art der Programmerstellung gezogen werden. Dabei sind insbesondere die während der Berufsausbildung erlernten Ausbildungsinhalten, Fertigkeiten und Arbeitsmethoden von Interesse, da man davon ausgehen kann, daß auf sie auch später - u.U. in modifizierter Form - zurückgegriffen wird.
Da zudem bis dato software-ergonomische Ausbildungsinhalte an nahezu keiner Ausbildungsstätte unterrichtet werden, sind die Entwickler folglich auf den Erwerb solchen Wissens z. B. durch innerbetriebliche Fortbildungsmaßnahmen angewiesen. Hinzu kommt der allgemeine Ausbildungsstand des einzelnen in bezug auf Hardware, Programmiersprachen und Betriebssysteme etc. Je besser und detaillierter dieser ist, desto effektiver können Software-Produkte hergestellt werden, desto größer ist aber auch die Gefahr, daß aufgrund des vorhandenen Wissens mögliche Probleme des Anwenders übersehen oder als be-

langlos hingestellt werden. In der folgenden Tabelle ist die Zusammensetzung der Entwicklungsteams nach ihrer Zugehörigkeit zu einzelnen Berufsgruppen dargestellt. Unter der Berufsgruppe Wirtschaftswissenschaftler werden dabei nicht nur Betriebswirte sondern auch Wirtschaftsingenieure und DV-Kaufleute subsumiert.

Zusammensetzung der Software-Teams in %

Berufsgruppen	0%	1%-10%	11%-20%	21%-30%	31%-40%	41%-50%	>50%	k.A.
Informatiker	13,4	16,4	9,0	20,9	4,5	16,4	13,4	6,0
Ingenieure	29,7	19,4	22,4	9,0	6,0	4,5	3,0	6,0
Wirtschafts-wissenschaftl.	26,9	14,9	10,4	14,9	9,0	6,0	13,4	4,5
Mathematiker	34,3	20,9	14,9	14,9	3,0	6,0	-	6,0
Praktiker	64,2	4,5	6,0	3,0	-	1,5	11,9	8,9
Psychologen	88,0	6,0	-	-	-	-	-	6,0
Graphiker	91,0	3,0	-	-	-	-	-	6,0

Tab. 7: Berufsgruppen in den Software-Entwicklungsteams (Die Werte besagen, daß z.B. bei 13,4% der befragten Unternehmen keine Informatiker vertreten sind (0%), bei 16,4% der Unternehmen stellen Informatiker bis zu 10% der Belegschaft; N=67)

Die Software-Teams bestehen i.d.R. aus Personen, die den Berufsgruppen Informatik, Ingenieur- und Wirtschaftswissenschaften oder Mathematik angehören. Teilweise gaben die Befragten auch die Berufsbezeichnung "Praktiker" an. Darunter sind Personen mit branchenspezifischem Fachwissen zu verstehen, das u.a. zur Lösung spezieller Software-Anforderungen benötigt wird. Solche Personen verfügen nicht unbedingt über Informatikkenntnisse, sondern sie beherrschen vielmehr die fachlichen Hintergründe des Programmes. Nur in Ausnahmefällen wurden die Berufe Graphiker und Psychologe genannt. Obwohl die Hinzunahme von Psychologen seitens einiger der Befragten zukünftig als wichtig erachtet wurde, scheint die Integration dieser Gruppe noch an deren geringen EDV-Kenntnissen in bezug auf die DV zu scheitern.
An eine Einbeziehung von Graphikern in den Software-Entwicklungsprozeß ist momentan und auch zukünftig kaum zu denken. Wahrscheinlich wird man erst dann Bedarf verspüren, wenn verstärkt Graphiken und Piktogramme zur Dialoggestaltung eingesetzt werden. Da diese Techniken jedoch noch nicht weit

verbreitet sind, werden Graphiker in Software-Unternehmen, wenn überhaupt, etwa für die Layoutgestaltung von Handbüchern etc. eingesetzt.
Wie dieser Aufstellung zu entnehmen ist, sind einerseits Informatiker als klassische EDV-Berufsgruppe und andererseits Wirtschaftswissenschaftler am häufigsten in den Teams vertreten.
Die starken Schwankungen bei der Teambesetzung mit Informatikern deutet möglicherweise auf die unterschiedliche historische Entwicklung der Unternehmen hin. Software-Firmen haben sich größtenteils entweder aus Unternehmen mit Schwerpunkt "Programmierung" oder aus Beratungsunternehmen mit ehemals stärkerer kaufmännischer Orientierung entwickelt./9/
Die Ingenieure in den befragten Unternehmungen werden vermutlich - ähnlich wie die sog. "Praktiker" - als Experten für Spezialaufgaben (etwa Entwicklung von CAD-Systemen oder PPS-Systemen) eingesetzt. Auf ihre Rolle als Fachberater kann man auch aus dem relativ niedrigen Anteil schließen, der sich überwiegend im Bereich von 20% der Belegschaft im Team bewegt.
Der wirtschaftswissenschaftlich ausgebildete Personenkreis innnerhalb der Entwicklungsteams stellt einen Anteil dar, der sich zwischen 1% und 30%, in Einzelfällen aber auch über 50% bewegt.
Mathematiker sind hauptsächlich zwischen 1% und 30% vertreten und dürften im wesentlichen zur programmtechnischen Realisierung der Problemstellungen eingesetzt werden. Im Gegensatz zu den Wirtschaftswissenschaftlern gibt es hier kein Unternehmen, das mehr als 50% Mathematiker in den Entwicklungsteams einsetzt.
Der als "Praktiker" bezeichnete Personenkreis ist sicherlich in allen befragten Unternehmen vertreten - auch ohne explizite Angaben. Im allgemeinen dürfte er einer bestimmten Berufsgruppe zugeordnet worden sein. Insofern deutet diese Gruppe eher auf eine Schwerpunktverlagerung hinsichtlich des Anforderungsprofils an Mitarbeiter hin und kann als Indiz für den bestehenden Bedarf der Software-Häuser an berufserfahrenen Personen betrachtet werden./10/

Die oben beschriebene personelle Besetzung der Entwicklungsteams bezieht sich auf Software-Häuser mit Dienstleistungsschwerpunkt im Sachbearbeitungsbereich/11/. Denkbare Tätigkeitsbereiche der einzelnen Berufsgruppen innerhalb des Teams wären z.B.:

- Informatiker übernehmen hauptsächlich Tätigkeiten, die in engem Zusammenhang mit der Software selbst stehen, z.B. Aufgabenstrukturierung, Ausarbeitung der internen Datenorganisation sowie Programmiertätigkeiten
- Ingenieure, Wirtschaftswissenschaftler und "Praktiker" werden wahrscheinlich auch in die o.a. Tätigkeiten einbezogen. Aufgrund ihrer speziellen Kenntnisse wird aber eher die Lösung organisatorischer Fragestellungen

und fachlicher Probleme (z.B. CAD, Buchhaltung, Bilanzerstellung, Logistik), d.h. der Systemanalyse im weitesten Sinne, in Vordergrund stehen.

Die Entwicklung der Benutzerschnittstelle dürfte von beiden Gruppen gleichermaßen gelöst werden. Beide "Gruppen des Entwicklungsteams" ergeben zusammen die Arbeitsgruppe, der die Lösung der Gesamtaufgabe zukommt und die ihrerseits nur durch die Zusammenarbeit von DV-Spezialisten realisiert werden kann.

Neben der aktuellen Zusammensetzung der Teams wurden die Unternehmen auch nach möglichen personellen Umbesetzungen befragt. Die nachfolgende Übersicht gibt die Antworten hierzu im Vergleich zu den ursprünglichen Besetzungen der Teams wieder.

Zusammensetzung der Software-Teams in %

Berufsgruppen	0%	1%-10%	11%-20%	21%-30%	31%-40%	41%-50%	>50%	N
Informatiker								
momentan	14,3	17,5	9,5	22,1	4,8	17,5	14,3	63
zukünftig	2,1	16,7	22,9	20,8	12,5	12,5	12,5	48
Ingenieure								
momentan	31,7	20,6	23,8	9,5	6,4	4,8	3,2	63
zukünftig	31,9	21,3	17,0	14,9	8,5	4,3	2,1	47
Wirtschafts-wissenschaftl.								
momentan	28,1	15,6	10,9	15,6	9,4	6,3	14,1	64
zukünftig	16,7	16,7	8,3	20,8	6,3	12,5	18,7	48
Mathematiker								
momentan	36,5	22,2	15,9	15,9	3,2	6,3	-	63
zukünftig	45,7	26,1	15,2	13,0	-	-	-	46
Praktiker								
momentan	70,5	4,9	6,6	3,3	-	1,6	13,1	61
zukünftig	74,0	2,2	2,2	4,3	4,3	6,5	6,5	46
Psychologen								
momentan	93,7	6,3	-	-	-	-	-	63
zukünftig	91,3	8,7	-	-	-	-	-	46
Graphiker								
momentan	96,8	3,2	-	-	-	-	-	63
zukünftig	91,3	8,7	-	-	-	-	-	46

Tab. 8: Veränderungen der Personalstruktur im Software-Entwicklungsteam

Obwohl die angeführten Zahlen auf unterschiedlichen Gruppengrößen basieren und damit die Vergleichbarkeit der entsprechenden Daten im Sinne eines intervallskalierten Maßstabs/12/ nicht gegeben ist, sind die Antworten dennoch zur Herleitung tendenzieller Veränderungen verwendbar. Diesen Angaben zufolge werden zukünftig sowohl Wirtschaftswissenschaftler als auch Personen mit Schwerpunkt in Informatik die Hauptberufsgruppen im Software-Team stellen./13, 14/ Dieser Entwicklung wird bereits in jüngster Zeit durch verstärkte Einrichtung wirtschaftswissenschaftlicher Studiengänge mit Informatikschwerpunkt Rechnung getragen (z.B. DV-Kaufmann, Wirtschaftsinformatiker oder auch Wirtschaftsingenieur mit Schwerpunkt Informatik).

7.2 Ergebnisse zum Software-Entwicklungsprozeß aus arbeitswissenschaftlicher Sicht

7.2.1 Anforderungsermittlung und Oberflächengestaltung

Aus arbeitswissenschaftlicher Sicht interessieren hierbei im wesentlichen:

- die Art der Informationsbeschaffung über das zu erstellende Standardprodukt, insbesondere in Hinblick auf software-ergonomische Fragestellungen;

- der Weg der Entscheidungsfindung und Festlegung der Software-Oberfläche;

- im Software-Unternehmen bestehende Vorschriften und Richtlinien, die die Gestaltung von vornherein in eine bestimmte Bahn lenken und bestimmen;

- Umfang und Zeitpunkt der Einbeziehung der Benutzer.

Anforderungen, denen die zu erstellende Software gerecht werden muß, sollen hier für die Gestaltung der Benutzerschnittstelle im allgemeinen (im Sinne von Benutzerfreundlichkeit) und des organisatorischen Ablaufs im speziellen untersucht werden.

Die Festlegung des organisatorischen Ablaufs eines Programmes geschieht in der Regel durch die Definition einer hierarchischen Struktur. Je nach Aufgabenstellung und Programmrealisierung sind dabei gewisse Programmbestandteile zwangsläufig abzuarbeiten, da z.B. durch sie dem Rechner Fakten mitgeteilt werden, ohne die die Erledigung nachfolgender Tätigkeiten ausgeschlossen ist; sogen. Muß-Eingaben.

Um beispielsweise spezielle Informationen einer Datenbank auszugeben, muß vorher eine Selektion auf den Datenbestand durchgeführt werden, bei der dem Programm die Auswahlkriterien und deren Gültigkeitsgrenzen mitzuteilen sind. Im Laufe der Software-Entwicklung kann sich herausstellen, daß gewisse Informationen, die vorher als Muß-Eingaben definiert waren, nicht immer zu dem vorgegebenen Zeitpunkt zur Verfügung stehen können. Werden nach der organisatorischen Festlegung des Programmablaufs solche Modifikationen offenkundig, ohne daß der Anwender hierauf flexibel reagieren kann, so sind damit u.U. erhebliche Einschränkungen bei der Software-Nutzung verbunden.
Eine entsprechende Festlegung wird durch die Vorgabe eines Menüs getroffen. In aller Regel sind Menüs hierarchisch gegliedert und legen so den Arbeitsablauf des Benutzers in gewisser Weise fest. Eine von der Menüorientierung abweichende Bearbeitungsreihenfolge ist zwar möglich, verursacht jedoch häufiges Wechseln zwischen verschiedenen Menüebenen, so daß die Effektivität im Umgang mit der Software in Frage gestellt ist./15/
Aus diesen Überlegungen heraus ergibt sich die Frage, wie Entwicklungsteams generell diese organisatorischen Anforderungen festlegen. Es zeigt sich hierbei, daß grundsätzlich zwei verschiedene Vorgehensweisen existieren, die allerdings häufig gemeinsam verwendet werden. Bei der ersten Vorgehensweise versucht man auf externe Informationsquellen zurückzugreifen. Hierbei spielen vor allem die zukünftigen Endbenutzer eine große Rolle. Im zweiten Fall bedient man sich im Software-Unternehmen bereits vorhandenen Wissens (z.B. Erfahrungen der Entwickler) bzw. generalisierbaren Methoden (z.B. Vorsortierung von Abläufen nach ihrer Frequentierung). Tabelle 9 faßt die verschiedenen Ermittlungsmethoden und ihre Verwendungshäufigkeit zusammen.

Zur Beschaffung externer Informationen bedient man sich hauptsächlich potentieller oder bereits vorhandener Benutzer, die an der Systemanalyse beteiligt waren (60,6%)./16/ Als relativ neue Möglichkeit zur Informationsgewinnung werden bei einigen Firmen Anwenderzirkel eingerichtet. Diese kommen in bestimmten Zeitabständen zusammen und tauschen ihre Erfahrungen mit der benutzten Software aus (9,1%).
Es ist jedoch zu vermuten, daß bei solchen Treffen zwar häufig über Bedienungsschwierigkeiten und deren Lösung gesprochen wird, dies jedoch mehr im Sinne der Beherrschung des Systems geschieht, und dadurch evtl. keine direkte Rückmeldung zu den Entwicklungsteams gelangt. Dieser Sachverhalt kann immer dann eintreten, wenn man den Anwender als die Person betrachtet, bei der die "Schuld" am fehlerhaften Bedienen liegt.
Als innerbetriebliche Quelle zur Beschaffung von Wissen über die organisatorische Gestaltung des Arbeitsablaufs der Software wurde dabei in größerem Umfang (27,3%) auf die eigene Erfahrung verwiesen.

Ermittlungsmethode	%-Antworten	Nennungen
Zusammenarbeit mit Endbenutzern, Kundeninterviews, Analysen beim Kunden	60,6%	40
Eigene Erfahrungen	27,3%	18
Versuch einer möglichst hierarchiefreien Entwicklung bzw. Fixierung zum spätestmöglichen Zeitpunkt	16,7%	11
Anlehnung an vorhandene organisatorische Abläufe	16,7%	11
Vorsortierung nach fachlichen Grundsätzen bzw. Bestimmung der Frequentierung von Funktionen	13,6%	9
Erfahrungen bereits vorhandener Anwender z.B. durch Arbeitskreise	9,1%	6
Beobachtung der späteren Anwender in einer simulierten Bearbeitungsituation	9,1%	6

Tab. 9: Ermittlung des Arbeitsablaufes bei Standardsoftware (Mehrfachnennungen möglich, N=66)

Weiterhin wurden vorhandene Richtlinien sowie in geringem Maße die Analysen von Konkurrenzprodukten und wissenschaftlicher Literatur (1,5%) angegeben. Gerade die Analyse wissenschaftlicher Literatur dürfte hauptsächlich zur Klärung grundlegender Sachverhalte dienen, jedoch weniger zur Entscheidungsfindung bei der organisatorischen Festlegung einer speziellen Problemstellung herangezogen werden.

Weiterhin versucht man durch Analyse der Arbeitsabläufe Vorgaben für die Software-Gestaltung zu ermitteln oder sich an bestehende Tätigkeiten vor der EDV-Realisierung anzulehnen. In diesem Zusammenhang wurde z.B. das bestehende Formularwesen einer Musterfirma angeführt (16,7%). Ebenso wird bei einigen Firmen die Analyse der Frequentierung bestimmter Tätigkeiten, die später als Programmfunktionen vorhanden sind, durchgeführt (13,6%). Als sehr bemerkenswert in diesem Zusammenhang ist auch das Bestreben vieler Firmen anzusehen, möglichst lange auf die Festlegung hierarchischer Strukturen zu verzichten. Das bedeutet, man versucht dem Endbenutzer die Entscheidung über bestehende Aufgabenfolgen zu übertragen (16,7%). Eine gänzlich andere Richtung schlagen solche Firmen (16,7%) ein, die Software so zu

realisieren versuchen, daß sie weitgehend hierarchiefrei - etwa durch Vernetzung einzelner Funktionen untereinander - aufgebaut ist.
Faßt man diese Aussagen zusammen, so werden in etwa zu gleich großen Teilen externe wie interne Informationsquellen zur Analyse und Ermittlung des organisatorischen Ablaufs von Programmen verwendet. Eine starke Betonung erfährt dabei die direkte Befragung der potentiellen Anwender.

Die Anforderungen, denen die für das jeweilige Software-Produkt zu erstellende Benutzeroberfläche gerecht werden soll, wird in der Regel vom Entwicklungsteam (79,1%) festgelegt.

Ermittlungsmethode	%-Antworten	Nennungen
Diskussion im Entwicklungsteam	79,1%	53
Testen von Probanden	44,8%	30
Analyse der Auftragsbeschreibung	41,8%	28
Eigene Erfahrung	37,3%	25

Tab. 10: Ermittlung der Anforderungen an die Auslegung der Benutzerschnittstelle bei Standardsoftware (Mehrfachnennungen möglich, N=67) /17/

Daneben werden Pflichtenhefte/Auftragsbeschreibung (41,8%) sowie Vorabtests mit Probanden und/oder Diskussionen mit Anwendern (44,8%) durchgeführt. Auf diese Art versucht man, zusätzlich Erkenntnisse über die Auslegung der Benutzerschnittstelle zu gewinnen. Die aus solchen Diskussionen abgeleiteten Ergebnisse werden danach in Zusammenarbeit mit möglichen Endbenutzern bzw. Experten verbindlich festgelegt.

Festlegung der Programmoberfläche	%-Antworten	Nennungen
Diskussion mit Benutzern	76,1%	51
Diskussion im Entwicklungsteam	68,7%	46
Vorhandene Richtlinien	41,8%	28
Fachabteilung (z.B. Software-Qualitätssicherung)	20,9%	14

Tab. 11: Festlegung der Programmoberfläche bei Standardsoftware (Mehrfachnennungen möglich, N=67) /18/

Fachabteilungen, die solche Festlegungen durchführen, sind allerdings noch nicht weit verbreitet. Die Programmoberfläche wird größtenteils parallel zum Problemlösungsprozeß bzw. nach der eigentlichen Problemlösung entwikkelt.

Entwicklungzeit	%-Antworten	Nennungen
Parallel zur Problemlösung	44,8%	30
Nach der Problemlösung	34,3%	23
Vor der Problemlösung	17,9%	12
K.A.	3,0%	2

Tab. 12: Entwicklungszeit der Programmoberfläche bei Standardsoftware (N=67)

Nur 17,9% der Befragten gehen von der Programmoberfläche aus und entwickeln danach die Problemlösung.

Diese unterschiedlichen Vorgehensweisen haben sicherlich im Einzelfall ihre spezielle Bedeutung. Aus Benutzersicht jedoch scheint die Entwicklung der Programmoberfläche nach erfolgter Problemlösung die schlechteste Alternative zu sein. Durch sie wird ein "Aufpfropfen" der Benutzerschnittstelle erreicht, die dann in ihren Reaktionen vor allem aufgrund der starken Vertrautheit des Entwicklungsteams mit der Aufgabe unvollständig sein kann. Probleme, auf die der spätere Benutzer stoßen kann, treten für den mit dem Programm bestens vertrauten Entwickler nicht mehr auf und werden folglich auch in den Überlegungen, wie die Oberfläche zu gestalten ist, nicht mehr berücksichtigt./19/

Auf die Frage, wie groß die Designer selbst ihre Spielräume bei der Oberflächengestaltung ansehen, antworteten 41,8% der Befragten mit "sehr groß", 37,3% mit "teilweise bis groß".

Entscheidungsspielraum	%-Antworten	Nennungen
Groß bis sehr groß	41,8%	28
Teilweise groß	37,3%	25
Teilweise gering	17,9%	12
Sehr gering	3,0%	2

Tab. 13: Entscheidungsspielraum der Software-Entwickler bei der Gestaltung von Software-Oberflächen (N=67)

Dieser hohe Freiheitsgrad (rd. 79%) zeigt , wie wichtig es ist - will man die Genesis von Software-Fehlern ergründen -, am Ort des Entstehens solcher Programme mit den Nachforschungen zu beginnen und dort die Voraussetzungen, das Wissen und die angewandten Methoden der Software-Entwickler zu untersuchen./20/

Aus der vergleichenden Analyse des Items "Größe des Entscheidungsspielraums" mit anderen Items läßt sich schließen, daß sich offenbar ein größerer Entscheidungsspielraum positiv auf den "Programmkomfort" auswirkt. So ergab die Analyse, daß mit zunehmendem Entscheidungsspielraum

- der Berücksichtigung unterschiedlicher Benutzererfahrung im Programm,
- der Implementierung eines Handbuchs im laufenden Programm,
- dem Aufwand für die Dokumentation im Programm

verstärkt Bedeutung beigemessen wird.

Hingegen wird weniger Wert auf die Kooperation mit Universitäten und anderen Institutionen in Fragen der Benutzerfreundlichkeit gelegt.
In bezug auf das Software-Spektrum verfügen die Designer bei Unternehmen mit Schwerpunkt im Bereich Spezial- und Fachaufgaben über eher mehr Entscheidungsspielräume bei der Oberflächengestaltung.
Diese Ergebnisse stehen allerdings, für sich betrachtet, in einem gewissen Widerspruch zu der Frage nach vorhandenen Richtlinien für die Software-Oberflächengestaltung, bzw. deuten auf eine möglicherweise relativ globale Fassung von Richtlinien hin.

Bei der Frage nach existierenden Richtlinien zur Oberflächengestaltung stellt sich nämlich heraus, daß insbesondere der Aufbau von Bildschirmmasken, von Menüs und die Art der Dialogführung weitgehend durch Vorschriften/Richtlinien vorgegeben ist (bei rd. 76% der befragten Unternehmen).

Vorschriften existieren für	selten bis gar nicht	teilweise	überwiegend bis immer	k.A.
Aufbau von Bildschirmmasken	7,5%	11,9%	76,1%	4,5%
Aufbau von Menüs	12,0%	9,0%	76,2%	2,8%
Art der Dialogführung	14,9%	9,0%	76,1%	-
Belegung von Funktionstasten	17,9%	11,9%	67,2%	3,0%
Belegung von Sondertasten	19,4%	13,4%	58,2%	9,0%
Gestaltung von Hilfefunktionen	22,4%	14,9%	56,7%	6,0%

Tab. 14: Die Exisitenz verschiedener Gestaltungsvorschriften zum Entwurf der Software-Oberfläche (N=67)

Ebenso existieren bei 67,2% der Unternehmer Vorschriften über die Belegung von Funktionstasten. Interessanterweise sind tendenziell eher Vorschriften für die Oberflächengestaltung bei kleineren und mittleren Unternehmen zu finden./21/
Des weiteren führen solche Richtlinien offensichtlich dazu zu glauben, die Mensch-Maschine-Schnittstellenproblematik sei damit im großen und ganzen gelöst. Dies kann man daraus ableiten, weil Unternehmen, die Regeln zur Oberflächengestaltung verwenden, Probleme wie z.B. fehlendes Wissen über die Informationsverarbeitung beim Menschen oder über die Wahrnehmung i.allg. als keine große Einschränkung bei der Software-Gestaltung ansehen./22/
Die Existenz solcher Vorschriften deutet auf zwei mögliche Entwicklungsstrategien hin:
Einerseits werden Generatoren für die Oberflächengestaltung verwendet (z.B. Maskengeneratoren, Menügeneratoren), die nur eine Art der Gestaltung zulassen.
Andererseits könnte sich bei den Software-Entwicklern auch die Ansicht durchgesetzt haben, dem Benutzer durch eine gewisse konsequente Gestaltung in der Software-Oberfläche entgegenzukommen. Auf diese Weise kann der Anwender beispielsweise einmal erlernte Programmfunktionen in ihrer Bedeutung und Wirkung auch auf andere Programmfunktionen übertragen und dadurch Einlernzeiten für neue Programme auf das Erlernen aufgabenspezifischer Kenntnisse im wesentlichen beschränken.
Sollten bei der Festlegung solcher Vorschriften zur Oberflächengestaltung auch software-ergonomische Zielsetzungen berücksichtigt sein, so ist ein solcher Versuch zur Normierung grundsätzlich zu begrüßen.
Im Gegensatz etwa zu Bildschirmmasken und Menüaufbau sind Hilfetexte weit weniger festgeschrieben. Es ist zu vermuten, daß sich die Festschreibungen auch mehr auf den organisatorischen Rahmen bzw. den prinzipiellen Aufbau eines Informationstextes beziehen als auf die inhaltlichen Komponenten.

Zusammenfassend läßt sich festhalten, daß der Designprozeß auch bei Standard-Software bereits teilweise benutzerorientiert abläuft. Dabei versucht man, sich die notwendigen fachlichen und organisatorischen Kenntnisse, denen die Programme genügen müssen, über Expertenbefragungen bzw. Modell-Firmen zu beschaffen oder dieses Problem in gewissem Maße durch eine möglichst hierarchiefreie Programmgestaltung zu umgehen. Bei der Gestaltung der Software-Oberfläche orientieren sich die Designer einerseits an Richtlinien und Vorschriften (eher kleinere und mittlere Unternehmen), andererseits beeinflußt das Ergebnis interner Diskussionen sowie Probandentests den Entwurf der Software-Oberfläche (eher in größeren Unternehmen). Die

Entwicklung der Programmoberfläche wird entweder nach der Problemlösung oder parallel zur Problemlösung durchgeführt In Ausnahmefällen wird auch die Entwicklung vor der eigentlichen Problemlösung durchgeführt.

7.2.2 Vorstellungen der Designer über das Kriterium Benutzerfreundlichkeit

Um zu erfahren, durch welche grundlegenden Vorstellungen sich Designer beim Entwurf der Software-Oberfläche leiten lassen, wurden sie gebeten, Kriterien der Benutzerfreundlichkeit hinsichtlich ihrer Wichtigkeit zu beurteilen. Die Ergebnisse sind als Rangreihe in der folgenden Tabelle (Tab. 15) dargestellt.

Wie man der Tabelle entnehmen kann, kommt der praxisgerechten Dialogführung eine große Bedeutung zu. Die richtige Art der Dialogführung zu bestimmen kann aber gerade bei Standardprogrammen zu erheblichen Problemen führen, da hierbei eine passende Lösung für eine Vielzahl von Anwendern erarbeitet werden muß.

Kriterium	Mittelwert	Nennung
Praxisnahe Dialogführung	1,6	66
Einfache Eingabebefehle	3,2	64
Dialog in der Muttersprache des Anwenders	3,5	65
Kurze Systemantwortzeit	3,6	64
Aussagefähige Fehlermeldungen	4,4	66
Geringer Schulungsaufwand	4,8	63
Systemmeldungen in der Muttersprache des Anwenders	5,4	63
Hilfsfunktionen	5,5	63

Tab. 15: Beurteilung der Wichtigkeit einzelner Kriterien der Benutzerfreundlichkeit durch Software-Designer. (Es sollte eine Bewertung von 1 bis 8 vorgenommen werden. Dabei bedeutet 1 = wichtigster Punkt, 8 = unwichtigster Punkt)

Weiterhin sind möglichst einfache Eingabebefehle wichtige Bestandteile einer benutzerfreundlichen Software. Darunter ist z.B. die Realisierung verständlicher Befehlsnamen, aber auch die Verwendung entsprechender Interaktionsmittel (Hilfsmittel zur Ein-/Ausgabe und Programmsteuerungen) zu verstehen. Eingabebefehle als Teil der Programmsteuerung sollten sodann in der Muttersprache des Anwenders verfügbar sein, und das System sollte insgesamt über kurze Antwortzeiten verfügen. Zu den Kriterien mit geringer Bedeutung zählen aus Sicht der Entwickler die Gestaltung der Hilfefunktion sowie Systemmeldungen in der Muttersprache des Anwenders. Gerade Systemmeldungen können aber - falls sie sich nicht durch das Anwendungsprogramm gänzlich ausblenden lassen - zu erheblichen Irritationen beim unbedarften Anwender führen./23/ Die weitergehende statistische Analyse dieser Kriterien zeigt, daß bestimmte Merkmale der Benutzerfreundlichkeit vorwiegend für Software zur Unterstützung spezieller Tätigkeiten bedeutsam sind. So wird das Merkmal "praxisnahe Dialogführung" gerade bei Software-Unternehmen, die vorwiegend Programme für Spezial- und Fachaufgaben herstellen für wichtig erachtet. Bei Programmen für einfache Sachbearbeitungstätigkeiten sind vor allem die Kriterien "geringer Schulungsaufwand" und "Hilfefunktion" von Bedeutung. Bei bestehendem Kontakt mit Probanden bzw. Anwendern wächst die Bedeutung einfacher Eingabebefehle und der Hilfefunktion zunehmend. Der Einsatz von Dialogen in der Muttersprache steht in Verbindung mit existierenden Vorschriften, wobei die Umsetzung dieser Forderung offensichtlich durch qualitative und quantitative Personalprobleme in den Software-Unternehmen erschwert wird.

7.2.3 Einbeziehung späterer Anwender in die Entwurfsphase

Wie schon aus vorangegangenen Erörterungen bekannt, werden Informationen über die Art der Oberflächengestaltung nicht nur im Software-Team entwikkelt, sondern auch durch die konkrete Einbeziehung der Endbenutzer gewonnen. Inwieweit sich diese Einbeziehung gerade bei Standardprodukten realisieren läßt bzw. bereits durchgeführt wird, soll im folgenden erörtert werden.

Standardprogramme wenden sich an eine breite Anwenderschicht und müssen daher eine gewisse Allgemeingültigkeit besitzen. Dies läßt sich allerdings nur dann erreichen, wenn es z.B. gelingt, unabhängig von einer speziellen Form einer Aufgabenerledigung allgemeingültige Strukturen zu ermitteln, die sich z. B. auf eine ganze Branche übertragen lassen. Daß diese Bestrebungen i.d.R. gewisse Unzulänglichkeiten aufweisen, d.h. nur in Ausnahmefällen allen Anforderungen gerecht werden, liegt eigentlich in der Natur betriebli-

cher Arbeiten. Sie sind in gewissen Grenzen immer durch die individuelle Arbeitsweise des einzelnen geprägt. So können sich Unterschiede, z.B. durch organisatorische Modifikationen in den Bearbeitungsabläufen ergeben, oder es kann z.B. durch einen vorhandenen Betriebsjargon zu Irritationen bei der Interpretation von Informationen kommen. Insofern kann eine Standardlösung nur versuchen, das Gros der Arbeiten und Arbeitsabläufe abzudecken. In diesem Zusammenhang sind grundsätzlich zwei wesentliche Aspekte der Benutzerbeteiligung zu sehen:
Einerseits bietet es sich an, neben der Diskussion um den funktionalen Software-Inhalt, den potentiellen Benutzer auch über Oberflächenfragen und deren Ausgestaltung entscheiden zu lassen, bzw. ihn in der Erstellungsphase - z.B. durch Rapid Prototyping - miteinzubeziehen. Andererseits spielt gerade bei Standardprodukten mehr als bei individuell erstellter Software die Option einer nachträglichen Veränderung "konfektionierter Ware" eine besondere Rolle. Durch Nachbesserungsmöglichkeiten, d.h. durch die Möglichkeit, eigenständig Veränderungen am Standardprogramm vorzunehmen, kann man z.B. auf unvorhergesehene organisatorische Umstellungen rasch und flexibel reagieren. Innerhalb welchem Rahmen solche Anpassungsarbeiten ermöglicht werden sollten, wird in Kapitel 8.1.2 noch diskutiert werden. Die Beteiligungsmöglichkeiten der späteren Benutzer, die über die Besprechung allgemeiner software-organisatorischer Details hinausgehen und das Benutzerinterface im allgemeinen betreffen, zeigen sich folgendermaßen aus Sicht der Entwickler:

Benutzer wird beteiligt am Entwurf von	Selten bis gar nicht	Teilweise	Eher stark	Sehr stark	k.A.
Bildschirmmasken	19,4%	15,0%	34,3%	31,3%	/
Benutzerinformation	26,9%	25,4%	31,3%	14,9%	1,5%
Kommandostrukturen	40,3%	23,9%	20,9%	13,4%	1,5%
Handbuch	52,2%	25,4%	17,9%	3,0%	1,5%
Programmdokumentation	76,1%	10,4%	7,5%	4,5%	1,5%

Tab. 16: Einflußbereiche der Endbenutzer beim Software-Design (N=67)

Die stärkste Einbeziehung erfolgt beim Entwurf und Aufbau von Bildschirmmasken. Es gaben dabei rund 66% der Befragten eine "starke bis sehr starke" Beteiligung an. Dieser Umstand dürfte ein Hinweis auf das in jüng-

ster Zeit vermehrt eingesetzte Verfahren des Rapid Prototyping sein. Dabei versucht man, in Zusammenarbeit mit den späteren Endbenutzern, direkt am Bildschirm das Aussehen (z.B. Bildschirmmasken) und die grobe Arbeitsweise (z.B. Reaktion im Fehlerfall, organisatorischer Programmablauf) des zu entwerfenden Programms zu simulieren. Ziel ist es dabei, möglichst frühzeitig Entwicklungsfehler zu entdecken, die später beim Anwender zu Mißverständnissen oder Widersprüchen führen könnten und eine Programmänderung erforderlich machen würden. So kann man z.B. eine Maske bei "Nichtgefallen" sofort in der gewünschten Weise verändern./24/
Das Verfahren des Rapid Prototyping wird z.Zt. hauptsächlich bei der Erstellung individueller Software eingesetzt, eignet sich aber auch z.B. zum Entwurf von Bildschirmmasken für Standardanwendungen. Der prinzipielle Nachteil einer solchen Vorgehensweise liegt darin, daß häufig Oberflächenelemente mit einem Neuling entworfen werden, der seinerseits über wenig bis keinerlei EDV-Kenntnisse verfügt, zudem den organisatorischen Kontext, wie er vor der Einführung bestand, abzubilden versucht und somit im Programm unbewußt Redundanzen schaffen kann. Daher muß die Anwendung das Rapid Prototyping als iterativer Prozeß erfolgen, der später auch (nach Software-Einführung) Änderungen zuläßt, um so anfänglich gemachte Fehler (z.B. bei der Maskengestaltung) beseitigen zu können.
Daneben kommt dem Anwender bei der Gestaltung von Benutzerinformationen verstärktes Mitspracherecht zu, da 46,2% der Befragten die Beteiligung zwischen "teilweise bis sehr groß" angaben. Als Benutzerinformationen kann man hierbei alle Texte, die in Form von Anweisungen oder Hilfestellungen bzw. Kommandonamen oder Menünamen innerhalb des Programmes auftauchen, verstehen. Die Beteiligung an der textlichen Gestaltung macht deutlich, daß versucht wird, auf den betrieblichen Wortgebrauch einzugehen. Die Verwendung neuer Begriffe für altbekannte Vorgänge kann bei den Anwendern zu zusätzlichen Schwierigkeiten bei der Orientierung in Programmen führen und damit Berührungsängste und Akzeptanzprobleme hervorrufen.

Kommandostrukturen können dagegen weit weniger von Endbenutzern mitbestimmt werden. Hierbei sind momentan lediglich einige Spezifikationen in der Dialogform (überwiegend benutzer- oder rechnergeführt) oder in der Art der Ansteuerung von Programmteilen (z.B. über Funktionstaste, Windows oder Menüs) denkbar. Im bezug auf die Ansteuerungsarten bestimmter Programmteile werden heute schon vielfach parallel "Fachmanndialog" und "Anfängerdialog" verwendet (51% der Antworten entfielen auf diese Methode). Eine Ausgrenzung der Benutzer bei der Mitgestaltung von Kommandostrukturen ist zwar auf diesem abstrakten Level denkbar, nicht jedoch, wenn es um organisatorische Fragestellungen geht - etwa welche Funktionen automatisch vorgeschlagen werden sollen (Defaultwerte) und wie die Funktionen untereinander verknüpft sein sollen. Daß hierbei eine wenn auch geringere Benutzerbeteiligung existiert, zeigen die Ergebnisse der Frage nach der Festlegung des organisatorischen Ablaufs. Hier wird nämlich häufig der Versuch einer möglichst hierarchiefreien Programmgestaltung als Lösung genannt. Die letztliche Realisierung einer hierarchischen Struktur wird dem Anwender, z.B. bei der Implementierung des Systems, überlassen. D.h. die Miteinbeziehung der Anwender bei der Festlegung organisatorischer Rahmenbedingungen erfolgt nur teilweise (bei 34,3% der Befragten).

Ebenso wird die Gestaltung von Handbüchern und die Dokumentation im Programm weitgehend ohne den Endbenutzer vorgenommen. Verständlich ist dies für die Dokumentationserstellung, die primär für die Programmierer und nicht für die Endbenutzer gedacht ist (z.B. Dokumentation von Datenstrukturen). Ähnlich gering ist die Beteiligung auch bei der Erstellung der Anwenderhandbücher. Obwohl die Firmen nach eigenen Angaben erhebliche Anstrengungen bei der Handbucherstellung unternehmen (im Mittel zwischen 10-15% vom Gesamtentwicklungsaufwand), spielen offensichtlich die späteren Benutzer selbst hierbei kaum eine Rolle. Lediglich 20,9% beteiligen die Anwender in größerem Maße an der Handbucherstellung, während 52,2% keine oder nur eine sehr geringe Beteiligung angaben. Dabei ist auffällig, daß bei Software-Unternehmen mit zunehmender Mitarbeiterzahl eine größere Einbeziehung der Anwender bei der Handbucherstellung erfolgt./25/
Gerade dieses Thema ist aber bei späteren Schulungsmaßnahmen sehr wichtig. Handbücher erfüllen zum einen den Zweck der Unterrichtung des Anwenders, sollen aber zum anderen ihn auch in der Beantwortung offener Fragen während seiner Arbeit mit dem System unterstützen. Diese Anforderungen lassen sich dann viel besser erfüllen, wenn die allgemeinen Handbuchtexte z.B. mit betriebsspezifischen Beispielen angereichert sind. Die Bedeutung dieser Fallbeispiele geht aus den Antworten hervor, die im Zusammenhang mit Fragen nach dem Inhalt von Schulungsmaßnahmen gegeben wurden. Fallbeispiele werden hierbei sehr häufig erwähnt und sind auch als absolut wichtig und notwendig anzusehen.
Allerdings darf man dabei nicht die Probleme übersehen, die im allgemeinen mit Standard-Software und betriebsspezifischen Fallbeispielen verbunden sind. Standard-Software impliziert aufgrund der relativen Allgemeingültigkeit der Programme keine betriebsspezifischen Anwendungen, so daß dieser Widerspruch sicherlich nicht ohne eine geänderte Praxis der Handbucherstellung gelöst werden kann. Bespielsweise könnte man diesen Gegensatz durch die Erarbeitung spezieller Fallbeispiele auflösen, die bei einer konkreten Schulungsmaßnahme entwickelt und dann den Handbüchern beigefügt werden.

Neben diesen Aspekten, die im wesentlichen auf die Oberflächenerstellung abzielen, soll noch die Einstellung der Designer hinsichtlich möglicher Flexibilisierungsmaßnahmen bei der Software, die vorher schon kurz angedeutet wurden, betrachtet werden. Dabei wurden die Entwickler gefragt, was sie von einer veränderbaren Oberfläche hielten und welche Bereiche sie dem Anwender zur selbständigen Änderung überlassen würden. Ziel dieser Frage war es nicht, etwa nach der benutzerseitigen Änderbarkeit von Rechenparametern, beispielsweise dem Mehrwertsteuersatz oder anderen logischen Verknüpfungen zu fragen, die bei organisatorischen Neu- oder Umgestaltungen bzw. bei Gesetzesänderungen notwendig werden. Diese Änderungen sollten auf jeden Fall dem Benutzer überlassen werden. Die Fragestellung bezog sich vielmehr auf Variationsmöglichkeiten in bezug auf den Aufbau der Software-Oberfläche, etwa der Umformulierung von Kommandonamen oder der Abänderung eines bestehenden Menüaufbaus etc. Die Befragungsgruppe zeigte sich hinsichtlich dieser Frage gespalten. 44,8% lehnten es zu einem großen Teil ab, dem Benutzer Bereiche zur selbständigen Änderung zu überlassen, während 35,8% sich hingegen zustimmend äußerten. Die benutzerseitige Variation der Oberfläche halten für sinnvoll:

Ja	Überwiegend	Teilweise	Kaum	Nein
23,9%	11,9%	19,4%	26,9%	17,9%

Tab. 17: Antworten auf die Frage "Halten Sie es für sinnvoll, die Software so zu gestalten, daß der spätere Endbenutzer nach der Programmauslieferung selbständig die Programmoberfläche ... verändern kann?" (N=67)

Als Bereich, in dem Anwender Programme - nach der Implementierung - an ihre Erfordernisse anpassen können, werden in erster Linie Texte angeführt. Hierunter fallen Veränderungen bei Menütexten, Kommandonamen, Maskentexten, Hilfetexte sowie Fehlermeldungen (vgl. Tab. 18). Inhaltlich-organisatorische Veränderungen wurden auch erwähnt, allerdings mit deutlichem Abstand zu den textlichen Bestandteilen. Zu den inhaltlichen Änderungen sind Modifikationen in bezug auf Maskenaufbau, Menüaufbau oder der Belegung von Funktionstasten zu zählen. Ebenso wurden Druckausgaben in einigen Fällen als benutzerbeeinflußbare Bereiche angeführt. Diese Angaben beziehen sich vermutlich auf die Veränderungen von Formulartexten und deren Aufbau oder aber auf Druckermodianpassung bzw. auf hardwaremäßige Änderungen (z.B. auf die Anpassung des Druckers an neue Typenräder)./26/ Neben diesen beiden Hauptbereichen wurde auch noch der Anschluß peripherer Geräte, d.h. die Modifizierung von Schnittstellen erwähnt.

Rang	Bereich zur benutzerseitigen Änderung	%-Antworten	n
1	Menütexte	13,4%	9
1	Aufbau von Masken	13,4%	9
3	Allgemein Texte im Programm (ohne nähere Angaben)	11,9%	8
3	Belegung von Funktionstasten und die Vergabe von Kommandonamen	11,9%	8
5	Texte in Bildschirmmasken	10,4%	7
5	Fehlermeldungen (textliche Änderungen)	10,4%	7
7	Aufbau von Bildschirmmenüs	9,0%	6
7	Help-Texte	9,0%	6
9	Bedienungshinweise	7,5%	5
9	Druckausgaben (Formate)	7,5%	5

Tab. 18: Die wichtigsten Bereiche, die dem Benutzer nach Software-Auslieferung zur selbständigen Veränderung zur Verfügung gestellt werden sollen (Mehrfachnennungen möglich, N=34)

Insgesamt muß man hierbei allerdings den Zusatznutzen des Anwenders dem Aufwand zur Schaffung einer entsprechenden anwenderbezogenen Software-Oberfläche gegenüberstellen. Grundsätzlich kann die Möglichkeit zur Modifikation eines Programms dazu führen, daß der Anwender sein Arbeitsmittel an geänderte Erfordernisse anpassen kann und ihm so das Gefühl der Beeinflußbarkeit vorgegebener Prozesse und der besseren Beherrschbarkeit des EDV-Systems vermittelt wird./27/ Faßt man die Befragungsergebnisse zu diesem Punkt zusammen, so kann man erkennen, daß die Einbeziehung der Endbenutzer zu bestimmten Fragestellungen einerseits während der Software-Erstellung erfolgt, daß andererseits dem Anwender, zumindest von einigen Unternehmen, die Möglichkeit der selbständigen Veränderung bestimmter Programmteile nach Fertigstellung der Software eingeräumt wird. Was den letzten Punkt der Flexibilisierung der Software-Oberfläche anbelangt, war dazu das Befragungskollektiv sehr heterogen. Ca. 45% der Befragten lehnen eine Eingriffsmöglichkeit seitens des Benutzers in die Software-Oberfläche ab, während rd. 36% diesem Gedanken positiv gegenüberstehen./28/ Insgesamt beschränken sich die Einflußmöglichkeiten der Anwender im wesentlichen auf textliche Änderungen, während organisatorische Veränderungen größtenteils den Entwicklern vorbehalten bleiben.

7.2.4 Berücksichtigung unterschiedlicher Anwendererfahrungen

Aus den empirischen Ergebnissen läßt sich ableiten, daß zu einem Großteil in den Programmen berücksichtigt wird, daß unterschiedlich erfahrene Anwender die gleiche Software verwenden.

Umfang der Berücksichtigung unterschiedlicher Systemerfahrung beim Anwender	%-Antworten	n
Sehr groß	35,8%	24
Überwiegend	25,4%	17
Teilweise	23,9%	16
Selten	7,5%	5
Nein	7,5%	5

Tab. 19: Berücksichtigung unterschiedlicher Systemerfahrung der Anwender bei der Programmrealisierung (N=67)

Für unterschiedlich erfahrene Anwender wird vorwiegend der Programmablauf variiert, d.h. der Benutzer kann z.B. zwischen zwei Programmsteuerungsarten (z.B. "Fachmann-" oder "Anfängerdialog") wählen./29/ Die einzelnen Bereiche, in denen eine Berücksichtigung unterschiedlicher Anwendererfahrungen verwirklicht sind, zeigt folgende Tabelle (Tab. 20).

Berücksichtigung unterschiedlicher Systemerfahrung der Anwender im Programm	%-Antworten	n
Programmablauf (z.B. Fachmann-,Anfängerdialog)	51,0%	25
Hilfstexte:		
- unterschiedlich detailliert	38,8%	19
- an-/abschaltbar	8,2%	4
Texte:		
- allgemein in unterschiedlicher Detaillierung	18,4%	9
- Menütexte, Funktionstastenerklärungen unterschiedlich detailliert	16,3%	8
Fehlermeldungen:		
- nur auf Anforderung	4,1%	2
- unterschiedliche Detaillierungsstufen	2,0%	1

Tab. 20: Berücksichtigung des Übungsgrades im Programm (Mehrfachnennungen möglich, N=49)

Eine nähere Betrachtung der Gestaltung der Hilfefunktion zeigt, daß sich - wie bereits erwähnt - die Formulierung mehrerer unterschiedlich detaillierter Stufen bei rd. der Hälfte (46,3%) der Befragten durchgesetzt hat (Tab. 21). Bei 16,3% werden zudem Beispiele zur Verdeutlichung der Informationen eingeblendet. Allerdings wird bei rd. einem Drittel (37,3%) lediglich die Funktion erklärt bzw. keine Hilfe angeboten.

Gestaltung der Hilfefunktion	%-Antworten	n
In Abhängigkeit der Anwendererfahrung unterschiedlich detailliert	46,3%	31
Nur Funktionserklärung	29,9%	20
Funktionserklärung mit Beispielen	16,4%	11
Keine Hilfefunktion	7,5%	5

Tab. 21: Gestaltung der Hilfefunktion in Programmen (N=67) /30/

In welchem Umfang bei der Handbucherstellung auf die Variation des Benutzerwissens eingegangen wird, gibt folgende Tabelle wieder:

In welcher Form erhält der Kunde das Handbuch	%-Antworten	n
Als einheitliches Handbuch	73,1%	49
Als Hilfefunktion im Programm	56,7%	38
In Abhängigkeit der Anwendererfahrung unterschiedlich detailliert	31,3%	21

Tab. 22: Gestaltung des Handbuchs (Mehrfachnennungen möglich, N=67)

Eine Berücksichtigung unterschiedlicher Benutzerkenntnisse erfolgt statistisch signifikant bei Programmen für Führungskräfte. Ebenso zeigt es sich, daß immer dann, wenn die Anwender an der Systementwicklung beteiligt werden, in den Programmen mehr Rücksicht auf deren unterschiedliche Programmkenntnisse genommen wird. In dieser Weise äußerten sich vor allem solche Software-Firmen, die die späteren Benutzer zur Gestaltung der Bildschirmmasken, der Benutzerinformationen sowie zum Aufbau der Kommandostruktur befragten./31/ Die Berücksichtigung unterschiedlichen Benutzerwissens erfolgt unabhängig von einer bestimmten Unternehmensgröße der Software-Produzenten.

7.2.5 Überprüfung der Funktionalität der Software-Oberfläche

Um die Qualitätsanforderungen, denen ein Programm und die dazugehörende Hardware-Konfiguration genügen muß, überprüfen zu können, bedient man sich im allgemeinen mehr oder weniger umfangreicher Testverfahren. In diesen Tests soll zum einen ermittelt werden, ob die korrekte Arbeitsweise eines Programmes gewährleistet ist, und zum anderen, wie sich das Programm, aus der Sicht des Anwenders, in verschiedenen Situationen verhält.
Neben Fragen, die sich z.B. auf die korrekte Funktionsweise des Programmes nebst Einhaltung kapazitätsmäßiger Größenordnungen beziehen (z.B. Anzahl anlegbarer Konten in einer Finanzbuchhaltung oder maximale Anschlußzahlen von Benutzerterminals etc.), sind für den Anwender, z.B. das allgemeine Verhalten des Systems bei Vollauslastung - etwa in Hinblick auf das Antwortzeitverhalten - sowie die Funktionalität des Programms und die adäquate Gestaltung der Software-Oberfläche von entscheidender Bedeutung.

Faktoren, die bei der Gestaltung der Programm-Oberfläche zu beachten sind, wurden bereits in Kapitel 6 dargestellt. Hier soll nun im Rahmen der Software-Entwicklung der Frage nachgegangen werden, wie die Funktionalität der Software-Oberfläche beurteilt wird, also z.B. das Zurechtfinden des Benutzers in Menüs, Masken bzw. die Treffsicherheit gewählter Wörter etwa zur Kommandobezeichnung oder den Nutzen implementierter Funktionen etwa in bezug auf den organisatorischen Arbeitsablauf.
Zur Überprüfung der Funktionstüchtigkeit der Software werden folgende Verfahren angewendet:

Testverfahren	%-Antworten	n
Pilotkunden, Feldtest	65,6%	42
Innerbetriebliche Tests	34,4%	22
Qualitätssicherungsabteilung im eigenen Hause	12,5%	8
Testen von Neulingen ohne Programm-Kenntnisse	7,8%	5
Ergebnisse von Programmvorführungen, z.B. auf Messen	7,8%	5
Eigennutzung	3,1%	2

Tab. 23: Testverfahren zur Prüfung der Funktionstüchtigkeit der Software-Oberfläche (Mehrfachnennungen möglich, N=67) /32/

Den Antworten ist zu entnehmen, daß viele Firmen (65,6%) mit Pilotkunden arbeiten, denen das Produkt vor der Markteinführung zum Test überlassen wird. Zusätzlich erfolgt eine innerbetriebliche Abnahme bei 34,4% der Befragten, die zum Teil von Mitarbeitern durchgeführt wird, die nicht oder unwesentlich an der Produktentwicklung beteiligt waren. Auf diese Art versucht man laienhaftes Verhalten zu simulieren. Bei 12,5% existiert eine Abteilung, die sich speziell mit der Qualitätssicherung entwickelter Software befaßt und Produktabnahmen durchführt. Zur Beurteilung der Zweckmäßigkeit solcher Abteilungen müßten die Beurteilungskriterien bekannt sein./33/ Des weiteren werden Neulinge ohne Kenntnisse (in einem Fall Gymnasiasten) zu Testzwecken eingesetzt oder man versucht bei Produktvorführungen Anregungen und Verbesserungsvorschläge aus der Diskussion mit Interessenten zu gewinnen. Eine geringe Anzahl der Befragten gab auch an, keine speziellen Prüfungen durchzuführen.

Eng im Zusammenhang mit der Überprüfung der Funktionstüchtigkeit der Software-Oberfläche steht die Frage des Feedback. Nach Angaben der Software-Hersteller erhalten 97% Rückmeldungen von den Kunden. Die Rückmeldungen erfolgen vorwiegend durch direkten Kundenkontakt, der z.B. bei der Ausführung von Wartungstätigkeiten oder über den Kundenservice bei auftretenden Problemen zustande kommt. Weniger Bedeutung für Feedback werden Messen zugesprochen, an denen die Unternehmen auch häufig nicht unter der Prämisse der Kundenbefragung, sondern eher der Vorstellung neuer Produkte teilnehmen.

7.3 Ergebnisse zur Verwendung ausgewählter Gestaltungselemente bei der Software-Erstellung für den Sachbearbeitungsbereich

Nach der Beschreibung benutzerbezogener Kriterien bei der Systemanalyse bzw. dem Systementwurf im vorhergehenden Kapitel, soll nun auf die Elemente zur Gestaltung der Software-Oberfläche eingegangen werden. Entsprechend der in Kapitel 6.1 vorgenommenen Einteilung werden die Bereiche:
- Programmsteuerung und Dialogführung
- Bildschirmgestaltung
- Verwendung von Ein-/Ausgabemitteln

als Basisbausteine zur Gestaltung der Software-Oberfläche angesehen./34/

Ziel dieser Analyse ist es, typische Gestaltungselemente aus Sicht der Entwickler darzustellen und so deren Motivation diese zu verwenden, transparenter zu machen.

Nachfolgend wird die Bewertung dieser Elemente für Programme, die für Fach- und Spezialaufgaben (Sachbearbeitungsaufgaben im weitesten Sinne) eingesetzt werden, wiedergegeben. Auf eine weitergehende Untersuchung dieses Sachverhaltes für andere Tätigkeitsbereiche (z.B. Sekretariatstätigkeiten) kann im großen und ganzen deshalb verzichtet werden, weil der Arbeitsplatz, an dem Fach- und Spezialaufgaben erledigt werden, die weitestgehenden Anforderungen an die Software stellt. D.h., die für diesen Arbeitsplatz aufgestellten Anforderungen und die hier dargestellten Ergebnisse lassen sich auf Arbeitsplätze mit anderen Tätigkeitsinhalten größtenteils übertragen. Dabei wird nicht übersehen, daß an diesen Arbeitsplätzen aufgrund veränderter fachlicher Anforderungen dennoch Verschiebungen, z.B. beim Einsatz der Gestaltungsparameter, auftreten können. Diese tätigkeitsspezifischen Differenzen sind in Kapitel 5.2 dargestellt und müssen bei einer Übertragung der nachfolgend beschriebenen Ergebnisse auf andere Arbeitsbereiche entsprechend berücksichtigt werden.
Neben der Einordnung der Gestaltungselemente nach ihrer Bewährung (impliziert Einsatz und Eignung) wurden die Entwickler um eine perspektivische Wertung (Bedeutung unabhängig von der momentanen Verwendung) der entsprechenden Gestaltungsparameter gebeten. Aus der Gegenüberstellung dieser Aussagen ergeben sich stellenweise interessante Differenzen, die sich als zukünftige Tendenzen bei der Software-Entwicklung deuten lassen.

7.3.1 Ein-/Ausgabemittel

Dieser Bereich betrifft die hardwaremäßige Realisation der Mensch-Rechner-Interaktion. Neben der normalen Schreibmaschinentastatur existieren weitere Interaktionsmittel, deren Einsatzbereiche nicht klar voneinander getrennt sind und die, z.B. herstellerabhängig, zur Bewältigung gänzlich unterschiedlicher Aufgaben parallel eingesetzt werden. Beispielsweise ist es durchaus möglich und bereits realisiert, Software sowohl über Rollball (Maus) als auch über Touch-Screen oder Funktionstasten zu steuern.
Welche Mittel nun mit welchen Präferenzen eingesetzt werden, sollen die folgenden Ausführungen zeigen. Dabei wurde bewußt auf die Tastatur in ihrer generellen Form als Ein-/Ausgabemittel verzichtet, da sie zwangsläufig eingesetzt wird. Betrachtet man etwa reine Eingabetätigkeiten, z.B. beim Erfassen von Überweisungsträgerdaten oder Scheckdaten bzw. dem Auffüllen einer Datenbank mit Informationen (Literaturstellen, Abstracts etc.), so existiert - abgesehen von der natürlichen Sprache bzw. dem automatischen Belegleser - bis dato keine Alternative zur Tastatur. Da diese Ergebnisse, die die Frage nach der Verwendung der Tastatur liefern würde, bereits im

Vorfeld feststanden, wurde auf diesen Fragenteil verzichtet. Gefragt wurde somit ausschließlich nach Ein-/Ausgabemitteln, die eher zur Programmsteuerung verwendet werden und sich - mit Einschränkungen - weniger zur Eingabe von Daten eignen.

Die Ergebnisse zeigen die sehr große Bedeutung der Funktionstasten.

Ein-/Ausgabemittel	Bedeutungswert	N
Funktionstasten	1,0	61< N <66
Begrenzt natürliche Sprache zur Dateneingabe	-0,2	60< N <65
Begrenzt natürliche Sprache zur Datenausgabe	-0,4	61< N <65
Sensor-Tasten/Touch-Screen	-0,4	60< N <63
Rollball/Joystick u. a.	-0,5	61< N <65
Digitalisiertablett	-0,9	54< N <57

Tab. 24: Durchschnittlicher Bedeutungswert der einzelnen Ein-/Ausgabemittel ohne Differenzierung nach Tätigkeiten (die unterschiedlichen Gruppengrößen (N-Werte) treten als Folge der Zusammenfassung dreier verschiedener Angaben auf). (Die Bedeutung der Gestaltungselemente sollte auf einer Intervallskala mittels den Werten -2 bis +2, d.h. "unwichtig" bis "sehr wichtig" beurteilt werden.)

Danach folgen natürlichsprachliche Schnittstellen zur Dateneingabe/ -ausgabe (Mittelwert -0,2 bzw. -0,4). Allerdings ergibt sich hierbei schon eine deutliche Differenzierung in bezug auf die jeweilige Aufgabenstellung. Als relativ unwichtig bzw. nur in speziellen Bereichen einsetzbar wurden Rollball und Digitalisiertablett eingestuft.

Vergleicht man nun die Angaben zur Bedeutung der Ein-/Ausgabemittel mit ihrer tatsächlichen Verwendung in der betrieblichen Praxis, so ergeben sich deutliche Unterschiede bei Rollball und der natürlichsprachlichen Schnittstelle. Während beispielsweise die Bedeutung rollballähnlicher Steuergeräte nicht sehr hoch eingeschätzt wird, weisen diese jedoch nach Angabe einer Vielzahl von Designern eine hohe praktische Bewährung auf. Genau umgekehrt, vermutlich aufgrund noch bestehender technischer Probleme bei der Realisierung, fallen die Antworten bei der Einschätzung der natürlichsprachlichen

Schnittstelle aus. Von einem breiten Einsatz kann noch nicht gesprochen werden, während der zukünftige Einsatz als wichtig empfunden wird. Schlüsselt man die Werte der Tabelle 24 nach den Kommunikationsarten: Datenerfassung, Datenauskunft und Dialog auf, so erhält man ein wesentlich differenzierteres Bild.

1. Datenerfassung

Hierbei steht, wie bei den übrigen Kommunikationsarten auch, die Funktionstaste an erster Stelle in der Wichtigkeit. Im übrigen lassen sich aus der Einschätzung der Bedeutung keine größeren Unterschiede zwischen Datenerfassung und den allgemeinen Durchschnittswerten erkennen. Ganz deutliche Unterschiede, sowohl in der Bedeutung als auch in der praktischen Bewährung, bestehen zwischen den Funktionstasten und den restlichen Ein-/Ausgabemitteln. Die doch starke Betonung von Funktionstasten läßt auch ihren Einsatz in zukünftigen Programmen vermuten.

Ein-/Ausgabemittel	Bedeutungswert	N	Praktische Bewährung
Funktionstasten	0,8	63	68%
Begrenzt natürliche Sprache zur Dateneingabe	-0,3	64	15%
Digitalisiertablett	-0,8	65	11%
Begrenzt natürliche Sprache zur Datenausgabe	-0,9	62	8%
Sensor-Tasten/Touch-Screen	-0,9	62	3%
Rollball/Joystick u. a.	-1,3	62	2%

Tab. 25: Bedeutung und praktische Bewährung der Ein-/Ausgabemittel für Datenerfassungstätigkeiten im Sachbearbeitungsbereich (Die Beurteilung der Bedeutung wurde mit einer Bewertungsskala von -2 = unwichtig über 0 = teilweise wichtig bis +2 = sehr wichtig vorgenommen; die praktische Bewährung ergibt sich aus der Anzahl der Nennungen (N=67 für das Kriterium "praktische Bewährung").

Interessant in diesem Zusammenhang ist die relativ hohe Bedeutung der natürlichsprachlichen Schnittstelle (Rang 2). Obwohl nur 15 % der Befragten über eine praktische Bewährung berichten, verfügt diese Schnittstelle über hohe Verwendungspotentiale. Zwar wird als Einwand z.B. die Störung von Kollegen bei der Datenerfassung angeführt (Großraumbüro), allerdings steht dem die zu erwartende deutliche Vereinfachung der Mensch-Rechner-Kommunikation entgegen./35/

Die übrigen Ein-/Ausgabemittel stoßen auf wenig Zustimmung und sind auch teilweise aufgrund ihrer spezifischen Eigenarten überwiegend für den Einsatz bei speziellen Tätigkeiten (z.B. Digitalisiertablett für CAD-Anwendungen) geeignet.

2. Datenabfrage

Nach Angaben der Software-Entwickler spielen für ihre Anwendungsfelder Funktionstasten, die natürlichsprachliche Schnittstelle sowie eingeschränkt der Touch-Screen und Rollball/Maus eine bedeutende Rolle. Sieht man einmal von den auch hier dominierenden Funktionstasten ab, so läßt sich ein breiteres Anwendungsspektrum als bei der Datenerfassung erkennen, in dem bis auf das Digitalisiertablett alle vorgeschlagenen Interaktionsmethoden zu etwa gleichen Teilen eingesetzt werden. Aufschlußreicher als die Angaben über den betrieblichen Einsatz sind die Angaben zur Bedeutung, die den einzelnen Methoden beigemessen werden.

Hierbei werden Funktionstasten und die natürlichsprachliche Schnittstelle als "wichtig" bis "teilweise wichtig" eingeschätzt, während Touch-Screen und Rollball als "teilweise bis weniger wichtig" angesehen werden.

Ein-/Ausgabemittel	Bedeutungswert	N	Praktische Bewährung
Funktionstasten	1,1	64	70%
Begrenzt natürliche Sprache zur Dateneingabe	0,1	61	17%
Begrenzt natürliche Sprache zur Datenausgabe	0,1	63	15%
Sensor-Tasten/Touch-Screen	-0,2	62	17%
Rollball/Joystick u. a.	-0,3	63	15%
Digitalisiertablett	-1,2	55	4%

Tab. 26: Bedeutung und praktische Bewährung der Ein-/Ausgabemittel für Auskunftstätigkeiten im Sachbearbeitungsbereich /36/

3. Dialoganwendungen

Für Dialoganwendungen stehen Funktionstasten bzw. Rollball im Vordergrund. Offensichtlich finden so tätigkeitsspezifische Veränderungen ihren Niederschlag.

Ein-/Ausgabemittel	Bedeutungswert	N	Praktische Bewährung
Funktionstasten	1,1	65	66%
Rollball/Joystick u. a.	0	64	31%
Sensor-Tasten/Touch-Screen	-0,2	61	19%
Begrenzt natürliche Sprache zur Dateneingabe	-0,3	64	9%
Begrenzt natürliche Sprache zur Datenausgabe	-0,5	64	12%
Digitalisiertablett	-0,6	56	12%

Tab. 27: Bedeutung und praktische Bewährung der Ein-/Ausgabemittel für Dialogtätigkeiten im Sachbearbeitungsbereich /37/

Während die vorgenannten Kommunikationsarten überwiegend einen einseitigen Charakter haben, beinhaltet die Kommunikationsart "Dialog" den ständigen Austausch von Informationen zwischen Anwender und Programm. Da hierbei vielfach Eingaben getätigt bzw. Entscheidungen in Abhängigkeit von komplexen Zusammenhängen verlangt werden, wächst die Bedeutung von Zeigerinstrumenten zur Interaktion. Diese Ein-/Ausgabemethode wird - wie sich auch aus den Antworten zur Programmsteuerung entnehmen läßt - häufig in Verbindung mit der Windowtechnik eingesetzt. Da mittlerweile bei 31% der Befragten Zeigerinstrumente in Gebrauch sind, obwohl sie erst vor einigen Jahren /38/ im kommerziellen Bereich, z.B. von der Fa. Apple durch das Produkt "Lisa" oder von der Fa. XEROX mit dem Produkt "XEROX-Star" eingeführt wurden, scheint dies auf einen Trend zukünftiger Software-Produkte im Bürobereich hinzudeuten. Neben diesen beiden Formen spielen die anderen Alternativen kaum eine Rolle.

Faßt man die Ergebnisse, wie sie in dieser Detaillierungsphase vorhanden sind, zusammen, so ergibt sich folgendes Bild: Funktionstasten werden bis dato eindeutig für alle Kommunikationsarten stark präferiert. Sie werden

nach diesen Ergebnissen am stärksten bei Abfragesystemen (Beurteilung: "wichtig"), am geringsten bei Datenerfassungsprogrammen (Beurteilung: "eher wichtig") eingesetzt. Funktionstasten sind eine Alternative zu Menüsteuerungen. Weiterhin können zumindest teilweise hierarchische Programmteile durch die Verwendung von Funktions-Tasten umgangen werden./39/
Die restlichen Ein-/Ausgabemittel lassen sich als Erweiterung bzw. Ergänzung der Funktionstasten in bestimmten "Spezialbereichen" ansehen. Dies kann aus ihren geringen Bedeutungswerten geschlossen werden. Innerhalb dieser Gruppe eignen sich natürlichsprachliche Schnittstellen und rollballähnliche Eingabegeräte für einen breiteren Anwendungsbereich. Die hierbei auftretende Art des Informationsaustausches entspricht schon eher der Mensch-zu-Mensch Kommunikation als etwa bei der Verwendung von Funktionstasten./40/

Eine zusammenfassende Darstellung der vorher beschriebenen Ergebnisse gibt die folgende Aufstellung für die generelle Bedeutung wieder:

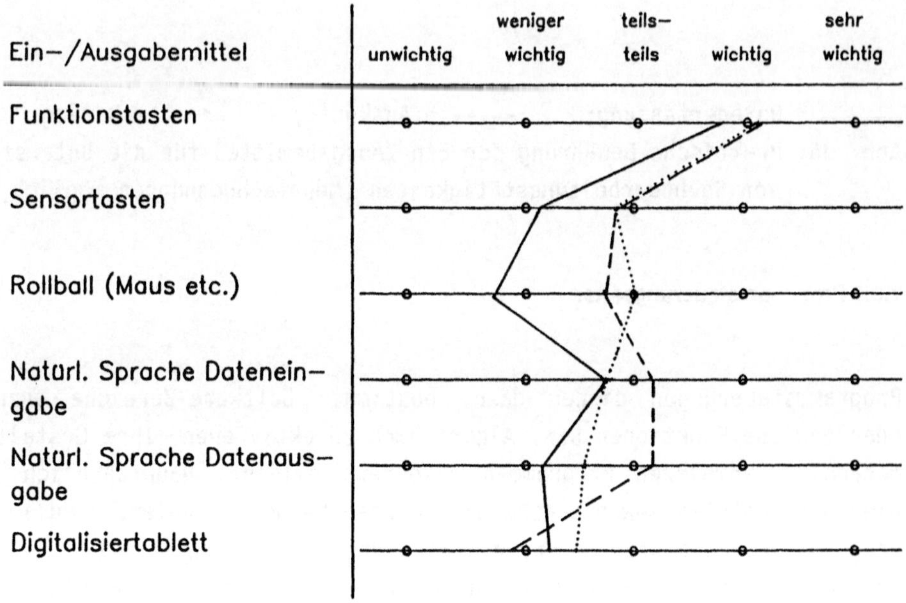

——— = Datenerfassung; ----- = Auskunft; ····· = Dialog

Abb. 35: Bedeutung der Ein-/Ausgabemittel für die Unterstützung von Sachbearbeitungstätigkeiten (Mittelwerte der Antworten beruhen auf unterschiedlichen Gruppengrößen (N), da hier die Ergebnisse dreier Items zusammengefaßt dargestellt sind (vgl. Tab. 25, 26, 27).)

Die praktische Bewährung zeigt folgende Abbildung (Abb. 36).

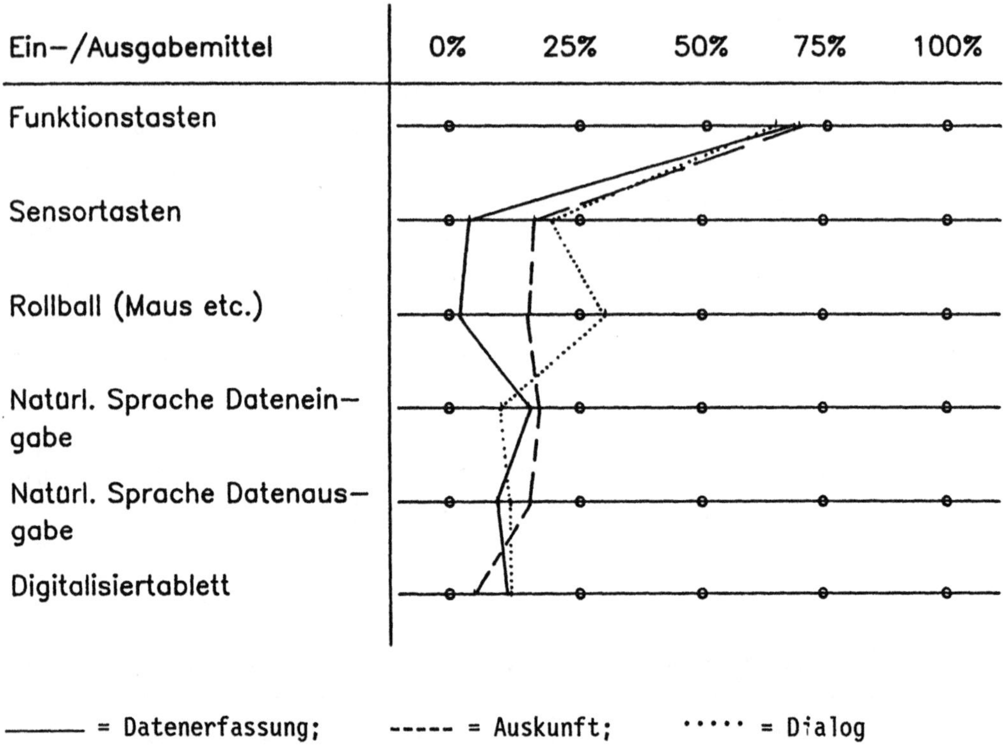

Abb. 36: Praktische Bewährung der Ein-/Ausgabemittel für die Unterstützung von Sachbearbeitungstätigkeiten (Mehrfachnennungen möglich, N=67)

7.3.2 Programmsteuerungsarten

Programmsteuerungen dienen dazu, bestimmte Software-Bereiche anzusteuern oder gewisse Funktionen bzw. Algorithmen zu aktivieren. Ihre Gestaltung ist gerade in komplexen Programmen besonders evident. Hauptsächlich für den hier betrachteten Anwendungsbereich werden Menüs (in unterschiedlicher Ausprägung), Funktionstasten und die Windowtechnik verwendet./41/
Teilweise bedingen einzelne Programmsteuerungen verschiedene Ein-/ Ausgabemethoden, z.B. ist die Window-Technik ohne Maussteuerung nicht sinnvoll einsetzbar. Menüsteuerungen werden im allgemeinen über Codes (z.B. Zahlen oder Buchstaben) oder aber über Zeigerfunktionen (Cursor, Maus) aktiviert. Bei einer Programmsteuerung über Funktionstasten werden i.d.R. diese Tasten zur Kommandoübergabe verwendet. In den nachfolgenden Befragungsergebnissen wird die Steuerung über Funktionstasten als Menüsteuerung mit Funktionstasten bezeichnet (vom logischen Ablauf eines Programmes gesehen, kann es

sich um einen Menübaum handeln). Geht man von den Anforderungen aus, die an die Kenntnisse eines Benutzers gestellt werden, so lassen sich die Programmsteuerungen in Verbindung mit Menüs in folgender Reihenfolge gliedern:

- Menü mit Zeigerfunktion erfordert aufgrund der optischen Rückkoppelung die wenigsten Kenntnisse (im einfachsten Fall: Cursortaste und Auslösetaste, z.B. RETURN),
- Menü mit Code erfordert Kenntnisse über die notwendigen Eingaben,
- Menü über Funktionstasten erfordert Kenntnisse über die augenblickliche Bedeutung der Funktionstasten./42/

Die Geschwindigkeit, mit der unterschiedliche Funktionen, die z.B. auf verschiedenen hierarchischen Ebenen liegen, angewählt werden können, verhält sich entsprechend umgekehrt zum Maß der notwendigen Kenntnisse zur Bedienung einer solchen Steuerungsart./43/

Fragt man die Software-Entwickler nach der Verwendung dieser oben skizzierten Steuerungsarten, so ergibt sich sowohl bei Software für Dateneingabe als auch für Datenauskunft und Dialoganwendungen in etwa das gleiche Bild (vgl. Abb. 37).

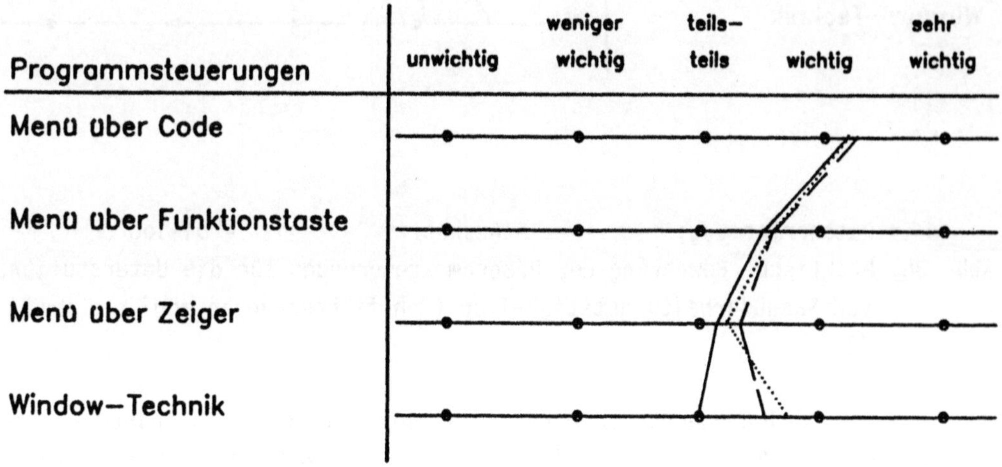

——— = Datenerfassung; ----- = Auskunft; ····· = Dialog

Abb. 37: Bedeutung der Programmsteuerungen unabhängig von ihrem praktischen Einsatz für die Unterstützung von Sachbearbeitungstätigkeiten (Mittelwerte der Antworten beruhen auf unterschiedlichen Gruppengrößen (N), da hier die Ergebnisse dreier Items zusammengefaßt dargestellt sind.)

Am häufigsten werden Menüs eingesetzt, die über Codes anzusteuern sind. Zwischen 62% und 67% der Befragten verwenden diese Art der Steuerung. Dies läßt auf die Ansicht der Entwickler schließen, daß solche Codes - gerade in komplexen Anwendungen, aber auch bedingt durch die Übung und Frequentierung des Systems - nach kurzer Einlernzeit sehr schnell vom Benutzer verlangt werden. Insofern tritt insbesondere die Ansteuerung über Zeiger in den Hintergrund. Sie wurde auch - betrachtet man die Bedeutung - nur als "teilweise wichtig" eingestuft. In ähnlicher Reihenfolge werden die Programmsteuerungen in der Praxis eingesetzt:

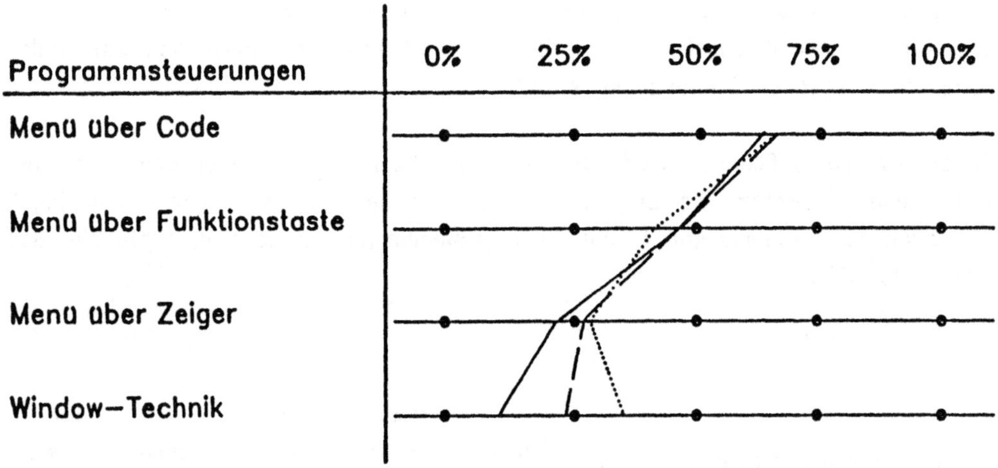

——— = Datenerfassung; ----- = Auskunft; ····· = Dialog

Abb. 38: Praktische Bewährung der Programmsteuerungen für die Unterstützung von Sachbearbeitungstätigkeiten (Mehrfachnennungen möglich, N=67) /44/

Speziell für Dialoganwendungen wird die Windowtechnik von ca. einem Drittel der Befragten (34,3%) eingesetzt. Ihr Bedeutungswert liegt bei "ziemlich wichtig", während sie bei Datenerfassungstätigkeiten mit "teilweise wichtig" eingestuft und auch lediglich bei 9% der Befragten eingesetzt wird. Die Designer gehen bei diesen Tätigkeiten offensichtlich von einem sehr eingeschränkten Anwendungsbereich aus, bei dem quasi neben dem Einloggen in das System keine weiteren Programmsteuerungstätigkeiten anfallen. Zusammenfassend kann man feststellen, daß momentan noch stark Menüsteuerungen mit Code-Eingabe präferiert werden. Die doch schon erhebliche Bedeutung, die der Windowtechnik insbesondere für Dialogtätigkeiten beigemessen wird, weist nach Ansicht des Verfassers auf einen Trend hin, der sich in nächster Zeit im kommerziellen Bereich noch verstärken wird: Durch die Verwendung der Windowtechnik in Verbindung mit Piktogrammen wird es zu einer "neuen Qualität" der Benutzeroberfläche kommen.

7.3.3 Elemente zur Gestaltung des Bildschirminhaltes

Wie schon in den beiden vorhergehenden Kapiteln angedeutet, kommt der Gestaltung des Bildschirminhaltes große Bedeutung zu.
Eine sinnvolle, z.B. an den Gesetzen der Wahrnehmung orientierte Ausgestaltung von Bildschirminformationen kann wesentlich dazu beitragen, zusätzliche Arbeitsbelastungen, z.B. Ermüdungen durch unnötige Sucharbeit zu reduzieren. Die gängigen Möglichkeiten der Informationsmitteilung sind - (ohne Sprachinterface) auf den zweidimensionale Bildschirm beschränkt. Generell kommt zunächst der einheitlichen Bildschirmaufteilung eine sehr große Bedeutung zu.

Mittel zur Bildschirmmaskengestaltung	Durchschnitts-wert	N
Einheitliche Bildschirmaufteilung	1,5	67> N >64
Verschiedene Kontraststufen	1,3	67> N >64
Farben	0,6	66> N >63
Graphik	0,6	66> N >62
Piktogramme	0,0	64> N >61
Bilder (Bildplatte)	-0,6	60> N >57

Tab. 28: Rangreihe der durchschnittlichen Bedeutung der Mittel zur Bildschirmmaskengestaltung ohne tätigkeitsspezifische Differenzierung (-2 = unwichtig bis +2 = sehr wichtig)

Ebenso bedeutsam sind unterschiedliche Kontraststufen, die zur Trennung verschiedener Informationen verwendet werden können.
Als wichtig werden zudem noch Farbe und Graphiken angesehen. Als weniger wichtig gelten Piktogramme, d.h. Icons, die oft in Verbindung mit der Windowtechnik eingesetzt werden. Eher unwichtig wurde der Einsatz von Bildern (z.B. Bildplatten) beurteilt. Abgesehen von einigen Spezialanwendungen, z.B. Reisebranche oder Fehlersuchvorgänge an komplizierten technischen Bauteilen (mit automatischer Einblendung entsprechender Detailzeichnungen),

scheint das Medium Bildplatte momentan für Software im Büro- und Verwaltungsbereich nur eine untergeordnete Rolle zu spielen.

Betrachtet man den Einsatz dieser Mittel zur Gestaltung des Bildschirminhaltes in der Praxis, so werden zur Informationsdarstellung hauptsächlich Kontrast, allgemeine Einheitlichkeit, Farbe und Graphik verwendet.

Mittel zur Bildschirmmaskengestaltung	Praktische Bewährung
Kontraststufen	68,0%
Einheitlichkeit in der Bildschirmaufteilung	60,3%
Farben	40,2%
Graphiken	35,1%
Piktogramme	7,2%
Bilder	1,0%

Tab. 29: Praktischer Einsatz der Gestaltungsmittel für Bildschirmmasken (N=67) /45/

Am wichtigsten sind dabei verschiedene Kontraststufen (68% der Nennungen) und die Einheitlichkeit der Bildschirmaufteilung (60,3% der Nennungen). Zukünftig dürften auch Farben (40,2% der Nennungen) verstärkt zur Informationsgestaltung eingesetzt werden. Bislang stehen einer weiteren Verbreitung von Farbmonitoren überwiegend finanzielle Gründe entgegen, da hochauflösende Rastergraphikbildschirme noch sehr teuer sind, und deshalb größtenteils nur dort eingesetzt werden, wo sie unbedingt erforderlich sind (z.B. bei CAD, CAE-Anwendungen). Immerhin läßt sich aber erkennen, daß rund 40% der Befragten heute schon von Farben Gebrauch machen. Der Einsatz von Graphiken dürfte parallel mit der Farbentwicklung voranschreiten, wobei Graphiken - im Vergleich zu Farben - über einen stärker eingeschränkten Einsatzbereich verfügen. Allerdings ist der Einsatz nicht auf den Business-Bereich beschränkt, vielmehr sind gänzlich andere Bereiche denkbar (z.B. Überwachungs-, Kontroll- und Steuertätigkeiten oder Verdeutlichung mathematischer Zusammenhänge, z.B. Schnittmengen etc.), in denen sich Graphiken etwa zur Darstellung unübersichtlicher Zahlenkolonnen oder Veränderungen von Meßwerten einsetzen lassen. Piktogramme (7,2%) und Bilder (1%) werden bisher nur vereinzelt verwendet, obwohl ihnen ein sehr hoher Informationsgehalt zukommt. Ähnliches gilt auch in der allgemeinsten Form für Farben.

Als Ursache der bislang noch geringen Verbreitung können z.B. bestehende Hardwareprobleme sowie hohe Kosten und die erst geringen Erfahrungswerte beim Einsatz von Farben und Graphiken angesehen werden.
Da sich aus der Differenzierung der Elemente zur Bildschirmmaskengestaltung nach den Kommunikationsarten Datenerfassung, Datenauskunft und Dialog deutliche Unterschiede ergeben, soll im folgenden ausführlich darauf eingegangen werden.

1. Datenerfassung

Neben der grundsätzlichen Forderung nach Einheitlichkeit im Maskenaufbau, die von allen Designern als wesentlich angesehen und entsprechend verwendet wird, kommt den unterschiedlichen Kontraststufen große Bedeutung zu. So sind den empirischen Ergebnissen zufolge verschiedene Kontraste zur Unterscheidung von Informationsklassen im betrieblichen Einsatz wichtiger als das Kriterium "Einheitlichkeit im Maskenaufbau" (vgl. Tab. 30). Diese Reihenfolge läßt sich auch bei den Kommunikationsarten Datenabfrage und Dialog erkennen.
Als Rangreihe der Elemente zur Bildschirmmaskengestaltung ergibt sich für Tätigkeiten mit starkem Datenerfassungsanteil:

Gestaltungskriterium	Bedeutungswert	N	Praktische Bewährung
Einheitlichkeit in der Bildschirmaufteilung	1,6	65	64%
Unterschiedliche Kontraststufen	1,2	65	73%
Verwendung von Farben	0,2	65	27%
Graphiken	-0,6	63	9%
Piktogramme	-0,7	62	2%
Bilder (Bildplatte)	-1,1	58	0%

Tab. 30: Bedeutung und praktische Bewährung unterschiedlicher Gestaltungselemente für Bildschirmmasken für die Kommunikationsart "Datenerfassung" im Sachbearbeitungsbereich /46/

Ein knappes Drittel der Befragten setzt bei der Datenerfassung Farben ein. Hierbei ist insbesondere an Fehlermeldungen und Bedienungshinweise zu denken, die sich rein optisch von den übrigen Eingabedaten unterscheiden sollen.

2. Datenabfrage

Für Tätigkeiten mit überwiegendem Abfragecharakter sind grundsätzlich Einheitlichkeit des Bildschirmaufbaus und Kontraste wichtig sowie zunehmend Farben und Graphiken.
Rd. 46% der Befragten verwenden Farben und rd. 40% Graphiken zur Unterstützung der Datenabfrage. Piktogramme werden als "eher wichtig" angesehen, aber noch nicht häufig in der betrieblichen Praxis verwendet (ca. 8%).

Gestaltungskriterium	Bedeutungswert	N	Praktische Bewährung
Einheitlichkeit in der Bildschirmaufteilung	1,5	65	56%
Unterschiedliche Kontraststufen	1,3	65	64%
Graphiken	1,1	64	40%
Verwendung von Farben	0,8	64	46%
Piktogramme	0,3	62	8%
Bilder (Bildplatte)	-0,3	58	2%

Tab. 31: Bedeutung und praktische Bewährung unterschiedlicher Gestaltungselemente für Bildschirmmasken für die Kommunikationsart "Datenabfrage" im Sachbearbeitungsbereich /47/

Die stark zunehmende Bedeutung von Graphiken für Tätigkeiten mit Datenabfragecharakter zeigt, daß in größerem Umfang für eine anspruchsvolle Aufbereitung vom System bereitgestellter Daten (z.B. umfangreiche Zahlenkolonnen) gesorgt wird. Die Verwendung von Graphiken geht ganz offensichtlich mit der Verwendung von Farben einher, da sich die Anzahl derjenigen, die Farben benutzen, im Vergleich zur Datenerfassung fast verdoppelt hat. Auch in der Bewertung der Bedeutung läßt sich bei beiden Gestaltungselementen eine deutliche Steigerung erkennen. Mit "wichtig" (0,8) werden dabei die Farben, mit "eher sehr wichtig" (1,1) die Graphiken beurteilt.

3. Dialog

Software mit großen Dialoganteilen erfordert einen steten Informationsaustausch zwischen Mensch und Rechner. Im Rahmen dieser Interaktionsform sind für die Bildschirmgestaltung die Gestaltungsparameter: "Einheitlichkeit der Informationsdarbietung", "Kontrast" und "Graphiken" im Einsatz.
Diese Graphiken dienen hierbei - ebenso wie bei den Auskunftsystemen - der Aufbereitung von umfangreichen Zahlenmengen. In diesem Zusammenhang sind Business-Graphiken stark verbreitet. Interessanterweise ergibt sich auch eine zunehmende Bedeutung bei den Piktogrammen. Offensichtlich wird ihr Anwendungsfeld vorwiegend im Bereich dialogorientierter Software gesehen.

Gestaltungselement	Bedeutungswert	N	Praktische Bewährung
Einheitlichkeit in der Bildschirmaufteilung	1,5	66	57%
Unterschiedliche Kontraststufen	1,3	66	63%
Graphiken	1,2	65	52%
Verwendung von Farben	0,8	65	43%
Piktogramme	0,4	63	12%
Bilder (Bildplatte)	-0,3	59	2%

Tab. 32: Bedeutung und praktische Bewährung unterschiedlicher Gestaltungselemente für Bildschirmmasken für die Kommunikationsart "Dialog" im Sachbearbeitungsbereich /48/

Des weiteren werden Farben als wichtig empfunden und deshalb von 43,3% auch in der praktischen Anwendung benutzt. Keine Bedeutung und keine Verwendung wird auch hier den Bildern beigemessen.

Faßt man die Ergebnisse zur Einordnung der Gestaltungskriterien zusammen, so kann festgestellt werden, daß die genannten Parameter offensichtlich in zwei größere Gruppen zu unterteilen sind.
Die erste Gruppe beinhaltet eher Voraussetzungen zur visuellen Gestaltung von Bildschirminformationen, während die zweite Gruppe darauf aufbauend zur Erstellung einer komfortableren Software-Oberfläche beiträgt. Zur ersten

Gruppe gehören (unabhängig von der verwendeten Mensch-Rechner-Kommunikationsart): Einheitlichkeit im Aufbau von Bildschirminformationen und Kontraste.

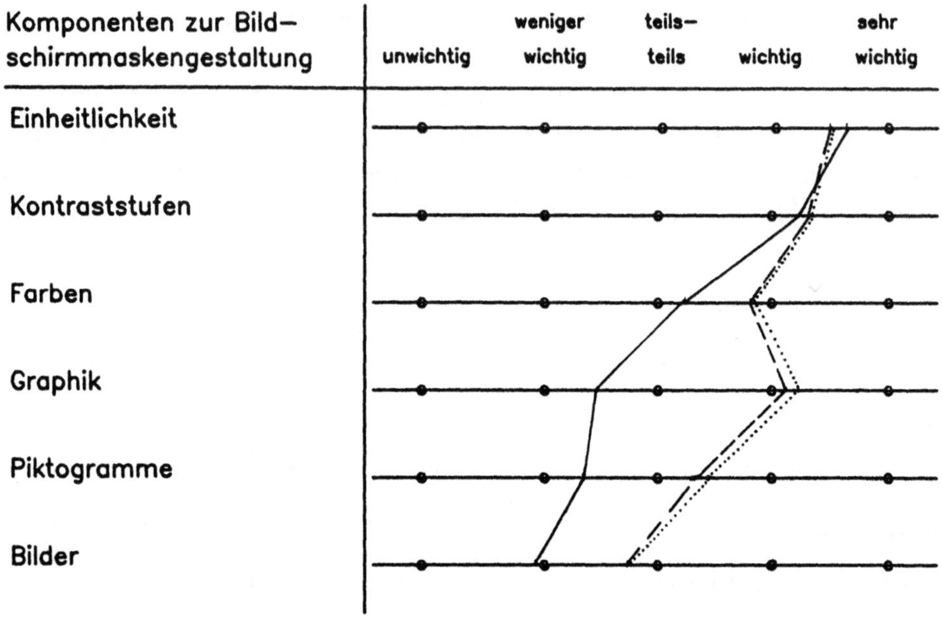

——— = Datenerfassung; ----- = Auskunft; ····· = Dialog

Abb. 39: Bedeutung unterschiedlicher Komponenten der Bildschirmmaskengestaltung für die Unterstützung von Sachbearbeitungstätigkeiten (Mittelwerte der Antworten beruhen auf unterschiedlichen Gruppengrößen (N), da hier die Ergebnisse dreier Items zusammengefaßt dargestellt sind.)

Zur zweiten Gruppe zählen Piktogramme und Bilder. Während Bildern bislang kaum Bedeutung beigemessen wird, deuten die Umfrageergebnisse hinsichtlich der Bedeutung von Piktogrammen auf einen zukünftig (vor allem bei Tätigkeiten mit hohem Dialoganteil) verstärkten Einsatz hin. Zwischen beiden Gruppen stehen Farben und Graphiken, die als wichtig angesehen werden, jedoch noch nicht im entsprechenden Maße verwendet werden.
Ebenso zeigt es sich, daß mit zunehmendem Anspruchsniveau der Mensch-Maschine-Kommunikation (von Tätigkeiten mit hohem Erfassungsanteil zu solchen mit hohem Dialoganteil) mehrere verschiedene Gestaltungsparameter gleichzeitig eingesetzt werden (vgl. Abb. 39).

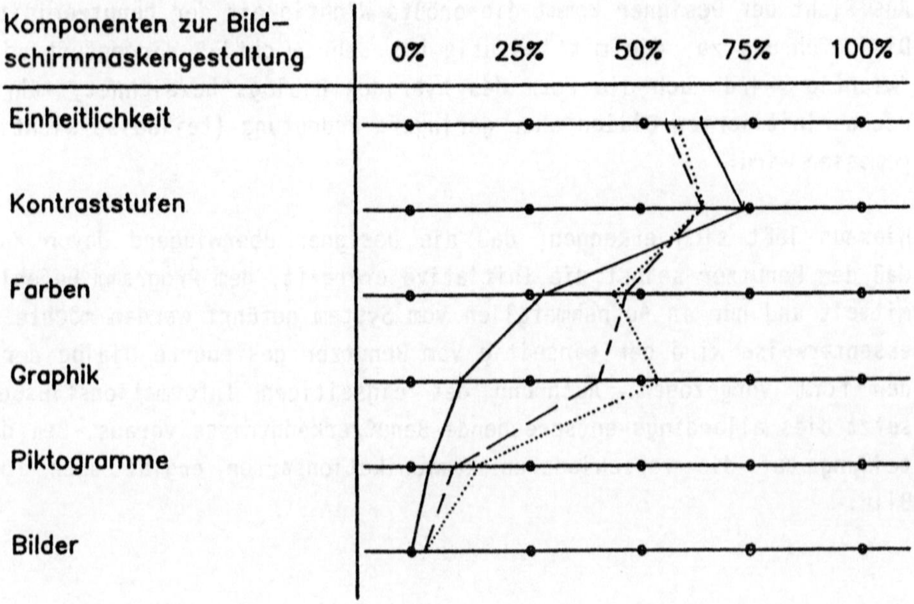

——— = Datenerfassung; ----- = Auskunft; ····· = Dialog

Abb. 40: Praktische Bewährung unterschiedlicher Komponenten der Bildschirmmaskengestaltung für die Unterstützung von Sachbearbeitungstätigkeiten (N=67)

7.3.4 Dialogformen

Die Beurteilung der einzelnen Dialogformen /49/ durch die Software-Entwickler (ohne tätigkeitsspezifische Differenzierung) ist nachfolgend dargestellt.

Dialogform	Mittelwert	N
Benutzerinitiiert	1,1	64> N >60
Benutzer-Rechnerinitiiert	0,7	57> N >54
Rechnerinitiiert	-0,1	61> N >58

Tab. 33: Zusammenfassende Beurteilung der Bedeutung der Dialogformen (Wertebereich von -2 = unwichtig bis +2 = sehr wichtig; die unterschiedlichen Gruppengrößen (N-Werte) treten als Folge der Zusammenfassung dreier verschiedener Angaben auf).

Aus Sicht der Designer kommt die größte Wichtigkeit der benutzerinitiierten Dialogführung zu, die mit "wichtig bis sehr wichtig" eingestuft wird. Als "wichtig" wird auch die Form des hybriden Dialogs bezeichnet, während dem rechnerinitiierten Dialog eher geringere Bedeutung (teilweise wichtig) beigemessen wird.

Hieraus läßt sich erkennen, daß die Designer überwiegend davon ausgehen, daß der Benutzer selbst die Initiative ergreift, dem Programm Befehle übermittelt und nur in Ausnahmefällen vom System geführt werden möchte. Interessanterweise wird der einseitig vom Benutzer gesteuerte Dialog der hybriden Form vorgezogen. Aufgrund des einseitigen Informationsflusses /50/ setzt dies allerdings entsprechende Benutzerkenntnisse voraus. Bei der Aufteilung auf die verschiedenen Kommunikationsarten ergibt sich folgendes Bild:

1. Datenerfassung

Bei Tätigkeiten mit starkem Erfassungsanteil existiert ein weitgehend uneinheitliches Bild. Sowohl in der Beurteilung der Wichtigkeit als auch in der praktischen Bewährung gibt es im Vergleich zu den anderen Tätigkeiten keine eindeutige Präferenz. Vielmehr werden alle drei Dialogformen in etwa als "eher wichtig" (0,4 bis 0,7) angesehen, wobei ihre praktische Verbreitung zwischen 25% und 39% schwankt.

Dialogform	Bedeutungswert	N	Praktische Bewährung
Benutzerinitiierter Dialog	0,7	61	39%
Rechnerinitiierter Dialog	0,4	60	35%
Hybrider Dialog	0,5	55	25%

Tab. 34: Bedeutung und praktische Bewährung unterschiedlicher Dialogformen für die Kommunikationsart Datenerfassung zur Unterstützung von Sachbearbeitungstätigkeiten /51/

Mit jeweils 39% bzw. 35% sind der benutzer- und der rechnerinitiierte Dialog zu etwa gleich großen Anteilen vertreten, während der hybride Dialog lediglich bei 25% der Befragten verwendet wird.

Dies läßt auf Programme schließen, die in ihrer Konstruktion entweder stark auf das Wissen des Anwenders fixiert sind (benutzerinitiiert) und vertiefte Kenntnisse erfordern, oder die den Benutzer schrittweise führen (rechnerinitiiert) und kaum Kenntnisse voraussetzen.

Die Beurteilung der Wichtigkeit entspricht allerdings nicht der tatsächlichen Verwendung. Der hybride Dialog wird hierbei im Vergleich zum rechnergeführten Dialog häufiger verwendet. Das bedeutet: Obwohl die Rechnerführung häufiger implementiert ist, wird die hybride Steuerung als wichtiger angesehen.

2. Datenabfrage

Bei der Datenabfrage dominiert eindeutig der benutzerinitiierte Dialog. Diese Form wird als "wichtig bis sehr wichtig" angesehen und von 60% praktisch eingesetzt. Bei 30% der Befragten wird die hybride Dialogform (Bedeutung "teilweise wichtig bis wichtig") verwendet.

Dialogform	Bedeutungswert	N	Praktische Bewährung
Benutzerinitiierter Dialog	1,2	62	60%
Rechnerinitiierter Dialog	-0,5	59	8%
Hybrider Dialog	0,7	56	30%

Tab. 35: Bedeutung und praktische Bewährung unterschiedlicher Dialogformen für die Kommunikationsart Datenabfrage zur Unterstützung von Sachbearbeitungstätigkeiten /52/

Offensichtlich geht man hierbei von erfahrenen Benutzern aus, die selbstgesteuerte Datenabfragen vornehmen. Unerfahrene Anwender bzw. Personen mit weniger Übung dürften mit derart realisierten Systemen allerdings Schwierigkeiten haben./53/

3. Dialog

Bei Software mit starker Betonung der Mensch-Rechner-Kommunikation ist der benutzerinitiierte Dialog ebenso häufig wie der hybride Dialog vertreten.

Dialogform	Bedeutungs-wert	N	Praktische Bewährung
Benutzerinitiierter Dialog	1,3	63	42%
Rechnerinitiierter Dialog	-0,2	60	8%
Hybrider Dialog	0,9	56	42%

Tab. 36: Bedeutung und praktische Bewährung unterschiedlicher Dialogformen für die Kommunikationsart Dialog /54/

In der Wertigkeitsskala werden beide als "wichtig" eingestuft und jeweils von rd. 42% der Software-Designer als praxisbewährt bezeichnet. Keine Bedeutung kommt der rein rechnergesteuerten Dialogform zu.
D.h., die Designer gehen bei Anwendungen mit einem hohen Maß an gegenseitigem Informationsaustausch von einer starken Vertrautheit des Anwenders mit dem Programm aus (Betonung der Bedeutung des benutzerinitiierten Dialogs). Parallel dazu besteht allerdings durch die Verwendung der hybriden Dialogform auch die Möglichkeit zur Aufgabenteilung zwischen Mensch und Rechner. Der Einsatz eines rechnerinitiierten Dialogs führt bei stark interaktiven Tätigkeiten zu einer mühsamen und uneffektiven Verständigung, die mit steigendem Übungsgrad des Benutzers stark an Effizienz verliert (z.B. Benutzer muß zu viele Entscheidungsabfragen (Ja/Nein-Entscheidungen) beantworten).

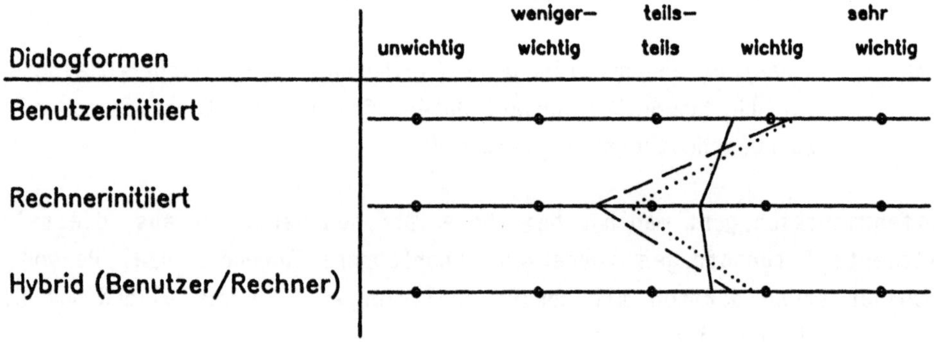

——— = Datenerfassung; ----- = Auskunft; ····· = Dialog

Abb. 41: Bedeutung unterschiedlicher Dialogformen für die Unterstützung von Sachbearbeitungstätigkeiten (Mittelwerte der Antworten)

Faßt man die angeführten Ergebnisse zusammen, so läßt sich feststellen, daß insbesondere die Differenzierung nach den unterschiedlichen Kommunikationsarten typische Dialogformen mit sich bringt. So sind in Programmen zur Datenerfassung alle angeführten Formen des Dialogs zu etwa gleichen Teilen vertreten, während bei Datenauskunft eindeutig der benutzergesteuerte Dialog bevorzugt wird. Abbildung 41 faßt die Ergebnisse für die Wertigkeit zusammen. Für Software mit häufigen Interaktionen wird zu gleichen Teilen die benutzergesteuerte und die hybride Form des Dialogs verwendet.

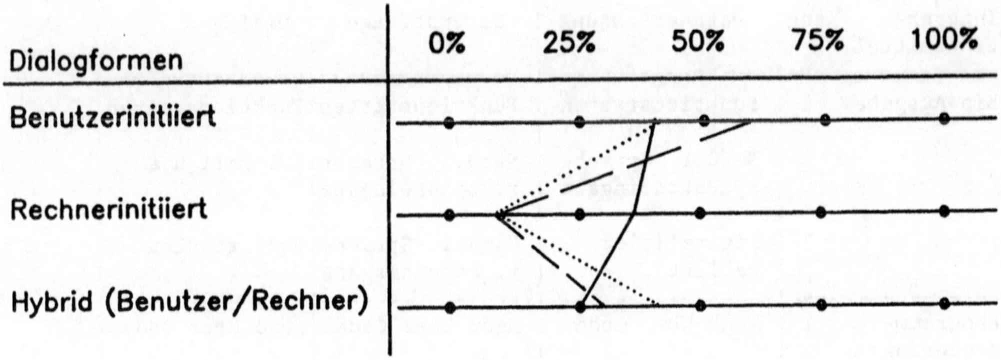

——— = Datenerfassung; ----- = Auskunft; ····· = Dialog

Abb. 42: Praktische Bewährung unterschiedlicher Dialogformen für die Unterstützung von Sachbearbeitungstätigkeiten (N=67)

Eine rein rechnerinitiierte Steuerung wird bis auf Datenerfassungstätigkeiten in keinem Bereich verwendet. Offensichtlich ist man sich der Umständlichkeit solcher Dialoge für geübte bzw. erfahrene Benutzer bewußt.

7.3.5 Zusammenfassende Darstellung der Ergebnisse zu den Gestaltungselementen

In bezug auf Bedeutung und Einsatz der einzelnen Gestaltungskomponenten zur Unterstützung der Mensch-Rechner-Interaktion läßt sich zusammenfassend folgendes feststellen:

Die Verwendung und Bedeutung der einzelnen Interaktionsmittel differiert in Abhängigkeit der entsprechenden Kommunikationsart (Datenerfassung, Datenabfrage, Dialog). Allgemein ist mit zunehmender Annäherung der Kommunikationsform an einen Dialog (mit annähernd gleichen Dialoganteilen von Mensch und Rechner) eine Zunahme der Kombinationen verschiedener Interaktionsformen verbunden. D.h., es treten mehrere Interaktionsmittel gleichzeitig auf, während bei einseitiger Kommunikation (Datenabfrage, Datenerfassung) lediglich die als Basisgrößen charakterisierten Mittel (z.B. Einheitlichkeit in der Bildschirmaufteilung, Kontraststufen) verwendet werden. Nach der Häufigkeit der praxismäßigen Verwendung sowie ihrer Wichtigkeit ergeben sich die nachfolgend aufgeführten Ränge für die jeweiligen Interaktionsmittel.

Interaktionsmittel	Rang	Datenerfassung	Datenabfrage	Dialog
Ein-Ausgabe	1	Funktionstasten	Funktionstasten	Funktionstasten
	2	Natürl. Sprache z. Dateneingabe	Natürl. Sprache z. Dateneingabe	Rollball u.ä.
	3	Digitalisiertablett	Natürl. Sprache z. Datenausgabe	Sensortasten
Programmsteuerungen	1	Menü über Code	Menü über Code	Menü über Code
	2	Menü über Funktionstasten	Menü über Funktionstasten	Window-Technik
	3	Menü über Zeigerfunktion	Window-Technik	Menü über Funktionstasten
Inhaltliche Bildschirmmaskengestaltung	1	Einheitlichkeit im Aufbau	Einheitlichkeit im Aufbau	Einheitlichkeit im Aufbau
	2	Kontraststufen	Kontraststufen	Kontraststufen
	3	Farben	Graphik	Graphik
Dialogform	1	Benutzergesteuert	Benutzergesteuert	Benutzergesteuert
	2	Benutzer-Rechnergesteuert	Benutzer-Rechnergesteuert	Benutzer-Rechnergesteuert
	3	Rechnergesteuert	Rechnergesteuert	Rechnergesteuert

Tab. 37: Rangreihe der Bedeutung unterschiedlicher Interaktionsmittel differenziert nach der jeweiligen Kommunikationsart /55/

Nach Angaben der Designer wird zudem nur in Teilbereichen mit einer geänderten Gestaltung der Software-Oberfläche auf unterschiedliche Benutzererfahrungen reagiert.
Bei der Programmsteuerung wird für den ungeübten, sporadischen Benutzer alternativ die Verwendung von Funktionstasten oder Codes vorgeschlagen. Bei der Dialogart tritt an Stelle des benutzergeführten Dialogs der rechnergesteuerte. Hinsichtlich der Anpassung der Programme an den Übungsgrad der Anwender wird vielfach geäußert, daß aus ungeübten Benutzern schnell geübte Benutzer würden und der Aufwand deshalb nicht notwendig sei (z.B. Variation von Texten, Hilfestufen in Abhängikeit der Benutzerkenntnisse). Durch diese Aussage werden die Ergebnisse zur Frage nach der allgemeinen Berücksichtigung des Übungsgrades relativiert. Es liegt daher - überspitzt formuliert - die Vermutung nahe, daß solche Anforderungen (vgl. Kapitel 7.2.5) eher aus "Marketinggesichtspunkten" denn aus der überzeugten Ansicht ihres tatsächlichen Nutzens erfüllt werden.

7.4 Probleme der Designer bei der Software-Erstellung

Nachfolgend soll das Arbeitsfeld der Designer näher untersucht werden. Ein Schwerpunkt bilden dabei Ursachen, die aus Sicht der Designer als Hindernis bei der "optimalen" Entwicklung von Software-Oberflächen auftreten können. Aus diesem Grund wurden die Designer danach befragt, wodurch und in welchem Umfang sie an der optimalen Gestaltung der Benutzerschnittstelle gehindert werden. Neben diesen Aussagen liefern die Angaben zu zukünftig notwendigen Ausbildungsinhalten (innerbetrieblich wie außerbetrieblich) weitere Hinweise auf mögliche Defizite.

7.4.1 Einschränkungen bei der Gestaltung der Benutzerschnittstelle

Der offensichtlich wichtigste Hinderungsgrund für Einschränkungen bei der Gestaltung der Software ist die "zeitliche Einschränkungen durch Termine". Durch bestehenden Termindruck werden die Entwickler offenbar in hohem Maße daran gehindert, die Software-Oberflächen so zu gestalten, wie sie nach ihrer Meinung optimal wären. Diese Aussage wird auch durch die Ausführungen von Kraft bestätigt./56/ Hierzu berichtet er, daß dem Software-Entwickler häufig erst nach Abschluß der Entwicklung das Gesamtproblem bis in alle Details bekannt sei, und er es auch häufig dann erst richtig verstanden habe. Als Folge höre man dann nicht selten die Feststellung: "Jetzt müßte ich

noch einmal von vorne anfangen und das Programm neu schreiben". Trifft dies für den größeren Teil der Entwickler zu, wie die Ergebnisse zeigen, so ist davon auszugehen, daß sie zwar die Schwächen ihrer Entwicklung erkannt haben, allerdings aus zeitlichen Gründen keine Veränderungen mehr vornehmen können. Hinzu kommt mangelnde Information der Entwickler bzw. unklare Formulierungen der Anforderungen an das Software-System, wobei teilweise auch die Auftraggeber mit zu den Unschärfen beitragen.
An zweiter Stelle werden Hardwarevorgaben durch die Rechnerhersteller angeführt. Hierzu zählen unzureichende Hauptspeicherkapazität (insbesondere bei Mikrocomputern) bzw. schlechte Antwortzeiten (vorwiegend bei Großrechenanlagen). Als weitere Einschränkungen sind ungenügende Bildschirmauflösung - was z.B. den Einsatz von Farben sehr stark reduziert und Graphiken nur in geringem Umfang zuläßt - oder die Beschränkung auf eine Informationszeile zu nennen. Die zur Entwicklung vorhandenen Tools werden als weiterer Hinderungsgrund angeführt.

Rang	Hinderungsgrund	Mittelwert	N
1	Zeitliche Einschränkung durch Termine	3,4	65
2	Hardwarevorgaben	4,4	63
3	Zu wenig Personal	5,3	60
4	Zur Entwicklung vorhandene Tools	5,4	63
5	Qualifikation des Personals	5,8	61
6	Fehlendes Wissen über Informationsverarbeitung beim Menschen	6,1	63
7	Fehlendes Wissen über den späteren Endbenutzer	6,1	60
8	Verwendete Programmiersprache	6,3	62
9	Fehlendes Wissen über Wahrnehmungsvorgänge beim Menschen	6,4	63
10	Aufgabenaufteilung zu groß	7,5	58
11	Bürokratie	8,5	59

Tab. 38: Reihenfolge der Einschränkungen bei der optimalen Gestaltung der Benutzerschnittstellen aus Designersicht (Ordnung nach der Bedeutung für den Designer) /57/

Gerade die heutige Software-Entwicklung, bei der viele Software-Bereiche (auch die Software-Oberfläche) durch Tools erstellt werden, ist auf funktionsfähige und komfortable Entwicklungswerkzeuge angewiesen. Da diese Werkzeuge wesentlich die Software-Oberflächen mitbestimmen, kommt auch software-ergonomischer Forschung im Bereich der Programmierumgebung eine wesentliche Bedeutung zu.

Neben diesen Hard- und Softwarekriterien spielen personelle Fragen eine Rolle. Hierbei wird einerseits bei den Software-Häusern über fehlendes Personal geklagt, andererseits aber auch die Qualifikation des eigenen Personals in gewissem Umfang als Hindernis angesehen. Wie den Ausführungen über Ausbildungsschwerpunkte (im nachfolgenden Kapitel 7.4.2) zu entnehmen ist, beziehen sich diese Defizite beim Personal auf einen breit gestreuten Bereich, der von spezifischem Fachwissen bis zu software-ergonomischen Kenntnissen reicht. Teilweise sehen die Entwickler auch ihre geringen Kenntnisse im Endbenutzerbereich sowie im allgemein psychologisch-kognitiven Bereich als Problem an. Offensichtlich hat sich hier die Meinung manifestiert, daß zur Gestaltung der Mensch-Rechner-Schnittstelle Wissen zu diesem Thema erforderlich ist./58/ Als weniger problematisch für die Oberflächengestaltung wird die Art der verwendeten Programmiersprache angesehen, was zumindest zum Teil auf die Benutzung von Tools in Teilbereichen zurückzuführen ist. Bürokratie und starke Aufgabenaufteilung werden als weniger hinderlich empfunden. Faßt man die oben beschriebenen Punkte zusammen, so lassen sich die folgenden Bereiche als Hauptprobleme der Entwickler ansehen:

- terminliche Probleme
- Hardware und Entwicklungstools
- personelle Besetzung
- Wissen über den Endbenutzer im weitesten Sinne.

Zu den zeitlichen Restriktionen, die zumindest teilweise durch fehlendes bzw. nicht genügend qualifiziertes Personal verstärkt werden oder dadurch entstehen, kommen noch nicht direkt vom Software-Team beeinflußbare Determinanten wie Hardwarevorgaben und Entwicklungstools hinzu, die zusätzlich die Software-Entwicklung hemmen. Zusätzlich können diese schon vorhandenen Schwächen durch fehlendes Wissen über den Anwender verstärkt werden. Überspitzt formuliert, können diese Defizite zu einer Oberfläche führen, die unter starkem zeitlichem Druck, mit unzureichenden Tools, ohne genaues Wissen bzw. ohne exakte Vorstellungen über den späteren Endbenutzer und dessen Anforderungen an die Software entwickelt wurde. Es zeigt sich weiter, daß

teilweise erst durch die Beteiligung der Benutzer an der Entwicklung bestimmte Kriterien vom Designer als Hinderungsgrund angesehen werden.
So besteht ein Zusammenhang zwischen der Benutzerbeteiligung beim Entwurf von Software-Oberflächenkomponenten und der Erkenntnis, daß die Programmiersprache ein Hinderungsgrund bei der benutzerorientierten Gestaltung der Programme darstellt. Dies gilt vor allem für Software-Unternehmen mit wenigen Mitarbeitern. Bei größeren Unternehmen stellt die Programmiersprache kaum eine Restriktion dar. Das Item "fehlendes Wissen über den Endbenutzer" wird stärker bei größeren Firmen als Hindernis angesehen als bei kleineren. In diesem Zusammenhang fällt weiter auf, daß versucht wird Unsicherheiten in bezug auf den Benutzer durch Vorschriften zur Oberflächengestaltung zu eliminieren./59/ Kooperationen mit übergeordneten Forschungsinstitutionen gehen die befragten Unternehmen eher bei bestehenden Hardwareproblemen ein. Zu diesem Themenkomplex führen Heibey et al. als Ursachen ineffizienter Programmierung folgende Gründe an:

- Die verwendeten Programmiersprachen sind weitgehend veraltet, behalten jedoch ihre Bedeutung, weil die Umstellung schwierig ist und i.d.R. vom Hersteller nicht unterstützt wird.
- Trotz neuer und billiger Hardware gelten für die Programmierung immer noch die alten Optimierungskriterien (Speicherausnutzung und Laufzeit der Programme), entgegen - vermutlich auch wirtschaftlicheren Kriterien wie "leichte Bedienbarkeit" und "Wartbarkeit".
- Hinzu kommen Ursachen wie mangelhafte Programmierausbildung, "tricky programming", Zeitdruck bei der Programmierung, Sicherung von unberechtigten Machtpositionen u.ä./60/

7.4.2 Qualifikatorische Defizite

Als zusätzlichen Hinweis auf evtl. Wissenslücken bzw. Ausbildungsschwächen bei den Software-Entwicklern können die Angaben in bezug auf zukünftige Ausbildungsinhalte verwendet werden. Aus diesem Grund wurde nach Schwerpunkten gefragt, die zukünftig zur Verbesserung der Benutzerfreundlichkeit von Software - entweder in der außerbetrieblichen oder in der innerbetrieblichen Ausbildung stärker berücksichtigt werden sollten.
Aus den Antworten lassen sich fünf Großgruppen ableiten, die auch als wesentliche Elemente des Designprozesses zu verstehen sind:
- software-ergonomisches Wissen,
- spezielle Informatikkenntnisse,
- praxisbezogenes Fachwissen,

- allgemeine wirtschaftswissenschaftliche Kenntnisse im weitesten Sinne,
- psychologisch-kognitive Kenntnisse.

Der Schwerpunkt dieser Ausbildungsinhalte liegt eindeutig im Bereich software-ergonomischer und psychologisch-kognitiver Inhalte. Faßt man diese beiden Gruppen zusammen, so entfallen ca. 58% der Antworten auf diesen Bereich. Das deutet auf eine offenkundig vorhandene Unsicherheit und damit auf einen starken Bedarf nach solchem Wissen bei der Software-Entwicklung hin. Gerade dieses spezielle Wissen kann mit dazu beitragen, den Zeitdruck, unter dem die Mitarbeiter nach eigenen Angaben stehen zu reduzieren. Die Verteilung der Antworten auf die entsprechenden außerbetrieblichen Ausbildungsbereiche kann man der folgenden Aufstellung entnehmen :

Ausbildungsinhalte	%-Anteil der Antworten		n
1. Software-ergonomisches und psychologisches Wissen		58%	29
- Software-Ergonomie allgemein	22%		11
- Psychologisch-kognitives Wissen	18%		9
- Mensch-Maschine-Kommunikation allgem.	6%		3
- Einsatzmöglichkeiten von Graphik	4%		2
- Einsatzmöglichkeiten von Interaktionsmitteln	4%		2
- Dialoggestaltung	4%		2
2. Spezielle Informatikkenntnisse		34%	17
dazu gehören z.B.			
- DV-Methoden allgemein	*		
- Programmierung			
- Testmethoden			
- Handhabung von Tools			
3. Praxisbezogenes Fachwissen		28%	14
- Branchenkenntnisse	24%		12
- Kaufmännisches Praxiswissen	4%		2
4. Allgemein wirtschaftswissenschaftliche Kenntnisse im weitesten Sinne		22%	11
- Projektmanagement und Organisationslehre	12%		6
- Allgemein wirtschaftswissenschaftliche Kenntnisse	10%		5

* (diese einzeln aufgeführten Punkte wurden unter einem gemeinsamen Punkt erfaßt, weshalb keine Einzelwerte vorhanden sind)

Tab. 39: Außerbetriebliche Ausbildungsinhalte, die zukünftig mehr berücksichtigt werden sollten (Mehrfachnennungen möglich, N=50)

Als zweiten Ausbildungsschwerpunkt werden spezielle Informatikkenntnisse angeführt (34% der Antworten), die von DV-Methoden, Programmiermethoden bis zu Entwicklungs- und Analysemethoden reichen. Obwohl dieser Teil eindeutig in das Gebiet der Informatik fällt, sollte auch überlegt werden (vgl. die Aussage zu den Tools oben), ob die Verbesserung etwa der Programmierumgebung im weitesten Sinne nicht auch zu einer qualitativen Verbesserung der oben angesprochenen Ausbildungsdefizite beiträgt. Wie schon an anderer Stelle erwähnt, stellen die Software-Designer ähnliche Ansprüche an ihre Programmierumgebung wie die Benutzer von Anwendungsprogrammen an die Software-Oberfläche. Durch eine entsprechend gestaltete Programmierumgebung kann der Designer wirkungsvoll unterstützt und in seiner Arbeit entlastet werden, was sich auf die Qualität des Produkts niederschlagen kann./61/
Anregungen in dieser Richtung sind etwa bei Kreifelts und Wißkirchen zu finden, wenn sie über den Entwicklungsstand in der Informatik schreiben:

"Auf der anderen Seite gibt es eine Reihe von Entwicklungen auf dem Gebiet leistungsfähiger Arbeitsplatzcomputer ("professional workstations"), bei denen ... die Mensch-Maschine-Interaktion durch einen hochauflösenden rastergraphischen Bildschirm unterstützt wird. Diese Systeme sind mit einem Basissystem zur Software-Entwicklung ausgestattet und werden heute im wesentlichen in Forschungslabors für experimentelle Entwicklungen verwendet. Es zeichnet sich ab, daß hier die wesentlichen Prinzipien anwenderfreundlicher Benutzerschnittstellen ... für Bürokommunikationssysteme entwickelt werden ..."/62/

Auf die Forderung nach mehr praxisbezogenem Fachwissen sowie branchenbezogenen Kenntnissen entfallen 28% der Antworten. Dieser Forderung können speziell Fachhochschulen und Universitäten nur in sehr eingeschränktem Umfang gerecht werden, da ihre Ausbildungsinhalte mehr universell orientiert sind. Allerdings wäre es durchaus denkbar, und es entspricht auch auf anderen Gebieten den üblichen Gepflogenheiten, daß z.B. durch die verstärkte Zusammenarbeit mit der Praxis diese Defizite etwa im Rahmen von Forschungsprojekten oder Praktikas bzw. durch gezielte Kooperation mit der Wirtschaft abgebaut werden.

Ähnlich stark (22%) werden mehr wirtschaftswissenschaftliche Ausbildungsinhalte gefordert, die vom allgemein betriebswirtschaftlich-kaufmännischen Wissen bis zum Projektmanagement reichen. Ein möglicher Grund für dieses Defizit liegt in der Zusammensetzung der Entwicklungsteams, die doch häufig sehr stark durch Informatiker und Mathematiker geprägt sind. Im Rahmen dieser Ausbildungsgänge entfällt jedoch nur ein geringer Anteil auf die Ausbildung im wirtschaftswissenschaftlichen Sektor.

Zu den zukünftigen innerbetrieblichen Ausbildungsinhalten hatten viele der Befragten keine Vorstellungen, so daß die hieraus abgeleiteten Zahlen nicht für die Befragungsgruppe insgesamt als repräsentativ angesehen werden können. Der Vollständigkeit halber sollen sie dennoch angeführt werden.

Aus den abgegebenen Antworten lassen sich drei Schwerpunkte ableiten:

- Spezielle Informatikkenntnisse und DV-Anwendung,
- Software-ergonomische Kenntnisse,
- Wirtschaftswissenschaftliche Kenntnisse.

Im einzelnen wurden die in Tabelle 40 aufgeführten Bereiche genannt.

Ausbildungsinhalte	%-Anteil der Antworten		n
1. Spezielle Informatikkenntnisse		48,7%	20
- Programmiermethoden, Bedienung und Anwendung von Tools (Software-Entwicklung)	33,3%		14
- Analysemethoden, z.B. zur Systemanalyse	7,7%		3
- Informationsaufbereitung	5,1%		2
- Lösung technischer Probleme im Hard- und Software-Bereich	2,6%		1
2. Software-ergonomische Kenntnisse, z.B.		33,3%	14
- Dialoggestaltung	*		
- Einsatzmöglichkeiten von Interaktionsmitteln und -methoden			
3. Allgemein wirtschaftswissenschaftl. Kenntnisse im weitesten Sinne, z.B.		12,8%	5
- Projektmanagement und Organisationslehre am praktischen Beispiel			
4. Sonstige		10,4%	4

* (diese einzeln aufgeführten Punkte wurden unter einem gemeinsamen Punkt erfaßt, weshalb keine Einzelwerte vorhanden sind)

Tab. 40: Innerbetriebliche Ausbildungsinhalte, die zukünftig mehr berücksichtigt werden sollten (Mehrfachnennungen möglich, N=39)

Aus den Bemerkungen einiger Firmen läßt sich entnehmen, daß wegen der häufig hohen zeitlichen Belastung interne Fortbildungsmaßnahmen nicht möglich sind. Von den Antworten entfällt ein Drittel auf den reinen Informatikbereich, ein weiteres Drittel auf das Gebiet benutzerfreundlicher Dialoggestaltung. Aus diesen Aussagen wird deutlich, daß diese beiden Themenbereiche auf starkes Interesse stoßen und ihre zunehmende Bedeutung im Software-Bereich auch von den Software-Firmen erkannt wird.

Die sich in diesem Bereich abzeichnenden Defizite, die z.T. durch die rasche Entwicklung auf dem DV-Sektor verursacht werden, stellen eine potentielle Schwachstelle dar. So stellt z.B. Griese fest, daß das Methodenwissen einem raschen Verfall unterliegt./63/ Es ist zu bezweifeln, daß es den Software-Unternehmen gelingt, ständig das vorhandene Wissen zu aktualisieren. Eine Überalterung dieses Wissens kann dazu führen, daß über lange Zeit veraltete Methoden verwendet und fortschrittliche Techniken nicht eingesetzt werden. Selbst wenn leistungsfähige Hardware vorhanden wäre, ist also aufgrund dieser zeitlichen Verzögerung damit zu rechnen, daß z.B. einmal entwickelte Programme lediglich an neue Hardware angepaßt werden, nicht jedoch das neu vorhandene Leistungsspektrum ausgenutzt wird, da die Software auf die Leistungsfähigkeit alter (veralteter) Hardware ausgelegt ist.

Aus der Gegenüberstellung bestehender Einschränkungen bei der Software-Gestaltung mit den Aussagen zu zukünftigen Ausbildungsinhalten ergibt sich eine gewisse Konsistenz.

Eindeutig werden zwar terminliche und personelle Probleme an erster Stelle als Restriktion (hinsichtlich der "optimalen" Gestaltung der Software-Oberfläche, vgl. Kapitel 7.4.1) angeführt, allerdings ist anzunehmen, daß sie in einem ursächlichen Zusammenhang mit den restlichen Einschränkungen stehen, die von den Befragten als weniger wichtig eingestuft werden. Es geht dabei vor allem um Defizite in software-ergonomischen Fragen (z.B. fehlendes Wissen über die Informationsverarbeitung beim Menschen). D.h., eine Verbesserung der Qualifikation der Designer auf dem Gebiet der Software-Ergonomie dürfte als Nebenwirkung auch zur Verbesserung sekundärer Bereiche, etwa der zeitlichen Rahmenbedingungen, führen. Ebenso sollten mehr praxisbezogene Kenntnisse vermittelt werden, die dann später auch zur Reduzierung von Schwierigkeiten beim Entwurf beitragen.

Ein zweiter, ebenso wesentlicher Bereich ist in der Hardwareausstattung und im Komfort von Entwicklungstools zu sehen. Insbesondere die Hardware scheint durch ihre Vorgaben wesentlichen Einfluß auf den Designer bei der

Schnittstellengestaltung zu nehmen. Dies kann z.B. durch Hauptspeichergröße, eingeschränkte Input-Output-Operationen, zu geringe Auflösungsvermögen des Bildschirms u.a. geschehen. Auch in diesem Bereich, den Designer nur indirekt beeinflussen können, müssen Veränderungen durch andere vorgenommen werden. Aus diesem Grund läßt sich auch vermutlich das Problem, Software benutzergerecht zu gestalten, nicht auf den Benutzer und seine "human factors" reduzieren - wie dies z.B. auf software-ergonomischen Kongressen gern getan wird. Vielmehr müssen auch die Designer und ihr Arbeitsumfeld - wie hier vorgenommen - im Rahmen einer integrativen Betrachtung in die Problemstellung miteinbezogen werden. Hinsichtlich dieser Probleme unterscheiden sich größere Unternehmen kaum von Firmen mit geringerer Mitarbeiterzahl.

7.5 Das Wissen der Designer vom Benutzer

Neben eher grundlegenden Anforderungen, wie z.B. Fehlertoleranz oder Einheitlichkeit im Aufbau - die unabhängig von Software-Einsatzfeldern gelten -, sollten auch aufgaben- und möglichst personenspezifische Unterschiede der späteren Anwender in der Software berücksichtigt werden. Gerade die Einbeziehung personen- bzw. typenspezifischer Gegebenheiten hängt jedoch stark von den Kenntnissen ab, die das Entwicklungsteam vom zukünftigen Benutzer hat.

7.5.1 Benutzermodelle zur Unterstützung des Software-Designs

Durch die Verwendung eines Benutzermodells versucht der Entwickler eine Vorstellung davon zu erhalten, wie sich der zukünftige Software-Benutzer in bestimmten Situationen, z.B. Arbeitssituation, Ausnahmesituation oder Fehlerfall, verhält bzw. wie er z.B. seine Arbeit im Regelfall organisiert und erledigt. Ausgehend von dieser Modellvorstellung versucht man das Programm so zu entwerfen, daß es dieses angenommene Verhalten möglichst gut unterstützt.

Umfang und Detaillierungsgrad der Modelle hängen stark vom Engagement und der Qualifikation der Designer ab. Aufgrund der starken zeitlichen Einschränkungen, denen Software-Entwickler (nach eigenen Angaben) jedoch unterliegen, ist anzunehmen, daß sie möglichst auf bereits vorhandene Modelle zurückzugreifen. Dies kann dazu führen, daß bewährte Software-Oberflächen ohne entsprechende Reflexion eingesetzt werden.

Für gewisse Problemklassen eines solchen Benutzermodells etwa zur Fixierung von Basisanforderungen genügt es, dies allgemeingültig zu entwickeln. Beispielsweise unterscheiden sich Sekretariatstätigkeiten in der Metallindustrie im Prinzip nur unwesentlich von solchen in der Textilindustrie, in der Bauwirtschaft oder bei Behörden etc. In jedem Büro wird man daher für die Formulierung der Grundanforderungen an entsprechende Software auf ein "allgemeingültiges" Modell zurückgreifen können. Dieses sollte aber, wenn es um die Anpassung der Software an einen speziellen Tätigkeitsbereich geht, individuellen Veränderungen unterzogen werden.
Die Verwendung von Benutzermodellen zeigt die folgende Tabelle:

Verwendung von Benutzermodellen bei Software-Unternehmen

Benutzermodelle für:	Nein	Selten	Teil-weise	Überwie-gend	Ja	K.A.
Schreibdienst	25,4%	14,9%	17,9%	14,9%	10,4%	16,4%
Sachbearbeitung	14,9%	7,5%	14,9%	23,9%	34,3%	4,5%
Management	16,4%	7,5%	29,9%	19,4%	17,9%	9,0%

Tab. 41: Verwendung von Benutzermodellen bei Software-Unternehmen zur Charakterisierung spezieller Tätigkeitsinhalte (N=67) /64/

Im Schreibdienst sind bei 25,3% der Befragten Benutzermodelle im Einsatz, während 40,3% ohne diese arbeiten. Benutzermodelle für den Sachbearbeitungsbereich sind bei 22,4% der Software-Firmen kaum (nein-selten), bei rd. 58% in größerem Umfang (überwiegend-ja) vorhanden. Ähnlich verfügen bei Management-Software rund 37,3% der Firmen über Modelle, rund 24% der Befragten verwenden kaum entsprechende Modelle./65/
Die inhaltliche Gestaltung der Modelle kann man in gewissem Umfang aus den mit dieser Frage korrellierenden Variablen ableiten:

Wesentliche Bestandteile von Benutzermodellen sind offensichtlich Vorschriften und Richtlinien. Werden Benutzermodelle eingesetzt, so führt dies zu Programmen, bei denen die Anwender stärker unterstützt werden. Dies gilt insbesondere für die Berücksichtigung unterschiedlicher Systemerfahrungen in den Programmen, den Aufwand bei der Handbucherstellung sowie die Formulierung der Benutzerinformationen in den Programmen. Zudem sind Unternehmen mit Benutzermodellen (vor allem für Software im Schreibdienst) aufgeschlossener für Kooperationen mit übergeordneten Forschungsstellen./66/

7.5.2 Beurteilung der Benutzerprobleme beim Umgang mit Anwendungssoftware aus Sicht der Designer

Im Hinblick auf eine ständig bessere Anpassung der Software-Oberfläche an die Bedürfnisse der Anwender ist es wichtig, die "EDV-Probleme" des Benutzerkreises zu kennen.
Dazu wurden die Software-Entwickler gefragt, welche Schwierigkeiten aus ihrer Sicht bzgl. des Software-Handlings beim Anwender vorhanden sind und worin sie Ursachen für Akzeptanzprobleme beim Software-Benutzer sehen. Die Antworten wurden nach den Tätigkeitsbereichen:

- Schreibdienst (Sekretariatstätigkeiten)
- Sachbearbeitung
- Management

differenziert.

Aus den insgesamt erhaltenen Antworten lassen sich drei Hauptproblemklassen erkennen:

- Software-Oberfläche und Software-Umgebung
- Schulung im weitesten Sinne
- eher mitarbeiterbezogene Schwierigkeiten.

Die folgende Tabelle zeigt die wichtigsten Einzelpunkte (zunächst ohne tätigkeitsspezifische Unterscheidung).

Rang	Problembereich	%-Anteil	n
1	Funktionsumfang der Software nicht vollständig bekannt	36,4%	20
2	Qualifikation des Personals nicht ausreichend vorhanden	29,1%	16
3	Software-Bedienung im allgemeinen	27,3%	15
4	Berührungsangst, allgemeine Technologieangst	23,6%	13
5	Fehlende Akzeptanz	18,2%	10
5	Flexibilität der Mitarbeiter zu gering	18,2%	10

(Fortsetzung)

Rang	Problembereich	%-Anteil	n
7	Überblick über den Gesamtzusammenhang im Software-Paket fehlt	16,4%	9
7	Schulung ist unzureichend	16,4%	9
7	Fehlerhandling nicht bekannt	16,4%	9
10	Fehlerbeschreibung/Fehlermeldungen nicht ausführlich genug bzw. unverständlich	14,5%	8
11	Änderung in der Organisation	12,7%	7
11	Handbücher werden nicht gelesen oder nicht benutzt	12,7%	7
11	Die Einbeziehung der Mitarbeiter in die EDV-Beschaffung erfolgt zu spät oder überhaupt nicht	12,7%	7
14	Bedienungsprobleme Hardware, insbesonders peripherer Geräte, z.B. Drucker	10,9%	6
14	Neue Denkweisen zur Problemlösung EDV notwendig	10,9%	6

Tab. 42: Die wichtigsten Problembereiche der Benutzer beim Umgang mit Software aus der Sicht der Designer (ohne tätigkeitsspezifische Unterscheidung, Mehrfachnennungen möglich, N=55) /67/

Unter den Oberbegriff "Software-Oberflächen- und -Umgebungsproblemen" sind zunächst allgemeine Bedienungsschwierigkeiten zu verstehen. Da hierzu z.T. keine genaueren Angaben gemacht werden, deutet dies auf einen nicht notwendigerweise weiter aufgliederbaren Sachverhalt in bezug auf die Software-Handhabung hin. Detailliertere Angaben beziehen sich auf unverständliche Kommentare und Anweisungen, auf Schwierigkeiten der Benutzer, auf Fehlermeldungen und das Fehlerhandling sowie auf Schwierigkeiten, die aufgrund von Gestaltungsfehlern (Maskendesign, Menü) entstanden sind. Im Bereich der Software-Umgebung, die sich nur indirekt auf die Programmbedienung bezieht, stehen einerseits Bedienungsprobleme (z.B. Handhabung eines Druckers oder

Plotters) sowie durch EDV-Einführung verursachte organisatorische Veränderungen im Vordergrund.
Hinsichtlich der Schulungsmaßnahmen wird Kritik an der Qualität der Schulung und damit auch an den Ausbildern geübt./68/
Weiter wird auf Schwierigkeiten bei der Stoffvermittlung hingewiesen (z.B. mangelnde Bereitschaft der Schüler, Handbücher zu lesen).

Unter allgemein mitarbeiterbezogenen Problemen sind alle diejenigen Schwierigkeiten aufgeführt, die eher auf personal- und gesellschaftspolitischer Ebene anzusiedeln sind oder aber allgemein das Thema Akzeptanz betreffen. In der Regel kann hier durch Software-Design, wenn überhaupt, dann nur indirekt Abhilfe geschaffen werden.
Faßt man alle erhaltenen Antworten zusammen, so sieht man, daß die meistgenannten Probleme (aus Sicht der Designer) mangelndem Anwenderwissen zugesprochen werden. Dies zeigt sich z.B. darin, daß die Benutzer offensichtlich große Schwierigkeiten haben, sich einen exakten Überblick über den Umfang der Software-Funktionen zu verschaffen. Ohne genaue Kenntnis der Programm-Möglichkeiten wird jedoch ein effektives Arbeiten sehr erschwert. Dies sei nachfolgend erläutert.
Nach entsprechender Übung neigen die Benutzer i.d.R. dazu, "eingefahrene Pfade" zur Bearbeitung von Aufgaben zu verwenden. Hat sich das Software-Wissen des Anwenders nicht parallel zu seiner Bearbeitungserfahrung mit dem System entwickelt, so kann der eingeschlagene Lösungsweg so umständlich und mühevoll sein, daß in manchen Fällen die manuelle Erledigung der Aufgabe einfacher scheint.
Mögliche Ursachen dieses Problemkreises werden in Kapitel 7.6 erläutert. An dieser Stelle sei jedoch angemerkt, daß gerade solche Probleme (ungenügendes Wissen über den Funktionsumfang der Software) sicherlich nicht alleine durch qualifikatorische Mängel beim Benutzer verursacht werden, sondern auch als Folge schlechter Software-Gestaltung oder unzureichender Schulung etc. entstehen können.
Als zweitwichtigster Punkt wird die fehlende Qualifikation des Personals angeführt. Ohne diese Qualifikation, auf deren Fehlen bzw. ungenügende Präsenz von den Software-Designern hingewiesen wird, ist es sehr problematisch, entsprechendes Software-Wissen, das über die Systembedienung hinausgeht, zu vermitteln.
Ein weiterer wichtiger Punkt betrifft die Software-Bedienung, d.h. die Handhabung des Programms. Er bezieht sich weniger auf funktionale Aspekte als vielmehr auf die Bedienbarkeit, d.h. die Benutzerfreundlichkeit. In diesem Bereich können in erster Linie die Entwickler, in zweiter Linie auch die Zulieferfirmen (Hardwarefirmen und Systemsoftwareproduzenten), wie den

Befragungsergebnissen zu den Einschränkungen der Software-Designer bei der Software-Entwicklung zu entnehmen ist /69/, sehr viel zur Verbesserung der Situation beitragen. Benutzerfreundliche Programme lassen sich nicht nur besser verkaufen, sondern sie sind auch aus arbeitswissenschaftlicher Sicht sehr nützlich, da sie - entsprechende Funktionalität vorausgesetzt - die Aktivierung von Qualifikationspotentialen/70/ (z.B. Erweiterung der Arbeitsinhalte bzw. Anreicherung der Tätigkeitsinhalte durch entsprechende Programmfunktionen) vereinfachen.

7.5.2.1 Probleme im Sekretariatsbereich

Berücksichtigt man alle Antworten, die für den Bereich Schreibdienst abgegeben wurden (auch die Antworten solcher Unternehmen, die kaum oder keine Software für den Schreibdienst produzieren), so sind die Hauptschwierigkeiten in der Software-Bedienung und dem fehlenden Software-Überblick zu sehen.
Das bedeutet, daß die Schreibkräfte - z.B. durch zu kurze oder keine Schulung - häufig den Software-Umfang nicht exakt kennen. Dies kann einerseits zu uneffizientem Arbeiten führen und andererseits die Anwender zusätzlich emotional belasten (sie sind z.B. nicht in der Lage, die Reaktion des Systems für eine konkrete Situation zu antizipieren). Zudem wird ihre Arbeit durch Bedienungsschwierigkeiten erschwert. Neben den z.B. auf mangelnde Schulung oder ungenügende Vorbildung bzw. Angst vor Freisetzungen zurückzuführenden Berührungsängsten wird auf die allgemein fehlende Qualifikation der Arbeitskräfte hingewiesen. Diese kann zwar durch Schulungsmaßnahmen verbessert werden, die allerdings häufig genug bis dato für die Benutzer nicht zufriedenstellend sind. In Verbindung mit der Programmbedienung fällt auch die Bedienung von Druckern und Plottern als Zusatztätigkeit an. Gerade mit der Handhabung dieser Geräte haben Schreibkräfte nach den Angaben der Software-Entwickler Schwierigkeiten. Daneben wird das Personal nicht nur wegen seiner fehlenden Qualifikation, sondern auch wegen der geringen Bereitschaft, Programmbeschreibungen zu lesen, kritisiert. Dieser Punkt hat jedoch zwei Seiten, da die Bereitschaft sehr stark von dem Aufbau der Handbücher abhängt. Es kommt hierbei besonders auf die didaktische und methodische Übermittlung des Lehrinhalts an. Als ein Kriterium zur Beurteilung eines Handbuches kann man z.B. die Einlesezeit heranziehen, die man aufgrund der Lehrunterlagen benötigt, um eine einfache Anwendung durchzuführen und damit erste Erfolgserlebnisse zu erhalten.

Rang	Problembereich	%-Anteil	n
1	Software-Bedienung im allgemeinen	14,6%	6
1	Funktionsumfang der Software nicht vollständig bekannt	14,6%	6
3	Berührungsangst, allgemeine Technologieangst	12,2%	5
3	Qualifikation des Personals nicht ausreichend vorhanden	12,2%	5
5	Schulung ist unzureichend	9,8%	4
5	Fehlerhandling nicht bekannt *	9,8%	4
7	Bedienungsprobleme Hardware, * insbesondere peripherer Geräte, z.B. Drucker	7,3%	3
7	Handbücher werden nicht gelesen oder nicht benutzt	7,3%	3
7	Fehlende Akzeptanz	7,3%	3
7	Flexibilität der Mitarbeiter zu gering	7,3%	3

(* beide Punkte werden bei Software-Häusern, die in stärkerem Maße Programme für den Schreibdienst herstellen, als größere Schwachpunkte angesehen, vgl. die nachfolgenden Ausführungen)

Tab. 43: Einzelprobleme im Schreibdienst beim Umgang mit Software aus Sicht der Designer (Mehrfachnennungen möglich, N=41)

Reduziert man die Antworten auf die Unternehmen, die angeben, hauptsächlich für den Schreibdienst Software herzustellen, so erhalten die Punkte "Bedienung peripherer Geräte" (rd. 13% Nennungen statt 7,3%) und "Fehlerhandling" (rd. 13% Nennungen statt 9,8%) als potentielle Problembereiche ein stärkeres Gewicht, während der qualifikatorische Aspekt weniger stark betont wird. Diese beiden Punkte lassen sich somit als typische Probleme der Schreibdienste ansehen.

7.5.2.2 Probleme im Sachbearbeitungsbereich

Nach Ansicht der Software-Entwickler entstehen bei den Benutzern im Sachbearbeitungsbereich hauptsächlich deshalb Schwierigkeiten, weil ihnen Funktionsumfang und Inhalt der benutzten Software nicht vollständig bekannt sind. Daneben fehlt aber auch häufig der Überblick über Zusammenhänge zwischen einzelnen Programmen, was gerade für den Sachbearbeitungsbereich wesentlich ist.

Rang	Einzelprobleme im Sachbearbeitungsbereich	%-Anteil	n
1	Funktionsumfang der Software nicht vollständig bekannt	23,5%	12
2	Berührungsangst, allgemeine Technologieangst	11,8%	6
3	Überblick über den Gesamtzusammenhang im Software-Paket fehlt	9,8%	5
3	Software-Bedienung im allgemeinen	9,8%	5
3	Flexibilität der Mitarbeiter zu gering	9,8%	5
3	Neue Denkweisen zur Problemlösung EDV notwendig	9,8%	5
7	Fehlerbeschreibung/Fehlermeldungen nicht ausführlich genug bzw. unverständlich	7,8%	4
7	Fehlerhandling nicht bekannt	7,8%	
7	Schulung ist unzureichend	7,8%	4
7	Qualifikation des Personals nicht ausreichend vorhanden	7,8%	4

Tab. 44: Einzelprobleme im Sachbearbeitungsbereich beim Umgang mit Software aus Sicht der Designer (Mehrfachnennungen möglich, N=51)

Das bedeutet, daß Benutzer von den vielfältigen Möglichkeiten, die installierte Programme bieten - z.B. hinsichtlich der Abfrage von Daten, die nicht unmittelbar in den eigenen Zuständigkeitsbereich fallen, aber für Planungs- oder Dispositionstätigkeiten als Zusatzinformationen interessant sind - wenig Gebrauch machen (können) und ihre Software nur innerhalb eines abgegrenzten Bereichs benutzen. Mögliche Ursachen sind z.B. organisatorische Umstellungen und neue Arbeitsweisen, die der EDV-Einsatz mitsichbringt bzw. Angst vor Datenverlust oder unbeabsichtigtem Löschen/Ändern von Daten. Fehlermeldungen, die nicht aussagekräftig genug sind, sowie fehlendes Wis-

sen über Fehlerbeseitigungsmöglichkeiten werden als weitere Problembereiche genannt.
Die Hauptschwierigkeiten für den Sachbearbeitungsbereich sind somit:
- unzureichendes Wissen der Betroffenen über den Funktionsumfang der Software
- allgemeine Berührungsängste
- Bedienungsprobleme mit der Software.

7.5.2.3 Probleme im Managementbereich

Im Gegensatz zu den beiden zuvor genannten Tätigkeitsbereichen wird hier die fehlende Qualifikation des Managers als Hauptschwierigkeit angeführt. Dieser Punkt wird zwar im Sekretariats- und Sachbearbeitungsbereich ebenfalls erwähnt, dort kommt allerdings anderen Schwierigkeiten eine größere Bedeutung zu. Die mangelnde rechnerspezifische Qualifikation im Management sowie die fehlende Bereitschaft einen Rechner zu bedienen, scheinen hierbei sehr stark als Ursachen potentieller Bedienungsprobleme zu fungieren. Offensichtlich besteht beim Management eine starke Notwendigkeit zur Weiterqualifizierung in dieser Richtung. Im Gegensatz zu den bisherigen Aufgabenträgern steht der Manager dem Software-Entwickler nicht nur als zukünftiger Anwender, sondern häufig auch als Auftraggeber und somit Gesprächspartner für Software-Entscheidungen gegenüber. Die Software-Entwickler beklagen sich dabei über mangelnde fachliche Kompetenz des Vertragspartners sowie über zu geringes Engagement bei der Zieldefinition von Software-Aufgaben.

Rang	Einzelprobleme im Managementbereich	%-Anteil	n
1	Qualifikation des Personals nicht ausreichend vorhanden	16,3%	7
2	Software-Beschaffung bzw. -Entwicklung: - zu geringe Einbeziehung in die Beschaffung/Entwicklung - mangelnde Mitarbeit bei der Zieldefinition - unklare Funktionsdefinition - zu geringer Marktüberblick im Soft- und Hardwarebereich - Zeitprobleme	14,0%	6
3	Die Aufgabenstellung an die Software ist zu komplex, als daß sie mit ihr gelöst werden könnte	11,6%	5

(Fortsetzung)

Rang	Einzelprobleme im Managementbereich	%-Anteil	n
4	Fehlende Akzeptanz	9,3%	4
4	Software-Bedienung im allgemeinen	9,3%	4
6	Funktionsumfang der Software nicht vollständig bekannt	7,0%	3
6	Überblick über den Gesamtzusammenhang im Software-Paket fehlt	7,0%	3
6	Änderung in der Organisation	7,0%	3

Tab. 45: Einzelprobleme im Managementbereich beim Umgang mit Software aus Sicht der Designer (Mehrfachnennungen möglich, N=43)

Nach Aussagen der Designer hindern zudem die Aufgabenvielfalt und die damit verbundenen ständig neuen Anforderungen an ein mögliches Programm viele Software-Häuser am Versuch, solche Produkte zu realisieren. Die restlichen Problembereiche beziehen sich auf Bedienungsschwierigkeiten und auf fehlendes Wissen über Funktionsinhalte vorhandener Software. Diese Schwierigkeiten können jedoch großteils als Folge der erwähnten qualifikatorischen Defizite sowie der schwierigen Anforderungen aufgrund komplexer Aufgabenstellung an die Software gedeutet werden. In diesem Bereich dürften deshalb auch Anwendungsfelder für Datenbankanwendungen und Expertensysteme vorhanden sein, ohne deren Realisierung das Problem der Komplexität nur schwer bewältigbar scheint. Insbesondere scheint der Einsatz solcher Systeme deshalb hilfreich, weil das Management schnell aus unterschiedlichsten Bereichen Informationen benötigt, die möglichst aufbereitet, z.B. durch Graphiken, zur Verfügung gestellt werden müssen. Um solche Aufbereitungen heute zu realisieren, bedarf es z.T. noch umfangreicher Spezialkenntnisse, so daß die Informationen häufig durch entsprechend ausgebildete Sachbearbeiter aufbereitet werden müssen. D.h., das Management müßte über eine Art "leistungsfähigen Werkzeugkasten" verfügen, mit dessen Hilfe z.B. Datenbankabfragen ebenso einfach durchgeführt werden können wie die Aufbereitung von Zahlen durch Graphiken oder die Kommunikation mit anderen Abteilungen./71/ Allerdings, so scheint es jedenfalls nach den Aussagen der Designer, stellt die Bereitstellung solcher Systeme nur den einen Teilaspekt bei der Problemlösung dar, der gleichzeitig durch eine Weiterqualifikation der Führungskräfte ergänzt werden müßte.

Aus den Antworten zu diesem Tätigkeitsfeld lassen sich zusammenfassend zwei Schwerpunkte erkennen:
Zum einen sind qualifikatorische Defizite als Ursache für Probleme im Software-Umgang anzusehen, die insbesondere auch den Manager als Entscheider für EDV-Investitionen betreffen, zum anderen fehlt es an geeigneter Software, die in der Lage ist, zu einer effektiven Aufgabenunterstützung beizutragen.

7.5.3 Potentielle Ursachen für Akzeptanzprobleme der Anwender aus Sicht der Designer

Gerade im Bereich der elektronischen Datenverarbeitung spielt der Begriff der Akzeptanz eine bedeutende Rolle. Die Akzeptanz /72/ ist dabei als Grundvoraussetzung für eine erfolgreiche EDV-Einführung im Betrieb anzusehen. Da sich Akzeptanz erst dann einstellt, wenn eine Vielzahl von Faktoren (multidimensionale Größe) erfüllt ist, kommt auf den Software-Designer eine gewisse Verantwortung zu, Systeme so zu entwerfen, daß sie zur Akzeptanzförderlichkeit beitragen. Aus diesem Grund soll zur Ergänzung des Themas "allgemeine Schwierigkeiten mit Software" auch auf die Akzeptanzfrage eingegangen werden.

Als Problemfelder, die zu Akzeptanzschwierigkeiten führen können, lassen sich aus den Angaben der Designer die Hauptbereiche:

- Unternehmensorganisation
- Personalpolitik
- Software-Gestaltung und Ausbildung

ermitteln.
In Tabelle 46 sind die wichtigsten Ursachen dargestellt, wobei nach Rang 7 eine quantitative Veränderung durch die deutlich geringere Anzahl von Nennungen eintritt.

1. Unternehmensorganisation

Die Einführung einer EDV-Anlage bzw. die Verwendung neuer Software-Produkte ist in der Regel mit organisatorischen Veränderungen verbunden. Diese Veränderungen können sowohl die Aufbauorganisation als auch die Ablauforganisation betreffen. Aufbauorganisatorische Veränderungen sind denkbar durch den Wegfall gewisser Betriebsabteilungen, deren Aufgaben aufgrund eingetretener Automatisierung (z.B. Wegfall des technischen Zeichners durch CAD-Einsatz, Roboter) durch EDV-Programme übernommen werden.

Rang	Ursachen für Akzeptanzprobleme ohne tätigkeitsspez. Unterschiede (aus Sicht der Designer)	%-Anteil	n
1	Veränderung in der Organisation	44,3%	27
2	Die Einbeziehung der Mitarbeiter in die EDV-Beschaffung erfolgt zu spät oder überhaupt nicht	39,3%	24
2	Berührungsangst, allgemeine Technologieangst, Vorurteile	39,3%	24
4	Angst vor Freisetzungen	37,7%	23
5	Schulung ist unzureichend	36,1%	22
6	Software-Bedienung im allgemeinen	31,2%	19
7	Flexibilität der Mitarbeiter zu gering	29,5%	18
8	Wirtschaftlichkeitsnachweis der EDV-Investition ist schwierig	19,7%	12
9	Qualifikation und Vorkenntnisse des Personals sind nicht ausreichend vorhanden	14,8%	9
10	Identifikation mit der EDV-Beschaffung und mit den selbst festgelegten Zielen beim Software Entwurf ist zu gering	13,1%	8
11	Zunahme von Kontrollen möglich	11,5%	7
11	Funktionsumfang der Software nicht vollständig bekannt	11,5%	7
11	Verständnisprobleme zwischen Software-Entwicklern und Benutzern	11,5%	7
14	Die Erfordernisse der Benutzer sind in den Programmen zu wenig berücksichtigt	9,8%	6

(Fortsetzung)

Rang	Ursachen für Akzeptanzprobleme ohne tätigkeitsspez. Unterschiede (aus Sicht der Designer)	%-Anteil	n
14	Die Erwartungen an die Leistungsfähigkeit der Software sind zu hoch	9,8%	6
16	Alter der Mitarbeiter	8,2%	5
17	Mehrarbeit durch nicht vollständige Umsetzung der Anforderungen in der Software	6,6%	4
17	Dokumentationen sind nicht ausreichend	6,6%	4
17	Termindruck	6,6%	4
17	Angst vor zunehmender Abhängigkeit von anderen (Untergebenen)	6,6%	4

Tab. 46: Allgemeine Ursachen für Akzeptanzprobleme aus Sicht der Designer (Mehrfachnennungen möglich, N=61)

Parallel dazu ergeben sich mit der EDV-Einführung häufig ablauf- oder arbeitsorganisatorische Veränderungen. Man denke hierbei etwa an das Wegfallen von Registraturtätigkeiten, was bei einem automatischen Postkorbsystem nicht mehr erforderlich ist. Ein elektronisches Mailing-System legt in der Regel nach dem Lesen der Nachricht durch den Empfänger automatisch das erhaltene Schreiben in der internen Registratur ab. Dort kann der Benutzer zu einem späteren Zeitpunkt unter verschiedenen Kriterien etwa Datum, Autor oder bestimmten typischen Schlagwörtern das Schriftstück wieder auffinden. Durch diese Automatisierung entfallen größtenteils übliche Registraturtätigkeiten.

Die indirekten Folgen im organisatorischen Bereich sind nach Ansicht der Designer die wichtigsten Ursachen mangelnder Akzeptanz bei den Benutzern von EDV-Systemen. Da sich EDV-Installationen i.d.R. über eine längere Zeit hinziehen, ist anzunehmen, daß sich die betroffenen Mitarbeiter dadurch in einem "Schwebezustand" zwischen den alten Arbeitsabläufen und den Veränderungen durch die Software befinden. Diese Übergangsphase ist teilweise mit Mehrarbeit verbunden, z.B. weil erst allmählich auf EDV umgestellt wird. Auf diesen Aspekt muß deshalb betriebsseitig, z.B. durch frühzeitige "Mitarbeiterbeteiligung", eingegangen werden. Auch die Designer können - etwa durch die Verwendung betriebsinterner Fachbegriffe in der neuen Software - zum schnelleren Zurechtfinden der Anwender in den Programmen beitragen./73/

2. Personalpolitische Ursachen

Hierunter fallen die mit der EDV verbundenen Rationalisierungspotentiale, die für die Mitarbeiter die Übernahme anderer Tätigkeiten oder Umsetzungen bedeuten können. Als Ursachen für Akzeptanzhemmnisse werden neben der Angst vor Freisetzungen auch allgemeine Vorurteile (z.B. vom Hören-Sagen bekannt) genannt. Ein mit dem oben schon angesprochenen Einführungsproblem verbundener Themenkomplex kommt dabei ebenso zur Sprache: die Einbeziehung der Mitarbeiter. Nach Ansicht der Entwickler werden die Anwender sowohl bei der EDV-Beschaffung als auch bei der Software-Erstellung zu wenig gefragt. Es liegt die Vermutung nahe, daß dadurch der Entstehung anderer Ursachen mangelnder Akzeptanz (z.B. Freisetzungsängste, Vorurteile) Vorschub geleistet wird. Dieser Punkt kann ausschließlich von der Seite des Anwenderunternehmens verändert werden. Da die Software-Unternehmen offensichtlich um diesen Punkt Bescheid wissen, könnten sie jedoch ihre Gesprächspartner im Anwenderunternehmen über diese möglichen Folgen einer zu geringen Mitarbeitereinbeziehung aus ihrer Sicht aufklären.

3. Software-Gestaltung und Ausbildung

Als Ursache von Akzeptanzproblemen werden etwa von jedem dritten Designer Bedienungsschwierigkeiten und Schulungsprobleme angegeben.
Im Bereich der Bedienbarkeit wird als Einzelpunkt häufig auf unterschiedlichste Verständnisprobleme hingewiesen. Sie beziehen sich teilweise auf unzureichende Kommentierung bzw. schlechte Fehlermeldungen im Programm oder aber auf die nicht lückenlose Abbildung der erforderlichen Aufgabenstellung in das Software-Produkt. Dies kann zu Mehrarbeit und umständlicher Bedienung führen und evtl. bei den Beteiligten die Erkenntnis wecken, daß die alte Organisationsstruktur ohne EDV besser gewesen sei.

Aus den hier angeführten Ursachen mangelnder Akzeptanz ergeben sich Anforderungen, die (wie kurz angedeutet) alle an der EDV-Einführung beteiligten Personengruppen betreffen. Da insbesondere die organisatorischen Veränderung im Anwenderunternehmen als größtes Problem von den Entwicklern angesehen werden, ist anzunehmen, daß die Designer die Beseitigung von Akzeptanzschwierigkeiten im allgemeinen als externe Aufgabe der Anwenderunternehmen ansehen. D.h., sie messen ihrer Arbeit weniger Bedeutung für die Reduzierung möglicher Akzeptanzhindernisse bei.

7.5.3.1 Ursachen Sekretariatsbereich

Als Hauptursachen vorhandener Akzeptanzprobleme sehen die Designer im Schreibdienst die Angst vor Entlassungen an. Die mit der Einführung der EDV verbundenen Rationalisierungspotentiale sind momentan hauptsächlich bei solchen Arbeitsplätzen schnell umsetzbar, die sich durch ein relativ hohes Maß an Routinetätigkeiten auszeichnen.
Nachfolgend die Auflistung der wichtigsten Einzelgründe im Bereich Schreibdienst:

Rang	Allgem. Einzelursachen für Akzeptanzprobleme im Schreibdienst (aus Sicht der Designer)	%-Anteil	n
1	Angst vor Freisetzungen	22,9%	11
2	Berührungsangst, allgemeine Technologieangst, Vorurteile	18,8%	9
2	Die Einbeziehung der Mitarbeiter in die EDV-Beschaffung erfolgt zu spät oder überhaupt nicht	18,8%	9
2	Schulung ist unzureichend	18,8%	9
2	Organisatorische Änderungen	18,8%	9
6	Software-Bedienung im allgemeinen	14,6%	7
6	Flexibilität der Mitarbeiter zu gering	8,3%	4
7	Qualifikation und Vorkenntnisse des Personals sind nicht ausreichend vorhanden	6,3%	3
7	Funktionsumfang der Software nicht vollständig bekannt	6,3%	3

Tab. 47: Die wichtigsten potentiellen Ursachen für Akzeptanzprobleme aus Sicht der Designer im Bereich des Schreibdienstes (Mehrfachnennungen möglich, N=48)

Im Bereich der Software für Sekretariatstätigkeiten dürften daher vor allem solche Arbeiten mit EDV rationeller durchgeführt werden, die vorwiegend die

Bearbeitung von Standardtexten (z.B. Textbausteinen oder Standardschreiben ergänzt um individuelle Passagen), aber auch die Texterstellung allgemein durch mehr Schreibleistung pro Arbeitsplatz, z.B. aufgrund einfacher Korrekturmöglichkeiten, betreffen. Insofern ist es verständlich, daß vor allem diejenigen Mitarbeiter einen Arbeitsplatzverlust befürchten, die überwiegend mit solchen Tätigkeiten betraut sind.

Neben der Angst vor Verlust des eigenen Arbeitsplatzes wirken auch allgemeine Ängste, z.B. Berührungsangst oder vorhandene Vorurteile, negativ auf die Bereitschaft, ein solches System anzunehmen. Als weiteren wichtigen Punkt betrachten die Designer die zu späte oder fehlende Einbeziehung der Mitarbeiter in den Entscheidungsprozeß. Dieser Prozeß kann sowohl die Auswahl der Hardwarekonfiguration als auch die individuelle Abstimmung der Software auf den jeweiligen Arbeitsplatz betreffen. Insbesondere kommt nach Ansicht des Verfassers dem letzten Punkt - "individuelle Anpassung an den jeweiligen Arbeitsplatz bei gleichzeitiger Einbeziehung des direkt Betroffenen" - für die Akzeptanzbereitschaft eine bedeutende Rolle zu.

Nach der Software-Entscheidung und der Installation der EDV-Anlage ergibt sich als nächster Problembereich die Systemschulung. Hier entfallen 18,6% der Antworten auf unzureichende Schulungsmaßnahmen. Gerade Schulungen können als "Katalysator" positiv oder negativ verstärkend wirken. Hierbei stehen natürlich die nur geringen Vorkenntnisse der Auszubildenden und die oft zur Schulung zur Verfügung gestellte geringe Zeit im Wege. Weiterhin birgt die Software-Schulung die Möglichkeit in sich, den Benutzer auf eine realistische Bezugsbasis zum zukünftigen System zu stellen. Diese Aufgabe ergibt sich z.B. wegen der immer noch vorhandenen Unsicherheit, die in Aussagen über den Computer, z.B. von "Jobkiller" bis "Jobknüller" reichend, mündet. Im Rahmen der allgemeinen Schulung ist daher die Förderung einer realistischen Einstellung zur EDV im allgemeinen und zur Software im speziellen eine notwendige Zusatzaufgabe.

Jede 7. Antwort entfällt auf mangelnde Bedienungsfreundlichkeit als weitere Ursache möglicher Akzeptanzschwierigkeiten. Diese selbstkritischen Antworten deuten auf ein bei den Designern vorhandenes Problembewußtsein hin.
Als weitere Ursachen werden mangelnde Flexibilität der Mitarbeiter, teilweise Unkenntnis des Funktionsumfangs der Software sowie mangelndes Vorwissen genannt. Die Ursachen dieser Probleme dürften zumindest teilweise auf die anfangs genannten Hauptgründe für mangelnde Systemakzeptanz zurückzuführen sein nämlich: Freisetzungsängste, fehlende oder zumindest unzureichende Mitarbeitereinbeziehung bei der Systembeschaffung sowie Qualität und

Dauer der Benutzerschulung ebenso die teilweise erwähnten Bedienungsprobleme.

Reduziert man die Antworten auf solche Software-Häuser, die Software zu großen Teilen für Sekretariatstätigkeiten (N=25) herstellen, so wird der Bereich Schulung (28% der Nennungen, statt 18,8%) als mögliche Ursache besonders betont.

7.5.3.2 Ursachen Sachbearbeitungsbereich

Im Gegensatz zum Schreibdienst, bei dem die Software-Designer die Hauptursache geringerer Akzeptanz in Schulungsproblemen und Freisetzungsängsten sehen, tauchen überwiegend im Sachbearbeitungsbereich die mit der EDV-Einführung verbundenen organisatorischen Veränderungen als Ursachenbündel auf (Tab. 48).

Hier wird offensichtlich der Tatsache Rechnung getragen, daß durch Computerverwendung eine erhebliche Verschiebung innerhalb der Tätigkeitsbereiche stattfinden kann. Die Tätigkeitsbereiche unterliegen mit zunehmendem Routineanteil der Veränderung bzw. Ablösung durch die Datenverarbeitung.
Da - zumindest bei einfachen Sachbearbeitungstätigkeiten - der Anteil von ständig gleichen Bearbeitungsschritten sehr hoch ist, kommen auch an dieser Stelle die Rationalisierungspotentiale beim EDV-Einsatz mehr zum Tragen. Eine entsprechende Veränderung innerhalb der Tätigkeitsinhalte sowie der Arbeitsorganisation ist nicht selten die Folge.

Rang	Allgem. Einzelursachen für Akzeptanzprobleme im Sachbearbeitungsbereich (aus Sicht der Designer)	%-Anteil	n
1	Veränderung in der Organisation	22,0%	13
2	Angst vor Freisetzungen	20,3%	12
2	Die Einbeziehung der Mitarbeiter in die EDV-Beschaffung erfolgt zu spät oder überhaupt nicht	20,3%	12
4	Berührungsangst, allgemeine Technologieangst, Vorurteile	18,6%	11

(Fortsetzung)

Rang	Allgem. Einzelursachen für Akzeptanzprobleme im Sachbearbeitungsbereich (aus Sicht der Designer)	%-Anteil	n
5	Software-Bedienung im allgemeinen	15,3%	9
5	Flexibilität der Mitarbeiter zu gering	15,3%	9
7	Schulung ist unzureichend	13,6%	8
8	Zunahme von Kontrollen möglich	8,5%	5
9	Verständnisprobleme zwischen Software-Entwicklern und Benutzern	6,8%	4
10	Die Erfordernisse der Benutzer sind in den Programmen zu wenig berücksichtigt	5,1%	3
10	Die Erwartungen an die Leistungsfähigkeit der Software sind zu hoch	5,1%	3
10	Alter der Mitarbeiter	5,1%	3

Tab. 48: Die wichtigsten potentiellen Ursachen für Akzeptanzprobleme aus Designersicht im Bereich der Sachbearbeitung (Mehrfachnennungen möglich, N=59)

Da neben dem neuen Arbeitsmedium "Computer" noch diese Veränderungen hinzukommen, die auch anfangs mit Mehrarbeit verbunden sein können, sind Sachbearbeiter mehrfach durch die EDV-Einführung belastet.
Neben diesem Hauptgrund führen die Designer weiterhin mangelnde oder zu späte Einbeziehung der Mitarbeiter bei der Software-Entwicklung bzw. bei der EDV-Einführung an. An dieser Stelle könnten oft schon durch Konsultationen einzelner Fachabteilungen Anfangsprobleme, insbesondere in organisatorischer Hinsicht, behoben werden.

Ebenso wie bei den Schreibdiensten trifft man nach Ansicht der Designer auch bei den Sachbearbeitern Arbeitsplatzsorgen sowie allgemeine Vorurteile und Bedenken (18,6% der Antworten) an. Hinzu kommen Bedienungsschwierigkeiten (15,3%), die zum Teil auf unzureichende Schulungen (13,6%) zurückgeführt werden können, aber auch im Zusammenhang mit benutzergerechter Software-Gestaltung zu sehen sind.

Mangelnde Flexibilität der Anwender (15,3%) und die Angst vor stärkerer Arbeitskontrolle durch die EDV-Anlage (8,5%) sowie mangelndes Verständnis und fehlendes Vertrauen zwischen den Software-Entwicklungsteams und den Endbenutzern (6,8%) werden als weitere Ursachen angeführt. Als Konsequenz dieser Mißverständnisse sind fehlerhafte Programme und damit Mehrarbeit der Programmbenutzer sowie Softwarenachbesserungen zu erwarten. Zudem stehen auch unrealistische Annahmen über die Leistungsfähigkeit der Software einem realistischen Umgang mit dem Rechner im Wege (5,1%). Für den Sachbearbeitungsbereich läßt sich deshalb zusammenfassend sagen, daß aus Sicht der Designer insbesondere den organisatorischen Veränderungen Bedeutung beigemessen werden muß. Der Bewältigung dieses Problems kann z.B. durch rechtzeitige Einbeziehung der Anwender in das EDV-Projekt Vorschub geleistet werden. Gleichzeitig stellt die Einbeziehung auch eine Chance dar, auf die Angst vor Arbeitsplatzverlust und auf sonstige difuse Ängste einzugehen und sie durch eine realistischere Lagebeurteilung zu ersetzen.
Es ergeben sich keine nennenswerten Unterschiede in der Beurteilung der obigen Frage bei der Eingrenzung der Software-Unternehmen auf solche, die hauptsächlich Software für diesen Tätigkeitsbereich herstellen.

7.5.3.3 Ursachen Managementbereich

Im Bereich des Managements herrscht nach Angaben der Software-Designer eine grundsätzlich andere Situation vor als in den vorgenannten Bereichen Schreibdienst und Sachbearbeitung. Im Gegensatz zu diesen Bereichen, in denen vorwiegend die Mitarbeiter in ihrer Rolle als EDV-Benutzer gesehen werden, sehen die Entwickler das Management sehr stark unter dem Aspekt des Investitionsentscheiders, weniger des Endbenutzers.
Aus diesem Grund wird auch als erste Ursache möglicher Akzeptanzdefizite das Problem des Wirtschaftlichkeitsnachweises einer EDV-Investition (22% der Antworten) angeführt (Tab. 49). Tatsächlich ist es vor allem im Büro- und Verwaltungsbereich oft erst im nachhinein feststellbar, wie rentabel eine EDV-Anschaffung war bzw. ist. Noch schwieriger scheint es jedoch, den Nachweis der Rentabilität bei neuer Software zu erbringen. Insbesondere treten dabei auch Probleme bei der Bewertung des Nutzens benutzerfreundlicher Programme auf.
Obwohl z.B. Bailey /74/ in einer grob vereinfachten Betrachtung versuchte, die Kosten von Eingabefehlern zu errechnen (er kam dabei auf Kosten von 25 Cents je selbstentdeckten Eingabefehler) und umgekehrt auch Zusatzkosten für schlechtgestaltete Software nachwies, ist der rein rechnerisch exakte Nachweis der Rentabilität einer Software-Investition oft nur dann zu erbringen, wenn man Kosten berücksichtigt, die normalerweise in einer isolierten Wirtschaftlichkeitsbetrachtung unberücksichtigt bleiben oder die

zumindest sehr schwer nachzuweisen sind /75/. Hierzu zählen Kosten, die durch Verständigungsprobleme entstehen oder die für zusätzliche Schulungsmaßnahmen aufgewendet werden müssen etc. Da neben diesen Kosten auch organisatorische Änderungen mit der EDV-Einführung einhergehen, kann die Wirtschaftlichkeit eigentlich nur in einer multidimensionalen Betrachtungsweise (z.B. durch eine Nutzwertanalyse) nachgewiesen werden.

Rang	Allgem. Einzelursachen für Akzeptanzprobleme im Managementbereich (aus Sicht der Designer)	%-Anteil	n
1	Wirtschaftlichkeitsnachweis der EDV-Investition ist schwierig	22,0%	11
2	Identifikation mit der EDV-Beschaffung und mit den selbst festgelegten Zielen beim Software Entwurf ist zu gering	12,0%	6
2	Qualifikation und Vorkenntnisse des Personals sind nicht ausreichend vorhanden	12,0%	6
4	Flexibilität der Mitarbeiter zu gering	10,0%	5
4	Schulung ist unzureichend	10,0%	5
4	Veränderung in der Organisation	10,0%	5
7	Angst vor zunehmender Abhängigkeit von anderen (Untergebenen)	8,0%	4
7	Berührungsangst, allgemeine Technologieangst, Vorurteile	8,0%	4
9	Software-Bedienung im allgemeinen	6,0%	3
9	Die Erwartungen an die Leistungsfähigkeit der Software sind zu hoch	6,0%	3
9	Die Einbeziehung der Mitarbeiter in die EDV-Beschaffung erfolgt zu spät oder überhaupt nicht	6,0%	3
9	Termindruck	6,0%	3

Tab. 49: Die wichtigsten potentiellen Ursachen für Akzeptanzprobleme im Management aus Sicht der Designer (Mehrfachnennungen möglich, N=50)

Solche Modelle kommen aber aufgrund ihrer Komplexität in der Praxis nur sehr selten vor, da sie die Einbeziehung von nur schwer quantifizierbaren Größen beinhalten. Durch diese Schwierigkeiten besteht vermutlich eine sehr große Unsicherheit bei den Entscheidungsträgern, die sich dann in verminderter Bereitschaft zum Einsatz eines solchen Systems niederschlagen oder aber zu wenig sinnvollen Investitionen mit isolierten Arbeitsplätzen führen können, die dem tayloristischen Prinzip unterliegen und den heutigen Auffassungen und Erkenntnissen zur Arbeitsplatzgestaltung entgegenstehen.

Aus der, als weiteren Punkt, bemängelten fehlenden Qualifikation des Managements in EDV-Fragen (12% der Antworten) kann die von den Designern beklagte Unschärfe in der Zieldefinition entstehen, die sich ihrerseits in ungenauen Vorgaben und unpräzisen Aufgabenstellungen niederschlägt (12% der Antworten). Dies kann dann zu Akzeptanzproblemen auf einer anderen Ebene führen, wenn die Führungskräfte in diesem Bereich über eine Investition zu entscheiden haben.

Als weitere Ursachen fehlender Akzeptanz werden danach - ähnlich wie im Sachbearbeitungsbereich und Schreibdienst - fehlende Flexibilität, unzureichende Schulungen sowie die bereits diskutierten organisatorischen Veränderungen erwähnt. Weniger wichtig, wahrscheinlich auch deshalb, weil es noch nicht genügend Software im Managementbereich gibt (vgl. Ausführungen dazu in Kapitel 7.5.2.3), sind Bedienungsschwierigkeiten sowie Leistungsumfang der Software (je 6% der Antworten). Die allgemeinen Ängste und Vorurteile gegenüber einer EDV-Anlage werden im Managementbereich durch die Befürchtung vergrößerter Abhängigkeit von untergebenen Mitarbeitern erweitert.

Zusammenfassend läßt sich aus diesen Antworten ableiten, daß das Management weniger in der Rolle des Benutzers als vielmehr in der Rolle des Entscheiders über EDV-Investitionen gesehen wird und entsprechende Probleme in diesen Arbeitsbereich hineinprojiziert werden. Hinzu kommt die Feststellung der zu geringen Informiertheit und Vorkenntnisse auf dem EDV-Sektor, so daß die Führungskräfte bei der Auftragsvergabe in Softwarefragen oft weniger kompetent sind. Gerade in diesem Punkt sind jedoch auch die Software-Designer aufgefordert, wenn sie um diese Schwächen wissen, z.B. detaillierte Datenerhebungen, insbesondere bei der Systemanalyse und der Zusammensetzung der Systemkomponenten, anzustellen, um Unschärfe in der Auftragserstellung zu vermeiden.
Es ergeben sich keine wesentlichen Unterschiede in der Beurteilung der obigen Frage bei der Eingrenzung der Software-Unternehmen auf solche, die hauptsächlich Software für diesen Tätigkeitsbereich herstellen.

7.6 Bewertung der Befragungsergebnisse in Hinblick auf die Zielsetzung einer benutzerfreundlichen Software-Entwicklung

Die dargestellten Befragungsergebnisse sollen nun einer kritischen Analyse unterzogen werden. Ziel ist es, mögliche Defizitbereiche bei der Software-Entwicklung herauszufiltern, die zu nicht benutzerfreundlicher Software-Gestaltung führen können. Nach Analyse und Diskussion dieser Schwachstellen werden sodann Vorschläge erarbeitet (Kapitel 8), die zur Beseitigung dieser Schwierigkeiten beitragen können. Die sich hieraus ergebenden Anregungen lassen sich allerdings aufgrund der Breite des betrachteten Bereiches (Software für Büro und Verwaltung) nicht bis in einzelne Handlungsanweisungen operationalisieren.
Bei der näheren Untersuchung der Antworten stellte sich heraus, daß die Befragungsgruppe einen heterogenen Charakter aufweist. D.h., es ist deshalb nicht möglich, eindeutige Profile solcher Firmen darzustellen, deren Software-Entwicklung z.B. überwiegend zu "benutzerfreundlicher" bzw. "benutzerunfreundlicher" Software führt. Bestehende Nuancen zwischen den befragten Unternehmen hinsichtlich der Software-Entwicklung sind an den jeweiligen Stellen (Kapitel 7.1 bis 7.4) beschrieben. Sie sollen allerdings aufgrund der Heterogenität der Befragungsgruppe und der anderen Zielsetzung dieser Arbeit (Ermittlung von Schwachstellen aus arbeitswissenschaftlicher Sicht ohne spezielle Berücksichtigung spezifischer Gegebenheiten einzelner Software-Unternehmen) nicht weiter verfolgt werden.

Die empirischen Befragungsergebnisse zeigen deutlich, daß gewisse Aspekte, die die Programme anwendernah gestalten helfen, bereits Eingang in die Software-Entwicklung gefunden haben. Wie die Praxis jedoch zeigt, kann von einer allgemein starken Einbindung software-ergonomischer Fragestellungen bei der Entwicklung von Anwendungsprogrammen insgesamt noch nicht gesprochen werden. Dies bestätigen auch die Antworten der Designer selbst auf die Frage nach den Schwierigkeiten der Anwender beim Umgang mit den Programmen. Zunächst sollen jedoch die Bereiche aufgezeigt werden, in denen die Anwenderinteressen momentan schon verstärkt berücksichtigt werden.

7.6.1 Berücksichtigung software-ergonomischer Fragestellungen bei der Software-Entwicklung

Größtenteils wird bei Standard-Software für den Büro- und Verwaltungsbereich eine Differenzierung der Anwender nach ihrem Kenntnisstand und ihrer Erfahrung in bezug auf die Software-Bedienung vorgenommen.

Die Berücksichtigung unterschiedlicher Voraussetzungen auf Anwenderseite führt somit häufig zu einer groben Einteilung der Benutzer in "Anfänger" und "Experten". Für diese beiden Gruppen versucht man jeweils Software-Elemente, z.B. Dialogtechnik, Informationen, Fehlermeldungen und in gewissem Umfang auch Hilfetexte in unterschiedlicher Weise zu erstellen. Betrachtet man etwa die Dialogtechnik, so gab die Mehrzahl der Befragten an, alternativ zu einem Anfängerdialog einen Fachmanndialog im System zu implementieren.

Zusätzlich werden Nachrichten durch doppelte bzw. mehrfache Informationsträger codiert. So wird z.B. auf Fehler nicht nur durch eine Meldung, sondern zusätzlich durch die Verwendung unterschiedlicher Kontraststufen oder Farben hingewiesen. Auf diese Weise kann man innerhalb bestimmter Grenzen den Anwender beim Erkennen oder Auffinden besser unterstützen./76/

Was die Fehlermeldungen selbst anbelangt, so hat sich mittlerweile bei ca. 2/3 der Befragten eingebürgert, mehr als lediglich eine Fehlernummer gefolgt von einem zusätzlichen Hinweis auf das Handbuch am Bildschirm auszugeben. Fehlermeldungen werden in starkem Maße mit kurzen Lösungshinweisen oder mit Hilfetexten versehen und auf diese Weise mit einer über die alleinige Meldung hinausgehenden Benutzerinformation gekoppelt (vgl. Kapitel 7.2.4).

Hinzu kommt eine teilweise Benutzerbeteiligung beim Systementwurf, die sich allerdings vorwiegend auf textliche Fragen bzw. den Mitentwurf von Bildschirmmasken beschränkt. So gesehen gibt es durchaus Bestrebungen, die zur Benutzerfreundlichkeit von Anwendungsprogrammen beitragen können. Im Sinne einer unter Beachtung ergonomischer Gesichtspunkte durchgeführten Software-Entwicklung sind diese Aspekte jedoch eher als positive "Ausnahmen" anzusehen. Zwar kann man aus diesen Ergebnissen auf ein generell vorhandenes Problembewußtsein bei den Software-Entwicklern schließen, gleichzeitig ist jedoch aufgrund der abgegebenen Antworten zu erkennen, daß Defizite existieren, die dann zu den beispielhaft angeführten Bedienungsschwierigkeiten führen können. D.h., von einer generellen Integration dieser Thematik in den Software-Entwurf kann man noch nicht ausgehen.

7.6.2 Potentielle Defizitbereiche bei der Software-Entwicklung

Die Analyse der Defizitbereiche beruht auf der Gegenüberstellung der Befragungsergebnisse mit den allgemeinen psychophysiologischen Gegebenheiten des Menschen, die in Kapitel 4 diskutiert wurden sowie mit den Ergebnissen, die die Aufarbeitung und Einordnung der in Kapitel 6 dargestellten Gestaltungselemente nach arbeitswissenschaftlichen Gesichtspunkten mit sich bringt.
In Analogie zu der in der Befragung vorgenommenen Vorgehensweise sollen die einzelnen Defizitbereiche entsprechend dargestellt werden.

Als Schwerpunkte der Defizitanalyse werden somit folgende Bereiche behandelt:

- Design-Team
- Software-Entwicklungsprozeß hinsichtlich der Berücksichtigung arbeitswissenschaftlicher Gegebenheiten
- Endbenutzerfragen im Zusammenhang mit der Erstellung und dem Einsatz von Anwendungssoftware.

7.6.2.1 Das Design-Team

Gliedert man nach der Ausbildung der einzelnen Designer, so setzen sich die Software-Teams im wesentlichen aus Personen, die den Berufsgruppen Informatik, Wirtschaftswissenschaften und Ingenieurwissenschaften angehören, zusammen. Betrachtet man die momentanen Ausbildungsinhalte dieser Berufsgruppen, so kann man feststellen, daß das Thema "Benutzerfreundlichkeit von Software" nur in Ausnahmefällen berücksichtigt wird. Einige Ansätze sind in der Informatikausbildung sowie in sehr begrenztem Maße in der Ausbildung von Wirtschaftswissenschaftlern festzustellen. So werden bislang nur sehr selten Themen mit software-ergonomischen Inhalten in Vorlesungsveranstaltungen der Universitäten berücksichtigt. Da sich die Thematik auf interdisziplinärem Gebiet bewegt, könnten sowohl Lehrstühle der Informatik als auch der Arbeitswissenschaften zukünftig Vermittler dieses Wissens sein.
Da man von einer solchen Ausbildungssituation momentan jedoch noch nicht ausgehen kann, liegt der berechtigte Schluß nahe, daß eine grundsätzliche

Wissenslücke in den Software-Entwicklungsteams in bezug auf diese Fragestellungen besteht. Dieser Schwachpunkt wird noch dadurch verstärkt, daß Personen, die in solchen Fragen - zwar ebenfalls nicht direkt ausgebildet - jedoch bessere Voraussetzungen durch ihre Studieninhalte mitbringen - nur in Ausnahmefällen in Entwicklungsteams wiederzufinden sind. Es handelt sich dabei um Psychologen und um Graphiker (z.B. für Visualisierungsfragen). Lediglich bei rd. 6% der Befragten stellen Psychologen 1% bis 10% der Belegschaft. Die Graphiker sind bei nur 3% der Unternehmen in geringem Umfang (bis zu 10% der Belegschaft) beschäftigt. Damit wird vielfach eine Chance zur verbesserten Anpassung der Software an menschliche Belange ausgelassen. Die geringe Mitarbeit dieser Berufsgruppen in den Entwicklungsteams läßt sich sicherlich auch mit ihren nur geringen Informatikkenntnissen in Zusammenhang bringen.

Auch zukünftig scheint es bei den Software-Teams in dieser Beziehung kaum Änderungen zu geben. Daraus läßt sich schließen, daß die Teams vordringlich die technisch-funktionale Lösung von Programmen als Hauptaufgabe ansehen, während - überspitzt formuliert - die Benutzerfreundlichkeit als Zusatzanforderung und "notwendiges Übel" nachrangig folgt. Ihr soll nach der eigentlichen Problemlösung, z.B. aus Marketinggesichtspunkten, noch eine gewisse Aufmerksamkeit gewidmet werden. Der Trend zum Einsatz von mehr in wirtschaftswissenschaftlichen Fächern ausgebildeten Personen macht jedoch auch deutlich, daß die Systemanalyse und damit die Abbildung der Aufgabenstellung auf EDV z.Zt. nicht zufriedenstellend gelöst ist. Insofern liegt hier eine gewisse Chance, daß auch ergonomische Fragen stärker in den Software-Entwurf mit einbezogen werden, wenn dieser Personenkreis (zukünftig im Rahmen des Studiums) darin ausgebildet wird.

7.6.2.2 Der Software-Entwicklungsprozeß

Der Software-Entwicklungsvorgang soll im folgenden im "chronologischen" Ablauf hinsichtlich potentieller Schwachstellen untersucht werden. Ergänzend werden noch periphere Einflußfaktoren, die nur teilweise vom Design-Team beeinflußbar sind, als weitere Hindernisse einer benutzerfreundlichen Programmgestaltung einbezogen.

Vor der eigentlichen Software-Entwicklung ist es oftmals erforderlich, etwa zum Zwecke der Kompatibilität mit bereits ausgelieferter Software und der für die Endanwender notwendigen Einheitlichkeit des Produkts, gewisse Vorschriften zur Oberflächengestaltung zu erarbeiten, die dann zur Gestaltung der Software-Oberfläche in möglichst einheitlicher Form eingesetzt werden. Eine solche Vereinheitlichung kann in starkem Maße zur Reduzierung von Anlernzeiten führen und damit für den Anwender die Zahl tätigkeitsunabhängiger Belastungen verringern helfen.

Wie die Befragungsergebnisse zeigen, existieren Richtlinien in Software-Firmen. Daraus kann man auf ein gewisses Maß an Einheitlichkeit - zumindest im formalen Programmaufbau - schließen./77/
Da rd. 79% der Software-Entwickler gleichzeitig angeben, "große bis sehr große Entscheidungsspielräume" bei der Oberflächengestaltung zu besitzen, können zwangsläufig die Vorschriften und Richtlinien nicht in dem Maße restriktiv sein, wie dies bei alleiniger Betrachtung der Ergebnisse zu dieser Frage auf den ersten Blick hin erscheint. Das bedeutet aber, daß man davon ausgehen muß, daß solche Vorschriften zwar existieren, daß sie jedoch entweder nur sehr allgemeingültig gehalten und damit unverbindlich sind, und/oder lediglich Teilbereiche der Software-Oberfläche betreffen (vgl. Kapitel 7.2.1). Damit stellen sie jedoch keine allzu große Unterstützung für den Software-Designer dar, der aus ihnen höchstens Anregungen oder allgemeine Hinweise ableiten kann. Auf jeden Fall scheinen sie nicht in dem Maße operationalisiert zu sein, daß sie auf einen konkreten Fall oder eine spezielle Aufgabenstellung direkt bzw. nach einer gewissen Anpassungsphase anwendbar sind.
Insofern dürfte die Software-Entwicklung - zumindest was die Gestaltung der Benutzerschnittstellen anbelangt - ein gewisses improvisatorisches Moment beinhalten und es damit schwierig sein, auch bei Produkterweiterungen, -ergänzungen oder -verbesserungen zu Lösungen zu gelangen, die für den Anwender insgesamt einheitlich ausfallen.

Da das Thema "Benutzerfreundliche Software-Erstellung" zwar seit geraumer Zeit diskutiert wird, es sich aber noch um einen relativ jungen interdisziplinären Wissenschaftszweig handelt, auf dem bis dato nur punktuell abgesicherte Forschungsergebnisse zur Weiterverwendung erarbeitet wurden, ist weiter zu vermuten, daß sich die Inhalte der o.a. Richtlinien in der Regel aus Erfahrungen einzelner Teammitarbeiter zusammensetzen und in vielen Fällen noch einem kritischen Abgleich, z.B. mit veröffentlichten Forschungsergebnissen, unterzogen werden sollten.
Obwohl auch in diesen Fragen Kooperationsmöglichkeiten mit Universitäten und anderen Forschungseinrichtungen bestehen, wird davon erstaunlicherweise kaum Gebrauch gemacht. Die Befragungsergebnisse zeigen, daß nur bei rd. 6% der Antwortenden solche Kooperationen bestehen, während rd. 67% der Antwortenden keinerlei Zusammenarbeit pflegen.

Angesichts dieser Voraussetzungen für die Entwicklung der Software-Oberflächen, die sich dadurch charakterisieren lassen, daß dem Designer unternehmensintern kaum konkrete Unterstützungen angeboten werden und Fragen, die im Rahmen der Alltagsroutine nicht gelöst werden können, nur in sehr geringem Umfang an Forschungseinrichtungen ausgelagert werden, sind Fehler beim Entwurf und als Folge häufiges Redesign nicht auszuschließen. Das Maß, in dem die von Fischer erhobene Forderung, die Software-Entwicklung von außen nach innen durchzuführen, beachtet wird, läßt sich an dem Zeitpunkt messen, ab dem die Entwicklung der Software-Oberfläche vorgenommen wird./78/
Danach richtet sich die Befragungsgruppe größtenteils nach dieser Forderung, wobei etwa 46% die Problemlösung aus software-technischer Sicht mit dem Oberflächenlayout verknüpfen, während 18% zunächst das Problem aus Benutzersicht zu erfassen versuchen und danach die Software dazu erstellen. Allerdings wird bei rd. 35% immer noch zunächst die software-technische Problemlösung realisiert und im Anschluß daran die Oberfläche erstellt. Dies führt dazu, daß die Oberfläche an die Programmstrukturen angepaßt wird und damit - aufgrund software- und hardwareseitiger Restriktionen - nicht notwendigerweise eine korrekte Abbildung der Anwendersicht erfolgen muß. Die letztgenannte Form der Oberflächenentwicklung stellt für den Anwender von den dargestellten Möglichkeiten die schlechteste Alternative dar. Geht man davon aus, daß vor allem der Anwender durch die Software in seiner Tätigkeitskeitsausführung unterstützt werden soll, so scheint die primäre Aufgabe des Entwicklers in der konkreten Erfassung und Umsetzung der Anwenderwünsche zu bestehen. Auf diese Weise läßt sich auch ein Design von außen - von der Anwendersicht - nach innen - zur Hardware hin - erreichen und rechtfertigen.

So gesehen entwirft bisher nur eine Minderheit (rd. 18%) die Programme nach diesen Überlegungen, während der Großteil der Antwortenden (rd. 46%) noch parallel die Oberflächenentwicklung neben der Software-Entwicklung vornimmt. Bei diesen Überlegungen muß man jedoch auch den gemeinsamen Lernvorgang zwischen Anwender und Entwickler berücksichtigen, der sich häufig von anfangs unklaren Vorstellungen über das Programm zu konkreten Ergebnissen hin bewegt.Theoretisch scheint eine solche Vorgehensweise zwar optimal, gerade bei unspezifizierten Aufgabenstellungen ist aber die parallele Entwicklung der Software-Oberfläche neben dem algorithmischen Teil besser geeignet. Diese Überlegungen gelten gleichermaßen sowohl für die Erstellung von Individual- als auch für Standard-Software.

Behält man die chronologische Reihenfolge bei der Software-Entwicklung bei, so stellt sich nun die Frage nach dem tatsächlichen Einsatz und dem Verwendungswunsch einzelner Elemente zur Gestaltung der Benutzerschnittstelle. Hierunter sind sowohl Ein-/Ausgabemittel als auch die Wahl der Programmsteuerung oder Elemente zur Visualisierung von Informationen auf dem Bildschirm sowie Dialogtechniken zu verstehen. Mehrheitlich werden überwiegend die traditionellen Elemente sowohl zur Informationsdarstellung und Visualisierung als auch zur Ein-/Ausgabesteuerung und der Dialogtechnik eingesetzt (vgl. Kapitel 7.3). Faßt man diese Elemente in einem Software-Paket zusammen, so ließe sich dieses als funktionstastenorientiertes Programm mit gleichzeitiger Steuerung über Menüs und der Möglichkeit zur Verwendung von Aktionscode, realisiert in Form eines benutzerorientierten Dialogs, charakterisieren. Dabei gehen die Designer offensichtlich von gut geübten Anwendern aus, die vorwiegend die Programmstrukturen kennen und den Funktionsumfang der Software überblicken. Dieser Schluß läßt sich deshalb ziehen, weil gerade Kombinationen einer solchen Programmsteuerung und dem Ein-/Ausgabemittel "Funktionstaste" sowie eine Masken- oder Funktionsanwahl über Aktionscode sich am besten für den eben geschilderten Anwendungsexperten eignet./79/

Die einseitige Programmauslegung widerspricht allerdings dem ständig wechselnden Benutzerkreis, dessen Kenntnisse einer dynamischen Veränderung in jeder Hinsicht (vergessen und/oder neu hinzulernen) unterliegen. Alternierendes Wissen, das inter- und intraindividuellen Schwankungen ausgesetzt ist, bedingt aber, daß man nicht generell davon ausgehen kann, daß zwangsläufig aus Anfängern schnell gut geübte Anwender werden. Vielmehr muß man berücksichtigen, daß für Teilbereiche im Programm, die nicht statisch und damit nicht zwangsläufig vorhersehbar bzw. fixierbar sind, jeder Anwender wechselseitig Experte bzw. Anfänger sein kann. Damit zeigt sich aber die Notwendigkeit einer flexiblen Programmreaktion, die an den unterschiedlichen Kenntnisstand des Anwenders angepaßt ist. Offensichtlich sind zumindest die Auswirkungen solcher einseitiger Programmkonstruktionen den Designern selbst gut bekannt. So geben sie auf die Frage nach den Hauptproblemen beim Software-Umgang für den Sachbearbeitungsbereich an erster Stelle an, daß den Anwendern der Funktionsumfang der Software nicht vollständig bekannt sei (vgl. Kapitel 7.5.2.2). Zwar wird, wie in Kapitel 7.6.1 bereits erwähnt, des öfteren die wechselseitige Verwendung von Anfänger- oder Expertendialog angeboten, sinnvoller wäre aber eine stärker differenzierte Programmreaktion. D.h., im optimalen Fall werden die Reaktionen nicht ausschließlich aus dieser Grobklassifikation der Anwender in zwei Benutzergruppen abgeleitet, sondern das Programm ist in der Lage, in flexibler Weise die jeweiligen Anwendererfordernisse zu beurteilen und damit individuell unterschiedliche Informationen/Meldungen auszugeben.

Perspektivisch (ohne Berücksichtigung momentaner Realisierungsmöglichkeiten) dominieren als Ein-/Ausgabemittel immer noch ganz eindeutig die Funktionstasten. Rollball (Maus) sowie die natürlichsprachliche Schnittstelle werden als "teilweise wichtig" angesehen. Dies zeigt sich auch bei den untersuchten Programmsteuerungen, bei denen neben dem schon erwähnten Aktionscode die Window-Technik (vor allem für Dialogtätigkeiten) als "ziemlich wichtig" betrachtet wird. Der allerdings doch sehr deutliche Abstand in der Bewertung dieser relativ neuen Elemente im Vergleich zu den Funktionstasten deutet auf eine konservative Haltung der Befragten, die einer Verbreiterung des Kommunikationskanals zwischen Mensch und Rechner nicht unbedingt zuträglich ist.

Im Sinne einer differentiellen Arbeitsgestaltung ist es angebracht, dem Anwender nicht nur eine einzige Möglichkeit zum Agieren im Programm anzubieten, sondern ihm Alternativen zu eröffnen, über deren Verwendung er selbst bestimmen kann. Dieser Gedanke wird von den Designern nicht unbedingt geteilt, da sie z.B. einen Rollball hauptsächlich nur für Dialogtätigkeiten verwenden würden, während sie ihn für Erfassungstätigkeit als "weniger wichtig" bis "unwichtig" ansehen, obwohl auch hier diese neue Technik sinnvoll einsetztbar ist.

Zur optischen Aufbereitung von Informationen am Bildschirm wird, insbesondere bei Fragen zur Verwendung mehrfacher und redundanter Visualisierungsmittel (z.B. Farben,Kontraste) die Befürchtung geäußert, einen sog. "Papageienbildschirm" zu entwerfen. D.h., einen Bildschirm, der zwar sehr bunt, aber dafür umso verwirrender und deshalb wenig informativ sei. Dieser Gefahr, die durchaus realiter vorhanden ist, sollte mit einem gezielteren Einsatz dieser Zusatzinformationen als bisher begegnet werden. Der Verzicht z.B. auf Farben, aber auch auf Graphiken und insbesondere auf Piktogramme, läßt sich durch das Argument des "Papageienbildschirms" nicht rechtfertigen. Vor allem spricht dagegen, daß man durch eine Nichtverwendung dieser Gestaltungselemente auf deren impliziten Informationsgehalt verzichten würde, und dadurch die in der Nachricht enthaltenen Zusatzinformationen, z.B. in Form einer insgesamt längeren, rein alphanumerischen Meldung auf dem Bildschirm, darstellen müßte (vgl.Kapitel 6.3). Die Zurückhaltung der Befragten in dieser Hinsicht läßt sich einerseits durch die bislang nur spärlich vorliegenden Erkenntnisse, z.B. zum Einsatz von Farben, erklären, andererseits aber auch z.B. auf Hardwareeinschränkungen zurückführen, auf die weiter unten noch eingegangen wird.

Zusammenfassend läßt sich für die Verwendung der Gestaltungselemente feststellen, daß sich die Entwickler im wesentlichen auf den Einsatz einiger weniger Gestaltungsparameter beschränken. Auf Seiten der Benutzer gehen sie i.d.R. von Anwendungsexperten aus und berücksichtigen nur in unzureichendem Maße die Möglichkeit des wechselnden Kenntnisstandes bei den Betroffenen, der z.B. durch Vertretung, Urlaub, kurzfristige Arbeitsplatzwechsel etc. Schwankungen unterliegt. Neben dieser nicht ausreichenden Differenzierung zwischen unterschiedlichen Benutzeranforderungen scheinen die Designer hinsichtlich alternativer Gestaltungsmöglichkeiten in gewissem Maße unbeweglich zu sein, so daß z.B. neu konzipierte Hardware nicht zwangsläufig zur Verbesserung der Software-Oberfläche führen muß.

Nachdem das Anwendungsprogramm im software-ergonomischen Bereich auf der eben geschilderten Basis bis zu einem gewissen Grad erstellt ist, erfolgt eine Überprüfung auf Funktionstüchtigkeit. Wie bereits beschrieben (Kapitel 7.2.5), sind dabei Testverfahren mit verschiedenen Zielsetzungen in Gebrauch. In diesem Zusammenhang interessiert vorwiegend die Überprüfung der Oberfläche nach Kriterien der Benutzerfreundlichkeit. Dazu werden hauptsächlich Pilotkunden eingeschaltet, die stellvertretend für den späteren Anwender Anforderungen aus Benutzersicht definieren und die Funktionalität der erfolgten Realisierung erproben sollen. Dieses bei Standard-Software übliche Verfahren birgt natürlich das Risiko in sich, daß die Situation des Endanwenders mit der des Pilotkunden, z.B. hinsichtlich arbeitsorganisatorischer und qualifikatorischer Belange, nur schwer vergleichbar ist. Damit können die Aussagen des Pilotkunden in zweifacher Hinsicht potentielle Fehler in sich bergen. Zum einen verfügt er über andere arbeitsorganisatorische Rahmenbedingungen als der Endanwender, so daß z.B. die Gewichtung von Funktionen und deren Bedeutung gänzlich anders ausfallen kann als beim späteren Benutzer. Zum anderen ist anzunehmen, daß die Mitarbeiter im Pilotunternehmen häufig mit Testsoftware konfrontiert werden und deshalb über ein hohes Maß an Erfahrung mit der EDV-Anlage und der Software-Bedienung verfügen. Hierzu merkt Reichwald an, daß bei Pilotkunden gewisse Unzulänglichkeiten der Software nicht so stark bewertet werden./80/ Diese Situation dürfte beim Anwender nur in Ausnahmefällen ähnlich sein. Die aus den Aussagen der Mitarbeiter ableitbaren Ergebnisse sind demzufolge höchstens für gut geübte Personen repräsentativ.

Damit sind die Hinweise von Pilotkunden zwar sicherlich aufschlußreich für die Software-Hersteller, allerdings sind sie wie gezeigt als sehr problematisch anzusehen. Dies wird noch verstärkt, sobald sich das Software-Haus lediglich auf die Angaben eines einzigen Pilotunternehmens beschränkt.
Als ergänzende, betriebsinterne Stelle existieren bei rd. 13% der befragten Software-Firmen bereits eigene Abteilungen für Qualitätssicherung, in denen diese Fragen u.a. behandelt werden. Ziemlich ungeeignet scheint in diesem Zusammenhang die Verwendung von völlig fachfremden und ungeübten Personen zu sein, die zwar Anfängerverhalten gut simulieren können, bei denen allerdings zusätzliche Schwierigkeiten durch mangelndes aufgabenbezogenes Wissen entstehen. D.h., die Ursachenermittlung, ob Bedienungsfehler auf mangelndes tätigkeitsbezogenes Wissen zurückzuführen sind oder auf Fehler im Software-Entwurf beruhen, dürfte zu ungenauen Ergebnissen führen. Für die Überprüfung der Funktionstüchtigkeit der Software-Oberfläche sind somit die Aussagen einiger weniger bzw. eines einzelnen Pilotkunden ebenso als große potentielle Schwachstellen anzusehen, wie die Ergebnisse aus der Überprüfung von Software hinsichtlich ihrer "Narrensicherheit" durch Kritik fachfremder und ungeübter Personen, die zu Testzwecken herangezogen werden.

In diesem Zusammenhang weist Paetau /81/ auf die Folgen hin, die aus den Verständigungsproblemen zwischen potentiellen Anwendern und DV-Herstellern resultieren können. Oft sind die späteren Anwender in der frühen Phase eines Software-Projektes (weil sie das technisch Machbare nicht kennen) nicht in der Lage, ihre Anforderungen in ausreichendem Maße zu formulieren, was z.B. dazu führen kann, daß die Software-Entwickler ihrerseits aus Unkenntnis über die Erfordernisse der potentiellen Kunden, das technisch Machbare nur ungenügend realisieren.
Diese Unsicherheit, so folgert Ulich /82/, führt dann oft zur Forderung nach "idiotensicheren" oder "narrensicheren" Programmen und damit zu Systemen, die nicht optimal im Sinne des Benutzers funktionieren./83/

Da der Anwender von Standard-Software nach der Implementierung der Programme nur noch in Ausnahmefällen mit dem Software-Haus in Kontakt kommt, kann es für die Designer recht schwierig sein, zu einer genauen Rückmeldung, z.B. über die Funktionsweise einzelner Gestaltungsmittel oder aufgetretenen Problemen beim Umgang mit der Software, zu gelangen. Es liegt nahe, daß die Anwender bei entstehenden Schwierigkeiten entweder die Supportstellen der Software-Produzenten um Rat fragen oder z.B. bei Hardware- und Software-Wartung dem Wartungspersonal entsprechende Mitteilungen über ihre Schwierigkeiten machen. Insofern erhalten die Software-Unternehmen zwar Rückmeldungen (97% der Befragten geben dies auch an), es fragt sich jedoch, mit welcher Genauigkeit diese Benachrichtigungen auch an die Entwicklungsteams weitergegeben werden. In hohem Maße tritt das Supportpersonal (z.B. Telefonauskunft über Hot-line) sowie das Vertriebs- und Wartungspersonal vorwiegend mit Kunden in Kontakt. Mit Ausnahme des Betreuungspersonals hat dieser Personenkreis jedoch hauptsächlich andere Funktionen inne, so daß die Angaben dieser Mitarbeitergruppe zu den Bedienungsschwierigkeiten z.T. ungenau sind und somit nicht im notwendigen Umfang zu den entsprechenden Stellen im Software-Unternehmen gelangen.

Ebenso liefern Rückmeldungen oft keine direkt auswertbaren Ergebnisse, da nur in Ausnahmefällen Kundenbefragungen institutionalisiert sind oder systematisch vorgenommen werden. Sollten solche Befragungen durchgeführt werden, so ist dennoch wegen der relativen Neuheit der Thematik anzunehmen, daß Fragen zur Benutzerfreundlichkeit auf abstrakter Ebene formuliert sind und ihre Ergebnisse deshalb für die Entwickler nur geringen Wert besitzen. Hinzu kommen die Schwierigkeiten der Anwender, die aufgrund fehlender Vergleichsmöglichkeiten oftmals nicht in der Lage sind, direkt Kritik am System zu äußern. Als Versuch zur Verbesserung dieser Situation haben einige Unternehmen die Durchführung eines regelmäßigen Erfahrungsaustausches mit Anwendern eingerichtet. Diese Möglichkeit stellt sicherlich eine Verbesserung des gegenseitigen Informationsaustauschs dar, sofern sie nicht ausschließlich als "Anwenderschulung" verwendet wird, sondern auch die Diskussion von Fragen, etwa zur Oberflächengestaltung (z.B. Schwierigkeiten bei der Programmbedienung), mit den an der Entwicklung beteiligten Personen, beinhaltet.

Wie oben bereits erwähnt, werden manche Schwachstellen beim Design durch Restriktionen verursacht, die vom Entwickler nicht unbedingt beeinflußbar sind, und die die Designer selbst als Hindernis beim Versuch bzw. dem Wunsch nach optimaler Oberflächengestaltung empfinden. Wie die in Kapitel 7.4 dargestellten Umfrageergebnisse zeigen, stehen dabei hauptsächlich terminliche Probleme im Vordergrund. Dies dürfte jedoch vermutlich nicht die Ursache der Restriktionen sein, sondern eine für den Designer offenkundig werdende Auswirkung bestimmter "Basisursachen" darstellen. Solche "Basisursachen", deren Konsequenzen sich z.B. in ständigem terminlichen Druck niederschlagen können, betreffen einerseits die Programmierumgebung in mehr hardware- und software-technischer Hinsicht (Kapitel 7.4.1), andererseits umfassen sie den personellen Bereich in qualifikatorischer Hinsicht (vgl. insbesondere Kapitel 7.4.2).
In bezug auf die Hardware und die Programmierumgebung bei der Software-Entwicklung sind zunächst Hardware-Restriktionen zu nennen, die als Einschrän-

kungen bei der optimalen Programmgestaltung auftreten. Dies können z.B. ungenügende Hauptspeicherkapazität oder veraltete Bildschirmtechnologie (beispielsweise fehlende Darstellbarkeit unterstrichener Zeichen, unterschiedlicher Schriftarten) sein.
Im Zusammenhang mit der Programmierumgebung sind z.B. betriebssystembedingte Restriktionen (z.B. Fixierung von Benutzerinformationen auf einer vom System vorgegebenen Zeile) zu nennen. Hinzu kommt das Fehlen geeigneter Tools (Software-Werkzeuge) zur Software-Entwicklung. Die bereits heute verwendeten Werkzeuge, z.B. Editoren, Masken- und Menügeneratoren, sind z.T. noch nicht so ausgelegt, daß sie die Erstellung ergonomischer Software unterstützen. D.h., es fehlt größtenteils an einem Hilfsmittel, das z.B. bekannte Gestaltungsparameter (Bildschirmaufteilung, max. Anzahl von Informationen auf einer Bildschirmseite, etc.) verwaltet und dem Designer in dieser Hinsicht Hilfestellungen anbietet. Aufgrund dieser Überlegungen scheint es sehr sinnvoll, den ergonomischen Ansatz bei der Software-Gestaltung auch auf die Programmierumgebung der Designer auszudehnen, um so die Voraussetzungen zur benutzerfreundlichen Software-Gestaltung auch für den Designer zu schaffen. Diese durch die obigen Restriktionen vorhandenen Unsicherheiten und Schwierigkeiten werden noch durch qualifikatorische Defizite, wie sie sich aus den Befragungsergebnissen ableiten lassen, in ihrer Wirkung verstärkt. So sind die Entwickler selbst der Meinung, daß qualifikatorische Defizite im Design-Team durchaus vorhanden sind. Hierbei werden vor allem fehlendes Wissen über den Menschen in software-ergonomischer Hinsicht erwähnt. Weniger bedeutsam ist das Fehlen spezieller Informatikkenntnisse. Durch diese Aussagen läßt sich die Vermutung erhärten, daß die zeitlichen Restriktionen als Symptom einer Reihe anderer Ursachen, die die Programmierumgebung, die Hardware und die Ausbildung betreffen, anzusehen sind. Durch die Reduzierung der hier aufgezeigten Schwachstellen könnte somit auch, zumindest teilweise, die Folge des Termindrucks unter dem die Designer stehen, verringert werden.

7.6.2.3 Der Einflußbereich der Endbenutzer

Ganz allgemein nimmt der Anwender innerhalb der Software-Erstellung eine bedeutende Stellung ein. Immerhin besteht ja ein erklärtes Ziel der Software-Entwicklung darin, Kundenwünsche zu erfüllen, d.h. möglichst kundennahe Lösungen zu erstellen, womit im besonderen auch die Benutzerbezogenheit solcher Lösungen gemeint ist.
Der spätere Systembenutzer ist in zweifacher Hinsicht von der Software-Erstellung betroffen./84/ Zum einen repräsentiert der Anwender unternehmens-

intern die Gruppe der Mitarbeiter, die später mit der EDV umgehen soll, und ist daher auch zum anderen für die Software-Entwickler von Bedeutung, da sie für die Erstellung der EDV-Lösung zuständig sind. Im Rahmen dieser Thematik ist es dabei sehr bedeutsam, in welchem Ausmaß die Benutzer an der Software-Erstellung partizipieren. Um die generelle Situation zwischen Endbenutzer und Entwickler darzustellen, soll auf das Verhältnis zwischen Software-Designer und Benutzer eingegangen werden. Daran schließen sich Überlegungen zur innerbetrieblichen Beziehung zwischen Anwender und Unternehmen an, deren Beachtung sich aus einer integrativen Betrachtungsweise des Problembereichs ergibt.

Bei der Erstellung der Software ist, ausgehend von der Erarbeitung der Sollkonzeption, in mehreren Verfeinerungsstufen das Anwendungssystem zu entwerfen und zu implementieren. Die Einbeziehung der zukünftigen Anwender ist in jeder Stufe denkbar: ausgehend von der Festlegung organisatorischer Rahmenbedingungen über die Klärung von Fragen zur visuellen Darstellung bestimmter Informationen, den Aufbau von Schulungsmaßnahmen bis zur Implementierung der Software. Allerdings beschränkt sie sich hauptsächlich auf die Mitsprachemöglichkeit bei der Diskussion um textliche Veränderungen im Rahmen von Bildschirmmasken und Benutzerinformationen. Dabei bedient man sich (vgl. Kapitel 7.2.3) des Verfahrens des Rapid Prototypings. Eine Reduzierung des Prototypings auf einzelne Elemente des Software-Systems (z.B. Bildschirmmasken) führt nur zu teiloptimalen Lösungen, da ein entwickelter Prototyp nur dann eine Abbildung des späteren Anwendungsprogramms darstellt, wenn mit ihm die Simulation ganzer Arbeitsabläufe in Verbindung mit den Ein-, Ausgabedaten möglich ist. Hinzu kommt die Notwendigkeit der nachträglichen Veränderbarkeit solcher erstellter Systeme, die u.U. nach Kriterien entworfen wurden, die nach einer gewissen Zeit keine Gültigkeit mehr besitzen. Sehr erstaunlich ist in diesem Zusammenhang die Tatsache, daß zwar die Anwender zur Klärung solcher inhaltlicher und formaler Fragen herangezogen werden, daß ihnen jedoch bei der Handbucherstellung nur in geringem Maße ein Mitspracherecht eingeräumt wird. Das bedeutet, daß möglicherweise ein wesentliches Hilfsmittel des Anwenders für die Beantwortung späterer Fragen quasi an ihm vorbei erstellt wird, was wiederum zu Handbüchern führen kann, die ihrerseits nie gelesen werden. Vor allem tritt diese Gefahr dann auf, wenn die Systementwickler selbst solche Handbücher verfassen, da sie, aufgrund vertiefter Kenntnisse, mögliche Schwierigkeiten des Anwenders nicht mehr im notwendigen Umfang erkennen können.
Obwohl die Handbucherstellung und ihre Individualisierung zumindest bei Standard-Software große Schwierigkeiten verursacht, ist es denkbar, z.B. mit Hilfe unternehmensspezifischer Fallstudien, ein solches allgemein for-

muliertes Anwenderhandbuch individuellen Wünschen und Anforderungen anzupassen. (vgl. Kapitel 7.2.3)
Was die Flexibilisierung der Software-Oberfläche anbelangt, so wird überwiegend versucht, dem Benutzer ein abgeschlossenes System zu übergeben, das keine Veränderungen mehr zuläßt (vgl. Kapitel 7.2.3). Das bedeutet, daß der Benutzer nicht in der Lage ist, z.B. konzeptionelle Fehler, die aus den o.a. Schwachstellen der Software-Entwicklung resultieren, nachträglich zu korrigieren. Ebenso ist eine individuelle Gestaltungs- und Anpassungsmöglichkeit der Software-Oberfläche und damit der Arbeitsumgebung (vgl. Kapitel 4) nicht vorhanden. Damit wird jedoch den Mitarbeitern die Möglichkeit genommen, sowohl auf eingetretene Veränderungen im Unternehmen als auch auf neue Informationsanforderungen oder persönliche Umgestaltungswünsche flexibel zu reagieren. Dieser Zustand kann auf Anwenderseite ein späteres Akzeptanzhemmnis sein und u.U. zu uneffektivem Arbeiten und unflexiblem Mitarbeiterverhalten führen.
Was die innerbetriebliche Partizipation der Mitarbeiter bei der Entscheidungsfindung im Rahmen der Software-Entwicklung bzw. -Auswahl betrifft, so wissen die Software-Designer selbst um den Wert einer solchen Einbeziehung, z.B. als akzeptanzförderliche Maßnahme. Dies ergibt sich aus den Antworten der Befragten auf die Frage nach möglichen Ursachen für Akzeptanzprobleme (vgl. Kapitel 7.5.3.1 und 7.5.3.2). Da diese fehlende oder nur unzulängliche Einbeziehung auch Folgen für das Produkt selbst und dessen spätere Akzeptanz hat, kann man zumindest von den Entwicklern erwarten, daß sie die Kunden in dieser Hinsicht aufklären bzw. den Versuch unternehmen, die Entscheidungsträger zu einem in dieser Richtung geänderten Verhalten zu motivieren.

7.6.3 Zusammenfassende Darstellung der ermittelten Defizitbereiche

Wie die vorgenommene Analyse zeigt, umfassen die dargestellten Defizite ein sehr breites Gebiet, das nicht ausschließlich auf die Software im engeren Sinne beschränkt bleibt, sondern vielmehr auch das personalwirtschaftliche Umfeld berührt. Insofern konnte in der vorangegangenen Defizitanalyse ein vielschichtiges Gebilde aus sich gegenseitig beeinflussenden Ursachen und Symptomen aufgezeigt werden. Dieses Gebilde, das die wichtigsten, potentiellen Felder für Schwachstellen beim Software-Design aus arbeitswissenschaftlicher Sicht beleuchtet, ist, auf die wesentlichsten Ursachen reduziert, in Abbildung 43 wiedergegeben. Will man nun eine nachhaltige Verbesserung der aufgezeigten Schwachstellen erreichen, so scheint es sinnvoll, die dargestellten Ursachen zu verändern.

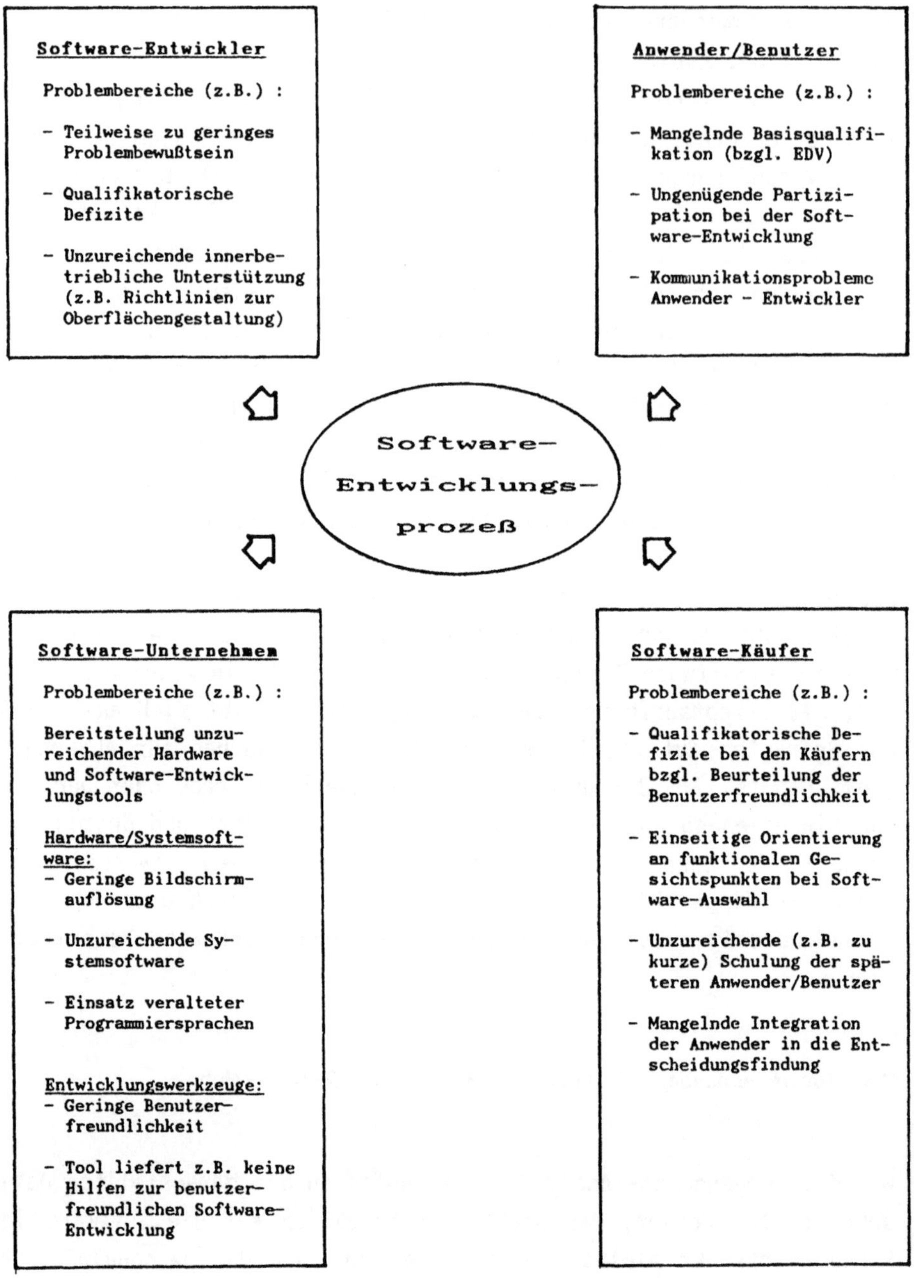

Abb. 43: Ursachenbereiche für Schwachstellen im Bereich Software-Designer - Anwender

8. Lösungsansätze zur Realisierung einer benutzerfreundlichen Software-Entwicklung aus der arbeitswissenschaftlichen Bewertung der dargestellten Defizitbereiche

Wie aus der Defizitanalyse in Kapitel 7 ersichtlich, sind Schwachstellen im Software-Design auf einem sehr breiten Bereich anzutreffen. Als externe Störgrößen auf Seiten der Designer sind hauptsächlich zu nennen:

- Defizite in der Ausbildung
- Restriktionen durch die eingesetzte Hardware
- Restriktionen durch die zur Programmerstellung eingesetzten Entwicklungswerkzeuge.

Interne Störgrößen beziehen sich bei den Software-Herstellern auf die Wertschätzung der Benutzerfreundlichkeit eines Produkts, woraus sich unmittelbar Konsequenzen für die Software-Gestaltung ergeben. Auf Anwenderseite treten (aus Sicht der Designer) vorwiegend qualifikatorische Fragen, unzureichende Partizipationsmöglichkeiten bei der Software-Erstellung und -Einführung als Hauptschwierigkeiten im Rahmen benutzergerechter Software-Gestaltung auf. Daneben liegt in Art und Umfang der Zusammenarbeit zwischen Anwender und Software-Entwickler eine Quelle möglicher Ursachen späterer Produktfehler. Zur Bewältigung der angesprochenen Probleme auf Designerseite werden die nachfolgenden Lösungsansätze zunächst nach ihren überwiegenden Ursachen, in interne und externe Ansätze getrennt, dargestellt. Die erarbeiteten Verbesserungsvorschläge beziehen sich auf Ausbildungsmängel der Entwickler, ihre Schwierigkeiten bei der Software-Entwicklung sowie auf Hardwarefragen. Hieran schließt sich die Erarbeitung von Lösungsvorschlägen zur Beseitigung potentieller Schwachstellen auf Endbenutzerseite an. In diesem Zusammenhang soll vor allem auf das Verhältnis zwischen Endbenutzer und Designer eingegangen werden. Daraus werden dann beispielhafte Verbesserungsvorschläge abgeleitet.

8.1 Lösungsansätze zur Beseitigung von Schwachstellen auf Designerseite

8.1.1 Lösung bestehender Ausbildungsdefizite

Als Ausbildungsstätten sind einerseits überbetriebliche Institutionen (Universitäten, Fachhochschule etc.) sowie Abteilungen im Software-Haus selbst anzusehen. Auf diese beiden Bereiche soll nachfolgend eingegangen werden.

1. Forderungen an überbetriebliche Ausbildungsstätten

Eine Ausbildung mit software-ergonomischem Inhalt findet speziell an den Hochschulen nur vereinzelt statt. Da sich dieses Gebiet durch seinen stark interdisziplinären Charakter auszeichnet, sind die einzelnen Fachbereiche zu verstärkter und echter Zusammenarbeit aufgefordert. Aufgrund der fachlichen Einordnung sind dabei Arbeitswissenschaft, Psychologie und Informatik in besonderem Maße betroffen.
Eine mögliche Aufgabenteilung dieser drei Fachbereiche könnte so aussehen, daß Psychologen verstärkt zur Klärung kognitiver Fragen beitragen und wahrnehmungspsychologische Themen bearbeiten, deren Ergebnisse sie dann z.B. den Arbeitswissenschaftlern zur Verfügung stellen. Den Arbeitswissenschaftlern käme u.a. die Aufgabe zu, diese Erkenntnisse auf konkrete Tätigkeiten abzubilden, um auf diese Weise zur soziotechnologischen Systemgestaltung unter Berücksichtigung der o.a. Aspekte beizutragen. Die Informatik ihrerseits trägt zur Umsetzung dieser aus ergonomischen Erkenntnissen abgeleiteten Empfehlungen in der Software-Entwicklung bei. Die hier beispielhaft beschriebene Form der Aufgabenteilung zwischen verschiedenen Wissenschaftsdisziplinen sollte allerdings nicht als sukzessiver Vorgang (wie oben dargestellt) ablaufen, sondern in Form eines iterativen Prozesses, bei dem ein gegenseitiger Erfahrungsaustausch zwischen den Wissenschaftlern stattfindet. In dieser Form können dann gesicherte Erkenntnisse auf software-ergonomischem Gebiet gewonnen werden.
Neben der Forderung nach verstärkter interdisziplinärer Kooperation wäre es ebenfalls - zur Wissensverbreiterung und zur Schaffung einer gemeinsamen Arbeitsbasis - sinnvoll, in gewissem Umfang Informatikwissen in die psychologisch und sozialwissenschaftlich orientierten Studiengänge zu integrieren. Umgekehrt würde eine Einbeziehung psychologischer und sozialwissenschaftlicher Fragestellungen in die Informatikausbildung der Entwicklung der o.a. Kooperation sehr entgegenkommen. In diesem Zusammenhang sei auf die Ausbildung der Informatikstudenten an der Universität Stuttgart verwiesen, die einen Studienschwerpunkt "Anwendungsorientierte Informatik: Mensch-Maschine-Kommunikation", sowie Wahlpflichtvorlesungen zu diesem Themenkomplex vorsieht./1/

Exkurs: Beispielhafter Inhalt einer Einführungsvorlesung "Software-Ergonomie"

Aus den Angaben der empirischen Untersuchung und den dort aufgetretenen Schwachstellen soll nachfolgend eine beispielhafte Themenzusammenstellung für eine software-ergonomische Grundlagenvorlesung aufgezeigt werden (ohne

Anspruch auf Vollständigkeit). Diese Vorlesung hat den Charakter einer generellen Einführungs- und Informationsveranstaltung und könnte insbesondere den o.a. Kreis ansprechen.

Grobkonzept:

1. Klärung des Begriffs "Software-Ergonomie"

   - Erläuterung seiner interdisziplinären Einordnung
   - Bedeutung für den Anwender
   - Bedeutung für den Software-Entwickler

2. Behandlung technisch-orientierter Hardware- und Softwarefragen

   - Erarbeitung des Grundlagenwissens für Nicht-Informatiker (Klärung grundlegender Begriffe aus der Informatik z.B. Komponente eines Rechnersystems, Peripheriegeräte, hardware-ergonomische Fragen etc.)
   - Software-Entwicklungswerkzeuge (Einsatzmöglichkeiten) in bezug auf die Herstellung benutzerfreundlicher Programme

3. Psychologische Grundlagen in bezug auf Kognition und Wahrnehmung

   - Lang-, Kurzzeitgedächtnis (z.B. Vergessen und Erinnern)
   - Wissensrepräsentation
   - Bild- und Zeichenverarbeitung
   - Mustererkennung, Gestaltwahrnehmung, Gestaltgesetze

4. Darstellung ausgewählter Gestaltungsfelder der Software-Ergonomie

   - Ein-/Ausgabemittel
   - Dialoggestaltung
   - Visualisierungsmöglichkeiten von Informationen am Bildschirm

5. Arbeitsplatzspezifische Fragestellungen in bezug auf den Anwender

   - Tätigkeitsart
   - Übung
   - Frequentierung

6. Organisatorische und sozialwissenschaftliche Fragen im Zusammenhang mit EDV

- EDV-Einführung bzw. -Umstellung und Folgen für die betriebliche Organisation
- Auswirkungen freiwerdender Rationalisierungspotentiale bei der EDV-Einführung auf die Mitarbeiter
- Benutzerpartizipation im Rahmen eines EDV-Projekts
- Schulungskonzepte (Teachware)

7. Überblick über Einsatzbereiche von Software

- Kommerzielle Software für Büro und Verwaltung
- Software-Tools zur Programmentwicklung

8. Fallstudienhafte Einübung der Lehrinhalte

Aufbauend auf einer solchen Überblicksveranstaltung könnten dann Themen mit spezielleren Fragestellungen, z.B. im Rahmen von Seminaren oder ergänzenden Vorlesungen, vertieft behandelt werden.
Neben der schon erwähnten Notwendigkeit zur interdisziplinären Zusammenarbeit wäre zur stärkeren Praxisorientierung dieser Inhalte (z.B. Fallstudien) die Einbindung von im EDV-Bereich tätigen Unternehmen sinnvoll. Diese Kooperation (Forschung-Wirtschaft), die auf diesem spezifischen Gebiet momentan nur spärlich vorhanden ist, kann zum einen dazu benutzt werden, praktische Erfahrungen mit theoretischen Konzepten abzugleichen oder spezielle Fragestellungen der Software-Häuser detaillierter zu untersuchen. Hinzu kommt zum anderen der damit einhergehende Wissensaustausch zwischen Universität und Designern.

Zum verstärkten gegenseitigen Wissenstransfer mit "Fortbildungscharakter" bietet es sich an, im Rahmen von Workshops solche Fragestellungen durch Diskussionen zwischen Praktikern und Wissenschaftlern nachzugehen. Damit läßt sich zumindest eine Sensibilisierung auf beiden Seiten in Verbindung mit vertieftem gegenseitigem Verständnis erreichen. Daneben tragen Veranstaltungen dieser Art häufig dazu bei, Anregungen für die tägliche Arbeit zu vermitteln./2/
Was die Ausbildungsgänge der in den Software-Teams arbeitenden Personen anbelangt, so wird neben der Behandlung software-ergonomischer Fragen die Notwendigkeit zur Erweiterung der jeweiligen Ausbildung seitens der Software-Häuser geäußert. Konkret ergibt sich aus den Befragungsergebnissen,

daß einerseits mehr wirtschaftswissenschaftliches Gedankengut in die Informatikausbildung mit einbezogen werden sollte, andererseits Informatikwissen stärker in wirtschaftswissenschaftliche Studiengänge integriert werden sollte. Damit scheint eine Aufsplittung der Informatik, wie diese von Müller-Merbach/3/ empfohlen wird, in die Äste "Anwendungsinformatik" und "Kerninformatik" den Anforderungen der Praxis (Software-Unternehmen) entgegenzukommen.
Für wirtschaftswissenschaftliche Studiengänge ergibt sich hieraus die Notwendigkeit einer stärker an der "Anwendungsinformatik" angelehnten Ausbildung, in der das Schwergewicht auf der Lösung wirtschaftswissenschaftlicher Fragen mit Hilfe der EDV liegt.

2. Forderung an die innerbetriebliche Weiterbildung in Software-Häusern

Aus den empirischen Ergebnissen wird insbesondere die Notwendigkeit eines stärkeren internen Erfahrungsaustauschs deutlich sowie die Ausbildung der derzeitigen Team-Mitarbeiter in Fragen der Benutzerfreundlichkeit. Zur Lösung dieser Problematik wird vorgeschlagen, einen stärkeren teamübergreifenden (innerbetrieblichen) Erfahrungsaustausch einzurichten, der in regelmäßigen Zeitabschnitten erfolgt. Dabei könnten unterschiedliche Themen im Zusammenhang mit der benutzerfreundlichen Software-Erstellung und -Entwicklung besprochen werden. Ebenso könnte die Einbeziehung repräsentativer Endbenutzer zu solchen innerbetrieblichen Treffen zu neuen Erkenntnissen führen. Diese Treffen sollten institutionalisiert und z.B. als Workshop organisiert werden, wobei sich die Teilnehmer aus Personen aller Unternehmensbereiche zusammensetzen. Auf diese Weise wäre der Informationsaustausch und Informationsfluß im Unternehmen durch die betroffenen Abteilungen hinweg sichergestellt. Auf dieser Basis könnte z.B. das Vertriebspersonal den Entwicklern direkte Kundenerfahrungen mitteilen, und die Entwickler ihrerseits könnten z.B. das technisch Machbare vor diesem Hintergrund diskutieren. Zur Anreicherung solcher Erfahrungsaustausch-Veranstaltungen ist es denkbar, einen Kooperationspartner aus der Forschung hinzuzuziehen. Dadurch läßt sich auch das offensichtlich vorhandenem Bedürfnis der Designer nach stärkerer Information über Fragen der Benutzerfreundlichkeit begegnen.
Die hier dargestellten internen wie externen Lösungsansätze lassen sich größtenteils kurzfristig realisieren. Dies gilt insbesondere für die Stärkung des innerbetrieblichen Erfahrungsaustausches in den Software-Häusern. Was die außerbetriebliche Ausbildung anbelangt, so können diese Ausführungen evtl. einen Beitrag dazu leisten, daß verstärkt solche Themen in die Ausbildungsinhalte der betreffenden Fachbereiche mit einbezogen werden.

8.1.2 Lösungsansätze bei der Software-Entwicklung

Wie die Ausführungen im Kapitel 7.6 gezeigt haben, bezieht sich eine große Zahl potentieller Defizitbereiche auf die Software-Entwicklung selbst.

Maßgeblich sind Vorschriften und Richtlinien als Hilfestellungen der Software-Entwickler bei der Klärung gestalterischer Fragen anzusehen. Aus den Ergebnissen der empirischen Befragung läßt sich ableiten, daß diese Empfehlungen, die größtenteils in Software-Häusern vorhanden sind, allerdings nur unspezifisch formuliert sind, und deshalb keine allzu große Hilfe darstellen. Zu ähnlichen Ergebnissen kommen auch Harker und Taylor im Rahmen einer in England durchgeführten Fallstudie, die sich mit der Entwicklung solcher Standards für die Dialoggestaltung bei Software befaßte./4/ Generell besteht laut ihren Aussagen das Problem nicht in der mangelnden Information, sondern in den oft nicht anwendbaren und teilweise auch widersprüchlichen Design-Empfehlungen. Obwohl die Entwicklung von Standards in erster Linie die Designer bei der Berücksichtigung benutzerbezogener Aspekte unterstützen und damit auch für ein konsistentes Bild der Software sorgen soll, konnte im Rahmen dieser Fallstudie die Eignung der bestehenden Designregeln nur teilweise bestätigt werden. Diese Erfahrungen bekräftigen die in Kapitel 7.6 geäußerten Bedenken gegenüber der Eignung und einem sinnvollen Einsatz dieser Vorschriften und Richtlinien bei der Software-Entwicklung. Bei der Entwicklung von Design-Richtlinien sollte daher zunächst der iterative Charakter solcher Regeln berücksichtigt und akzeptiert werden. Aufgrund der stürmischen Entwicklung auf dem EDV-Sektor sowie durch Kundenrückmeldungen müssen diese Vorschriften ständig überarbeitet werden. Diese Anpassung kann beispielsweise im Rahmen der oben angeregten verstärkten Zusammenarbeit zwischen den einzelnen Design-Teams sowie in Erfahrungsaustauschsitzungen mit Endbenutzern durchgeführt werden. Ziel ist es, solche Regeln zu erstellen, die auf einen konkreten Fall anwendbar sind und den Designer vom Zwang zum Improvisieren weitgehend freistellen. Weiterhin empfehlen Harker und Taylor, Vorschriften mit Beispielen zu veranschaulichen, ihr Zustandekommen zu erläutern und Entscheidungshilfen für den Designer in kritischen Fällen zu erarbeiten./5/ Ihre Empfehlungen schließen damit, die Designer in der Anwendung solcher Vorschriften auch zu unterweisen.
Neben der Notwendigkeit, die Entwicklungstätigkeit mit solchen Richtlinien weitgehend zu unterstützen, scheint es auch erforderlich, für einen Bewußtseinswandel bei den Designern zu sorgen. Dies betrifft vor allem die Ansicht, daß die Oberflächengestaltung ein "notwendiges Übel" sei, dem nach der "eigentlichen Arbeit" noch Genüge getan werden müsse. Dieser Wandel

läßt sich sicherlich zum Teil durch die oben beschriebenen Maßnahmen im Aus- und Weiterbildungsbereich sowie durch die stärkere Betonung softwareergonomischer Fragestellungen, z.B. auch durch die gemeinsame Erarbeitung von Richtlinien, erreichen. Als Folge eines noch nicht genügend vorhandenen Problembewußtseins zeigte sich bei den Befragungsergebnissen, daß nur eine geringe Zahl der Entwickler zur Flexibilisierung der Software-Oberfläche bereit ist./6/ (Es werden vorzugsweise in sich abgeschlossene Programmpakete erstellt, die vom Anwender im nachhinein nicht mehr veränderbar sind.) Diesen Zustand charakterisierte Fischer für den Anwender folgendermaßen:

"Software (umfaßt) alle Teile eines Computers, auf die der Benutzer gestaltend eingreifen kann, Hardware (umfaßt) alle Teile, die, einmal vorhanden, nicht mehr modifiziert werden können, so stellen sich heutige Computersysteme dem Benutzer fast ausschließlich als Hardware dar."/7/

Als Konsequenz dieser Aussage ergibt sich die Forderung, adaptierbare bzw. adaptive Benutzerschnittstellen zu verwenden. Diese Schnittstellen können vom Anwender an seine Bedürfnisse individuell angepaßt (adaptierbar) werden oder passen sich selbständig, z.B. durch ein Expertensystem unterstützt, an die Erfordernisse der Anwender an (adaptiv). Diese Forderung läßt sich auch arbeitswissenschaftlich mit dem Wunsch nach einer weitgehenden Selbstbestimmung über die Wahl des richtigen Weges zur Aufgabenerledigung begründen. Dies entstammt der Erkenntnis, daß es zur Problemlösung nur selten genau den "one best way" gibt, den es nur zu ermitteln und der betroffenen Person mitzuteilen gilt./8/ Regelmäßig muß man daher davon ausgehen, daß mehrere gleichwertige Strategien zur Aufgabenlösung möglich sind, und der jeweilige Bearbeiter die Freiheit haben sollte, die ihm geeignet erscheinende Strategie selbst zu wählen.

Diese Forderung hat ihre Berechtigung gerade bei Standard-Software, da aufgrund der häufig nur geringen Kontakte mit den späteren Endbenutzern die Beachtung spezieller Anforderungen/ Wünsche der Anwender oft nicht im notwendigen Maße möglich ist. Um diesem Nachteil entgegenzuwirken, sollte der Anwender auf jeden Fall auch nach der Implementierung Veränderungen am Software-Paket (zumindest an der Oberfläche) vornehmen können.
Die Verwirklichung einer individuell anpaßbaren Oberfläche setzt die strikte Trennung herkömmlicher Programme in den eigentlichen Verarbeitungsteil und in das Benutzerinterface voraus. Eine solche Differenzierung wird notwendig, damit unabhängig vom dv-technischen Ablauf die Software-Oberfläche "nach Belieben" vom Benutzer geändert werden kann. Weiter wird eine an-

wenderfreundliche Schnittstelle notwendig, die die Durchführung der Veränderungen an der Benutzeroberfläche unterstützt.
Eine so realisierte Flexibilisierung kann wegen der Möglichkeit, persönliche Anpassungen vorzunehmen, dazu beitragen, dem Anwender die Rolle des Rechners als Werkzeug und Hilfsmittel zur Arbeitserledigung verständlich zu machen. Auf diese Weise läßt sich schon beim Entwurf indirekt das Gefühl des "Ausgeliefertseins" beim Anwender reduzieren. In diesem Zusammenhang stellen Bauer und Herczeg fest, daß adaptierbare Systeme "dem Benutzer ein Gefühl einer persönlichen Arbeitsumgebung (vermitteln), die er sich nach seinen Fähigkeiten und Präferenzen angepaßt hat und jederzeit wieder umgestalten kann."/9/
Adaptierbare Systeme verhalten sich so, daß sie den Anwender aus einer Vielzahl von Alternativen (z.B. Form der Programmsteuerung, Wahl des Ein-/Ausgabemittels) eine ihm genehme Art der Arbeitsverrichtung auswählen lassen und ihm gleichzeitig die Möglichkeit einräumen, jederzeit zwischen den Alternativen zu wechseln und damit die Arbeitsumgebung bzw. die Art der Arbeitsausführung umzugestalten.
Eine Anpassung durch den Anwender wird bei einigen Software-Häusern vor allem für textliche Änderungen in Menüs oder Bildschirmmasken zugelassen. Weitergehende Tendenzen zur Flexibilisierung und Individualisierung sind - mit Ausnahme der Möglichkeiten, die die sog. Programmiersprachen der vierten Generation bieten - kaum festzustellen (vgl. Kapitel 6.2.4).
In Anlehnung an Bauer und Herczeg soll nachfolgend ein Überblick über potentielle Bereiche im Rahmen der Software-Oberfläche aufgezeigt werden, die sich als Ansatzpunkt für eine Individualisierung eignen./10/

1. Programmsteuerung

Die Verwendung bestimmter unterschiedlicher Programmsteuerungsarten (z.B. Menü oder Aktionscode) sollte parallel möglich sein. Der Anwender sollte ohne merklichen Unterschied auch permanent zwischen ihnen wechseln können./11/

2. Ein-/Ausgabemittel

Programmsteuerungen lassen sich je nach ihrer Art mit verschiedenen Ein-/Ausgabemitteln verknüpfen. In vielen Fällen können Funktionstasten und Zeigerinstrumente (Maus) oder zukünftig natürlichsprachliche Schnittstellen dieselben Aufgaben übernehmen. Die Entscheidung für ein bestimmtes Ein-/Ausgabegerät sollte dem Anwender überlassen bleiben. Es ist in diesem Zusammenhang denkbar, daß ein Sachbearbeiter eher mit einer Maus in Programmen interagiert, während eine stark mit Eingabetätigkeiten beschäftigte Person diese seltener benutzt und statt dessen Funktionstasten auf der Tastatur bevorzugt. Diese Überlegungen sollten allerdings nicht zur Einschränkung der Verwendung einer Maussteuerung z.B. auf Sachbearbeitungstätigkeiten führen, sondern die Entwickler motivieren, parallel verschiedene Ein-/Ausgabemittel anzubieten.

3. Informationscodierung

In diesem Zusammenhang ist zum einen an die formale Gestaltung von Bildschirmmasken bzw. Menütexten und zum anderen an inhaltliche Gesichtspunkte zu denken. Auf beide Arten wurde bereits im Kapitel 6 eingegangen. Wesentlich ist, daß der Anwender die Informationscodierung in seinem Arbeitsbereich selbständig bestimmen, d.h. verändern kann. Hierzu zählen insbesondere die Möglichkeit des Anwenders zur Umbenennung von Feldnamen, die Änderung bzw. Ergänzung von Bildschirmmenüs und Hilfetexten sowie die Durchführung formaler Änderungen bei der Bildschirmausgabe. Zu den formalen Änderungen sind Veränderungen in der lokalen Position einzelner Texte, Veränderungen von Farben bzw. Kontraste oder von Zeichengrößen bzw. Schriftarten zu nennen.

4. Defaults

Der Anwender sollte immer wieder vorkommende Eingaben als Defaultwerte selbständig definieren können. Eine Hilfestellung durch das System kann z.B. bei Kommandofolgen dadurch erreicht werden, daß die häufigste - nach der erfolgten Bearbeitung folgende Aktion - automatisch vorgeschlagen wird.

5. Definition von Handlungsfolgen

In Erweiterung der Defaultvereinbarungen sollte der Anwender in der Lage sein, sich wiederholende Handlungen als Makrobefehl zu definieren und in seinem Arbeitsbereich ablegen zu können. Auf diese Weise lassen sich Routinetätigkeiten reduzieren bzw. notwendige Wiederholungen ohne große Konzentration durchführen. Dieser Ansatz kann bis zum von Eibl und Wimmer/12/ vorgeschlagenen "Roboter" erweitert werden, wobei der Roboter die Handlungen des Benutzers unter dessen Aufsicht exakt nachvollzieht.
Der Forderung nach Einrichtung einer vom Benutzer anpaßbaren Schnittstelle wird häufig die Befürchtung entgegengebracht, daß dies innerhalb kürzester Zeit zu einem Wirrwarr unterschiedlicher Masken und Menüs führe, das niemand mehr überblicken oder warten könne. Einem solchen durchaus denkbaren

Zustand sollte mit organisatorischen und software-technischen Maßnahmen begegnet werden. Abhilfe kann z.B. dadurch geschaffen werden, daß Veränderungen der Benutzer parallel zur installierten Anwendung im System verwaltet werden. Auf diese Weise ist man jederzeit in der Lage, auf die Ursprungsversion zurückzugreifen. Weiterhin ist an die Koordination der Anwenderwünsche und an die Beratung der betreffenden Benutzer zu denken, die von einer für Benutzerfragen zuständigen Person im Anwenderunternehmen durchgeführt wird. Eine solche Person könnte etwa als EDV-Koordinator zwischen EDV-Haus und Anwenderkreis vermittelnd eingesetzt werden./13/

Zusammenfassend läßt sich zur Notwendigkeit der Flexibilisierung und Individualisierung der Software feststellen, daß es sinnvoll erscheint, Maßnahmen zu ergreifen, um dem Anwender nach Auslieferung des Produkts eine eigenständige Anpassung der Software-Oberfläche zu ermöglichen. Mit diesen Anregungen verbindet sich die Forderung an die Software-Häuser ihrerseits, in stärkerem Maße adaptierbare Systeme zu schaffen, wie sie in Teilbereichen durch den Anfänger- und Expertenmodus bereits realisiert sind, um so dem Anwender soweit als möglich die Wahl der richtigen Vorgehensweise bei der Lösung seiner Aufgabe zu überlassen. Perspektivisch läßt die Einbindung von Expertensystemen in die Anwendungsprogramme weitere Fortschritte in bezug auf die Benutzerfreundlichkeit erwarten.

Die im Rahmen einer Mensch-Rechner-Kommunikation ausgetauschten Informationen lassen sich in folgende Kategorien einteilen:

- Unterschiedliches Anwenderverhalten, das aufgrund verschiedener Erfahrung und Übung mit der Software entsteht (Unterstützung des Anwenders z.B. bei auftretenden Schwierigkeiten)
- Dialog zwischen Benutzer und Rechner zur Erledigung der gestellten Aufgabe (tätigkeitsbezogene Kommunikation)
- Arbeitstätigkeit, Verwendung von Werkzeugen zur Aufgabenerledigung (fachspezifisches Wissen).

Im Rahmen der Problemlösung mit Hilfe eines Rechners (bzw. Software) charakterisiert die Kombination dieser "Basiselemente" des Mensch-Rechner-Dialogs miteinander ein jeweils anderes Systemverhalten, das als individuelle Anpassung an die Bedürfnisse des Anwenders angesehen werden kann./14/ Mit Hilfe der Künstlichen Intelligenz ist es nun denkbar, durch die Verwendung von Wissensbasen in Verbindung mit Expertensystemen zu einer sehr effektiven Mensch-Rechner-Kommunikation zu gelangen. Dabei besteht das System aus einem Expertensystem, das für die Unterstützung des Mensch-Maschine-Dialogs zuständig ist und in die Module:

- Übungsgrad, Systemerfahrung des Anwenders
- Kommunikationssteuerung, Dialogsteuerung
- Werkzeugverwendung und Einsatzbereiche

unterteilt werden kann./15/

Die Funktionsweise und die Beziehung der einzelnen Module zueinander sei am nachfolgenden Beispiel kurz erläutert:

1. Expertenmodul "Übungsgrad - Systemerfahrung"

Dieses Expertenmodul hat die Aufgabe, in Abhängigkeit der Erfahrung des Anwenders, Unterstützungsfunktionen im benötigten Detaillierungsgrad anzubieten sowie die benutzerbezogene Ausgabe von Hinweisen zur besseren bzw. effektiveren Arbeitserledigung zu steuern (z.B. Verweis auf eine komplexe Operation). Die Hauptaufgabe dieses Moduls besteht zunächst darin, Hilfestellungen in individueller Anpassung auszugeben sowie die anderen Module bei der Entscheidung, z.B. über das Anbieten einer komplexeren Funktion zur Arbeitsbewältigung, zu unterstützen. Durch den Einsatz dieses Moduls wird damit den verschiedenen Benutzergruppen und ihrem unterschiedlichen Wissensstand, der für bestimmte Bereiche der Software vom Expertenwissen bis zum Anfängerwissen reichen kann, Rechnung getragen. Als Erweiterung wäre die Ausarbeitung individueller Trainingsprogramme bzw. Weiterbildungsprogramme für die Anwender denkbar, um so in einem kontinuierlichen Lernprozeß zu einem besseren Umgang mit dem System zu gelangen.

2. Expertenmodul "Kommunikations- und Dialogsteuerung"

Dieses Modul hat die Aufgabe, zu einer sinnvollen Kommunikation zwischen Mensch und Rechner beizutragen. Der Inhalt der Ausgabe wird dabei von den anderen Expertenmodulen beeinflußt.
In Anlehnung an Hoffmann und Valder/16/ soll der dort für den so bezeichneten "Dialogexperten" dargestellte Aufgabenbereich wiedergegeben werden.

Zum Aufgabeninhalt dieses Moduls zählen damit zum einen alle Tätigkeiten, die zur Grobplanung der Arbeit gehören:

1. Beratung der Anwender über:
   - Funktionsumfang der Software
   - Anwendbarkeit der Funktionen bei bestimmten Problemen

2. Assistierende Funktion:
   - Protokollierung des Dialogverlaufs
   - Analyse des Dialogs und der Anwenderziele
   - Merken und Aufzeigen unverstandener Dialogschritte (z.B. als Basis eines Trainingsplans)
   - Im Fehlerfalle: Analyse der Fehlersituation zusammen mit dem Benutzer.

Zum anderen entscheidet das Modul über die Auswahl des geeigneten Kommunikationsmittels und die Art der Kommunikation (z.B. über natürliche Sprache, durch akustische Signale oder optische Hinweise) sowie den Einsatz einer bestimmten Dialogart und die Aufnahme und Gestaltung von Klärungsdialogen.

3. Expertenmodul "Werkzeugverwendung"

Dieses Modul verfügt über anwendungsspezifisches Wissen und ist damit in der Lage, dem Benutzer geeignete Werkzeuge zur Verwendung vorzuschlagen und auf Fehler zu reagieren, die auf unzureichendes Fachwissen bzw. auf eine im System geänderte Bearbeitungsweise im Vergleich zur Situation ohne EDV zurückzuführen sind. Auf diese Weise unterstützt dieses Modul die Anwendung eines konkreten Werkzeugs im Rahmen bestimmter Tätigkeiten. Aufgrund unterschiedlicher Anforderungen verschiedener Tätigkeitsbereiche an das gleiche System ist die fachbezogene Kenntnis über die Eignung einzelner Werkzeuge erforderlich. Z.B. unterscheiden sich die Anforderungen eines Sachbearbeiters an ein Textverarbeitungsprogramm (er benötigt etwa Bausteinverarbeitung oder eine Schnittstelle zur Auftragsdatei) von denen einer Sekretärin. Sie benötigt z.B. die Funktion "Anfertigung von Texten mit automatischer Adressierung" oder muß bei der Herstellung qualitativ hochwertiger Texte unterstützt werden. Hinzu kommt die Beseitigung möglicher Wissensdefizite des Benutzers bei der Aktivierung verschiedener Spezialfunktionen. In Abhängigkeit von Übungsgrad und Anwendungswissen des Systembenutzers könnte dieses Modul auch die Übernahme erkennbarer und automatisierbarer Tätigkeiten für den Anwender übernehmen. Dies wäre z.B. durch die automatische Generierung einer Makrofunktion für den Anwender möglich, die dieser lediglich noch aktivieren muß. Eine denkbare Tätigkeit in diesem Sinne wäre etwa die Übertragung von Zahlenwerten zum Zwecke der Erstellung einer graphischen Darstellung aus einer Datei in ein anderes Programm oder z.B. die Durchführung von Layout-Veränderungen in Tabellen. Solche Tätigkeiten sind automatisierbar, wenn sich die Vorgänge mehrfach wiederholen und sich eine Strategie beim Benutzer erkennen läßt.

Eine Zusammenarbeit dieser drei Module läßt sich am Beispiel der Systemreaktion auf einen Fehler leicht verdeutlichen. Bei der Erkennung des Fehlers würden zunächst im Rahmen einer Analyse durch das Modul "Werkzeugverwendung" genauere Informationen zur Art des Fehlers und seinen möglichen Ursachen erarbeitet werden. Nach Feststellung der Ursachen wird sodann durch das Modul "Übungsgrad-Benutzererfahrung" eine adäquate Systemmeldung generiert, die das Modul "Kommunikations-, Dialogsteuerung" in der entsprechenden Form an den Anwender ausgibt. Das Modul "Übung und Benutzererfahrung" würde im Fehlerfalle z.B. die Art der Systemmeldung bestimmen, während das Modul "Werkzeugverwendung" die Fehlerdiagnose vornimmt, die dann zur Fehlermeldung führt.

Insgesamt dürfte die Unterstützung eines Anwendungsprogramms durch ein derart beschriebenes Expertensystem zu erheblichen Fortschritten bei der Mensch-Maschine-Kommunikation führen. Wie man der obigen Schilderung einer möglichen Funktionsweise eines solchen Expertensystems entnehmen kann, dienen alle Schritte dazu, den Umgang mit der Software zu individualisieren, d.h. an den Benutzer und seine spezifischen Anforderungen besser anpaßbar zu machen. Dieser Zustand läßt sich aber gegenwärtig auch ohne Einsatz eines Expertensystems durch die schon angesprochene Flexibilisierung der Software-Oberfläche verwirklichen. Zwar dürfte die Lösung im Vergleich zu einem einsatzreifen Expertensystem nicht so ausgefeilt sein, sie hat allerdings den Vorteil der sofortigen Realisierbarkeit.

Die häufig geäußerte Vermutung, daß die Einbeziehung software-ergonomischen Gedankenguts die Software-Entwicklung lediglich verteuere und verzögere, widerlegt Fink. Für ihn sind die Erstellung eines gut strukturierten Programms und die gleichzeitige Rücksichtnahme auf Fragen der Benutzerfreundlichkeit kein Gegensatz. Er bringt dies wie folgt zum Ausdruck: "Es ist zu empfehlen, die Verantwortung für die Software-Ergonomie nicht loszulösen von der Verantwortung (Vorgabe/Kontrolle) für die Techniken des Software-Entwurfs und (für) die Software-Engineering-Methoden allgemein ..., denn Ergonomie und Software-Engineering ergänzen sich; sie wirken ja beide auf dasselbe Produkt, das Programm, und tragen erst im Sinne eines ganzheitlichen Lösungsansatzes zur optimalen Qualität der Software bei."/17/ D.h., erst durch die Verbindung ergonomischer Überlegungen mit Software-Engineeringmethoden kann ein ganzheitlich "optimales" Produkt erstellt werden. In diesem Sinne kann die Kombination beider Methoden dazu führen, daß auf effiziente Weise benutzerfreundliche Programme erstellt werden.

8.1.3 Lösungsansätze zur Verbesserung der Software-Entwicklungsumgebung

Die Entwicklungsumgebung, in der Programme erstellt werden, läßt sich zum einen durch die benutzte Hardware und zum anderen durch die dem Software-Designer zur Verfügung stehenden Entwicklungstools charakterisieren. Nach Aussage der Software-Designer sind diese beiden Größen neben terminlichen Problemen, deren Ursache sich zumindest teilweise auch auf Einschränkungen in dieser Hinsicht zurückführen läßt, als Hauptrestriktionen einer benutzergerechten Software-Gestaltung anzusehen. Aus diesem Grunde wurde auch schon an früherer Stelle angeregt, den software-ergonomischen Ansatz nicht nur auf den Kreis der Endbenutzer von Anwendungsprogrammen zu beschränken, sondern ihn auch auf den Personenkreis auszudehnen, der mit der Programmerstellung beschäftigt ist. In diesem Teil sollen nun einige Ansätze und Anregungen vorgestellt werden, die zur Reduzierung der besagten Schwachstellen beitragen können. Da die hardwaremäßigen Restriktionen eher in den Bereich der Computerhersteller fallen, wird auf sie an späterer Stelle eingegangen.

Zunächst muß allgemein vorausgeschickt werden, daß das Entwicklungsergebnis - also das Anwendungsprogramm - grundsätzlich nur so gut sein kann, wie es die - dem Entwickler - zur Verfügung stehenden Werkzeuge zulassen. Heute besteht allerdings noch eine ziemlich starke Diskrepanz zwischen den Anforderungen, die in bezug auf die Benutzerfreundlichkeit an ein Software-Paket gestellt werden, und den Möglichkeiten, die der Entwickler durch die Anwendung seiner zur Software-Erstellung verfügbaren Tools besitzt. Eine Software-Entwicklungsumgebung zeichnet sich i.allg. durch die parallele Existenz mehrerer Programmierhilfsmittel aus. Dabei ist die Auslegung dieser Programmierwerkzeuge (Tools) eher auf die Erstellung eines funktionstüchtigen Programms - im Sinne des Software-Engineerings - als auf die gleichzeitige Schaffung einer anwendernahen Lösung gerichtet. D.h., in diesen sog. "Software-Engineering Environments" besteht eine zu starke Ausrichtung auf das effiziente Erstellen von Programmen, ohne daß Aspekte der Benutzerfreundlichkeit integriert sind. Dies veranlaßt z.B. Nick /18/ zu der Aussage, daß gerade in bezug auf die stärkere Berücksichtigung von Benutzeranforderungen "methodisch/technische Erweiterung(en) momentaner (Software-Entwicklungs-) Tools für anwendernahe Software-Entwicklung und -

Wartung denkbar und notwendig" sind. Die Bedeutung, die der software-ergonomischen Thematik zukommt, charakterisiert Fink folgendermaßen: "Die Software-Ergonomie steht bei vielen Informatikern noch im Schatten der Software-Engineering-Techniken, der Anwendung geschickter Algorithmen, und anderer DV-technisch orientierter Problemlösungsansätze."/19/ Daneben wird angeführt, daß die zur Verfügung stehenden Werkzeuge in erheblichem Maße selbst für den Programmierer schwierig zu bedienen sind und nur unzureichend die erforderliche Arbeitsumgebung zur Software-Erstellung repräsentieren, d.h. nur teilweise unterstützend wirken.

Als Hauptschwierigkeiten treten dabei auf:
- schwankende und zu lange Antwortzeiten;
- kaum Unterstützung bei der Top-Down-Entwurfstechnik wegen zu starker Orientierung an der sequentiellen Programmierung;
- Probleme bei der Realisierung des Datenschutzes;
- Furcht vor Datenverlust bei Systemabstürzen;
- Zwang zum Arbeiten in unterschiedlichen Benutzerschnittstellen bei der Verwendung verschiedener Entwicklungskomponenten (z.B. Editor, Betriebssystem etc.);
- erst in geringem Umfang Schnittstellen zum Datenaustausch zwischen verschiedenen Tools;
- unzureichende Abbildung der Arbeitsumgebung des Entwicklers durch Tools (z.B. teilweise nur beschränkte Zugriffsmöglichkeit auf mehrere Dateien gleichzeitig)./20/

Mit der Verbesserung dieses Bereichs ist auch - zumindest für gut geübte Anwender - ein Übergang vom reinen Systembenutzer zum "Ad-hoc-Programmierer" möglich. Auf diese Weise könnte die momentane scharfe Trennung zwischen Entwickler und Endbenutzer durch Systeme, die die endbenutzerbezogene Anwendungsentwicklung zulassen, durchlässiger werden. Damit geht auch die Hoffnung vieler DV-Abteilungen einher, den momentan bestehenden Anwendungsstau (Diskrepanz zwischen Verarbeitungsproduktivität und Programmierproduktivität; zu viele Programmanforderungen aus den Fachabteilungen, die in der DV-Abteilung mit erheblichen zeitlichen Verzögerungen umgesetzt werden) zu verringern./21/ Des weiteren kann diese Art der "Programmierung" dazu führen, daß die Anwender beim Umgang mit dem Rechner zunehmend flexibler werden und individuelle Modifikationen selbständig erledigen können. Was die einzelnen Komponenten einer komfortablen Software-Entwicklungsumgebung anbelangt, so gehört diese Diskussion eher in den Bereich der Informatik und der Software-Tool-Entwicklung. Der Vollständigkeit halber sei jedoch Wedekind zitiert, der als Elemente eines solch komfortablen Entwicklungswerkzeugs z.B. Full-Screen-Editoren, Compiler, Maskengeneratoren, Reportgeneratoren und Datenbanksysteme charakterisiert, die sich unter einer einheitlichen Benutzerschnittstelle dem Programmierer präsentieren./22/

Als Basisanforderungen, denen z.B. Werkzeuge zur Maskenentwicklung gerecht werden sollten, sind die in Kapitel 6 formulierten Kriterien (beispielsweise bezüglich dem Aufbau einer Bildschirmmaske) anzusehen. Hierzu gehört u.a. die Möglichkeit der Verwendung des deutschen Zeichensatzes, der Groß- und Kleinschrift, sowie die Variation von Kontrast und Farbe etc. In Erweiterung des Funktionsbereichs dieser Entwicklungstools könnte eine Datenbank mit software-ergonomischen Gestaltungsregeln und Erkenntnissen hinzugefügt werden. Die Aufgabe einer solchen Datenbank bestünde einerseits in der Bereitstellung von Informationen zu software-ergonomischen Fragen, indem etwa gut gestaltete Bildschirmmasken abrufbar wären, und andererseits in der aktiven Unterstützung des Designers beim Entwurf nach software-ergonomischen Regeln. Eine weitere Aufgabe des Systems könnte beispielsweise in der Bewertung des Aufbaus einer Bildschirmmaske nach ergonomischen Gesichtspunkten gesehen werden.
Nimmt man etwa als Anhaltswert an, daß maximal 50% der zur Verfügung stehenden Fläche einer Maske beschriftet sein sollte, so könnte dieses Programm den Entwickler durch die Ermittlung und Einblendung des Beschriftungsgrades (%-Wert beschrifteter Fläche von der Gesamtfläche) permanent beim Entwurf unterstützen. Weiterhin ist z.B. an die Beurteilung der entworfenen Maske nach wahrnehmungspsychologischen Regeln (z.B. Bildung von bestimmten Informationsgruppen) zu denken. Ebenso sind Hilfestellungen bei der Visualisierung von Informationen (z.B. Präsentation geeigneter Farbkombinationen, Angabe von Kontrastwerten etc.) denkbar sowie die Unterstützung beim Entwurf von Hilfetexten. Dabei könnte vor allem eine Unterstützung bei der strukturierten Vorgehensweise beim Aufbau der Hilfetexte und ihrer Verknüpfungen untereinander hilfreich sein. Hinzu kommt die praktische Umsetzung software-ergonomischer Richtlinien, die ähnlich einem Hilfesystem nun dem Designer als Unterstützung on-line zur Verfügung gestellt würden.
Was die Kooperation Designer-Anwender anbelangt, so ist als Voraussetzung zur besseren Endbenutzereinbeziehung noch auf die Verwendung des Rapid-Prototyping einzugehen. An dieser Stelle sei darauf hingewiesen, daß die Entwicklungstools, wie oben schon beschrieben, generell über diese Möglichkeit verfügen sollten. Ebenso sollte es möglich sein, bereits bei der Entwicklung anhand von Simulationsdaten das Konzept und damit den später EDV-unterstützten Arbeitsablauf dem Anwender vorzustellen. Da Entwicklungssysteme nur in wenigen Fällen über diese Eigenschaften verfügen - wie die Literaturstellen belegen - ist es sicherlich notwendig, die momentan verwendeten

Tools einer Anpassung zu unterziehen. Einerseits sind sie dabei so zu erweitern, daß es möglich ist, die in Kapitel 6 gemachten Vorschläge einzuhalten, andererseits sind sie aber auch an die dort dargestellten Anforderungen (Erweiterung des software-ergonomischen Ansatzes auf den Entwicklerbereich) anzupassen. Die Hinzufügung einer mit ergonomischen Inhalten versehenen Datenbank bietet sich zusätzlich als hilfreiche Erweiterung der Tools an. Daneben gelten für die Programmierer und ihre Arbeitsumgebung in bezug auf die Benutzerfreundlichkeit eines Systems ähnliche Anforderungen, wie sie für den Endbenutzer formuliert werden. Die Unterschiede zwischen Anwender und Designer beziehen sich hauptsächlich auf tätigkeitsbezogene Anforderungen an die Soft- und Hardware.

Die momentane Arbeitsumgebung der Software-Entwickler charakterisiert Wedekind wie folgt: "Bei einer konventionellen Entwicklung muß der Entwickler laufend in unterschiedlichen Modi operieren. Arbeiten in der Kommandosprache des Betriebssystems, Text-Editieren, Kompilieren, Binden etc. sind Modi, die wegen ihrer unterschiedlichen Benutzerschnittstellen die Entwicklungsarbeiten beachtlich erschweren."/23/ Eine mögliche Lösung dieses Problems für bestimmte Anwendungen bahnt sich mit dem Einsatz der sog. Programmiersprachen der 4. Generation an, die sich durch mehr Benutzernähe auszeichnen und über Hilfsmittel verfügen, die dazu beitragen sollen, den Wechsel zwischen den unterschiedlichen Modi weitgehend zu vermeiden.

3.1.4 Lösungsansätze zur Verbesserung der Hardwareumgebung

Zur Realisierung einer für den Anwender adäquaten Arbeitsumgebung am Computer sind hardwareseitig Erweiterungen erforderlich, wie sie bisher erst im PC-Bereich anzutreffen sind. /24/ Dabei bezieht sich diese Erweiterungsmöglichkeit im kurz- bis mittelfristigen Bereich eher auf die explizite Kommunikation. Die implizite Verständigung zwischen Mensch und Rechner ist von der Verwirklichung her an die KI-Forschung und damit z.B. an die Bereitstellung von Expertensystemen geknüpft und beinhaltet somit ein stark perspektivisches Moment. Die explizite Kommunikation läßt sich z.B. durch die Verwendung von Fenstertechnik (Windowing), die Benutzung redundanter Informationen (Farbe, Kontrast etc.), die zusätzliche Einbeziehung graphischer Symbole sowie die Bereitstellung alternativer Ein-/ Ausgabemittel erreichen. Allerdings verfügen Computersysteme der mittleren Datentechnik bzw. den Großsysteme im allgemeinen weder von der Hardware noch vom Betriebssystem her über entsprechende Möglichkeiten./25/

Die überwiegend für den administrativen Bereich in hohem Maße einsetzbaren Bürocomputer bringen solche Voraussetzungen für die Realisierung dieser Anforderungen heute schon mit. So verfügen sie z.B. über Betriebssysteme, die das Window-Handling unterstützen und die Arbeit mit graphischen Symbolen ermöglichen. Als Beispiel seien hier die Systeme XEROX 1108 (Fa. XEROX), PERQ (Fa. ICL), MACINTOSH (Fa. Apple) sowie die Systemsoftware MS-WINDOWS (Fa. Microsoft) und Graphics Environment Manager (GEM, Fa. Digital Research) genannt./26/
Als Hardware-Voraussetzung zum sinnvollen Einsatz solcher graphischer Umgebungen in Anwendungsprogrammen sind neben technischen Änderungen der Hardware (z.B. CPU - Bereitstellung dezentraler Hauptspeicherkapazität) rastergraphikfähige und mehrfarbige Bildschirme anzusehen./27/ Es ist anzunehmen, daß die Möglichkeiten dieser Systeme in allen Betriebsbereichen das zukünftige Aussehen der Benutzerschnittstellen prägen und verändern werden. Als Beispiel, wie eine rechnernahe Softwareumgebung (z.B. Betriebssystem) die Erstellung benutzerfreundlicher Programme behindern kann, seien die Erfahrungen von Mielke angeführt, der davon berichtet, daß es im Rahmen der Umgestaltung von Software nach Kriterien der Benutzerfreundlichkeit nicht möglich war, die von der Systemschnittstelle auf den Bildschirm gesendeten Fehlermeldungen in eine entsprechende Meldezeile zu plazieren bzw. durch eine deutsche Meldung zu überblenden./28/ Zur Verbreiterung des externen Kommunikationskanals ist der Anschluß alternativer Ein-/Ausgabeeinheiten erforderlich. Für Hardware- und Systemsoftware-Hersteller bedeutet dies, die Bereitstellung von Schnittstellen und Betriebssystemen, die neben dem Windowhandling das Einbinden von alternativen Ein-/Ausgabegeräten wie z.B. Maus, Lichtgriffel oder natürlichsprachliche Systeme unterstützen.

Zusammenfassend lassen sich die Anforderungen an die Hardwarehersteller und Systemsoftware-Häuser dahingehend formulieren, daß zukünftig im wesentlichen:

- Rastergraphikbildschirme mit der Möglichkeit zum Einsatz von Farben
- Einsatzmöglichkeiten für unterschiedliche Ein-/Ausgabemittel
- Betriebssysteme und sonstige Systemprogramme, die die Arbeit mit der verbesserten Hardware unterstützen

bereitgestellt werden sollten. Dies gilt insbesondere auch für Großrechenanlagen, damit auch auf dieser Seite die Voraussetzungen zur Entwicklung benutzeradäquater Software-Produkte vorhanden sind und nicht in überwiegendem Maße auf den PC-Bereich beschränkt bleiben.

Eine Lösungsmöglichkeit ist in der Installation von PC's in Verbund mit Großrechnern zu sehen. Auf diese Weise erhält der Anwender (mit den zentral gespeicherten Daten auf dem Großrechner) Zugang zu den i.d.R. besseren Software-Oberflächen von Kleinrechnern.

8.2 Lösungsansätze zur Reduzierung von Schwachstellen auf Anwenderseite (insbesondere qualifikatorischer Defizite)

Ein bedeutendes Subziel bei der Software-Entwicklung besteht darin, die Programme anwendernah zu erstellen. Daß dieses Ziel momentan noch nicht in dem erforderlichen Ausmaß erreicht wird, haben die obigen Ausführungen im allgemeinen und die Befragungsergebnisse im speziellen eindrucksvoll bestätigt. Auch konnten Ursachen ermittelt werden, die Rückschlüsse auf Defizitbereiche bei der Software-Entwicklung im weitesten Sinne zuließen. Allerdings liegen die Ursachen falscher oder fehlerhafter Software-Entwicklung nicht ausschließlich auf Designer-Seite, sondern auch auf Anwenderseite. Die nachfolgend beschriebenen Vorschläge betreffen den "Käufer" der Software-Produkte und damit die Unternehmungen, in denen die Programme zukünftig eingesetzt werden sollen. Die dargestellten Überlegungen und Lösungsansätze beziehen sich dabei auf die Beseitigung der - nach Ansicht des Verfassers - auf Anwenderseite existierenden zwei Hauptursachen, die zu Problemen beim Umgang mit Software führen.
Es handelt sich dabei um:

1. Qualifikatorische Defizite der zukünftigen Anwender in bezug auf EDV
2. Defizite im Bereich der Partizipation und Einbeziehung direkt Betroffener bei der EVD-/ Software-Investition

Zu 1:
Einerseits bestehen durch die momentanen Wissensdefizite bei den Anwendern erhebliche Unsicherheiten gegenüber dem EDV-Einsatz, die sich z.B. in der unkritischen Übernahme von Vorurteilen sowie auftretenden Ängsten, sowohl gegenüber der eigentlichen Tätigkeit (z.B. Angst vor Datenverlust) als auch hinsichtlich möglicher Freisetzungen zeigen und als Folge zu unakzeptiertem und dadurch uneffektivem Umgang mit der Software führen./29/

Zu 2:
Andererseits kann die zu geringe Beteiligung der direkt von der EDV-Einführung betroffenen Personen, z.B. bei der Systemauswahl und der Erstellung des Pflichtenhefts, häufig zu ungenauen Software-Lösungen und damit zu ver-

meidbaren Schwierigkeiten führen. Diese Schwierigkeiten können z.T. darauf beruhen, daß Vorgesetzte über Detailfragen bei der Softwarebeschaffung entscheiden, ohne daß ihnen der volle Umfang der Tätigkeit sowie die daraus abzuleitenden Anforderungen bzw. die Bedürfnisse der Anwender bekannt sind.

Durch die frühzeitige Einbeziehung der Betroffenen in den Systementwurf und die Systementscheidung läßt sich zum einen eine bessere Anforderungsbeschreibung und dadurch schon in der Soll-Konzeption z.B. die Beschreibung der Tätigkeit adäquater Software-Funktionen erreichen. D.h., auf diese Weise kann das bei den zukünftigen Anwendern vorhandene Wissenspotential und ihr Erfahrungsschatz bezüglich ihrer Tätigkeit und damit einhergehender betrieblicher Zusammenhänge positiv für alle beteiligten Stellen (in diesem Fall: Software-Haus, Unternehmung, Anwender) eingesetzt werden. Ebenso führt die Realisation partizipativer Konzepte zum Abbau von Akzeptanzbarrieren und zur Motivation der Mitarbeiter für die EDV-unterstützte Arbeit./30/ Tepper erkannte im Rahmen einer Studie, daß die Motivation für eine Beteiligung bei den befragten Mitarbeitern stark durch deren Interesse an neuen Problemen und deren Lösung sowie mit der Erwartung der Erreichung neuer Qualifikationen verbunden ist./31/ Auf diese Weise kommt man dem arbeitswissenschaftlich als positiv erkannten Ziel der "-zumindest partiellen - Wiederherstellung der Einheit von Planen, Ausführen und Kontrollieren" auch in diesem Zusammenhang erheblich näher./32/ Unabhängig von einer speziellen Anwendung geht mit der EDV-Verbreitung die Notwendigkeit zur Basisqualifikation zukünftiger und potentieller Anwender einher. Hinzu kommt in einem konkreten Anwendungsfall die software-spezifische Schulung. Da Schwachstellen in beiden Bereichen bestehen, soll nachfolgend im Rahmen eines Überblicks auf diese Punkte eingegangen werden.

1. Maßnahmen zur Veränderung der Basisqualifikation

Grundlegende Kenntnisse bezüglich des EDV-Einsatzes und ihrer Anwendung können zunächst durch Veränderung schulischer Inhalte erreicht werden. Dieser Punkt soll allerdings nicht Gegenstand der Betrachtung im Rahmen dieser Arbeit sein und deshalb auch nicht weiter verfolgt werden.
Für momentan berufstätige bzw. in Berufsausbildung befindliche Personen wird verstärkt angeregt, sich fehlendes EDV-Know-how durch die Belegung von Weiterbildungskursen in öffentlichen und privatwirtschaftlichen Institutionen anzueignen. In diesem Zusammenhang wird häufig von einem "Computerführerschein" gesprochen, der entsprechend anderer "Führerscheine" als Grundausbildung im Umgang mit Rechenanlagen verstanden wird.

Aus dem Kursangebot einer privatwirtschaftlichen Ausbildungsstätte sei der dort dargestellte Inhalt zum Erhalten des Computerführerscheins als Beispiel einer möglichen allgemeinen Qualifikationsmaßnahme dargestellt./33/

Die Ausbildung untergliedert sich in drei Qualifikationsstufen:

Stufe 1: EDV-Zusatzqualifikation
Stufe 2: EDV-Sachbearbeiter
Stufe 3: EDV-Koordinator

Im einzelnen beinhalten die Stufen folgenden Lehrstoff:

Stufe 1: EDV-Zusatzqualifikation

- Arbeiten mit Personalcomputern (Klärung wichtiger EDV-Fachbegriffe, allgemeiner Umgang mit Programmen und Betriebssystemen, Erzeugen von Listings, Verhalten im Fehlerfalle)
- Umgang mit einem Textverarbeitungsprogramm (Textbe- und -verarbeitung)
- Umgang mit einem Kalkulationsprogramm (Spreadsheet)
- Umgang mit einem Datenbankprogramm (Ein-/Ausgabe von Datenbeständen am Bildschirm, Ändern von Datenfeldern, Erstellen von Berichten aus Informationen der Datenbank)

Stufe 2: EDV-Sachbearbeiter

- Umgang mit integrierten Software-Paketen, wobei die Anwendungen einzelner Funktionsbereiche (Text, Graphik, Datenbank) und ihre integrative Handhabung besprochen werden
- Vertiefung der erworbenen Kenntnisse mittels betriebsspezifischer Fallstudien

Stufe 3: EDV-Koordinator

- Entwicklung von EDV-Anwendungen (Vermittlung systemanalytischen Grundwissens)
- Einführung in die Programmierung (Besprechung theoretischer Konzepte und programmtechnischer Grundlagen)
- Praktische Programmierung (Befehlsumfang einer Programmiersprache, praktische Programmierübungen)
- Vertiefung der erworbenen Kenntnisse mittels betriebsspezifischer Fallstudien.

Eine solche Ausbildung vermittelt zum einen Basiswissen über Hardware und Betriebssysteme eines Rechners und geht auf mögliche Fehler sowie auf Eigenerstellung von Anwendungsprogrammen ein. Zum anderen lernen die Kursteilnehmer den Umgang mit z.Z. verwendeten branchenbezogenens Standardprogrammen für den kommerziellen/administrativen Bereich. Neben dieser intensiven Ausbildung ist es aus terminlichen Gründen denkbar, daß kürzere Ausbildungen zur Grundlagenvermittlung beispielsweise kurz vor der EDV-Einführung in einer Unternehmung durchgeführt werden. Auch hier bestehen auf der Seite der Privatwirtschaft Schulungsangebote, wie z.B. "EDV-Grundlagen für Bildschirmsachbearbeiter", "PC-Training für Einsteiger"./34/

Im Rahmen einer solchen "Warming-up"-Schulung sollten der angesprochenen Gruppe (Schreibkräfte/Sachbearbeiter/ Führungskräfte) EDV-Grundlagenwissen, z.B. prinzipieller Aufbau einer EDV-Anlage, Ablauf der Datenverarbeitung, Organisation von Daten, wichtige periphere Geräte und deren grundsätzliche Bedienung, aber auch arbeitsorganisatorische und arbeitswissenschaftliche Kenntnisse vermittelt werden.

Aus den Ergebnissen der empirischen Befragung bei Software-Designern ergeben sich folgende Bereiche für eine solche Ausbildung:

Für Schreibdienst und Sachbearbeitung:
a) Hardware: Bedienung peripherer Geräte (vorwiegend Drucker, Plotter)
b) Software: Betriebssystembefehle, Bedienung von Hilfsprogrammen sowie allgemeine DV-Grundlagen

Für den Managementbereich steht das DV-Grundlagenwissen im Vordergrund. Allen anderen Kenntnissen kommt nur geringe Bedeutung bei.

Für die direkte Anwendung sollte das Ziel der Schulung u.a. darin bestehen, den zukünftigen Anwendern zu einer realistischen Einschätzung der Folgen der EDV-Einführung für ihren Arbeitsplatz durch Aufklärungsarbeit zu verhelfen und sie so für den EDV-Einsatz zu motivieren. Insbesondere geht es in diesem Zusammenhang auch darum, unbegründete Vorurteile und allgemeine Ängste, die bei den Betroffenen bestehen, abzubauen./35/ Das zweite Ziel solcher Präventivmaßnahmen ist die Reduzierung überzogener Erwartungen gegenüber der EDV. Gehen die Mitarbeiter vor der EDV-Einführung von solchen Annahmen aus, muß man nach der Einführungsphase mit Ernüchterung und ggf. verminderter Bereitschaft zur Systembedienung rechnen. D.h., es besteht auch vorbereitend die Notwendigkeit, Schwachstellen bzw. Grenzen der Software aufzuzeigen und dadurch die Erwartungen gegenüber den Fähigkeiten der Rechenanlage auf ein realistisches Niveau zu führen. Im Rahmen der Vorbereitung einer EDV- bzw. Software-Einführung kann auch die Vermittlung ergonomischen Wissens für die spätere Zusammenarbeit zwischen Anwender und Designer hilfreich und förderlich sein. Man denke hierbei z.B. daran, daß das Rapid-Prototyping etwa beim Bildschirmmaskenentwurf wesentlich schneller realisiert werden kann, wenn beide Seiten sich über grundlegende Fragestellungen, z.B. zur Gestaltung einer Maske, im klaren sind.

Für Schulungsmaßnahmen, die beim Unternehmen des potentiellen Anwenders vor EDV-Implementierung durchgeführt werden, stehen somit die Ziele:

- Motivation und Information der Mitarbeiter im Hinblick auf die Arbeit am Computer
- Reduzierung überzogener Erwartungen in bezug auf die Leistungsfähigkeit von EDV-Systemen
- Vorbereitung auf die erforderliche Zusammenarbeit mit den Software-Partnern durch Einbeziehung spezifischer benutzerbezogener Fragestellungen

im Vordergrund.

2. Anwenderschulung

Neben der Verbesserung des EDV-Wissens der Benutzer kommt bei der EDV-Einführung die Schulung der Anwender im Umgang und in der Anwendung der Software hinzu. Inhalt und Ablauf solcher Schulungsmaßnahmen gehören nicht direkt zum Thema dieser Arbeit. Da allerdings unzureichende und schlechte Schulungsmaßnahmen z.B. als Ursachen dafür angesehen werden können, daß die Anwender den Funktionsumfang der Software nicht genau kennen (vgl. Kapitel 7.5.2 die Erfahrungen der Designer zu diesem Punkt), sollen einige wesentliche Punkte, die im Rahmen von Schulungen zum Tragen kommen, kurz beleuchtet werden.

Ziel der Ausbildung muß es sein, die zu Schulenden zu "mündigen und wissenden" Anwendern des Systems zu machen. D.h., die alleinige Bedienungseinweisung führt nicht zum gewünschten Erfolg. Vielmehr müssen weitergehende Maßnahmen ergriffen werden. Zielgruppe einer Schulung sollte neben den Anwendern selbst, nach Aussagen von Schaffitzel, der diese Erfahrung in praktischen Projekten gewonnen hat, auch das Mittlere Management sein./36/

Nach seinen Erfahrungen spielen neben den Anwendern vor allem auch deren direkte Vorgesetzte, also Gruppen- und Abteilungsleiter, bei der erfolgreichen EDV-Einführung im Betrieb eine entscheidende Rolle. Ihre Unterstützung und ihr Einsatz bestimmen den Grad der Verwendung des neuen EDV-Systems in erheblichem Maße mit.
Das Erkennen von Programmzusammenhängen ist nach Hattke mit der Qualität der Schulung verbunden./37/ Der positive Effekt einer verlängerten Schulungsmaßnahme läßt sich - seiner Ansicht nach - in den folgenden beiden Aussagen zusammenfassen: "Der größere Überblick über Gesamtzusammenhänge und die damit verbundene größere Identifikationsmöglichkeit mit dem Arbeitsplatz führt zu Anerkennung bei Kollegen und Freunden ... Die grundsätzlich positive Auswirkung einer längeren Schulungsdauer zeigt sich zusammenfassend in der Bewertung des Statements: Das Datensichtgerät macht mich bei meiner Arbeit zufriedener. Die Situationsgruppe mit weniger Schulung lehnte es ... ab, die Situationsgruppe mit mehr Schulung bewertete dieses Statement ... deutlich positiver."/38/
Damit lassen sich in Anlehnung an die dieser Arbeiter zugrundeliegenden empirischen Ergebnisse folgende Punkte als sinnvolle Inhalte einer Schulungsmaßnahme angeben:

- Einweisung in die Programmbedienung
- Erläuterung von Systemzusammenhängen, insbesondere zu benachbarten Arbeitsplätzen, aber auch als Systemüberblick
- Aufzeigen von Leistungsgrenzen der Software
- Bedienung peripherer Geräte, z.B. Drucker, Plotter aber auch Geräte zur Datensicherung (soweit nicht automatisch)
- Erläuterung der Funktionsweise und Zusammenhänge der Software an Fallbeispielen der Unternehmung; Probebetrieb
- Unterschiedlich intensive Schulung der verschiedenen Systemnutzer und -anwender.

Die zu schulenden Mitarbeiter sollten in dieser Zeit von anderen Arbeiten völlig freigestellt werden und nach der Schulung unmittelbar die Gelegenheit zum Sammeln praktischer Erfahrungen mit dem erlernten Stoff haben. Dabei ist es wichtig, daß sich alle Beteiligte darüber im klaren sind, daß mit großer Wahrscheinlichkeit die Anfangseffizienz des EDV-unterstützten Mitarbeiters unter der Arbeitseffizienz vor der EDV-Einführung liegt. Um die Schüler nicht durch die Komplexität der Materie, z.B. Fülle von Funktionen, zu überlasten, ist es zudem praktisch, Schulungsmaßnahmen in mehreren Intervallen zu veranstalten. Zwischen diesen Zeitabschnitten kann der Schüler den gelernten Stoff beim praktischen Arbeiten vertiefen. Ebenso empfiehlt sich die Erstellung eines an betrieblichen Beispielen orientierten Handbuchs. Auf diese Weise läßt sich die bisher mangelnde Anwendereinbeziehung bei der Erstellung der Handbücher durch das Hinzufügen konkreter Fallbeispiele mit Lösungen auf die jeweilige betriebsspezifische Situation anpassen. Die Einhaltung dieser dargestellten Kriterien bei der Durchführung einer Schulungsmaßnahme stellt, wie eingangs bemerkt, eine Voraussetzung zum effektiven Umgang mit der Software dar. Sie birgt die Chance in sich, ein Teil der Probleme, die die Designer in Kapitel 7.5 im Anwenderbereich sehen, zur vermeiden.

8.3 Lösungsansätze zur Verbesserung der Zusammenarbeit zwischen Software-Entwickler und Endbenutzer

Neben den Schwierigkeiten, die auf unzureichendes Grundlagenwissen beim Anwender bzw. schlechte Schulung zurückzuführen sind, gilt es, die mit dem Software-Entwicklungsprozeß verbundenen Probleme zu berücksichtigen. Nach Designeraussagen liegt ein wesentlicher Schwachpunkt dabei in der oftmals zu späten bzw. unzureichenden Einbeziehung der potentiellen Systembenutzer während der Entwurfs- und Entscheidungsphase eines EDV- bzw. Software-Projekts.

1. Direkte Zusammenarbeit Anwender - Designer

Als Hauptvorteile verstärkter Benutzerbeteiligung kann die Akzeptanzförderung auf Benutzerseite sowie die Konzeption eines richtig funktionierenden Systems angesehen werden. D.h., die Abweichung von der geplanten Sollsituation zur tatsächlich realisierten Situation kann z.T. auf diese Weise minimiert oder durch Erkenntnisse im Laufe der Entwicklung beeinflußt werden. Als spezielles System in diesem Zusammenhang kann der Entwurf eines Software-Systems verstanden werden. Allein aus der vorhandenen unterschiedlichen Sachkenntnis der Beteiligten ergibt sich schon die Zweckmäßigkeit der verstärkten Zusammenarbeit, um auf diese Weise zu einer optimalen Problemlösung zu gelangen. Als Hauptgebiet, in dem dabei die Kooperation stattfinden soll, sind die jeweiligen tätigkeitsbezogenen Arbeiten anzusehen. Zu einer erfolgreichen Zusammenarbeit innerhalb eines solchen Software-Projekts gehören auf Anwenderseite einerseits qualifikatorische Voraussetzungen (vgl. Kapitel 8.2.1).
Andererseits sollten den betroffenen Mitarbeitern auch die Folgen in arbeits-, ablauforganisatorischen und personalwirtschaftlichen Fragen, die

durch die Software- bzw. EDV-Einführung für sie mittelbar und unmittelbar entstehen können, bekannt sein. Ausgehend von dieser wichtigen Vorabinformation kann dann mit der Entwicklung des Soll-Konzepts begonnen werden. Den Ablauf bei der Entwicklung eines solchen Soll-Konzepts aus der Sicht der Anwender verdeutlicht Müller-Merbach./39/ Seiner Meinung nach wurde der so von ihm genannte "Sollkonzepter" bislang von der Informatik vernachlässigt. Die bisher in der Informatik entwickelten Methoden des Software-Engineerings unterstützen nämlich hauptsächlich die EDV-Abteilung. Er betont, daß auch bislang ein Instrumentarium fehle, um die logischen Sichten des Anwenders auf die betrieblichen Daten darzustellen./40/ Dieser "Sollkonzepter" stellt damit die Schnittstelle zwischen den Anwendern und der EDV-Abteilung bzw. dem Software-Haus dar. Seine Informationen und Anregungen erhält er zwangsläufig aus der engen Zusammenarbeit mit den späteren Benutzern bzw. einer ihnen beigeordneten Person. (Auf diesen Punkt wird noch bei der Diskussion um mögliche Verbesserungen bei der Kommunikation zwischen Software-Haus und Anwenderunternehmen eingegangen.) Folgt man in chronologischer Reihenfolge dem Systementwicklungszyklus, so ergibt sich nach der Fixierung des Sollkonzepts sowie der Klärung organisatorischer und notwendiger technischer Fragen der Entwurf der Programm-Oberfläche./41/ Dabei kann das Verfahren des Rapid Prototypings sehr hilfreich sein. Die für Standard-Software existierende Problematik, daß häufig nur geringe direkte Kontakte zwischen Anwendern und Entwicklern bestehen und dadurch die Vorteile der Prototypenerstellung nicht zum Tragen kommen, kann durch das "Enduser Prototyping" umgangen werden. D.h., dem Anwender wird eine variable Software-Oberfläche zur Verfügung gestellt, wie sie in Kapitel 8.1.2 vorgeschlagen wurde. Auf diese Weise kann entweder der Endbenutzer selbst oder eine ihm zur Seite stehende Person, die für DV-technische Fragen zuständig ist, die Oberflächengestaltung im gewünschten Sinne variieren. D.h., die Vorteile des Rapid Prototypings könnten auch ohne zwingende Präsenz eines Designers genutzt werden.

2. Zusammenarbeit Software-Haus - Anwenderunternehmen

Da die Anwender bei Befragungen durch Software-Häuser oftmals nicht in der Lage sind, ihre Anforderungen so zu präzisieren, daß sie für den Designer direkt faßbar und realisierbar sind, wird angeregt, die Schnittstelle Designer-Anwender um eine in EDV- und Anwenderfragen sachkundige dritte Person - sie soll hier "EDV-Koordinator" genannt werden - zu ergänzen. Diese Aufgabe könnte aber auch durch einen Sollkonzepter mit breiterem Aufgabenspektrum wahrgenommen werden./42/ Die Erfüllung dieser Aufgaben macht sowohl tätigkeitsbezogenes Anwenderwissen als auch Kenntnisse hinsichtlich software-spezifischer Fragestellungen erforderlich. Dem EDV-Koordinator obliegt damit in der Projektierungsphase die Steuerung der Anwenderpartizipation in qualitativer und quantitativer Hinsicht. Bei anfallenden Prototyping-Maßnahmen kommt ihm z.B. die Aufgabe zu, aufgrund seiner Fachkenntnisse mögliche Redundanzen bei der Arbeitsausführung frühzeitig zu erkennen und in Absprache mit Endbenutzer und Designer diese auszuräumen. Nach der Implementierung der Software steht er als direkter Ansprechpartner den Anwendern zur Verfügung und löst aufgrund seiner vertieften Systemkenntnisse ein Gros der auftretenden Probleme beim Umgang mit der Software. Auch kann er in Abhängigkeit der Anwenderbedürfnisse Weiterbildungsmaßnahmen organisieren, damit alle Benutzer den für sie wesentlichen Funktionsumfang der Software kennen und benutzen lernen. Für Fragen der Oberflächenveränderung bei bereits implementierter Software dient er als direkter Ansprechpartner - sofern die Anwender nicht in der Lage sind, diese Veränderungen selbständig vorzunehmen. Zudem obliegt es ihm, die Software-Dokumentation bei Systemänderungen zu aktualisieren und die Anwender darüber zu informieren und ggf. einzuweisen. Aus der Beschreibung einiger grundsätzlicher Funktionen dieses Software-Koordinators kann man Parallelen zu den Funktionen des in Kapitel 8.1 angeregten Expertensystems erkennen. Die Einrichtung einer solchen Stelle bringt damit folgende Vorteile für die Kommunikation zwischen Anwenderunternehmung und Software-Unternehmung (Designer) mit sich:

- Koordination quantitativer und qualitativer Mitarbeitereinbeziehung, um so einen sinnvollen Beitrag im Rahmen der Zielsetzung (Effektivität und Benutzerfreundlichkeit) zu leisten;
- direkter Ansprechpartner für Anwender, der in der Lage ist, den größten Teil möglicher Fragen zu klären;
- Organisation von Weiterbildungsmaßnahmen durch den ständig engen Kontakt mit den Anwendern;
- fachkompetenter Ansprechpartner für Software-Entwickler als Ergänzung zu direkt partizipativen Maßnahmen;
- Umsetzung anwenderbezogener Änderungswünsche bei der Software;
- Realisation von Rückmeldungen etwa auf Änderungswünsche zwischen Anwender und Entwickler;
- Aktualisierung von Software-Dokumentation für die Benutzer.

9. Zusammenfassung

Die zunehmende Verbreitung der EDV in allen Unternehmensbereichen führt dazu, daß auch in stärkerem Maße solche Personen damit konfrontiert werden, die i.d.R. über keinerlei EDV-Erfahrung verfügen. Die dadurch verursachten qualifikatorischen Anforderungen können aller Voraussicht nach in angemessener Zeit nicht ausschließlich mit Hilfe von Schulungs- bzw. Weiterbildungsmaßnahmen bewältigt werden. D.h., es ist aus humanen und wirtschaftlichen Gründen notwendig, die Computerprogramme (Software) den Anwendererfordernissen anzupassen. In diesem Zusammenhang kommt der richtigen Software-Entwicklung, d.h. der Orientierung der Entwicklung an den Bedürfnissen der späteren Anwender, primäre Bedeutung zu.

Die vorliegende Arbeit befaßt sich mit diesem Prozeß und beleuchtet ihn aus arbeitswissenschaftlicher Sicht. Das Ziel der Arbeit besteht darin, Fehler, die bei der Entwicklung gemacht werden und zu nicht-benutzeradäquaten Programmen führen können, aufzudecken. Daran schließt sich die Erarbeitung von Lösungsvorschlägen an, die zur Beseitigung der dargestellten Defizite beitragen sollen. Die Arbeit ist als Soll-Ist-Vergleich konzipiert, aus dem Defizite abgeleitet und Lösungen entwickelt werden. Die Soll-Daten basieren auf theoretischen Überlegungen in bezug auf den Anwender und seinen Anforderungen an eine mögliche EDV-Unterstützung. Die Ist-Daten entstammen einer empirischen Befragung bei 67 Software-Unternehmen in der Bundesrepublik Deutschland.

Zur allgemeinen Einordnung der Thematik (Kapitel 2) werden die Veränderungen in der Arbeitswelt durch den EDV-Einsatz dargestellt. Insbesondere geht es dabei auch um die Frage, in welchem Umfang durch den EDV-Einsatz die Qualifikationsanforderungen verändert werden und wie sich dieser Wandel interpersonell auswirkt. In diesem Zusammenhang werden zum einen neue Belastungsformen aufgezeigt und zum anderen die Frage der Höher- bzw. Dequalifizierung der Beschäftigten durch den EDV-Einsatz diskutiert.

Kapitel 3 enthält die Beschreibung des betrachteten Untersuchungsbereichs (Büro und Verwaltung) sowie eine kurze Darstellung dort verfügbarer/einsetzbarer Software. Weiterhin wird in diesem Teil der Arbeit ein erster Bezug zu den Arbeitsplätzen des Untersuchungsbereichs hergestellt.

Zu einer unter arbeitswissenschaftlichen Gesichtspunkten geführten Betrachtung gehört auch die Behandlung solcher Fragen, die die Akzeptanz und Motivation der Anwender in Hinblick auf das System betreffen (Kapitel 4). Daraus lassen sich erste Anforderungen an eine benutzerorientierte Software-Entwicklung stellen.

Aus der arbeitsinhaltlichen Beschreibung der in Büro und Verwaltung vorhandenen Tätigkeitsfelder (Kapitel 5) ergeben sich Anforderungen an zukünftige Systeme, die zum einen funktionaler Natur sind und zum anderen die Benutzerfreundlichkeit der Programme betreffen.

Kapitel 6 geht dann ausführlich auf momentan vorhandene bzw. eingesetzte Elemente zur Gestaltung der Software-Oberfläche ein. Dort werden die z.Z. gängigen Gestaltungsparameter für das Design der Software-Oberfläche dargestellt und hinsichtlich ihrer arbeitswissenschaftlichen Relevanz diskutiert (z.B. Bedeutung unterschiedlicher Programmsteuerungsarten für unterschiedliche Anwendergruppen etc.). Damit gehen als Soll-Größen in die Soll-Ist-Analyse ein:

- Anforderungen an die Software abgeleitet aus Überlegungen zur Motivation und Akzeptanz (Kapitel 4)
- Anforderungen abgeleitet aus der Betrachtung der arbeitsinhaltlichen Situation in Büro und Verwaltung (Kapitel 5)
- Anforderungen aus der Erörterung und Diskussion gängiger Gestaltungselemente für das Design der Software-Oberfläche (Kapitel 6).

Die empirischen Ist-Daten beziehen sich auf diesen genannten Bereich und beschreiben ihn aus der Sicht der Software-Entwickler (Kapitel 7). Hierbei wird der Software-Entwicklungsprozeß, die Person des Software-Designers, der Anwender aus Sicht der Entwickler und die Zusammenarbeit zwischen Anwender und Designer näher betrachtet.

Aus dem Vergleich von Soll- und Ist-Daten lassen sich Defizite analysieren, die als potentielle Störgrößen einer benutzergerechten Software-Entwicklung angesehen werden können (Kapitel 7.6). Sie betreffen zunächst die Entwickler und ihre Arbeitsweise. Ebenso sind die Software-Firmen in der Rolle der Bereitsteller der Software-Entwicklungsumgebung (bzw. -werkzeuge) als potentielle Schwachstellen anzusehen. Zudem zeigt die Untersuchung Defizite im Bereich der Benutzerbeteiligung bei der Software-Erstellung.

Als Ansatzpunkte für eine Verbesserung dieser Situation wird die Verwirklichung einer Reihe von Maßnahmen vorgeschlagen (Kapitel 8), die sich auf die oben kurz skizzierten Bereiche beziehen. Es handelt sich dabei z.B. um:

- Bereitstellung entsprechender Hardware in Verbindung mit unterstützender Systemsoftware
- Entwicklung benutzerfreundlicher Software-Entwicklungsumgebungen (z.B. durch Einbeziehung von Expertensystemen)
- Behebung der bei den Software-Entwicklern bestehenden qualifikatorischen Defizite (insbesondere in Fragen der Benutzerfreundlichkeit)
- Auswahl geeigneter Einführungsstrategien auf Seiten der Anwender, um zukünftig eine Verbesserung der momentanen Situation herzustellen.

Es kann somit zusammenfassend für den in dieser Arbeit behandelten Komplex der benutzerfreundlichen Software-Entwicklung festgestellt werden, daß nur durch die stärkere Berücksichtigung software-ergonomischer Fragestellungen ein qualitativer Wandel in dem dargestellten Problembereich erreicht werden kann.
Durch das Ergebnis der empirischen Studie wird deutlich, daß dieses Ziel nur in Form einer integrativen Vorgehensweise erreicht werden kann. Die Beseitigung einzelner Schwachstellen führt in aller Regel lediglich zu suboptimalen Lösungen.

Weiterhin zeigt sich durch die Defizitanalyse und die daraus abgeleiteten Lösungsansätze (Kapitel 8), daß bei der Software-Entwicklung in den Software-Unternehmen und auf Benutzerseite durch die aufgezeigten Maßnahmen im kurz- bis mittelfristigen Bereich einige wesentliche Verbesserungen erreichbar sind. Dadurch kann man zumindest den ersten Schritt, weg von einer korrektiven und damit kurativen, hin zu einer stärker präventiv betonten Systemgestaltung nach software-ergonomischen Maßstäben unternehmen.

Auf diese Weise läßt sich ein Beitrag zur Anpassung des Computers an den Menschen, statt wie heute noch überwiegend üblich, des Menschen an den Computer erreichen.

Anmerkungen und Quellenverzeichnis

Anmerkungen und Quellen werden kapitelweise dargestellt. Tritt eine Quelle mehrfach auf, wird auf die jeweils erste Darstellung in früheren Kapiteln Bezug genommen.

Kapitel 1

/1/ Nach den Ergebnissen der dieser Arbeit zugrundeliegenden empirischen Befragung von Software-Häusern arbeiten 67% der Firmen speziell in Fragen der Oberflächengestaltung von Software überhaupt nicht mit Universitäten oder Fachhochschulen zusammen, 27% manchmal.

Kapitel 2

/1/ Vgl. Drosdowski, G., Grebe, P., Köster, R., Müller, W. (Hrsg.): Das Fremdwörterbuch, Duden, Mannheim, Wien, Zürich, 3.Aufl. 1974, S. 717

/2/ Vgl. Rühl, G.: Untersuchungen zur Arbeitsstrukturierung, in: Industrial Engineering (22) 3/1973, S. 151, sowie Fußnote 10

/3/ Der Beginn der praktischen Rechnerentwicklung datiert etwa um das Jahr 1935. Zu dieser Zeit wurde z.B. die Z 1 von Konrad Zuse gebaut. Für militärische Zwecke wurden zu dieser Zeit die Rechenanlagen in den USA und dem damaligen Deutschen Reich z.B. zur Lösung mathematischer Problemstellungen bei der Waffenproduktion verwendet. Zur Entwicklungsgeschichte der Computertechnologie vgl. z.B. King, A.: Einleitung: Eine neue industrielle Revolution oder bloß eine neue Technologie?, in: Friedrichs, G., Schaff, A. (Hrsg.): Auf Gedeih und Verderb - Mikroelektronik und Gesellschaft, Bericht an den Club of Rome, Wien, München, Zürich 1982, S. 13-14 oder Ide, R.T.: Die Technologie, in: Friedrichs, G., Schaff, A. (Hrsg.), Auf Gedeih ... a.a.O., S. 53-54 oder Kohlbauer, K.: Geschichte des Computers, in: Management Wissen, o.J. 1/1985, S. 33-34. Zur militärischen Nutzung der Mikroelektronik vgl. z.B. Barnabay, F.: Mikroelektronik im Krieg, in: Friedrichs, G., Schaff, A. (Hrsg.): Auf Gedeih ... a.a.O., S. 257-288

/4/ Vgl. hierzu z.B. Bohle, G.: Mikroelektronik - Chancen mit Chips, in: data report (19) 2/1984, S. 17 Bohle verweist im Rahmen seiner Ausführungen auf den "in allen Industrieländern spürbaren Übergang von einer Produktionsgesellschaft zur Informations- und Dienstleistungsgesellschaft" Dostal spricht in diesem Zusammenhang "vom Übergang von der Industriegesellschaft in eine Nachindustrielle Gesellschaft, deren Konturen aber noch nicht deutlich erkennbar sind. ... für die zukünftige Gesellschaft liegen Definitionen vor, wie beispielsweise "Dienstleistungsgesellschaft", "Bürogesellschaft" oder "Informationsgesellschaft". Dostal, W.: Datenverarbeitung und Beschäftigung, Teil 3: Der Informationsbereich, Mitteilungen der Arbeitsmarkt- und Berufsforschung (MittAB) (17) 4/1984, S. 490 ff, insbesondere S. 491 und S. 499 und die unter Fußnote 5 angegebenen Literaturhinweise.

/5/ Dostal erweitert das Dreisektorenmodell um einen vierten Sektor, den Informationssektor. Auf diese Weise versucht er den mit der Informationstechnik verbundenen Strukturwandel herauszuarbeiten. Vgl. Dostal, W.: Datenverarbeitung und Beschäftigung, Teil 3: Der Informationsbereich ... a.a.O., S. 498

/6/ Abbildung leicht modifiziert nach Angaben von Dostal. Vgl. Dostal, W.: Datenverarbeitung und Beschäftigung, Teil 3: Der Informationsbereich ... a.a.O., S. 499. Allerdings muß betont werden, daß eine solche Darstellung aufgrund der Veränderungen zwischen den Jahren 1882 und 1982 nur als grobe Orientierungshilfe betrachtet werden kann. Als Veränderungen sind z.B. die absolute Anzahl der Beschäftigten, die unterschiedlichen Gebietsgrößen sowie Wirtschafts- und Berufsstrukturen anzusehen. Vgl. dazu die Anmerkungen von Dostal. Dostal, W.: Datenverarbeitung ... a.a.O., S. 499

/7/ Deutsch spricht von einer "Verschiebung zu einer Gesellschaft hin, in der Information das Schwergewicht hat und die Produktion von Masse und Energie, obwohl sie sehr groß ist, dennoch eher einen geringeren Teil am Arbeitsaufwand der Gesellschaft darstellt." Deutsch, K.W.: Eine veränderte Menschheit?, in: IBM Nachrichten (30) 248/1980, S. 22.

/8/ Die jährlichen Zuwachsraten liegen dabei zwischen rd. 6% und 14%.

/9/ Abbildung in leicht modifizierter Form aus: Diebold Management Report o.J. 9/1985, S. 1.

/10/ Abbildung aus Lopez-Diaz, G.: Der Markt für Mikrocomputer in Deutschland, in: Office Management (32) 9/1984, S. 761

/11/ Vgl. Diebold, J.: The impact of information technology on users in the year 2000, in: Ericsson Information (Hrsg.), Proceedings of the World Conference on Ergonomics in Computersystems, Ergonomie Weltkonferenz Düsseldorf, 2/3.10.1984, S. 13 ff

/12/ Vgl. Twiehaus, J.: Berufsbilder und Anforderungen in der Datenverarbeitung im Wandel, in: Office Management (32) 7-8/1984, S. 660. Die Zahlen beruhen auf Angaben der Gesellschaft für Informatik (GI) von 1982.

/13/ Ein solches Expertensystem ist z.B. das System CADUCEUS (University of Pittsburgh), das in der inneren Medizin zur Differentialdiagnose eingesetzt wird. Vgl. Feigenbaum, E.A., McCorduck, P.: Die Fünfte Computer- Generation: Künstliche Intelligenz und die Herausforderung Japans an die Welt, Basel, Boston, Stuttgart 1984, S. 307 Einen Überblick über andere Expertensysteme im medizinischen Bereich geben z.B. Bolc, L., Kowalski, A., Kozlowska, M., Strzalkowski, T.: A natural language information retrieval system with extensions towards fuzzy reasoning, in: International Journal of Man-Machine Studies (23) Oct./1985, S. 337

/14/ Vgl. Diebold, J.: The impact ... a.a.O, S. 15

/15/ Schon 1980 prognostizierte Bösenberg eine rasche Ausweitung des "Informationsmarktes". Vgl. Bösenberg, W.A.: Eine neue Phase, in: IBM Nachrichten (30) 250/1980, S. 9

Eine 1979 in der Bundesrepublik Deutschland durchgeführte Marktstudie ergab, daß ca. 25%-30% der Betriebe mit weniger als 10 Mitarbeitern mittelbare DV-Nutzer (z.B. über Steuerberater oder externe Abrechungsstellen) waren, lediglich 2% waren unmittelbare DV-Nutzer. Bei Betrieben mit 10-49 Beschäftigten entfielen 17% auf unmittelbare und 41% auf mittelbare Nutzer. Vgl. Neugebauer, U., Dehn, D., Thomae, M.: Untersuchungen über Maßnahmen zur Verbesserung der Software-Produktion, Teil 5 - Der Markt für Anwendungssoftware in der Bundesrepublik Deutschland, GMD-Bericht Nr. 134, München, Wien 1980, S. 54-57

Einer 1983 vorgenommenen Untersuchung über die Verbreitung von Mikrocomputern im kommerziellen Bereich ergab folgende Verteilung. Von den insgesamt rd. 260.000 eingesetzten Mikrocomputern wurden eingesetzt:
- 59% bei Gewerbebetrieben bis 50 Mitarbeiter
- 25% bei Betrieben mit mehr als 50 Mitarbeiter
- 10% bei Bildungseinrichtungen
- 6% bei Freiberuflern.

Vgl. Lopez-Diaz, G.: Der Markt für Mikrocomputer... a.a.O., S. 760-763

/16/ In leicht modifizierter Form aus: Bohle, G.: Mikroelektronik - Chancen mit Chips ... a.a.O., S. 17

/17/ Unter Programmoberfläche soll derjenige Teil eines Programmes verstanden werden, mit dem der Benutzer in Interaktion mit dem Rechner tritt. Dieser Programmteil wird i.d.R. durch den Bildschirm als Ausgabemedium repräsentiert. Der Programmoberfläche fällt bei der Mensch-Maschine-Kommunikation die Rolle der Informationsübertragung zwischen Mensch und Rechner zu. Sie ist deshalb von außerordentlicher Bedeutung für einen erfolgreichen Dialog.

/18/ Die Daten beruhen auf den Angaben der Gesellschaft für Informatik 1982. Abbildung aus: Twiehaus, J.: Berufsbilder ... a.a.O, S. 660; vgl. auch Jöde, R.: Expertenknappheit bleibt ein Symptom der Branche, in: ÖVD/Online o.J. 4/1982, S. 68-71

/19/ Reichwald kommt hierbei zu dem Schluß: "Wenn Technikentwicklung und die Folgen der Technikanwendung in vielfältiger Weise denkbar und auch realisierbar sind, so kommt es darauf an, Zielsetzungen und Umsetzungsprogramme für eine wünschenswerte Technologieentwicklung zu erarbeiten." Reichwald, R.: Neue Systeme der Bürotechnik und Büroarbeitsgestaltung - Problemzusammenhänge, in: Reichwald, R. (Hrsg.): Neue Systeme der Bürotechnik, Berlin 1982, S. 36

/20/ Vgl. z.B. Heibey, H.W., Lutterbeck, B., Töpel, M.: Auswirkungen der elektronischen Datenverarbeitung in Organisationen, Universität Hamburg (Institut für Informatik) 1977, S. 236 ff

/21/ Abbildung aus Zink, K.J.: Arbeitswissenschaftliche Aspekte bei der Einführung neuer Technologien - eine empirische Studie, in: Zeitschrift für Arbeitswissenschaft 37 (9NF) 3/1983, S. 134

/22/ Vgl. Göritz, E., Herb, A.: Cash und Chips, in: Computer magazin (14) 6/1985, S. 18 ff
Die Autoren beschreiben in diesem Beitrag technische Möglichkeiten sowie notwendige Ausrüstung zur Realisierung des bargeldlosen Zahlungsverkehrs.
Vgl. Ide, R.: Die Technologie, in: Friedrichs, G., Schaff, A. (Hrsg.): Auf Gedeih und Verderb ... a.a.O., S. 84-86

/23/ Zink, K.J.: Arbeitswissenschaftliche Aspekte des Rechnereinsatzes in der Konstruktion (CAD), Vortrag anläßlich der Tagung "Konstruktionsforum '82 - Rationalisierung und Automatisierung im Konstruktionsbereich", unveröffentlichtes Manuskript, München, 1982

/24/ Vgl. Zink, K.J.: Veränderte Aufgaben der Personalwirtschaft im Zusammenhang mit neuen Technologien, in: Zink, K.J. (Hrsg.), Personalwirtschaftliche Aspekte neuer Technologien, Berlin 1985, S. 5 ff

/25/ Vgl. Zink, K.J.: Arbeitsbereicherung durch Werkstattprogrammierung? - Zum Stand der Werkstattprogrammierung bei CNC-Steuerungen. Vortrag auf dem 32. Arbeitswissenschaftlichen Kogreß in Wien, Mai 1985, unveröffentlichtes Manuskript

/26/ Abbildung aus Schwetz, R.: Büroökonomie, in: Witte, E. (Hrsg.): Bürokommunikation, Berlin, Heidelberg, New York 1984, S. 49

/27/ Abbildung aus Rohrlach, H.J.: BfA informiert aktuell und schnell, in: data report (16) 6/1981, S. 12

/28/ Personen, die das Gefühl haben, gegenüber dem Rechner als Systembediener zu fungieren, lassen sich durch ihre eher passive Rolle im Mensch-Rechner-System kennzeichnen. Ulich berichtet, daß diese Personen bei der Begründung von Schwierigkeiten mit dem Computer eher Redewendungen

wie: "der will nicht", "der kann nicht" benutzen, als solche Personen, die den Rechner als Werkzeug verstehen und sich selbst als Benutzer bezeichnen. Vgl. Ulich, E.: Arbeitspsychologische Konzepte neuer Technologien, in: Zink, K.J. (Hrsg.): Personalwirtschaftliche Aspekte ... a.a.O., S. 148.
Die jeweils unterschiedliche subjektive Beurteilung ihrer Rolle im Mensch-Rechner-System kann u.a. auf schlecht gestaltete Software mit wenig eigenen Einfluß- und Eingriffsmöglichkeiten zurückgeführt werden. Troy leitet aus der Tatsache, daß "Arbeitsbedingungen, Arbeitsprozesse ... sowie deren jeweilige Veränderungen immer weniger durchschaubar, vorhersehbar, beeinflußbar sind" u.a. ab, daß darin eine Ursache für das verstärkte Auftreten psychischer Beanspruchungen zu sehen ist. Vgl. Troy, N.: Computergerechte oder menschengerechte Lösungen: Psychologische Probleme der Büroautomatisation, in: Psychosozial 18, Technologie und Kultur, Hamburg 1983, S. 54-59

/29/ Von einer geänderten Arbeitsorganisation aufgrund des Einsatzes der Mikroelektronik wird z.B. neben einer höheren Effizienz auch die Förderung der Kreativität und die Reduzierung monotoner Arbeiten erwartet. Vgl. z.B. Bösenberg, W.A.: Eine neue Phase, in: IBM Nachrichten (30) 250/1980, S. 9.
Spinas, Ulich und Troy betrachten die Chancen der Mikroelektronik als Option, die in positiver (z.B. positive Veränderung von Organisationsstrukturen in der obigen Weise oder stärkere Schaffung von Mischarbeitsplätzen) aber auch in negativer Richtung (verstärkte Zentralisierung und Formalisierung) wirken kann. Vgl. Spinas, P., Troy, N., Ulich, E.: Leitfaden zur Einführung und Gestaltung von Arbeit mit Bildschirmsystemen, München 1983, S. 23-27 sowie S. 69-77.

/30/ Unter Hardware im weitesten Sinne sollen neben dem Rechner und seiner Peripherie auch Arbeitsplatz, Arbeitsmittel und Arbeitsfeld verstanden werden

/31/ Symptome emotionaler Belastung äußern sich z.B. im Anstieg von Pulsfrequenz und Atemvolumen, in der Zunahme der Durchblutung, in vermehrtem Schwitzen und einem erhöhten Ausscheiden des Stresshormons Adrenalin.
Vgl. Ulmer, H.V.: Arbeitsphysiologie - Umweltphysiologie, in: Schmidt, R.F., Thews, G.: Physiologie des Menschen, Berlin, Heidelberg, New York, 21. Auflage 1983, S. 610

/32/ Vgl. z.B. Spinas, P., Troy, N., Ulich, E.: Leitfaden ... a.a.O.

/33/ Vgl. hierzu etwa Cakir, A., Hart, D.J., Stewart, T.F.M.: Bildschirmarbeitsplätze, Berlin, Heidelberg, New York, 1980
oder Cakir, A. (Hrsg.): Bildschirmarbeit - Konfliktfelder und Lösungen, Berlin, Heidelberg, New York 1983
oder Krueger, H., Müller-Limmroth, W.: Arbeiten mit dem Bildschirm, aber richtig !, Bayerisches Staatsministerium für Arbeit und Sozialordnung (Hrsg.), München 1979

/34/ Vgl. Cakir, A. et al.: Bildschirmarbeitsplätze ... a.a.O. oder Krueger, H., Müller-Limmroth, W.: Arbeiten mit ... a.a.O

/35/ Vgl. Zink, K.J., Oetinger, R.: Ergonomische Beurteilung von Rechnersystemen für Klein- und Mittelbetriebe, in: Fortschrittliche Betriebsführung und Industrial Engineering (33) 4/1984, S. 172 ff

/36/ Vgl. die Ausführungen in Kapitel 3.1 zum Vorhandensein von Standard-Software.

/37/ Die Abbildung reduziert die Betrachtung auf den Arbeitsbereich im engeren Sinne und blendet dabei die Gestaltungsfelder, die bei einer Makrobetrachtung des Gesamtsystems mitzuberücksichtigen wären, aus. Nicht erwähnt sind dabei zum einen die Organisationsgestaltung, bei der es insbesondere um Fragen der Einbindung der neuen Techniken in die bestehende Organisation bzw. ihre Um- oder Neustrukturierung (Orgware) geht. Zum anderen geht es um Fragen der Personalplanung und -entwicklung, die sich vor allem in diesem Zusammenhang auf den qualifikatorischen Aspekt beziehen. Es ist dabei z.B. an die Gestaltung von Einführungs- und Schulungsmaßnahmen bezüglich der neuen Techniken zu denken (Teachware).
Vgl. z.B. Zink, K.J.: Arbeitswissenschaftliche Aspekte des Rechnereinsatzes ...a.a.O.

Ausschnitt aus einer Abbildung vgl. Zink, K.J.: Veränderte Aufgaben der Personalwirtschaft im Zusammenhang mit neuen Technologien, in: Zink, K.J. (Hrsg.): Personalwirtschaftliche Aspekte ... a.a.O., S. 7.

/38/ Vgl. Zink, K.J.: Zur Notwendigkeit eines sozio-technologischen Ansatzes, in: Zink, K.J. (Hrsg.): Sozio-technologische Systemgestaltung als Zukunftsaufgabe, München 1984, S. 29

Kapitel 3

/1/ Solche Daten sind z.B. in der Konstruktionszeichnung verwendete Anmerkungen der Konstrukteure, die nicht für die Werkzeugmaschine relevant sind.

/2/ Vgl. hierzu auch die Ausführungen unter Punkt 2.2.1, wo der produktiv arbeitende Mensch mehr als Lückenbüßer in edv-unterstützen Tätigkeiten fungiert, als dies im administrativen Bereich der Fall ist, da dort teilweise schon fortschrittliche Programme, die z.B. auf einer Kommunikation basieren, eingesetzt werden.

/3/ Vgl. z.B. Kirsch, W., Börsig, C., Englert, G.: Standardisierte Anwendungssoftware in der Praxis, Berlin 1979, S. 13-15

/4/ Für den Software-Einsatz im PC-Bereich (überwiegend Standardanwendungen) ergeben sich folgende Einsatzschwerpunkte:

Software für	Anwender (%)
Finanzbuchhaltung	75
Lohn und Gehalt	65
Fakturierung	57
Einkauf, Lagerhaltung	52
Absatz, Vertrieb	52
Statistik	44
Bestellwesen	39
Kalkulation	35
Textverarbeitung	31
Terminplanung	21

Tab. A1: Einsatzschwerpunkte von Standard-Software im PC-Bereich

Die Daten beruhen auf einer 1983 durchgeführten telefonischen Befragung von 210 Gewerbetreibenden (bis 50 Mitarbeiter).
Lopez-Diaz, G.: Der Markt ... a.a.O., S. 761

/5/ Gewisse Anforderungen in diesem Zusammenhang sind auch auf die Erstellung von Individual-Software übertragbar. Allerdings ist es bei dieser Form der Software-Entwicklung in größerem Umfang möglich, auf die zukünftigen Anwender einzugehen als bei Standardprodukten.

/6/ Vgl. Nomina Information Services (Hrsg.): ISIS Software Report, Band 1.1 Branchenneutrale kommerzielle Anwendungsprogramme, Band 1.2 Branchenspezifische kommerzielle Anwendungsprogramme, Band 1.3 Systemprogramme, technische Programme (ISIS Engineering Report), München 1986
Zur Bedeutung des ISIS Software Katalogs als Informationsmittel für die Software-Branche stellen Hansen et al. fest: "Der ISIS Software Report ist der für Deutschland, die Schweiz und Österreich umfassendste und verbreitetste Softwarekatalog".
Hansen, H.R., Amsüss, W.L., Frömmer, N.S.: Standardsoftware - Beschaffungspolitik, organisatorische Einsatzbedingungen und Marketing, Berlin, Heidelberg, New York, Tokyo 1983, S. 31-32

/7/ Diese Aussagen basieren auf einer eigenen Auszählung der ISIS Software Kataloge der Jahre 1974 bis 1986.

/8/ Als Information-Retrieval-System (Dokumentationssystem) wird ein Informationssystem verstanden, das auf Anfrage des Benutzers (z.B. mit Hilfe einer Datenbankabfragesprache) Auskunft über gespeicherte Informationen gibt. Es besteht aus zwei Hauptkomponenten: einem Dokumentenretrieval-System, das die Software umfaßt und einer Datenbank, die die Dokumentbeschreibungen enthält.
Vgl. z.B. Schneider, H.J. (Hrsg.): Lexikon der Informatik und Datenverarbeitung, München, Wien 1983

/9/ Zu ähnlichen Aussagen kommen auch Hansen et al. Für Unternehmen mit weniger als 500 Beschäftigte in Österreich ermittelten sie folgende Einsatzbereiche:

Software für	Anwender (%)	eingesetzter Anteil Standard-Software (%)
Debitorenbuchhaltung	89,7	64,5
Kreditorenbuchhaltung	86,7	69,4
Sonstige Finanzbuchhaltung	83,5	65,4
Lohn und Gehalt	75,1	78,1
Einkauf, Lagerhaltung	64,8	17,6
Kostenrechnung	60,6	30,5
Absatz, Vertrieb	58,7	7,0
Anlagenbuchhaltung	52,5	62,0
Sonstiges Personalwesen	26,8	39,5
Fertigungsmanagement	18,5	15,3
Textverarbeitung	17,3	47,3
Projektplanung u.-managem.	9,5	13,2

Tab. A2: Anteil verwendeter Standard-Software in Verhältnis zur gesamten eingesetzten Software (Unternehmen mit weniger als 500 Beschäftigte in Österreich)

Hansen, H.R., Amsüss, W.L., Frömmer, N.S.: Standardsoftware ... a.a.O., S. 38-39

/10/ Vgl. Hansen, H.R., Amsüss, W.L., Frömmer, N.S.: Standardsoftware ... a.a.O., S. 33

/11/ Vgl. Nomina Information Services (Hrsg.): ISIS Software Report, Band 1.1 ... a.a.O. Nach einer eigenen Auszählung dieses Software Reports werden 1986 z.B. 328 Programme für den Bereich Finanz- und Rechungswesen angeboten. In diesen Zahlen ist die für den PC-Bereich existierende Software nur teilweise enthalten.

/12/ Vgl. Heinisch, I., Sämann, W.: Planzeitwerte im Büro, Berlin, Köln, Frankfurt, 1973, S. 18

/13/ Abbildung aus: Heinisch, I., Sämann, W.: Planzeitwerte... a.a.O., S. 20

/14/ Vgl. Benz, C., Grob, R., Haubner, P.: Gestaltung von Bildschirm-Arbeitsplätzen, Köln 1981, S. 22 ff
Die Autoren kommen dabei zu der gleichen Einteilungssystematik der Bildschirmarbeitsplätze.

/15/ Als Bildschirmmaske wird ein Formular bezeichnet, das auf einem Bildschirm dargestellt ist. Es dient sowohl der Dateneingabe (z.B. bei der

Erfassung von Auftragsdaten oder Wareneingängen) als auch der Datenausgabe (z.B. Projektüberwachung durch Ausgabe der Fertigungsdaten oder Terminkalender) und wird vor allem im Sachbearbeitungsbereich häufig verwendet.

/16/ Szyperski, N., Grochla, E., Höring, K., Schmitz, P.: Bürosysteme in der Entwicklung: Studie zur Typologie und Gestaltung von Büroarbeitsplätzen, Braunschweig, Wiesbaden 1982, S.3 ff

/17/ Vgl. hierzu Krückeberg, F.: Bürokommunikation und ihr Umfeld, in: Richter, L., Stucky, W. (Hrsg.): Informationstechnik und Bürosysteme, Stuttgart 1983, S. 95 ff

/18/ Krückeberg, F.: Bürokommunikation ... a.a.O., S.95 ff

/19/ Vgl. hierzu Zwerina, H., Benz, C., Haubner, P.: Benutzerfreundliche Anwendungsprogramme in Maskentechnik, Siemens AG (Hrsg.), München 1983

Kapitel 4

/1/ Schellhaas und Schönecker bemerken hierzu: "Nach wie vor wird das erhebliche "Mehr" an Informationen im Bürobereich mit weitgehend unveränderten Mitteln, Methoden und unerheblich veränderten Arbeitsstrukturen zu bewältigen versucht."
Schellhaas, H., Schönecker, H.G.: Kommunikationstechnik und Anwender, Akzeptanzbarrieren, Bedarfsstrukturen, Einsatzbedingungen, in: Picot, A., Reichwald, R. (Hrsg.): Forschungsprojekt Bürokommunikation, Band 1, München 1983, S. 25

/2/ Zur gesellschaftlichen Einstellungen gegenüber dem Computer vgl. N.N.: Einstellung zum Mikrocomputer: 6 Länder im Vergleich 1985, EMNID-Institut, Bielefeld 1985 (unveröffentlichtes Manuskript). Im Rahmen dieser Umfrage wurde die allgemeine Einstellung zum Computer mit folgender Frage ermittelt: Was fällt Ihnen ein, woran denken Sie, wenn Sie den Begriff "Computer" hören oder lesen? Was verbinden Sie mit diesem Begriff? Der Befragungsumfang (N) lag in den einzelnen Ländern zwischen 915 und 1674 Personen, ab 14 bzw. 18 Jahren. Einbezogen wurden die Länder: Bundesrepublik Deutschland, Frankreich, Großbritannien, Schweiz, USA und Japan.

/3/ Vgl. Reichwald, R.: Zur Notwendigkeit der Akzeptanzforschung bei der Entwicklung neuer Systeme der Bürotechnik (Arbeitsbericht), München 1978, S. 31

/4/ Vgl. Reichwald, R., Bodem, H., Odemer, W., Schönecker, H.G., Sorg S.: Bedingungen der Bedienerakzeptanz eines Textverarbeitungssystems - Die Untersuchungskonzeption (Arbeitsbericht), München 1979, S. 12-13

/5/ Vgl. Staehle, W.H.: Einflußfaktoren der Arbeitssituation aus gesellschaftlicher und einzelwirtschaftlicher Sicht, Humanisierung der Arbeitswelt, Schriftenreihe Wissenschaft und Technik, Darmstadt 1978, S. 227

/6/ Hacker bezeichnet dies als psychologischen Beitrag zur Arbeitsgestaltung. Er stellt weiterhin fest: "Konstrukteure, Technologen und Ökonomen treffen beim Projektieren und Konstruieren von Erzeugnissen, insbesondere wenn es Arbeitsmittel sind,... fortwährend auch Entscheidungen über die Beschaffenheit künftiger Arbeitstätigkeiten und über die Bedingungen, unter denen sie ausgeführt werden müssen."
Hacker, W.: Spezielle Arbeits- und Ingenieurpsychologie in Einzeldarstellungen, Teil 1, Berlin 1980, S. 13

/7/ Der organisatorische Kontext der Software wird z.B. dadurch festgelegt, daß der allgemeine Arbeitsablauf des Programms, etwa die Abfolge einzelner Masken und möglicher Transaktionen, bestimmt wird. Diese Fixierung regelt somit u.a. die Reihenfolge, in der dem System Informationen entnommen oder eingegeben werden können. Das Layout wird, z.B. durch Festlegung der Art der Programmsteuerung oder des prinzipiellen Aufbaus von Bildschirmmasken und/oder des Einsatzes zusätzlicher Gestaltungsparameter, z.B. Farben oder Piktogramme etc., beschlossen.

/8/ Groh und Lutz berichten, daß ca. 50% aller Fehler, die im Rahmen eines Software-Projekts anfallen, schon im frühen Stadium der Entwicklung d.h. bei der Problemanalyse, der Anforderungsdefinition, der Beschreibung des Leistungsumfangs und des Entwurfs gemacht werden. Ganz im Gegensatz dazu werden sie häufig erst in einer sehr späten Projektphase, nämlich bei der Anwendung entdeckt. Nach Aussagen der Autoren bringt diese Phasenverschiebung Kosten zur Fehlerbeseitigung mit sich, die um den Faktor 30 bis 100 höher liegen als die Kosten zur Fehlerbehebung zur Zeit der Fehlerentstehung.
Vgl. Groh, H., Lutz, K.: Outside-in statt Top-down, in: data report (19) 3/1984, S. 12. Eine in den USA durchgeführte Fallstudie bei 113 Software-Projekten ergab, daß fertiggestellte Software nach der Auslieferung in rd. 43% aller Fälle noch vor ihrem ersten Einsatz korrigiert bzw. modifiziert werden mußte.
Parallel dazu wurde festgestellt, daß sich der Aufwand zur Fehlerbeseitigung und Programmänderung in zahlreichen Organisationen zwischen 20% und 80% des gesamten Aufwands für Programmierarbeiten beläuft. Diese Tätigkeiten (Korrekturen und Modifikationen), so bemerken die Autoren, werden i.allg. als Wartungstätigkeiten bezeichnet.
Vgl. N.N.: Contracting for computer software development - serious problems require management attention to avoid wasting additional millions, General Accounting Office, Washington DC., Financial and General Studies Div., FGMSD-80-4, National technical Information Service, Springfield Va.22161, Nov. 1979, S. 6-10
Zum Anteil der Wartungsarbeiten an den Tätigkeiten des EDV-Personals stellt Hansen et al. in einer 1982 durchgeführten Untersuchung bei EDV-Anwendern (1110 befragte Unternehmen) in Österreich fest: "Die Tätigkeit des EDV-Personals besteht zu 63% aus Wartung und Zusatzprogrammierung bei laufenden Programmen." Und weiter: "Trotz einer Reihe von Ansätzen zur Verringerung des Wartungsaufwandes muß auch für die

nächsten Jahre angenommen werden, daß der Anteil der Wartung an den Gesamt-EDV-Kosten eines Unternehmens weiter steigen wird."
Hansen, H.R., Amsüss, W.L., Frömmer, N.S.: Standardsoftware - Beschaffungspolitik, organisatorische Einsatzbedingungen und Marketing, Berlin, Heidelberg, New York, Tokyo 1983, S. 46

/9/ Vgl. Schönecker, H.G.: Akzeptanzforschung als Regulativ bei Entwicklung, Vorbereitung und Anwendung technischer Innovationen, in: Marr, R., Reichwald, R. (Hrsg.): Neue Systeme der Bürotechnik, Beiträge zur Büroarbeitsgestaltung aus Anwendersicht, Berlin 1982, S. 51-52

/10/ Vgl. Reichwald, R., Bodem, H., Odemer, W., Schönecker, H.G., Sorg S.: Bedingungen ... a.a.O., S. 12

/11/ Betrachtet man die Merkmale der Technik, hier der Software, unabhängig von spezifischen Einsatzbedingungen z.B. den organisatorischen Gegebenheiten einer konkreten Unternehmung, so ergibt sich daraus die "theoretische Anwendbarkeit" des Programms. Sie läßt sich durch den Funktionsumfang und die mit ihm hypothetisch zu erledigenden Aufgaben charakterisieren. Die Differenz zwischen "theoretischer und praktischer Anwendbarkeit" wird z.B. durch die Organisation einer Unternehmung beeinflußt.

/12/ Vgl. Schönecker, H.G.: Bedienerakzeptanz und technische Innovation, München 1980, S. 158 ff

/13/ Wie Hattke in einer Untersuchung im Bürobereich bei Beschäftigten an Datensichtgeräten nachweisen konnte, ist für die Betroffenen durchaus Prestigegewinn durch die Einführung eines Datensichtgerätes an ihrem Arbeitsplatz festzustellen. Allerdings konnte verstärkt an solchen Arbeitsplätzen Prestigegewinn ermittelt werden, an denen die Installation als "Pilotanwendung" interpretiert werden konnte. Zugleich nahm die Prestigesteigerung mit der Dauer der Beschäftigung am Datensichtgerät wieder ab.
Vgl. Hattke, W.: Bildschirmarbeitsplätze, Frankfurt a.M., Bern 1982, S. 254-258

/14/ Vgl. Zink, K.J.: Arbeitswissenschaftliche Aspekte bei der Einführung neuer Technologien ... a.a.O., S. 134-137

/15/ Zum Begriff der Leistungsbereitschaft und -fähigkeit vgl. z.B. Schmidtke, H. (Hrsg.): Lehrbuch der Ergonomie, München, Wien 1981, S. 105-111 oder
Zink, K.J., Schick, G.: Quality Circles (Problemlösungsgruppen), München, Wien 1984, S.1-3

/16/ Deutsches Institut für Normung e.V. DIN 66 234, Teil 8 Entwurf, Bildschirmarbeitsplätze - Grundsätze der Dialoggestaltung, Berlin 1984 vgl. auch Dzida, W.: Kognitive Ergonomie für Bildschirmarbeitsplätze, in: Humane Produktion (2) 6/1980, S. 18f

/17/ Zur Auseinandersetzung mit der Anwendbarkeit des Entwurfs der DIN 66 234, Teil 8 vgl. Dzida, W.: Ergonomische Normen für die Dialoggestaltung - Wem nützen die Gestaltungsgrundsätze im Entwurf DIN 66 234, Teil 8?, in: Bullinger, H.-J. (Hrsg.): Software-Ergonomie '85 Mensch-Computer-Interaktion, Stuttgart 1985, S. 430-443

/18/ Vgl. z.B. in Kapitel 3.1 die Angaben über die Zahl vorhandener Standard-Software, die allein für den Buchhaltungsbereich existiert. Sowie Fußnote 11 in den dortigen Hinweisen. Hansen et al. äußern aus dem Vergleich der Installationshäufigkeit einzelner Programme und dem Software-Angebot die Vermutung, "...,daß auf dem Sektor der Anwendungssoftware zu viele parallele Arbeiten stattfinden: Das Rad wird tausendfach neu erfunden!"
Hansen H.R. et al.: Standardsoftware - Beschaffungspolitik ... a.a.O., S. 4

/19/ Vgl. Klingenberg, H., Kränzle, H.P.: Kommunikationstechnik und Nutzerverhalten - Die Wahl zwischen Kommunikationsmitteln in Organisationen, in: Picot, A., Reichwald, R. (Hrsg.): Forschungsprojekt Bürokommunikation, Band 2, München 1983, S. 98

/20/ Zum Begriff der "theoretischen Anwendbarkeit" vgl. Anmerkung /11/

/21/ Löser berichtet, daß im Rahmen der Anwendung eines sehr stark parameterisierten Programms, deutliche Differenzen hinsichtlich der Benutzerqualifikation feststellbar waren. Zur Bedienung installierter Basisfunktionen, d.h. zur reinen Benutzung sei der Schulungsaufwand für dieses Software-Paket sehr gering gewesen. Allerdings habe die Veränderung an Programmparametern, Stammdaten und Basisfunktionen einen sehr hohen Aufwand an Schulung erforderlich gemacht.
Vgl. Löser, P.: Normierung der Benutzer-Schnittstelle als Chance zur Erhöhung der Software-Akzeptanz, Vortrag im Rahmen des Workshops "Arbeitswissenschaftliche Aspekte der Software-Gestaltung", Universität Kaiserslautern, 21./22.1.1986, unveröffentlichtes Manuskript

/22/ Auf diese Fragestellung wird im folgenden Kapitel näher eingegangen.

/23/ Vgl. Lawler, III E.E.: Motivierung in Organisationen, Bern, Stuttgart 1977, S. 70-91

/24/ Abbildung in modifizierter Form aus: Zink, K.J.: Begründung einer zielgruppenspezifischen Organisationsentwicklung auf Basis von Untersuchungen zur Arbeitszufriedenheit und Arbeitsmotivation, Köln 1979, S. 83

/25/ Um in diesem Exkurs die wesentlichen Aspekte motivierenden Verhaltens darzustellen, wurde auf eine detaillierte Wiedergabe verzichtet. Dabei konnte z.B. nicht näher auf die Feedback-Schleifen dieses Ansatzes eingegangen werden, die sich auf zukünftiges Verhalten einer Person in ähnlichen Situationen auswirken. Weiterhin blieb z.B. das Kriterium der "Instrumentalität" außer acht, das die gleichzeitige Beeinflussung mehrerer Ergebnisse durch eine Anstrengung ausdrückt. Ebenso ist zu erwähnen, daß neben diesem beispielhaft verwendeten Ansatz mehrere Modellansätze nebeneinander bestehen. So wird z.B. als Überbegriff einer möglichen Gliederung der existierenden Ansätze eine Einteilung nach prozeßorientierten und inhaltlich bestimmten Theorien vorgenommen.
Eine sehr detaillierte Beschreibung einzelner Ansätze sowie einen Überblick über die verschiedenen motivationstheoretischen Modelle gibt Zink.
Vgl. Zink, K.J.: Begründung einer zielgruppenspezifischen Organisationsentwicklung ... a.a.O., S. 21-91
Zur Verknüpfung prozeß- und inhaltstheoretischer Ansätze vgl. insbesondere ebenda S. 83

/26/ Vgl. dazu auch die Anmerkung zum unterschiedlichen Selbstverständnis von EDV-Anwendern, die sich selbst entweder als Systembediener oder als -benutzer bezeichnen; vgl. z.B. Ulich, E.: Arbeitspsychologische Konzepte neuer Technologien, in: Zink, K.J. (Hrsg.): Personalwirtschaftliche Aspekte ... a.a.O., S. 148.

/27/ Vgl. auch Zink, K.J., Schick, G.: Quality Circles ... a.a.O., S. 3

/28/ Ziel dieser Methode in diesem Zusammenhang ist es, Daten zur Beschreibung der Determinanten von Arbeitszufriedenheit und Arbeitsmotivation zu erfassen.
Den Kern dieser Methode bildet eine Erlebnisschilderung, die durch folgende Frage initiiert wird: Denken Sie bitte an eine Zeit zurück, in der Sie bei Ihrer Arbeit besonders zufrieden (oder unzufrieden) waren. Erzählen Sie bitte, was damals los war! Vgl. dazu Zink, K.J.: Begründung einer zielgruppenspezifischen Organisationsentwicklung ... a.a.O., S. 92, Fußnote 4

/29/ Zink K.J.: Differenzierung der Theorie von F. Herzberg zur Gestaltung sozio-technologischer Systeme, Frankfurt, Zürich 1975, S. 143

/30/ Vgl. Bruggemann, A., Groskurth, P., Ulich, E.: Arbeitszufriedenheit, Bern, Stuttgart, Wien 1975, S. 36 ff

/31/ Vgl. N.N.: Einstellung zum Mikrocomputer ... a.a.O.

/32/ Sieht man einmal von einer kurzzeitigen Motivation durch die Hoffnung auf Prestigegewinn ab. Dabei ist jedoch zu berücksichtigen, daß die

Aussicht auf Prestigegewinn lediglich zu dem Wunsch nach Anschaffung eines Rechners motiviert und nicht zwangsläufig zu seinem Einsatz führen muß. Bezüglich der Wirkung von Prestiggewinn vgl. auch Schönecker, H.G.: Bedienerakzeptanz ... a.a.O.

/33/ Vgl. Hackman, J.R., Oldham, G., Janson, R., Purdy, K.: A new strategy for Job Enrichment, Techn. Report No. 3, Department of Administrative Services, Yale University, May 1974, S. 3
sowie Zink, K.J.: Notwendigkeit und Möglichkeit einer "individualisierten" Organisation, in: REFA-Nachrichten (30) 4/1977, S.207-211

/34/ Vgl. Zink, K.J., Oetinger, R.: Ergonomische Beurteilung von Rechnersystemen ... a.a.O., S. 172 ff
Als Beispiel der umfangreichen und äußerst breiten Thematik der Inkompatibilität (angefangen bei der externen Datenübertragung über unterschiedliche Netze bis zur internen Datenübertragung zwischen verschiedenen in einem Rechner parallel eingesetzten Anwendungsprogrammen) soll der momentane Zustand bei den Betriebssystemen kurz skizziert werden. Es darf angenommen werden, daß vorwiegend aus Marketinggesichtspunkten sehr unterschiedliche und gegenseitig inkompatible Betriebssysteme auf Rechnern mit vergleichbarer Leistung existieren. Erst in jüngster Zeit sind Tendenzen zu einer gewissen Vereinheitlichung zumindest im PC-Bereich (z.B. MS-DOS, UNIX) feststellbar. Im Falle von UNIX existieren allerdings bereits viele UNIX-Dialekte mit firmenspezifischen Besonderheiten (z.B. SENIX (Siemens), MUNIX (PCS), HP-UX (Hewlett-Packard), was wieder zu Kompatibilitätsproblemen führen dürfte. Selbst bei einheitlichen Betriebssystemen können immer noch Inkompatibilitäten dadurch auftreten, daß Programme über keine geeigneten Schnittstellen zum gegenseitigen Datenaustausch verfügen, wodurch die Schwierigkeiten auf andere Ebenen verlagert werden.

/35/ Diese Verknüpfung ist heute in den sog. integrierten Software-Paketen teilweise realisiert. Allerdings sind diese Pakete nicht immer funktionsgerecht, da jedem Anwender die gleichen Programme, unabhängig von seinen tatsächlichen Bedürfnissen, zur Verfügung gestellt werden. Ebenso verfügen die Programme nicht immer über Schnittstellen, um Daten mit anderen Programmen austauschen zu können. Für den Anwender kann sich dies in Form von mangelnder bzw. beschränkter Software-Transparenz niederschlagen. Als integrierte Software-Pakete - die sich vorwiegend auf den Büro- und Verwaltungsbereich beziehen - werden z.B. All-in-one (Digital Equipment), Open Acces (Software Products International), Framework (Ashton Tate) etc. angeboten. Für einen Überblick über Funktionen sowie Vor- und Nachteile dieser integrierten Software-Pakete vgl. z.B.
Oetinger, R.: Integrierte Software für Klein- und Mittelbetriebe, in: IHK Magazin, Wirtschaftsinformationen der Industrie- und Handelskammer für die Pfalz, o.J. 4/1986, S. 28-31

/36/ Eine beispielhafte Maßnahme bestünde dabei in der verstärkten Software-Integration d.h. der Beseitigung bestehender Inselkonzepte. Dadurch können z.B. nicht vom Anwender selbst durchführbare Datentransfers (z.B. aufgrund von zu komplizierten Schnittstellen) oder Mehrfacherfassungen von Daten (z.B. aufgrund von intern vorhandenen Medienbrüchen und damit der Notwendigkeit erneuter Eingabe schon vorhandener Daten) überflüssig werden.

Kapitel 5

/1/ Abbildung aus: Höring, K.: Das zukünftige Büro der Fach- und Führungskräfte, Vortrag im Rahmen des DGFP-Kongreß : Das Büro 2000 - Herausfoderungen an die Personalarbeit von heute; Bernkastel-Kues, 13/14.9.1983

/2/ Vgl. Szyperski, N., Grochla, E., Höring, K., Schmitz, P.: Bürosysteme ... a.a.O., S. 21 ff

/3/ Diese Aussagen gehen auf eine Untersuchung zurück, die im Rahmen des vom BMFT geförderten Forschungsprojekts "Bürokommunikation" in den Jahren 1979 - 1982 durchgeführt wurden. Dabei wurden befragt:
- 109 Personen mit Führungsaufgaben
- 122 Personen mit Fach- und Spezialaufgaben
- 143 Personen mit Sachbearbeitungsaufgaben
- 117 Personen mit Unterstützungsaufgaben

vgl. dazu Schellhaas, H., Schönecker, H.G.: Kommunikationstechnik ... a.a.O., S. 165 ff, insbesondere S. 170-171

/4/ Vgl. Schellhaas, H., Schönecker, H.G.: Kommunikationstechnik ... a.a.O. In der zitierten Untersuchung werden solche Personen als Anwendungsexperten beschrieben, "die sich konzeptionell bereits mit den meisten angebotenen Techniksystemen auseinandergesetzt haben, ...", ebenda S. 166. Sie zeichnen sich, nach den Autoren, durch eine umfassende Problemsicht und ein tiefergehendes Problembewußtsein aus. "Der repräsentative Anwenderquerschnitt ist dafür nicht geeignet", ebenda S. 51. Da in der Studie keine detaillierte Systematik zur Klassifizierung von Anwendungsexperten und Nicht-Anwendungexperten zu finden war, ist anzunehmen, daß es sich dabei z.B. um Organisatoren und Fachkräfte in den DV-Abteilungen handelt.

/5/ Schellhaas, H., Schönecker, H.G.: Kommunikationstechnik ... a.a.O., S. 182f

/6/ Vgl. dazu die bei Karcher zitierten Studien in: Karcher, H.: Büro der Zukunft, Baden-Baden, S. 354 ff oder Schellhaas, H., Schönecker, H.G.: Kommunikationstechnik ... a.a.O., S. 165ff. sowie S. 170 ff oder Schwetz, R. : Büroökonomie, in: Witte, E. (Hrsg.): Bürokommunikation, ein Beitrag zur Produktivitätssteigerung, Berlin, Heidelberg, New York, 1984, S. 38 ff

/7/ Vgl. Schellhaas, H., Schönecker, H.G.: Kommunikationstechnik ... a.a.O., S. 172

/8/ Vgl. hierzu Stevenson, H.: Elektronische Datenverarbeitung in Kreditinstituten, Berlin, New York 1971, S. 20 ff

/9/ Unter dem Begriff "Navigation" wird im Bereich der Mensch-Maschine-Kommunikation das "Bewegen" eines Benutzers in einem Programm bzw. einer Wissensstruktur verstanden. Vgl. hierzu Fischer, G.: Navigationswerkzeuge in wissensbasierten Systemen, in: Office Management 1983 Sonderheft, S. 49

/10/ Auf den Einsatz von Farben am Bildschirm wird in Kapitel 6.3.1.3 und - 6.3.1.4 ausführlicher eingegangen.

/11/ Vgl. Schellhaas, H., Schönecker, H.G.: Kommunikationstechnik ... a.a.O., S. 184

/12/ Vgl. dazu auch Kapitel 3.1 bezüglich eingesetzter Software.

/13/ Eine Möglichkeit bietet die Window-Technik, die in Kapitel 6.2.1.4 näher erläutert wird.

/14/ WYSIWYG-Prinzip; Kunstwort gebildet aus den Anfangsbuchstaben der einzelnen Wörter des Satzes: "What You See Is What You get" und bedeutet, daß die Darstellung auf dem Bildschirm exakt der Druckerausgabe entspricht. Das führt bei Textverarbeitungsprogrammen z.B. zu der Forderung, Druckparameter auszublenden. Bei der Darstellung unterschiedlicher Schriftmodi und -größen können dann Probleme entstehen, wenn die Textverarbeitung einen einfachen Bildschirm ohne Rastergraphik unterstützt und z.B. Sonderfunktionen (Fettdruck, Unterstreichen oder Index etc.) durch die Angabe spezieller Markierer am Bildschirm angezeigt werden.
Vgl. Smith D.C., Irby C., Kimball R., Verplank B.; Designing the Star User Interface, Byte Vol. 7, No. 4, April 1984, S. 242-282, insbesondere S. 264

/15/ Inwieweit solche Überlegungen verwirklicht werden, ist Gegenstand der Diskussion in Kapitel 7 und 8.

/16/ Eigene Abbildung; die in dieser Abbildung wiedergegebenen Größen der jeweiligen Ausprägungsmerkmale besitzen lediglich akzentuierenden Charakter und können somit auch nicht alle denkbaren Fälle abdecken.

Kapitel 6

/1/ Bei der Software-Oberfläche handelt es sich um einen komplexen Bereich, der in Abhängigkeit von der jeweiligen Tätigkeit auch andere Software-Teile mit einschließt als bei Anwendungsprogrammen (z.B. die Programmierumgebung bei der Software-Entwicklung). Dort gewinnen andere Faktoren an Bedeutung, die für einen Anwender kommerzieller Programme nur von geringem Interesse sind, z.B. Tools zur Software-Entwicklung. Abstrahiert man diese Anforderungen der Entwickler jedoch, so ergeben sich hierfür Parallelen zu den Kriterien der Benutzerfreundlichkeit für Nicht-EDV-Experten.

/2/ Vgl. Schellhaas, H., Schönecker, H.G.: Kommunikationstechnik und Anwender ... a.a.O., S. 172. Wie die dort zitierten Ergebnisse zeigen, können sich die Führungskräfte nur die momentan noch futuristische natürlichsprachliche Eingabe als Dialogmedium mit dem Rechner vorstellen.

/3/ Vgl. Kapitel 7.2.1, dort wird auf Richtlinien und Vorschriften für die Oberflächengestaltung eingegangen. Ebenso werden in Kapitel 7.4 die Probleme der Designer beim Software-Entwurf besprochen.

/4/ In eine solche Ausnahmesituation kann z.B. die Leitwarte eines edv-geführten Schiffes bei Sturm gelangen. Die Einrichtung einer solchen Leitwarte muß sich an den im Sturm vorkommenden Schlingerbewegungen des Schiffes orientieren. Dies macht z.B. die Programmsteuerung über eine fest installierte und u.U. unbewegliche Tastatur erforderlich.

/5/ Im CAD-Jargon wird dafür das Wort Menü verwendet.

/6/ Eine Anpassung auf den unterschiedlichen Arbeitsstil kann z.B. durch adaptierbare Systeme, "Roboter" (Definition von Makrofunktionen) und Voreinstellungen erreicht werden.

/7/ Vgl. Dehning, W., Essig, H., Maaß, S.: Zur Anpassung virtueller Mensch-Rechner-Schnittstellen an Benutzererfordernisse im Dialog, Fachbereich Informatik, Bericht Nr. 50, Universität Hamburg, Juli 1978, S. 102-103
Zur Entstehung einzelner Steuerungsarten stellen sie fest: "Es gibt sehr wenige Untersuchungen zu den Dialogarten, (Anm. es wird hier der Begriff "Dialogart" synonym für "Steuerungsart" verwendet; der Verfasser unterscheidet zwischen Steuerungsart und Dialogform, die allerdings in einem gewissen Abhängigkeitsverhältnis voneinander stehen. Ohne diese Differenzierung wird oft auch der Begriff "Interaktionsform" verwendet.) die meisten sind irgendwann einmal "erfunden" worden und werden seitdem wenig reflektiert beim Entwurf von Systemen gebraucht."

Vgl. auch Heibey, H.W., Lutterbeck, B., Töpel, M.: Auswirkungen ... a.a.O., S. 98-99, die zu einer ähnlichen Einteilung der Steuerungsarten (dort als Interaktion bezeichnet) gelangen.

/8/ Vgl. Deutsches Institut für Normung e.V. DIN 66 234, Teil 3, Bildschirmarbeitsplätze, Gruppierung und Formatierung von Daten, Berlin, März 1981, S. 2

/9/ Der Empfehlung der DIN-Vorschrift als Ordnungsbegriffe vorzugsweise Ziffern statt Buchstaben zu verwenden, kommt meines Erachtens keine Allgemeingültigkeit zu. Insbesondere widerspricht diese Empfehlung den Erfahrungen im Zusammenhang mit mnemotechnischen Anwendungen. Zwar kann man davon ausgehen, daß die Ordnung über Ziffern anstatt über Buchstaben immer dann besser ist, wenn die Buchstaben in keinem Zusammenhang zu dem entsprechenden Funktionsbegriff gebracht werden können; wenn also beispielsweise A, B, C, D, E ... verwendet werden. Entspricht allerdings der Buchstabe bzw. die Buchstabenkombination als Abkürzung textlich dem Funktionsnamen, so dürfte man aufgrund der besseren Assoziationsmöglichkeit zwischen Funktionsname und einzugebender Abkürzung zu besseren Behaltens- und Erinnerungsleistungen gelangen.
Unter Mnemotechnik, wird die Kunst verstanden, das Einprägen von Gedächtnisstoff durch besondere Lernhilfen zu erleichtern; vgl. Drosdowski, G. et al.: Duden, Das Fremdwörterbuch ... a.a.O., unter dem entsprechenden Stichwort

/10/ Vgl. Deutsches Institut für Normung e.V. DIN 66 234, Teil 3, Bildschirmarbeitsplätze ... a.a.O.

/11/ PPS-Programm bedeutet Produktionsplanungs- und -steuerungsprogramm.

/12/ Abbildung in leicht modifizierter Form aus: Eibl, G., Wimmer, K.: Architekturkonzept eines computergestützten Bürosystems, in: Reichwald, R. (Hrsg.): Neue Systeme ... a.a.O., S.262

/13/ Vgl. Kaster, J., Widdel, H.: Untersuchung zur formalen Transparenz eines Menüsystems, in: Bullinger, H.-J. (Hrsg.); Software-Ergonomie '85 ... a.a.O., S. 228-238
Bei diesem Versuch wurden 14 Vpn. mit nur minimaler Rechnererfahrung getestet. Die Vpn. mußten mit Hilfe eines menüorientierten Graphikeditors verschiedene Manipulationen an farbigen Bildern, die auf einem Bildschirm dargeboten wurden, vornehmen. Ein Versuchsdurchgang dauerte drei Tage. Unter den Vpn. wurden zwei Gruppen gebildet. Die erste Gruppe arbeitete ohne zusätzliche visuelle Hilfen, während die zweite Gruppe die Menüstruktur visuell auf einem Kontrollmonitor sehen konnte. Es zeigte sich, daß ungeübte Benutzer durch die graphische Darstellung der Menühierarchie sehr effektiv unterstützt werden können, was in dieser Studie zu weniger Fehlern und schnelleren Bearbeitungszeiten führte. Die parallel dazu ohne graphische Unterstützung

arbeitende Kontrollgruppe konnte auch nach längerem Arbeiten die relativ einfache hierarchische Menüstruktur nur unvollständig wiedergeben.

/14/ Fischer, G.: Entwurfsrichtlinien für die Software-Ergonomie aus der Sicht der Mensch-Maschine-Kommunikation (MMK), in: Balzert H. (Hrsg.), Software-Ergonomie, Stuttgart 1983, S. 30-48, insbesondere S. 43. Vgl. auch Ulich, E.: Arbeitspsychologische Konzepte für computerunterstützte Büroarbeit, Österreichische Gesellschaft für betriebliche Ausbildung (Hrsg.), Wien, o.J., S. 20

/15/ Wird als Gedächtnistest (zur Überprüfung der Erinnerungsleistung) die Form der "freien Wiedergabe" verwendet (free recall), so findet man bei diesem Verfahren i.allg. die schlechtesten Behaltensergebnisse. "Man vermutet, daß für die freie Wiedergabe eine mehrstufige Gedächtnisabsuche erforderlich ist; der passende Kontext muß gefunden werden, dann wird das spezielle Element selbst abgerufen". Beim Wiedererkennen (recognition) muß die betreffende Person lediglich entscheiden, ob sie beispielsweise einen vorgegebenen Text bereits gesehen hat oder nicht. Vgl. Lindsay, P.H., Norman, D.A.: Einführung in die Psychologie, Berlin, Heidelberg, New York, 1981, S. 267. Aus diesen Aussagen läßt sich schließen, daß beim Umgang mit Funktionstasten (ohne Hilfestellung) wesentlich mehr Gedächtnisoperationen erforderlich sind, als beim Umgang mit einem Menüsystem, was sich wiederum auf die Belastung bzw. mentale Beanspruchung auswirken kann.

/16/ Lindsay und Norman zählen zu den Mnemotechniken: Loci-Technik, Assoziationstechnik und die Schlüsselworttechnik. Im Zusammenhang mit dem EDV-Einsatz steht die Assoziationstechnik im Vordergrund. Zur Beschreibung der einzelnen Techniken vgl. Lindsay, P.H., Norman, D.A.: Einführung in die Psychologie ... a.a.O., S. 275-279

/17/ Vgl. Frieling, E., Derisavi-Fard, F.: Dialogdesign und Informationsdarstellung am Beispiel einer CAD-Menüvorlage, in: Bullinger, H.-J. (Hrsg.): Software-Ergonomie ... a.a.O, S. 155 ff
Ein oft auftretendes Problem bestand darin, daß vor allem bei geringen Lageveränderungen der Vorlage auf dem Digitalisiertablett unter Umständen falsche Befehle ausgelöst wurden, was auf die Schwierigkeit der Konstrukteure bei der Befestigung entsprechender Sub-Menüs auf dem Tablett zurückzuführen ist. Durch das häufige Antippen der Vorlage mit dem Digitalisierstift verschliß gleichzeitig die Vorlage in kurzer Zeit, was zur Unkenntlichkeit von Abbildungen führte, so daß eigentlich von keiner Vorlage im ursprünglichen Sinne gesprochen werden kann. Aus diesen Überlegungen heraus kann die Verwendung einer Leiste zur Kennzeichung aktueller Kommandos in Verbindung mit Funktionstasten nicht empfohlen werden, da die Arbeitsunterbrechungen beim Umblättern und die o.a. Handhabungsschwierigkeiten nicht vermieden werden können, was zu nicht akzeptablen Arbeitsbedingungen führt.

/18/ Query Languages werden z.B. eingesetzt, um Datenbanken abzufragen. Ihr Wortschatz ist dabei an den Wortschatz des Menschen angepaßt, um das Erlernen zu erleichtern. Datenbankabfragesprachen sind z.B.: SQL (Structured Query Languages), QBE (Query-by-Example), die im Zusammen-

hang mit IBM Datenbanksystemen verwendet werden. Für die Abfragen allgemein zugänglicher Datenbanken wird z.B. die Abfragesprache GRIPS verwendet.
Zu SQL und QBE vgl. z.B. Klein, W.: Neue Datenbasis mit DB2, in: IBM-Nachrichten (36) 282/1986, S. 32 Zu GRIPS vgl. Fachinformationszentrum Technik e.V. (Hrsg.): Retrievalsprache GRIPS - Eine Anleitung mit Anwendungsbeispielen, Frankfurt 1985

/19/ Vgl. z.B. Seidel, N.: Mnemotechnische Symbolik erleichtert auch Ihre Organisations- und Führungsarbei , in: Management-Zeitschrift io, (53) 6/1984, S. 272-277
Dieser Aufsatz enthält eine Reihe von Anregungen, wie mit Hilfe der mnemotechnische Symbolik Verschlüsselungen vorgenommen werden können und sich dadurch lange Ziffernschlüssel umgehen lassen. Die an dieser Stelle geäußerten Gedanken sind grundsätzlich auch auf die Gestaltung eines Bildschirmmenüs übertragbar.

/20/ Vgl. die Ausführungen zu den unterschiedlichen Arten des Erinnerns (freie Wiedegabe, Wiedererkennen) a.a.O. in den Anmerkungen zu diesem Kapitel.

/21/ Unter bit-mapped display screens versteht man rastergraphikfähige Bildschirme, bei denen sich jeder Punkt auf dem Bildschirm explizit ansteuern läßt. Im einfachsten Fall ist jeder Punkt auf dem Bildschirm durch ein Bit im Hauptspeicher repräsentiert; je nach Wert des Bits (0 oder 1) wird auf dem Bildschirm der entsprechende Punkt (schwarz oder weiß) wiedergegeben.

/22/ Dieser Umstand wird allein schon aus der Art, wie diese Systeme entwickelt wurden, deutlich. Dazu bemerken Smith et al. in einer Abhandlung über die Entwicklung des ersten kommerziell eingesetzten Systems dieses Typs (XEROX-Star), daß bei der gesamten Systementwicklung (Hardware und Software) die Entwicklung der Benutzerschnittstelle Priorität vor allen anderen Systembestandteilen besaß. Erst nachdem die Software-Oberfläche des Systems entworfen war, begann man mit dem Bau der Hardware. Vgl. Smith, D.C., Irby, C., Kimball, R., Verplank, B.; Designing ... a.a.O., S. 242-281

/23/ In Kapitel 6.3.1.1 wird nochmals in einem allgemeineren Zusammenhang auf Verwendungsmöglichkeiten von Piktogrammen eingegangen.

/24/ Diese Parallelität hat bei den so aufgebauten Computersystemen zur Bezeichnung "Schreibtischanalogie" geführt.

/25/ Zur Fenstertechnik vgl. z.B. Balzert, H., Hoppe, U., Ziegler, J.: Fenstersysteme im Vergleich - Architektur, Leistungsfähigkeit und Eignung für die Anwendungsentwicklung, in: Bullinger, H.-J. (Hrsg.); Software-Ergonomie '85 ... a.a.O., S. 42 ff

/26/ Vgl. z.B. Fabian, F., Rathke, C.: Menüs: Einsatzmöglichkeiten eines Fenstersystems zur Unterstützung der Mensch-Maschine-Kommunikation; in: Office Management, Sonderheft 1983, S. 42 ff

/27/ Z.B. stellt die Meldung "fatal-error" eine solche unspezifische Systemreaktion dar, die keinerlei Information außer, daß dem Anwender irgendein Fehler unterlaufen ist, beinhaltet. Durch die Verwendung eines den Bearbeitungsfehler beschreibenden Wortes, wird zur emotionslosen Wiedergabe solcher Meldungen beigetragen. Das gleiche gilt für entsprechend unspezifische Funktionsbeschreibungen, vgl. hierzu auch Badre, A., Shneiderman, B.: System Message Design : Guidelines and Experimental Results, Directions in Human/ Computer Interaction, New Jersey 1982, S. 55 ff
sowie Dumais, S.T., Landauer, T.K.: Psychological Investigations of Natural Terminology for Command and Query Languages, Directions in Human/Computer Interaction, New Jersey 1982, S. 95 ff oder Engelmann, U., Meinzer, H.P.: Bessere Mensch/Maschine-Schnittstellen durch Beachtung von Benutzerfehlern, in: Angewandte Informatik, 5/1985, S. 191-196

/28/ Vgl. Kaster, J., Widdel, H.: Untersuchung zur formalen Transparenz ... a.a.O., S. 228-238

/29/ Die Vorteile des Menschen gegenüber einem Rechnersystem liegen z.B. in dessen Fähigkeit zur Improvisation bei unvorhergesehenen Schwierigkeiten und zum Strategiewechsel, zum assoziativen Denken, zum Erkennen und Deuten von Mustern und deren Inhalte. Der Rechner ist einem Menschen, z.B. bei der Abspeicherung von Information, ihrem Wiederfinden, der Verarbeitung arithmetischer Operationen (bezogen auf die Geschwindigkeit), überlegen.

/30/ Vgl. Lutze, R.: Hilfesystem - Ihre Beziehung zu Anwendungssystemen und zukünftige Entwicklungstendenzen; in: Bullinger, H.-J. (Hrsg.): Software-Ergonomie '85 ... a.a.O., S. 142 ff
Ein so beschriebenes Hilfesystem wird aktiv-dynamisch genannt. Es tritt dann in Kraft, wenn sich der Benutzer nicht optimal in einem vorgegebenen Sinne verhält. Ein einfaches Modell zur Überprüfung des optimalen Verhaltens mag in der Vorstellung bestehen, daß der Anwender sich beispielsweise immer dann nicht optimal verhält, wenn sein Arbeitsergebnis mit weniger Zwischenschritten und auf "einfachere" Art und Weise erreichbar gewesen wäre.
Ein Hilfesystem verhält sich dynamisch, wenn es in der Lage ist, sein Wissen zu aktualisieren. Hierbei kann die Aktualisierung vom Benutzer vorgenommen werden oder durch den Kontext automatisch erreicht werden. Insofern stellt das aktiv-dynamische Hilfesystem die fortgeschrittenste Art der Benutzerunterstützung dar.

/31/ Die Realisierung solcher Expertensysteme wird nicht nur durch Kapazitätsengpässe im Soft- und Hardwarebereich verzögert, sondern z.B. auch durch noch ungeklärte Fragen datenschutzrechtlicher und ethischer Art, beispielsweise inwieweit ein System Daten über seinen Bediener sammeln darf, und wie diese ggf. vor Mißbrauch zu schützen sind.

/32/ Vgl. Rich, E.: User are individuals: individualizing user models, in: International Man-Machine Studies (18) 3/1983, London, New York, San Francisco, S. 199-214

/33/ Diese Systeme arbeiten häufig sehr einfach. Bei ihrer Schlußfolgerung gehen sie von der Annahme aus, daß derjenige, der ein Kommando ohne Abkürzungen schreibt, ein ungeübter Benutzer sei. Dieser erhält deshalb auch im Fehlerfalle oder auf Anforderung ausführlichere und weitreichendere Informationen als der Benutzer, der sich durch die Verwendung von Kürzeln dem System gegenüber als "Experte" ausgibt.

/34/ Die zwischenmenschliche Kommunikation entwickelt sich permanent fort und berücksichtigt dabei z.B. das gemeinsam im Laufe des Dialogs erarbeitete Wissen. Was bei den momentan angebotenen Programmen überhaupt nicht oder nur rudimentär (beispielsweise durch Defaultwerte) vorhanden ist.

/35/ Abbildungen 23 und 24 aus Benz, C., Haubner, P.: Codierungswirksamkeit bei Informationsdarstellungen in Bildschirmmasken, in: Balzert, H. (Hrsg.): Software-Ergonomie ... a.a.O., S. 131 ff

/36/ Vgl. hierzu Benz, C., Grob, R., Haubner, P.: Gestaltung ... a.a.O., Köln 1981 sowie Morse, A.: Some Principles for the effective Display of Data, University of Massachusetts, ACM-Siggraph 1979, Vol. 13, S. 94 ff

/37/ Die Eigenschaft, abstrakte Symbole zu verstehen bzw. fehlende Teile eines Bildes/Wortes zu ergänzen, beruht auf der täglichen Erfahrung und der damit einhergehenden Gewöhnung. Diese Erfahrungen werden ganz allgemein im Sozialisationsprozeß erworben.

/38/ Vgl. Aicher, O., Krampen, M.: Zeichensysteme der visuellen Kommunikation - Handbuch für Designer, Architekten, Planer, Organisatoren, Stuttgart 1977, S. 121, S. 133

/39/ Vgl. Staufer, M.J.: Piktogramme für Bürocomputer - Kognitive Verarbeitung und Repräsentation - Methoden zur Produktion und Evaluation, Psychologisches Institut III, Friedrich-Alexander Universität Erlangen 1984 Es zeigte sich unter anderem, daß sich abstrakte Befehle wie z.B. "UNDO" nur sehr schlecht als Symbol abbilden lassen.

/40/ Abbildung aus Moritz, H.: Umsetzung wahrnehmungspsychologischer Erkenntnisse für die Informationsgestaltung am Bildschirm, in: Balzert, H. (Hrsg.): Software-Ergonomie ... a.a.O., S. 98-113

/41/ Vgl. Metzger, W.: Gesetze des Sehens, Frankfurt 1975, S. 35 ff und S. 83 ff oder Zwerina, H., Benz, C., Haubner, P.: Kommunikationsergonomie, Benutzerfreundliche Anwenderprogramme in Maskentechnik, Siemens AG (Hrsg.), Berlin, München 1983, S. 32

/42/ Abbildung aus Metzger, W.: Gesetze ... a.a.O.,S. 35 ff, S. 83-89

/43/ Das Gesetz besagt, daß zwischen der Stärke einer Empfindung E beim Menschen und der Stärke des einwirkenden Reizes R ein logarithmischer Zusammenhang der Form:
$E = k \cdot \lg R$ bestehen soll. Vgl. Bürck, W.: Lärm, in: Schmidtke, H. (Hrsg.): Lehrbuch der Ergonomie, München, Wien 1981, S. 200

/44/ Vgl. Bertin, J.: Graphische Darstellungen und die graphische Weiterverarbeitung von Informationen, Berlin New York, 1982, S. 198

/45/ Vgl. Bertin, J.: Graphische Darstellungen ... a.a.O., S. 186-228

/46/ Vgl. Frieling, H.: Farbe am Arbeitsplatz, Bayerisches Staatsministerium für Arbeit und Soziales (Hrsg.), München 1984, S. 13

/47/ Vgl. Frieling, H.: Farbe im Raum, angewandte Farbenpsychologie, München 1974

/48/ Vgl. Oetinger, R.: Der Einsatz unterschiedlicher Schrift- und Hintergrundfarben am Bildschimrarbeitsplatz zur Unterstützung von Tätigkeiten im Sachbearbeitungsbereich - Ergebnisse einer empirischen Fallstudie zur Untersuchung von Farbpräferenzen, Arbeitspapier, Universität Kaiserslautern, Lehrstuhl für Industriebetriebslehre und Arbeitswissenschaft, Mai 1985

/49/ Vgl. Frieling, H.: Farbe am Arbeitsplatz ... a.a.O., S. 36 ff

/50/ Vgl. Heinecke, A.M.: Konzeption eines ergonomischen Prozeßleitsystems mit veränderter Mensch-Maschine-Schnittstelle, in: Bullinger, H.-J. (Hrsg.): Software-Ergonomie '85 ... a.a.O., S. 98 ff. Dabei wurden unterschiedliche Farben zur Darstellung des Schwierigkeitsgrades einer Meldung an die Schiffsführer verwendet.

/51/ Vgl. Kraiss, K.-F.: Kognitives Verhalten und intelligente Unterstützung bei der Fahrzeug- und Prozeßführung, in: Zeitschrift für Arbeitswissenschaft, 37 (9NF) 4/1983, S. 215-226, insbesondere S. 221 f sowie die dort angegebene Literatur

/52/ Vgl. Smith, L.S., Goodwin, N.C.: Another Look at Blinking Display, Human Factors (14) 4/1972, S. 345-347 oder die Empfehlungen von Engel, S.E., Granda, R.E.: Guidelines for Man/Display Interfaces, IBM Poughkeepsie Laboratory TR 00.2720, 1975 (ohne Fallstudienergebnisse)

/53/ Vgl. Smith, L.S., Goodwin, N.C.: Another Look ... a.a.O., S. 345-347

/54/ Vgl. Faley, J.D., Wallace, V.L.: The art of natural graphic man-machine Conversation: Proceedings of the IEEE Vol 62 No. 4, April 1974, S. 462-470 sowie Barmack, J.E.; Sinaiko, H.W.: Human factors problems in computer generated graphic displays, Institute for Defense Analysis, Research and Engineering Support Division, SD-50, ARPA Assignment 15, 1966

/55/ Vgl. Benz, C., Grob, R., Haubner, P.: Gestaltung von ... a.a.O., S. 65f

/56/ Vgl. Deutsches Institut für Normung e.V. DIN 66 234, Teil 3 ... a.a.O.

/57/ Vgl. Deutsches Institut für Normung e.V. DIN 66 234, Teil 3 ... a.a.O.

/58/ Für den deutschsprachigen Raum findet man Regeln zur allgemeinen Gestaltung von Schriftstücken, die in diesem Zusammenhang auch Hinweise geben können, z.B. bei: Deutsches Institut für Normung e.V. DIN 5008, Regeln für Maschinenschreiben, Berlin, November 1963

/59/ Vgl. Zwerina, H., Benz, C., Haubner, P.: Benutzerfreundliche Anwendungsprogramme ... a.a.O.

/60/ Bis zur Gewinnung wissenschaftlich gesicherter Erkenntnisse sind u.a Langzeituntersuchungen erforderlich, die zum Zeitpunkt der Veröffentlichung noch nicht vorlagen.

/61/ Z.B. unterstützt die Firma IBM die Trennung dieser Informationskategorien durch farbliche Codierung teilweise schon bei Standardsoftware

/62/ Vgl. Heinecke, A.M.: Konzeption ... a.a.O., S. 98 ff

/63/ Vgl. Oetinger, R.: Der Einsatz ... a.a.O.

/64/ Vgl. Oetinger, R.: Anforderungen an ein PPS-System aus der Sicht der Software-Gestaltung, Vortrag im Rahmen des Seminars: Praxis der Einführung und betrieblicher Einsatz von Produktionsplanungs- und -steuerungssystemen, VDI-Bildungswerk (Hrsg.), Düsseldorf 1985

/65/ Vgl. Badre, A., Shneiderman, B.: System Message Design ...a.a.O., S. 55 ff oder Dumais, S.T., Landauer, T.K.: Psychological Investigations ... a.a.O., S. 95 ff

/66/ Vgl. Fischer, G.: Entwurfsrichtlinien ... a.a.O., S.31-32. Fischer spricht von einem expliziten und einem impliziten Kommunikationskanal. In dieser Betrachtung geht es um den expliziten Kommunikationskanal zwischen Mensch und Rechner, d.h. um den Kanal, auf dem alle Informationen durch Übertragungsmittel direkt ausgetauscht werden.

/67/ Die Sprachausgabe auf synthetischem Weg erfolgt durch das Aneinanderfügen von Phonemen. Eine solche Sprache klingt "maschinell". Vgl. z.B. Turecek, I.: Die stille (Input-) Revolution ..., in: Management-Zeitschrift io, (53) 6/1984, S. 252 ff

/68/ Vgl. Klöpfer, K.: Eine Datenbank mit einer Benutzerschnittstelle für Blinde, in: Bullinger, H.-J. (Hrsg.), Software-Ergonomie ... a.a.O., S. 350
Diese Stiftplatte besitzt Metallstifte, die - je nach Zustand - über die Plattenoberfläche hinausragen oder mit ihr eine Einheit bilden. Auf diese Weise ist es möglich, zeilenweise den Bildschirminhalt in der Braille-Schrift (Blindenschrift) auszugeben.

/69/ Zur Frage der Geräteergonomie vergleiche die Ausführungen in Kapitel 2.2.2 und die dort zu diesem Punkt angegebenen Literaturhinweise.

/70/ Vgl. Ackermann, D., Nievergelt, J.: Die Fünf-Finger-Maus: Eine Fallstudie zur Synthese von Hardware, Software und Psychologie, in: Bullinger, H.-J. (Hrsg.): Software-Ergonomie ... a.a.O., S. 376-387
Allerdings zeigt die Studie von Ewing et al., daß die Maussteuerung nicht grundsätzlich der Cursorsteuerung überlegen ist, sondern ihre Eignung vom jeweiligen Einsatzbereich abhängt. Probleme kann die Maussteuerung z.B. bei Aufgaben bereiten, die eine exakte Feinpositionierung erforderlich machen. Vgl. Ewing, J., Mehrabanzad, S., Sheck, S., Ostroff, D., Shneiderman, B.: An experimental comparison of a mouse an arrow-jump keys for an interactive encyclopedia, in: International Journal of Man-Machine Studies (24) 1/1985, S. 29-45

/71/ Zur Diskussion des Einsatzes natürlichsprachlicher Schnittstellen zur Verbesserung der Mensch-Maschine-Interaktion vgl. z.B.
Stein, R.: Benutzerorientierte Kriterien zur softwareergonomischen Gestaltung der Dialogschnittstelle, (Diplomarbeit) Universität Kaiserslautern, Lehrstuhl für Industriebetriebslehre und Arbeitswissenschaft 1984, S. 11-29

/72/ Einige eingesetzte Systeme werden z.B. bei Lehmann, H., Blaser, A.: Query Languages in Data Base Systems, IBM Wissenschaftliches Zentrum (Hrsg.), Heidelberg 1979, S. 36 beschrieben.
ebenso in: Krause, J.: Mensch-Maschine-Interaktion in natürlicher Sprache: Evaluierungsstudien zu praxisorientierten Frage-Antwort-Systemen und ihrer Methodik, Tübingen 1982, S.113 ff vgl. auch Kraiss, K.-F.: Kognitives Verhalten ... a.a.O., S. 220-221

/73/ Zur physikalischen Spracherkennung und softwaremäßigen Verarbeitung der erkannten Signale vgl. Class, F., Mangold, H., Stall, D., Zelinski, R.: Sprach-Ein/Ausgabe, BMFT-Bericht DV 81-009, Eggenstein-Leopoldshafen, Dezember 1981

/74/ Auftretende Schwierigkeiten können z.B. auf syntaktischen oder semantischen Fehlern der Sprecher beruhen. Die auf syntaktische Unkorrektheiten zurückzuführenden Fehler sind im Vergleich zu semantischen Fehlern noch am einfachsten zu beheben. Denkbar ist z.B., daß der Sprecher nicht den exakten syntaktischen Aufbau der Sprache kennt oder aber umgangssprachlich formuliert. Seine Aussagen sind zwar für einen menschlichen Dialogpartner verständlich, können aber bei einem sprachverstehenden System zu Unverständnis und damit zu Fehlermeldungen führen. Auf der semantischen Ebene besteht die Gefahr der Verwendung von homonymen Ausdrücken (z.B. Lerche-Lärche). Diese Ausdrücke sind phonetisch gleichlautend unterscheiden sich aber in ihrer Bedeutung. Einfach formulierte Anfragen können so leicht falsche Antworten - im Sinne des Fragestellers - erzeugen. Neben dem Gebrauch semantischer Mehrdeutigkeiten sorgt auch die Verwendung unscharfer Begriffe und Werte für zusätzliche Schwierigkeiten. So können z.B. zwischen Informationsnachfrage und Informationsangebot bisweilen deutliche Divergenzen bei der Interpretation vager Begriffe wie z.B. "hohe Rendite" bestehen. Die Deutung des Begriffs "hoch" ist individuell verschieden und würde deshalb in einem System - wenn überhaupt - im Verständnis des Software-Entwicklers verwendet werden. Dies kann sich jedoch gänzlich von dem der anfragenden Person unterscheiden. Zu einem Ablauf einer Kommunikation mit einem natürlichsprachlichen System und der Verwendung vager Formulierungen vgl. Schefe, P.: Natürlichsprachlicher Zugang zur Datenbanken?, in: Angewandte Informatik 10/1983, S. 419-423.
Zu möglichen Fehlern bei der Verwendung einer natürlichsprachlichen Schnittstelle vgl. Krause, J.: Mensch-Maschine-Interaktion ... a.a.O.

/75/ Vgl. Watzlawick, P., Beavin, J.H. und Jackson, D.D.: Menschliche Kommunikation: Formen, Störungen, Paradoxien, Bern, Stuttgart, Wien 1969, S. 61-68. Nach ihren Aussagen enthält der nonverbale Anteil im Gespräch die Beziehungsaspekte zur Information, d.h. hier wird verdeckt dem Gegenüber ein Interpretationswerkzeug zur Datenauswertung zur Verfügung gestellt (auch als Form der analogen Kommunikation bezeichnet). Bei einer auf natürlichsprachlicher Ebene durchgeführten Mensch-Maschine-Kommunikation wird das "Gespräch" und damit das gesamte soziale Verhalten des Benutzers kanalisiert und in verschiedene, dem Rechner verständliche bzw. ihm verborgene Teile zerlegt. So werden z.B. alle Emotionen, deren Erfassung beispielsweise zum angemessenen Reagieren in unklaren Situationen durch die Einblendung entsprechender Erklärungstexte notwendig und hilfreich wären, durch die alleinige Beziehung auf die Sachebene ausgeblendet.

/76/ Eine ausführliche Beschreibung findet man z.B. bei Krause, J.: Mensch-Maschine Interaktion ... a.a.O., S. 5-14 ebenso in: Lehmann, H., Blaser, A.: Query Languages ... a.a.O., S. 33-35 sowie die dort angegebenen Literaturhinweise

/77/ Im Rahmen einer Fallstudie konnten Ackermann und Nievergelt nachweisen, daß der Einsatz einer Maus statt einer Tastatur für den Anwender wesentlich belastungsärmer ist. Die Versuchsgruppe hatte eine Stärke von 20 Personen; die Versuchsdauer betrug ca. 2 mal 30 Minuten pro Person.
Ackermann, D., Nievergelt, J.: Die Fünf-Finger-Maus .... a.a.O., S. 376-385, insbesondere S. 381 ff

/78/ Zur grundsätzlichen Problematik natürlichsprachlicher Systeme vgl. z.B. Wahlster, W.: Natürlichsprachliche KI-Systeme: Entwicklungsstand und Forschungsperspektiven, in: Wahlster W. (Hrsg.), German Workshop on Artificial Intelligence, Bad Honnef 1982, S. 50-68
Zur Verarbeitung natürlicher Sprache sowie Einsatzbereiche natürlichsprachlicher Systeme vgl. z.B. Guenthner, F., Lehmann, H.: Verarbeitung natürlicher Sprache - ein Überblick, in: Informatik Spektrum, 9/1986, S. 162-173, insbesondere S. 169-173. Eine Anwendung in der Medizin beschreiben Bolc et al. in Bolc, L., Kowalski, A., Kozlowska, M., Strzalkowsi T.: A natural language information retrieval system with extensions toward fuzzy reasoning, in: International Journal of Man-Machine Studies (23) Oct./1985, S. 335-367. Vgl. auch zur Anwendung eines natürlichsprachlichen Systems bei der Instruktion eines Roboters den Bericht von Maas, R.E., Suppes, P.: Natural-language interface for an instructabel robot, in: International Journal of Man-Machine Studies (22) 2/1985, S. 215-240

/79/ Vgl. N.N.: Sprachinformationssysteme - eine neue Art Kommunikationssysteme, in: Office Management (33) 2/1985, S. 96

/80/ Zur Eignung solcher Sprachinformationssysteme vgl. z.B.Fidrich, P.: Sprachinformationssysteme - Eine optimale Lösung für die Kommunikation; in: Office Management (33) 2/1985, S. 92-96 Bedingungen für den Einsatz eines solchen Systems formuliert z.B. Bradley, K.: Sprache speichern und verteilen - Voraussetzungen und Erfahrungen, in: Office Management (33) 2/1985, S.98-101 vgl. auch Reichwald, R.: Der Einfluß neuer Kommunikationsmedien auf das Büro der Zukunft - Auswirkungen auf das Kommunikationsverhalten und die Arbeitsbedingungen in Organisationen, in: Reichwald, R. (Hrsg.): Die Akzeptanz neuer Bürotechnologie, Heft 18, München 1984
Den beispielhaften Einsatz eines Sprachinformationssystems beschreibt z.B. Werdell, J.: Ford entdeckt das Sprachinformationssystem, in: Office Management (33) 2/1985, S. 114-115
vgl. auch Otten, K.W.: Sprachpost: Vervollständigung des elektronischen Büros, in: Office Management (33) 3/1985, S. 224-226

Kapitel 7

/1/ Die Befragung wurde im Frühjahr 1985 in der Bundesrepublik Deutschland durchgeführt. Es beteiligten sich insgesamt 67 Firmen. Der inhaltlichen Fixierung der Befragung gingen strukturierte Interviews mit Software-Entwicklern zum Thema Benutzerfreundlichkeit voraus. Auf dieser Basis wurde dann der Fragebogen erstellt und zur Validierung einem Pretest unterzogen. Die sich daraus ergebenden Modifikationen wurden in den endgültigen Befragungsbogen eingearbeitet. Nach Abschluß der schriftlichen Befragung wurden die Untersuchungsergebnisse im Rahmen eines Workshops mit Fachleuten aus der Software-Entwicklung auf ihre Relevanz hin erörtert. Die statistische Auswertung der Befragung wurde mit dem Datenanalysesystem SPSS (Statistical Package for the Social Sciences) Version M, Release 9.1 durchgeführt. Zur näheren Beschreibung der Funktionsweise vgl. z.B. Kähler, W.M.: SPSS - Einführung in das Datenanalysesystem, Braunschweig, Wiesbaden, 1984, oder Beutel, P., Küffner, H., Röck, E., Schubö, W.: SPSS 7 - Statistik-Programm-System für die Sozialwissenschaft, Stuttgart, New York, 1978

/2/ Vgl. Dzida, W.: Kognitive Ergonomie ...a a.O.,in: Humane Produktion (2) 6/1980, S. 18 f; vgl. auch Deutsches Institut für Normung, DIN 66 234, Teil 8, Entwurf ... a.a.O.

/3/ Der Fragebogen war an den Leiter der Software-Entwicklung adressiert. Wie die Tabelle zeigt, wurde er größtenteils von solchen Personen beantwortet, die der mittleren bis oberen betrieblichen Hierarchieebene angehören. D.h., er erreichte die angesprochene Zielgruppe.

/4/ Die Angaben beruhen auf einer verkürzten Wiedergabe der Daten zur Benutzerstruktur der befragten Unternehmen. Alle verwendeten Daten sind in einem Tabellenanhang der ungekürzten Ausgabe enthalten.

/5/ Vgl. Kapitel 2.1 die Aussagen zum Kenntnisstand der Anwender.

/6/ Fischer charakterisiert den "naiven" Benutzer als eine Person, die selbst nicht programmieren kann und somit die Programme selbst als "Black Boxes" erlebt. Der naive Benutzer verwendet den Computer als Werkzeug zur Erledigung seiner Tätigkeiten und ist damit "auf eine passive und rezeptive Nutzung eingeengt". Fischer, G.: Das Lösen komplexer Problemaufgaben durch naive Benutzer mit Hilfe des interaktiven Programmierens (Dissertation), Teil 1, Universität Hamburg, 1977, S. 16-19. Im weiteren Verlauf dieser Arbeit erfolgt eine Detaillierung der Fähigkeiten/Fertigkeiten des naiven Benutzers sowie eine grobe Skizzierung seiner Anforderungen an ein Computersystem. Dabei wird u.a. auch das oben zitierte "nicht programmieren können" relativiert, da dies z.B. von den verschiedenen Tätigkeiten der Anwender abhängig ist (z.B. Bedienung eines Textverarbeitungssystems versus Bedienung eines CAD-Systems).

/7/ Die Tätigkeitsinhalte sind in Kapitel 5.2 beschrieben. Im weiteren Verlauf der Arbeit wurden die beschriebenen Einzeltätigkeiten innerhalb der jeweiligen Tätigkeitsbereiche (Sekretariats-, einfache Sachbearbeitungs-, Spezial- und Fach- sowie Führungsaufgaben) z.T. aggregiert und unter dem jeweiligen Oberbegriff zusammengefaßt. D.h., es wurde darauf verzichtet, eine weitere Differenzierung dieser Tätigkeiten durchzuführen. Durch diese Art der Zusammenfassung werden arbeitsinhaltlich verwandte Tätigkeiten gemeinsam erfaßt, um so zu bereichsweisen Aussagen zu gelangen. Zudem kann man davon ausgehen, daß an einem Arbeitsplatz i.d.R. eine Vielzahl der hier erwähnten Programme parallel (mit unterschiedlicher Nutzungshäufigkeit) eingesetzt werden.

/8/ Die Abbildung basiert auf einer Aggregation von Einzelwerten, die zu den jeweiligen Tätigkeitsbereichen abgegeben wurden.

/9/ Dementsprechend agieren in diesem Marktbereich als Software-Anbieter z.B. Management-Consultants, Engineering-Consultants, EDV-Unternehmensberatungen, reine Software-Unternehmen, Systemhäuser, Service-Rechenzentren, Time-sharing-Services und Leasing-Gesellschaften. Vgl. hierzu die Gliederung der Software-Firmen in: Nomina Information Services (Hrsg.), ISIS Firmen Report, München, verschiedene Jahrgänge. Vgl. auch Griese, J.: Zur geschichtlichen Entwicklung der Software-Häuser, in: Angewandte Informatik (24) 2/1982, S. 146-151
Zum ungefähren Umsatzanteil, den die Firmen mit der Erstellung von Programmen erwirtschaften, geben die Daten einer Umfrage aus dem Jahre 1978 von Neugebauer et al. Auskunft.
Zum damaligen Zeitpunkt betrug der Software-Umsatzanteil:

Software-Anbieter	% - Anteil vom Gesamtumsatz entfällt auf		
	Anwendungssoftware	Systemsoftware	Summe
Hardware-Hersteller	16%	19%	35%
Software-Häuser	59%	25%	84%
Programmierbüros mit Umsatz < 1 Mio. DM	62%	20%	82%
Unternehmensberater	29%	17%	46%
Rechenzentren	8%	4%	12%

Tab. A1: Prozentualer Anteil des Software-Umsatzes bei Software- Anbietern im Verhältnis zum Gesamtumsatz

Daten von Neugebauer, U., Dehn, D., Thomae, M.: Untersuchungen über Maßnahmen zur Verbesserung der Software-Produktion, Teil 5: Der Markt für Anwendungssoftware in der Bundesrepublik Deutschland, GMD-Bericht Nr. 134, München, Wien 1980, S. 76-79

/10/ Wie bei allen statistischen Angaben kann natürlich auch aus den Daten über die Zusammensetzung der Entwicklungsteams nur auf einen vorhandenen Trend geschlossen werden. Je nach Art der Unternehmung und ihrem speziellen Betätigungsfeld sind natürlich gänzlich andere Zusammensetzungen der Entwicklungsteams denkbar.

/11/ Als Sachbearbeitungsbereich im weitesten Sinne soll die Zusammenfassung der Bereiche "einfache Sachbearbeitungstätigkeiten" und "Spezial- und Fachaufgaben" verstanden werden.

/12/ Eine Vergleichbarkeit im Sinne eines intervallskalierten Maßstabes liegt dann vor, wenn aus der Differenz zweier Werte auf deren Abstand geschlossen werden kann. Dies ist für diese Tabelle nur bedingt möglich, da sich die angegebenen Prozentwerte jeweils auf eine andere Basis beziehen. D.h., da sich die "zukünftigen Werte" auf eine Gruppengröße von N=46 bis 48 befragten Unternehmen bezieht, sind nur größere Abweichungen von den "momentanen Werten" (Gruppengröße N=61 bis 64 befragte Unternehmen) als wahrscheinlicher Trend zu betrachten.

/13/ Unter dem Oberbegriff Wirtschaftswissenschaftler sind hauptsächlich die Berufsgruppen: Betriebswirt, Wirtschaftsingenieur, Wirtschaftsinformatiker, DV-Kaufmann sowie Bankkaufmann zusammengefaßt. In der Befragung wurden explizit von 4 Unternehmen DV-Kaufleute genannt, die dort momentan zwischen 10-45% der Belegschaft ausmachen.

/14/ Der Trend zu vermehrtem Einsatz von Wirtschaftswissenschaftlern und Informatikern in den Entwicklungsteams wird auch durch die Mittelwerte und Standardabweichungen der entsprechenden Verteilungen bestätigt. Vor allem bei den Informatikern macht die gleichzeitig abnehmende Standardabweichung einen tendenziell stabileren Trend deutlich.

	Mittelwert	Standardabweichung
Informatiker		
aktuell	2,95	2,0
zukünftig	3,12	1,7
Wirtschafts-wissen-schaftler		
aktuell	2,37	2,13
zukünftig	2,95	2,14

Tab. A2: Mittelwerte und Standardabweichungen für die momentane und zukünftige Besetzung der Entwicklungsteams mit Informatikern und Wirtschaftswissenschaftlern (2 entspricht dem Intervall 11%-20%; 3 dem Intervall 21%-30%)

/15/ Vgl. Kapitel 6.2 die Aussagen zur Menüsteuerung.

/16/ Vgl. Kapitel 7.2.1 die Überlegungen zu den "Praktikern" bzw. "Ingenieuren" in den Entwicklungsteams, die hauptsächlich bei der Durchführung der Systemanalyse und der Übertragung der gewonnenen Ergebnisse in ein Software-System (in fachlicher Hinsicht) eingesetzt werden.

/17/ Beim Vergleich unterschiedlich großer Unternehmen und ihrer Ermittlungsmethoden konnten keine wesentlichen Unterschiede festgestellt werden. Eine leichte Tendenz besteht beim Testen von Probanden dahingehend, daß mit steigender Mitarbeiterzahl auch eher auf Ergebnisse aus Probandentests zurückgegriffen wird.

/18/ Hinsichtlich der Mitarbeiterzahl der Software-Unternehmen ergeben sich keine signifikanten Unterschiede, was den Einsatz einer bestimmten Fixierungsmethode betrifft.

/19/ Durch einen Kreuzvergleich mit anderen Fragen konnte ermittelt werden, daß sich die Software-Unternehmen, die tendenziell dazu neigten die Programmoberfläche vor der Problemlösung zu entwickeln, sich wie folgt charakterisieren lassen:

- eher geringere Mitarbeiterzahl (Rang-Korrelationskoeffizient = -0,177, Signifikanz < 0,08)
- großer Anteil an Software für Sekretariatstätigkeit (Rang-Korrelationskoeffizient = -0,268, Signifikanz < 0,05)
- beteiligen die Anwender am Entwurf der Software-Oberfläche (insbesondere Bildschirmmasken) (Rang-Korrelationskoeffizient = 0,219, Signifikanz < 0,05)
- bei Vorlage einer Auftragsbeschreibung, in der die Anforderungen an die Software-Oberfläche spezifiziert sind, wird tendenziell primär das algorithmische bzw. programmtechnische Problem gelöst (Rang-Korrelationskoeffizient = -0,214, Signifikanz < 0,05).

/20/ Die angegebenen Zahlen gelten für Software-Unternehmen aller Größen. Es konnten z.B. hinsichtlich der Variablen "Mitarbeiterzahl" keine signifikanten Unterschiede festgestellt werden.

/21/ Hierbei ist anzumerken, daß statistisch signifikant in kleineren Software-Unternehmen mehr nach Vorschriften und Richtlinien gearbeitet wird als in größeren Unternehmen. Gleichzeitig nimmt statistisch gesehen die Existenz von Richtlinien zum Entwurf der Programmoberfläche mit steigender Unternehmensgröße ab.

/22/ Dieser Schluß läßt sich aus dem statistischen Vergleich der Unternehmen, die vorwiegend Richtlinien zur Software-Gestaltung einsetzen, mit ihrer Einstellung zu möglichen Problemen/Hindernissen bei der Software-Gestaltung ableiten.

/23/ Hierauf wird noch detaillierter in Kapitel 8.1.4 eingegangen.

/24/ Vgl. z.B. Foidl, H., Hillebrand, K., Tavolato, P.: Prototyping, die Methode - das Werkzeug - die Erfahrungen, in: Angewandte Informatik 3/86, S. 95-100. In diesem Artikel werden Einsatzmöglichkeiten dieser Software-Entwicklungsmethode beschrieben.

/25/ Zwischen der Variable "Mitarbeiterzahl" und "Umfang der Benutzerbeteiligung bei der Handbucherstellung" besteht ein positiver Zusammenhang (Rang-Korr.=0,301, Sign.= 0,01). Bei den Items zur Benutzerbeteiligung ergibt sich kein statistisch signifikanter Zusammenhang mit dem Item "Mitarbeiterzahl".

/26/ Bei Typenrädern existiert bis dato keine Normierungsvorschrift, so daß es beim Übergang zu Typenrädern anderer Hersteller nicht selten zu Schwierigkeiten mit den nationalen Sonderzeichen kommt. Diese Schwierigkeit sollte sich softwareseitig beseitigen lassen; etwa durch die Bereitstellung einfach zu aktivierender Druckertreiber.

/27/ Vgl. z.B. Oetinger, R.: Der Einsatz ... a.a.O.

/28/ Die nähere Untersuchung dieser gespaltenen Gruppe ergab keine eindeutigen statistischen Zusammenhänge. Insbesondere ließ sich kein statistisch signifikanter Zusammenhang mit der Unternehmensgröße sowie dem Software-Spektrum der Software-Unternehmen nachweisen. D.h., die Ergebnisse spiegeln eine gewisse Unsicherheit in dieser Frage wider.

/29/ Zu den Begriffen "Fachmann-, Anfängerdialog" vgl. die Ausführungen in Kapitel 6.2.2.

/30/ Die unterschiedlichen Zahlenwerte zur Verwendung von Hilfetexten (vgl. Tab. 20) und der Gestaltung der Hilfefunktion (vgl. Tab. 21) dürfte auf den Charakter der Fragen zurückzuführen sein. Die Frage nach der Art der Berücksichtigung unterschiedlicher Systemerfahrungen wurde als offene Frage gestellt und verfügte deshalb über keine vorgegebenen Antworten, was bei der anderen Frage (Gestaltung der Hilfefunktion) der Fall war.

/31/ Item "Berücksichtigung der Systemerfahrung beim Anwender", Item "Herstellung von Software für Führungskräfte" (Rho: -0,306, Sign. 0,01). Ebenso wird unterschiedliche Systemerfahrung beim Anwender statistisch signifikant bei der Bildschirmgestaltung (Rho: 0,324, Sign. 0,00), der Gestaltung der Benutzerinformation (Rho: 0,393, Sign. 0,00) und der Entwicklung der Kommandostruktur (Rho: 0,320, Sign. 0,00) berücksichtigt.

/32/ Die Wahl eines bestimmten Testverfahrens ist in gewisser Weise von der Unternehmensgröße abhängig. Es zeigt sich, daß kleinere Software-Unternehmen über nur ein geringes Testinventar (in hohem Maße Pilotkunden) verfügen, während größere Firmen mehrere Testverfahren einsetzen (neben Pilotkunden auch Qualitätssicherungsabteilung und andere interne Tests).

/33/ Was die Beurteilungskriterien anbelangt, so kann angenommen werden, daß hierbei hauptsächlich der funktionale bzw. algorithmische Aspekt im Vordergrund steht. D.h., es werden vorwiegend solche Kriterien zur Beurteilung eines Programms herangezogen, die objektiv messbar und bewertbar sind. Hierunter fallen z.B.:
- Konsistenz von Handbüchern und Software-Produkt, d.h. Übereinstimmung der im Handbuch gemachten Angaben (z.B. über den Funktionsumfang) mit den tatsächlichen Angaben (von der Software bereitgestellte Funktionen);
- Korrektheit der Software, d.h. die Ergebnisse eines Programmablaufes stimmen mit den erwarteten Ergebnissen überein;
- Einhaltung gesetzlicher Vorschriften bzw. DIN-Vorschriftens (z.B. Vorgehensweise bei der Heizkostenberechnung);
- zu einem geringen Teil Kriterien der Benutzerfreundlichkeit in Anlehnung an den Entwurf der DIN 66 234, Teil 8.

Diese Angaben stammen aus einem Gespräch des Verfassers mit einem Vertreter des TÜV-Rheinland über Kriterien zur Beurteilung der Software-Qualität. Der TÜV-Rheinland vergibt selbst auf Basis der hier beispielhaft erwähnten (und nicht vollständigen) Kriterien ein Gütesiegel für Software.
Mit der Prüfung der Qualität von Anwendungssoftware befaßt sich z.B. auch die Gütegemeinschaft Software e.V. Vgl. Pätzold, W.: Wünsche der Software-Anbieter bezüglich der Normen, in: Angewandte Informatik 7/1985, S. 273-276
Zur grundsätzlichen Prüfung auf Einhaltung von Normen im DV-Bereich vgl. z.B. Sydow von, F.: Zur Prüfung der Einhaltung von Normen - Begriffe, Kriterien, Modelle, in: Angewandte Informatik (27) 6/1985, S. 239-243

/34/ Zur detaillierten Beschreibung dieser Elemente vgl. Kapitel 6

/35/ Vgl. die Ausführungen in Kapitel 6.4.1.4 zu diesem Punkt.

/36/ Die Bewertung erfolgte in Analogie zur Tab. 25 in Kapitel 7.3.1.2.

/37/ Zu den Zahlenwerten vgl. /36/

/38/ Den Ausführungen von Smith et al. zufolge wurde der Rechner "Xerox-Star" (Fa. Rank-Xerox) im April 1981 angekündigt. Vgl. Smith, D.C., Irby, C., Kimball, R., Verplank, B.: Designing ...a.a.O, S. 242

/39/ Vgl. die Ausführungen in Kapitel 6.2.1.2

/40/ Vgl. die Ausführungen in Kapitel 6.2.1.4

/41/ Vgl. auch dazu Kapitel 6.2.1

/42/ Vgl. hierzu die Ausführungen in Kapitel 6.2.1.1 bzw. 6.2.1.2

/43/ Vgl. dazu in Kapitel 6.2.1.2 die Bemerkungen zu den unterschiedlichen Arten des Erinnerns.

/44/ Aufgrund der nur geringen Unterschiede bei der Beurteilung der einzelnen Kommunikationsarten wird auf eine ausführliche Erläuterung der jeweiligen Werte verzichtet. Die Angaben der Designer differenziert nach den jeweiligen Kommunikationarten kann man nachfolgenden Tabellen entnehmen:

Datenerfassungstätigkeiten

Programmsteuerungsart	Bedeutungswert	N	Praktische Bewährung
Bildschirmmenü mit Benutzerauswahl über einen Code	1,2	65	64%
Menü über Funktionstasten	0,5	63	46%
Bildschirmmenü mit Benutzerauswahl ohne Code, z.B. mit Pfeil (Cursor)	0,1	62	21%
Windowtechnik und Maussteuerung	0,0	61	9%

Tab. A3: Bedeutung und praktische Bewährung der Programmsteuerungsarten für Datenerfassungstätigkeiten im Sachbearbeitungsbereich (Die Beurteilung der Bedeutung wurde mit einer Bewertungsskala von -2 = unwichtig über 0 = teilweise wichtig bis +2 = sehr wichtig vorgenommen; die praktische Bewährung ergibt sich aus der Anzahl der Nennungen (N=67 für das Kriterium "praktische Bewährung").

Auskunftstätigkeiten

Programmsteuerungsart	Bedeutungswert	N	Praktische Bewährung
Bildschirmmenü mit Benutzerauswahl über einen Code	1,3	64	67%
Menü über Funktionstasten	0,6	63	46%
Bildschirmmenü mit Benutzerauswahl ohne Code, z.B. mit Pfeil (Cursor)	0,3	62	26%
Windowtechnik und Maussteuerung	0,5	61	23%

Tab. A4: Bedeutung und praktische Bewährung der Programmsteuerungen für Auskunftstätigkeiten im Sachbearbeitungsbereich (Zu den Zahlenwerten vgl. /36/)

Dialogtätigkeiten

Programmsteuerungsart	Bedeutungs-wert	N	Praktische Bewährung
Bildschirmmenü mit Benutzerauswahl über einen Code	1,2	66	67%
Menü über Funktionstasten	0,6	64	42%
Bildschirmmenü mit Benutzerauswahl ohne Code, z.B. mit Pfeil (Cursor)	0,2	63	27%
Windowtechnik und Maussteuerung	0,7	62	34%

Tab. A5: Bedeutung und praktische Bewährung der Programmsteuerungen für Dialogtätigkeiten im Sachbearbeitungsbereich (Zu den Zahlenwerten vgl. /36/)

/45/ Zu den Zahlenwerten vgl./36/

/46/ Zu den Zahlenwerten vgl./36/

/47/ Zu den Zahlenwerten vgl./36/

/48/ Zu den Zahlenwerten vgl./36/

/49/ Vgl. dazu auch Kapitel 6.2.3

/50/ Vgl. hierzu Kapitel 6.2.3.1

/51/ Zu den Zahlenwerten vgl./36/

/52/ Zu den Zahlenwerten vgl./36/

/53/ Vgl. dazu Kapitel 6.2.3.1 Anmerkungen zum Übungsgrad unterschiedlicher Anwender beim Einsatz benutzerinitiierter Dialoge.

/54/ Zu den Zahlenwerten vgl./36/

/55/ Da sich diese Tabelle aus der Aggregation mehrerer Einzeltabellen zusammensetzt, kann kein einzelner N-Wert (Gruppengröße) angegeben werden. Für die Ausprägung "praktische Verwendung" und "Wichtigkeit" sind die einzelnen Gruppengrößen bei den jeweiligen Tabellen wiedergegeben. Vgl. dazu die entsprechenden Tabellen in Kapitel 6.3.1 bis 6.3.4

/56/ Vgl. Kraft, P.: Verhaltensweisen von Programmierern und deren Einflüsse auf die Produktion von Software, in: Schelle, H., Molzberger, P.: Psychologische Aspekte ... a.a.O., S. 95-98

/57/ Die Befragten wurden um die Aufstellung einer Rangreihe von 1 bis 11 gebeten, wobei 1 = wichtigster Punkt, 11 = unwichtigster Punkt bedeutet.

/58/ Zwischen 20-28% halten diese Punkte für sehr wichtig; rd. 28% sehen dies nicht als Problem an.

/59/ Vgl. dazu die Anmerkungen in Kapitel 7.2.2.

/60/ Heibey, H.W., Kühn, M., Luttebeck, B., Töpel, M.: Technologische Gestaltung von Mensch-Computer-Schnittstellen; Universität Hamburg, Bericht Nr.61; Oktober 1977 (Neuauflage 1979), S.22

/61/ Detailliert wird auf diesen Punkt nochmals in Kapitel 8.1.3 eingegangen.

/62/ Kreifelts, Th., Wißkirchen, P.: Informationstechnik im Büro, in: Richter, L., Stucky, W.: Informationstechnik ... a.a.O., S. 64-65. Dort wird u.a. von einer fortschrittlichen Programmierumgebung im o.a. Sinn gesprochen.

/63/ Vgl. Griese J.: Zur geschichtlichen ... a.a.O., S.146-151

/64/ Eine weitere Unterteilung der Sachbearbeitungstätigkeiten wurde aus Komplexitätsgründen nicht vorgenommen.

/65/ Reduziert man die Angaben des Befragungskollektivs auf solche Unternehmen, die angaben "vorwiegend" Software für einen bestimmten Tätigkeitsbereich (z.B. Schreibdienst) zu entwerfen, so ergibt sich folgendes modifiziertes Bild:

	Verwendung von Benutzermodellen					
Hauptsächlich Software für:	Nein	Selten	Teilweise	Überwiegend	Ja	n
Schreibdienst	18,2%	18,2%	45,5%	18,2%	0%	11
Einfache Sachbearbeitung	16,2%	8,1%	16,2%	27,0%	32,4%	37
Spezial- und Fachaufgaben	20,0%	2,9%	8,6%	31,4%	37,1%	35
Management	13,6%	4,5%	22,7%	31,8%	27,3%	22

Tab. A6: Verwendung von Benutzermodellen in Abhängigkeit vom Software-Spektrum (N=67)

Die Tabelle ist folgendermaßen zu lesen: Software-Unternehmen, die z.B. angaben, hauptsächlich Programme für den Schreibdienst zu erstellen, verwenden zu 18,2% keine Benutzermodelle für diesen Bereich.

Entsprechend bezieht sich die Verwendung der Benutzermodelle im Sachbearbeitungsbereich nur auf die Unternehmen, die hauptsächlich Programme für diese Gruppe herstellen. Statistisch signifikant werden nur Benutzermodelle für den Managementbereich von Unternehmen, die dafür häufig Software herstellen, verwendet. (Rang-Korrelationswert = -0,223, Signifikanz = 0,05; Items: "Führungsaufgaben" (Merkmalsausprägung: häufig - selten) und "Benutzermodelle für Managementtätigkeiten" (Merkmalsausprägung: nein - ja).

/66/ Diese Aussagen stammen aus der Korrelationsrechnung der jeweiligen Items miteinander. Auf eine detaillierte Wiedergabe dieser Berechnungsergebnisse wird an dieser Stelle verzichtet.

/67/ Die Aufzählung umfaßt rd. 70% der abgegebenen Antworten, 30% entfielen auf sonstige Einzelpunkte.

/68/ Für den spezifischen Tätigkeitsbereich "CAD" ermittelte Zink im Rahmen einer empirischen Studie bei CAD-Anwenderunternehmen, daß dort die didaktische Qualität der Schulungsmaßnahmen i.d.R. mit "befriedigend" bis "ausreichend" beurteilt wurde. Die folgende Tabelle schlüsselt die Daten auf:

Didaktische Qualität der Schulung	%-Antworten (CAD-Anwenderunternehmen)
Sehr gut	-
Gut	1%
Befriedigend	59%
Ausreichend	20%
Mangelhaft	21%

Tab. A7: Beurteilung der didaktischen Qualität von Schulungsmaßnahmen bei CAD-Anwenderunternehmen (aus Sicht der CAD-Verantwortlichen) (N=24)
Zink, K.J.: Arbeitswissenschaftliche Aspekte bei der Einführung neuer Technologien ... a.a.O., S. 136

/69/ Vgl. Kapitel 7.4

/70/ Vgl. hierzu auch die Aussagen in Kapitel 2.2

/71/ Vgl. hierzu auch Kapitel 5.2.1

/72/ Vgl. hierzu auch Kapitel 4.1

/73/ Vgl. hierzu Kapitel 4.1.1 sowie Zink, K.J.: Arbeitswissenschaftliche Aspekte des Rechnereinsatzes in der Konstruktion ... a.a.O., Gliederungspunkt 3.3.

/74/ Vgl. Bailey, R.W.: Is Ergonomocis worth the investment?, in: Proceedings of the World Conference on Ergonomics in Computer Systems, Düsseldorf 1984, S. 37 ff

/75/ Vgl. Reichwald, R.: Neue Systeme der Bürotechnik und Büroarbeitsgestaltung - Problemzusammenhänge, in: Reichwald, R. (Hrsg.) Neue Systeme ... a.a.O., S.11-48

/76/ Vgl. dazu die Aussage im Kapitel 4 zur Informationscodierung und der dort angegebenen Literatur

/77/ Überwiegend existieren Vorschriften/Richtlinien für den Aufbau von Bildschirmmasken und Menüs sowie für die Art der Dialogführung. Vgl. die Ausführungen in Kapitel 7.2.1 zu Richtlinien und Vorschriften zur Gestaltung der Software-Oberfläche. Allerdings konnte aus den Ergebnissen der Befragung nicht ermittelt werden, wie detailliert solche Vorschriften und Richtlinien gefaßt sind und wie konkret sie den Designer bei der Arbeitsausführung unterstützen.

/78/ Geht die Software-Entwicklungsrichtung von der Hardware über Betriebssystem und Programmiersprache hin zur Benutzerschnittstelle, so spricht man von einer Entwicklung von "innen nach außen". Bei der angesprochenen Software-Entwicklung von "außen nach innen" geht man in umgekehrter Richtung vor. Die letztgenannte Vorgehensweise verlangt in letzter Konsequenz, daß die Hardware erst dann entwickelt wird, wenn die Benutzeranforderungen exakt spezifiziert sind. D.h., es wird quasi eine "problemlösungs-, (anwendungs-) orientierte" Maschine gebaut. Vgl. Fischer, G.: Entwurfsrichtlinien für die Software-Ergonomie aus der Sicht der Mensch-Maschine-Kommunikation (MMK);in: Balzert H. (Hrsg.) Software-Ergonomie ... a.a.O., S.30 ff, insbesondere S. 34 und S. 44

/79/ Die Frage der Bewertung von Elementen zur Oberflächengestaltung bezog sich auf Software zur Unterstützung von Spezial- und Fachaufgaben. Dort trifft man, wie in Kapitel 5.2.3 begründet, alle Formen der Benutzererfahrung an.

/80/ Vgl. Reichwald, R.: Bürokommunikation im Teletex-Dienst aus Anwendersicht - Erste Erfahrungen aus dem Telex-Feldversuch, Arbeitsbericht aus dem Forschungsschwerpunkt "Personal und Organisationsforschung unter besonderer Berücksichtigung technologischer Innovationen", München 1982, S.12

/81/ Vgl. Paetau, M.: Arbeitswissenschaftliche Bewertung der Mensch-Maschine-Kommunikation auf dem Prüfstand, in: Office Management (32) 12/1984, S.1198-1203

/82/ Vgl. Ulich, E.: Arbeitspsychologische Konzepte für computerunterstützte Büroarbeit, Österreichische Gesellschaft für betriebliche Ausbildung o.J., S. 30

/83/ Die Befragungsergebnisse lassen keine genaueren Angaben über die praktische Bedeutung dieses Sachverhaltes zu. Die Angabe, daß Laien zu Programmtests hinzugezogen werden, läßt jedoch zumindest die Vermutung entstehen, daß der o.a. Gedanke durchaus Realitätsbezogenheit besitzt.

/84/ Das Wort "betroffen" soll hier in seiner neutralen Bedeutung verstanden werden.

Kapitel 8

/1/ Korrespondenz des Verfassers mit Prof. R. Gunzenhäuser, Universität Stuttgart, Institut für Informatik am 14.10.1985

/2/ Die Funktionstüchtigkeit einer solchen Veranstaltung wurde im Januar 1986 an der Universität Kaiserslautern im Rahmen eines zweitägigen Workshops erfolgreich bewiesen. Dieser Workshop stand unter dem Arbeitstitel "Arbeitswissenschaftliche Aspekte bei der Software-Gestaltung" und traf auf sehr starkes Interesse im universitären Bereich und der Industrie. Aus Gesprächen des Verfassers mit Teilnehmern ließ sich erkennen, daß die Thematik als sehr bedeutsam eingestuft wurde, aber noch zu wenig Einzug in die EDV-Abteilungen bzw. Software-Häuser gefunden hat.

/3/ Müller-Merbach, H.: Informatik integriert in Anwendungsfächer, in: Angewandte Informatik (26) 12/1984 S. 503-506

/4/ Taylor, B.C.,Harker, S.D.P: Developing human factors standards for dialogue design: A case study, in: Ergonomics International 85: Proceedings of the Ninth Congress of the International Ergonomics Association, 2-6 September 1985, Bournemouth, England, London, Philadelphia 1985; S. 688-690

/5/ Taylor, B.C., Harker, S.D.P: Developing human factors ... a.a.O., S.688-690

/6/ Der Begriff der Flexibilisierung bezieht sich in diesem Kontext im wesentlichen auf die Veränderbarkeit der Arbeitsumgebung, in der sich der Anwender bewegt. Das bedeutet im Falle der Bildschirmarbeit, daß dem Benutzer eine Möglichkeit zur Anpassung der Software an seine Bedürfnisse eingeräumt wird.

/7/ Fischer, G.: Entwurfsrichtlinien für die Software-Ergonomie ... a.a.O., S.37-38

/8/ Vgl. auch Ulich, E.: Differentielle Arbeitsgestaltung - ein Diskussionsbeitrag, in: Zeitschrift für Arbeitswissenschaft (37) (9NF) 1/1983, S. 12-15

/9/ Bauer, J., Herczeg, M.: Software-Ergonomie durch wissensbasierte Systeme, in: Bullinger H.-J. (Hrsg.) Software-Ergonomie 1985 ... a.a.O., S. 114

/10/ Bauer, J., Herczeg, M.: Software-Ergonomie durch wissensbasierte Systeme... a.a.O., S. 114

/11/ Zu den gleichen Ergebnissen kommt auch Schäfer bei der Erarbeitung von Empfehlungen für die Gestaltung der Benutzerschnittstelle innerhalb der Programmierumgebung vgl. Schäfer, W.: Die Benutzerschnittstelle einer integrierten Softwareentwicklungumgebung, in: Bullinger, H.-J. (Hrsg.) Software-Ergonomie 1985 ... a.a.O., S. 423

/12/ Eibl, W., Wimmer, K.: Architekturkonzept eines computergestützten Bürosystems, in: Reichwald R. (Hrsg.), Neue Systeme ...a.a.O., S. 255 ff

/13/ Zu den Aufgaben des EDV-Koordinators vgl. Kapitel 8.2.

/14/ Insofern können diese aufgezeigten Basiselemente nicht unabhängig voneinander agieren, was auch die getrennte Beschreibung erschwert.

/15/ Zu ähnlichen Überlegungen kommen auch Hoffmann und Valder, die den Einsatz eines Expertensystems für die Dialogunterstützung und zur Hilfestellung für den Anwender bei der Entscheidung für die Verwendung bestimmter Software-Werkzeuge empfehlen. Allerdings berücksichtigen sie nicht explizit den Erfahrungsaspekt eines Anwenders. Hoffmann, C., Valder, W.: Dialogunterstützung durch Expertensysteme, in: Balzert, H. (Hrsg.), Software-Ergonomie 1983 ... a.a.O., S. 343

/16/ Hoffmann, C., Valder, W.: Dialogunterstützung ... ebenda

/17/ Fink, T.: Kann sich Software-Ergonomie in der Praxis der Software-Entwicklung durchsetzen?, Vortrag im Rahmen des Workshops "Arbeitswissenschaftliche Aspekte der Software-Gestaltung"; Universität Kaiserslautern, 21./22.1.1986, unveröffentlichtes Manuskript

/18/ Nick, F.: Neues Software-Tool-System: Effizienz und bewegliche Standards, in: Software-Werkzeuge und Programmierhilfen, o.J., Sonderdruck der Computer-Zeitung; S. 19

/19/ Fink, T.: Kann sich Software-Ergonomie ... a.a.O

/20/ Herrmann, K.H.: Offenkundige Mängel in der Benutzerschnittstelle von Werkzeugen, bisher setzten sich nur wenige durch, in: Software-Werkzeuge ... a.a.O, S. 24-25

/21/ Vgl. hierzu z.B. den Beitrag der Fa. Sperry Univac GmbH: Ein Wendepunkt in der 30-jährigen Geschichte der Datenverarbeitung - Prozedurale Revolution bei DV-Anwendungen, in: Software-Werkzeuge ... a.a.O., S. 40-41; vgl. auch Stork, B.: Toolintegration in Software-Entwicklungsumgebungen, in: Angewandte Informatik (27) 2/1985, S. 49-57

/22/ Wedekind, H.: Ein Experiment zum Rapid-Prototyping, in: Angewandte Informatik (27) 2/1985, S. 58-61

/23/ Wedekind, H.: Ein Experiment ...a.a.O. ebenda

/24/ Fischer, G.: Entwurfsrichtlinien für die Software-Ergonomie ... a.a.O, S.30 ff, insbesondere S. 32

/25/ Die Einteilung der Rechnersysteme nach bestimmten Kategorien ist außerordentlich schwierig und keinesfalls eindeutig vorzunehmen. Ein mögliches Einteilungskriterium ist die Klassifikation nach Produkt- und Preisgruppen, wie dies z.B. vom Diebold Management Report vorgenommen wird:

Größenklasse	Durchschnittlicher Kaufpreis in DM		
1		bis	25.000
2	25.001	bis	50.000
3	50.001	bis	100.000
4	100.001	bis	250.000
5	250.001	bis	500.000
6	500.001	bis	1.000.000
7	1.000.001	bis	2.000.000
8	2.000.001	bis	4.000.000
9	4.000.001	bis	8.000.000
10		über	8.000.000

Als Produktgruppen werden dabei folgende Computer aufgefaßt:
- Standardcomputer (universelle Computer ab Preisklasse 5)

- Prozeßrechner, Minicomputer (vorwiegend technisch-wissenschaftlicher Einsatz; Preisklasse 1-8)

- Bürocomputer (Preisklasse 2-4)

- Mikrocomputer (Preisklasse 1)

- Terminalsysteme (Preisklasse 1-5)

Eine mögliche Klassifikation stellt die Grobeinteilung der Systeme in Großrechner, Rechner der mittleren Datentechnik (MDT) und Bürocomputer (Personal-Computer) dar. Aufgrund der ständigen Leistungszunahme der Hardware im Personal-Computerbereich sind jedoch die Grenzen zwischen PC und MDT fließend geworden. Ebenfalls können gut ausgebaute PC`s heute bereits Arbeiten übernehmen, für die vor einigen Jahren Anlagen der MDT bzw. Großrechner eingesetzt werden mußten. Da sich das Leistungsspektrum der PC`s ständig erweitert, kann von einer zunehmenden Unschärfe beim Versuch der Differenzierung der Systeme nach der Kategorie (Großsysteme, MDT, PC) ausgegangen werden.

/26/ Balzert, Hoppe und Ziegler erarbeiten eine Übersicht über Fenstersysteme und versuchen diese zu bewerten, um zu einer Beurteilung der Eignung beim Einsatz in der Software-Entwicklung zu gelangen.
Balzert, H., Hoppe, H.U., Ziegler, J.: Fenstersysteme im Vergleich - Architektur, Leistungsfähigkeit und Eignung für die Anwendungsentwicklung, in: Bullinger, H.-J. (Hrsg.) Software-Ergonomie 1985 ... a.a.O., S. 42 ff

/27/ Vgl. die in Kapitel 7.4.2 zitierten Aussagen von Kreifelts und Wißkirchen zu diesem Punkt.

/28/ Mielke, M.: Korrektive Gestaltung von transaktionsorientierter Standardsoftware, Prinzipien, Probleme, Ergebnisse, in: Bullinger, H.-J. (Hrsg.) Software-Ergonomie 1985 ... a.a.O., S. 213

/29/ Vgl. dazu die Ausführungen in Kapitel 2 sowie in Kapitel 7 die Punkte 7.5.2 und 7.5.3

/30/ Nach Schellhaas und Schönecker ist der Wunsch nach Beteiligung an einer EDV-Investition bei den direkt betroffenen Personen sehr groß. Schellhaas, H., Schönecker, H.: Kommunikationstechnik ... a.a.O., S.160-161
Die Frage der Benutzerbeteiligung bei der Systementwicklung ist sehr vielschichtig und wird von den an einer Systementwicklung beteiligten Personengruppen gänzlich unterschiedlich beurteilt. Vgl. hierzu etwa die Ergebnisse von Mambrey und Oppermann, die bei einer Befragung von Systementwicklern, Leitern von Fachabteilungen sowie Betriebs- und Personalräten gewonnen wurden. Das Spektrum reicht dabei von der Mitsprache bezüglich des Aufstellungsortes des Terminals oder der Wahl der Teppichbodenfarbe über die Dialoggestaltung im Mensch-Rechner-System bis hin zur Neu- bzw. Umgestaltung der Arbeitsabläufe. Im Rahmen dieser Studie wird auch auf die Realisierungsschwierigkeiten einer Anwenderbeteiligung hingewiesen. Vgl. Mambrey, P., Oppermann, R.: Benut-

zerbeteiligung bei der Systementwicklung - Einschätzung der Möglichkeiten durch Experten, in: Angewandte Informatik (27) 3/1985, S. 111-119

/31/ Tepper, A.: Betroffenheit oder Interesse als Ausgangspunkt der Beteiligung?, in: Bullinger, H.-J. (Hrsg.) Software-Ergonomie 1985 ... a.a.O., S 465-474

/32/ Ulich, E.: Arbeitspsychologische Konzepte und neue Technologien, in: Zink, K.J. (Hrsg.): Personalwirtschaftliche Aspekte ... a.a.O., S. 139

/33/ Control-Data Institut GmbH (Hrsg.): Broschüre: EDV-Berufe; Computer Qualifikationen 1986, S. 93-104

/34/ Integrata GmbH (Hrsg.): EDV-Seminarprogramm 1986

/35/ Aus Sicht der Designer sind solche Punkte in Kapitel 7.5.2 dargestellt.

/36/ Schaffitzel, W.: Einsatz EDV-gestützter PPS-Systeme - Zwang oder Chance zur organisatorischen Neugestaltung des Unternehmens, in: PPS-Praxis der Einführung und betrieblicher Einsatz von Produktionsplanungs- und -steuerungssystemen, VDI-Bildungswerk (Hrsg.), unveröffentlichtes Seminarhandbuch, Düsseldorf, März 1985

/37/ Hattke, W.: Bildschirmarbeitsplätze, Organisatorische und soziale Auswirkungen der Anwendung von Datensichtgeräten im Bürobereich, Ergebnisse einer empirischen Untersuchung, Frankfurt/Main, Bern 1982, S. 231 ff

/38/ Als längere Schulungszeit wird hierbei eine Dauer von über 3 Tagen angesehen. Hattke, W.: Bildschirmarbeitsplätze ... a.a.O., S. 233

/39/ Müller-Merbach, H.: Systemanalyse als gelenkter kreativer Prozeß, in: Schelle, H., Molzberger, P. (Hrsg.): Psychologische Aspekte ... a.a.O., S. 105 ff

/40/ Müller-Merbach, H.: Systemanalyse ... a.a.O., S. 107-108

/41/ Zu den einzelnen Schritten eines Software-Projektablaufs vgl. z.B. das von Müller-Merbach postulierte Komponentenmodell, das gegenüber dem einfachen Phasenmodell Vorteile aufweist. Müller-Merbach, H.: Systemanalyse ... a.a.O., S. 113

/42/ Müller-Merbach, H.: Systemanalyse ... a.a.O., S. 113

Literaturverzeichnis

Ackermann, D., Nievergelt, J.: Die Fünf-Finger-Maus: Eine Fallstudie zur Synthese von Hardware, Software und Psychologie, in: Bullinger, H.J. (Hrsg.): Software-Ergonomie '85, Mensch-Maschine-Interaktion, Stuttgart 1985, S. 376-385

Aicher, O., Krampen, M.: Zeichensysteme der visuellen Kommunikation - Handbuch für Designer, Architekten, Planer, Organisatoren, Stuttgart 1977

Badre, A., Shneiderman, B.: System Message Design : Guidelines and Experimental Results, Directions in Human/ Computer Interaction, New Jersey 1982

Bailey, R.W.: Is Ergonomocis worth the investment?, in: Ericsson Information (Hrsg.): Proceedings of the World Conference on Ergonomics in Computersystems, Ergonomie Weltkonferenz Düsseldorf, 2/3.10.1984, S. 37-108

Balzert, H., Hoppe, U., Ziegler, J.: Fenstersysteme im Vergleich - Architektur, Leistungsfähigkeit und Eignung für die Anwendungsentwicklung, in: Bullinger, H.J. (Hrsg.): Software-Ergonomie '85, Mensch-Maschine-Interaktion, Stuttgart 1985, S. 42-52

Barmack, J.E., Sinaiko, H.W.: Human factors problems in computer generated graphic displays, Institute for Defense Analysis, Research and Engineering Support Division, SD-50, ARPA Assignment 15, 1966

Barnabay, F.: Mikroelektronik im Krieg, in: Friedrichs, G., Schaff, A. (Hrsg.): Auf Gedeih und Verderb - Mikroelektronik und Gesellschaft, Bericht an den Club of Rome, Wien, München, Zürich 1982, S. 257-288

Bauer J., Herczeg, M.: Software-Ergonomie durch wissensbasierte Systeme, in: Bullinger, H.J. (Hrsg.): Software-Ergonomie '85, Mensch-Maschine-Interaktion, Stuttgart 1985, S. 108-118

Benz, C., Grob, R., Haubner, P.: Gestaltung von Bildschirm-Arbeitsplätzen, Köln 1981

Benz, C., Haubner, P.: Codierungswirksamkeit bei Informationsdarstellungen in Bildschirmmasken, in: Balzert H. (Hrsg.): Software-Ergonomie 1983, Stuttgart 1983, S. 124-134

Bertin, J.: Graphische Darstellungen und die graphische Weiterverarbeitung von Informationen, Berlin, New York 1982

Beutel, P., Küffner, H., Röck, E., Schubö, W.: SPSS 7 - Statistik-Programm-System für die Sozialwissenschaft, Stuttgart, New York 1978

Bohle, G.: Mikroelektronik - Chancen mit Chips, in: data report (19) 2/1984, S. 16-19

Bolc, L., Kowalski, A., Kozlowska, M., Strzalkowski, T.: A natural language information retrieval system with extensions toward fuzzy reasoning, in: International Journal of Man-Machine Studies (23) Oct./1985, S. 335-367

Bösenberg, W.A.: Eine neue Phase, in: IBM Nachrichten (30) 250/1980, S. 7-23

Bradley, K.: Sprache speichern und verteilen - Voraussetzungen und Erfahrungen, in: Office Management (33) 2/1985, S. 98-101

Bruggemann, A., Groskurth, P., Ulich, E.: Arbeitszufriedenheit, Bern, Stuttgart, Wien 1975

Bürck, W.: Lärm, in: Schmidtke, H. (Hrsg.): Lehrbuch der Ergonomie, München, Wien 1981, S. 199-221

Cakir, A. (Hrsg.): Bildschirmarbeit - Konfliktfelder und Lösungen, Berlin, Heidelberg, New York 1983

Cakir, A., Hart, D.J., Stewart, T.F.M.: Bildschirmarbeitsplätze, Berlin, Heidelberg, New York 1980

Class, F., Mangold, H., Stall, D., Zelinski, R.: Sprach-Ein/Ausgabe, BMFT-Bericht, Eggenstein-Leopoldshafen, DV 81-009, Dezember 1981

Control-Data Institut GmbH (Hrsg.): Broschüre: EDV-Berufe; Computer Qualifikationen 1986

Dehning, W., Essig, H., Maaß, S.: Zur Anpassung virtueller Mensch-Rechner-Schnittstellen an Benutzererfordernisse im Dialog, Fachbereich Informatik, Bericht Nr. 50, Universität Hamburg, Juli 1978

Deutsch, K.W.: Eine veränderte Menschheit?, in: IBM Nachrichten (30) 248/1980, S. 15-23

Deutsches Institut für Normung e.V.: DIN 5008, Regeln für Maschinenschreiben, Berlin, November 1963

Deutsches Institut für Normung e.V.: DIN 66 234, Teil 3, Bildschirmarbeitsplätze, Gruppierung und Formatierung von Daten, Berlin, März 1981

Deutsches Institut für Normung e.V.: DIN 66 234, Teil 8 Entwurf, Bildschirmarbeitsplätze - Grundsätze der Dialoggestaltung, Berlin 1984

Diebold, J.: The impact of information technology on users in the year 2000, in: Ericsson Information (Hrsg.): Proceedings of the World Conference on Ergonomics in Computersystems, Ergonomie Weltkonferenz Düsseldorf, 2/3.10.1984, S. 11-21

Diebold Management Report, o.J. 9/1985, S. 1

Dostal, W.: Datenverarbeitung und Beschäftigung, Teil 3: Der Informationsbereich, in: Mitteilungen der Arbeitsmarkt- und Berufsforschung (MittAB) (17) 4/1984, S. 490-505

Drosdowski, G., Grebe, P., Köster, R., Müller, W. (Hrsg.): Das Fremdwörterbuch, Duden, Mannheim, Wien, Zürich, 3.Aufl. 1974

Dumais, S.T., Landauer, T.K.: Psychological Investigations of Natural Terminology for Command and Query Languages, Directions in Human/Computer Interaction, New Jersey 1982

Dzida, W.: Kognitive Ergonomie für Bildschirmarbeitsplätze, in: Humane Produktion (2) 6/1980, S. 18-19

Dzida, W.: Ergonomische Normen für die Dialoggestaltung - Wem nützen die Gestaltungsgrundsätze im Entwurf DIN 66 234, Teil 8?, in: Bullinger, H.J. (Hrsg.): Software-Ergonomie '85, Mensch-Maschine-Interaktion, Stuttgart 1985, S. 430-444

Eibl, G., Wimmer, K.: Architekturkonzept eines computergestützten Bürosystems, in: Marr, R., Reichwald, R. (Hrsg.): Neue Systeme der Bürotechnik, Beiträge zur Büroarbeitsgestaltung aus Anwendersicht, Berlin 1982, S. 255-274

EMNID-Institut (Hrsg.): Einstellung zum Mikrocomputer: 6 Länder im Vergleich 1985, Bielefeld 1985 (unveröffentlichtes Manuskript)

Engel, S.E., Granda, R.E.: Guidelines for Man/Display Interfaces, IBM Poughkeepsie Laboratory TR 00.2720, 1975

Engelmann, U., Meinzer, H.P.: Bessere Mensch/Maschine-Schnittstellen durch Beachtung von Benutzerfehlern, in: Angewandte Informatik (27) 5/1985, S. 191-196

Ewing, J., Mehrabanzad, S., Sheck, S., Ostroff, D., Shneiderman, B.: An experimental comparison of a mouse an arrow-jump keys for an interactive encyclopedia, in: International Journal of Man-Machine Studies (24) 1/1985, S. 29-45

Fabian, F., Rathke, C.: Menüs: Einsatzmöglichkeiten eines Fenstersystems zur Unterstützung der Mensch-Maschine-Kommunikation, in: Office Management, Sonderheft 1983, S. 42-44

Fachinformationszentrum Technik e.V. (Hrsg.): Retrievalsprache GRIPS - Eine Anleitung mit Anwendungsbeispielen, Frankfurt 1985

Faley, J.D., Wallace, V.L.: The art of natural graphic man-machine Conversation in: Proceedings of the IEEE Vol 62 No. 4, April 1974, S. 462-471

Feigenbaum, E.A., McCorduck, P.: Die Fünfte Computer-Generation: Künstliche Intelligenz und die Herausforderung Japans an die Welt, Basel, Boston, Stuttgart 1984

Fidrich, P.: Sprachinformationssysteme - Eine optimale Lösung für die Kommunikation, in: Office Management (33) 2/1985, S. 92-96

Fink, T.: Kann sich Software-Ergonomie in der Praxis der Software-Entwicklung durchsetzen?, Vortrag im Rahmen des Workshops "Arbeitswissenschaftliche Aspekte der Software-Gestaltung", Universität Kaiserslautern, 21./22.1.1986, unveröffentlichtes Manuskript

Fischer, G.: Das Lösen komplexer Problemaufgaben durch naive Benutzer mit Hilfe des interaktiven Programmierens (Dissertation), Teil 1, Universität Hamburg, 1977

Fischer, G.: Entwurfsrichtlinien für die Software-Ergonomie aus der Sicht der Mensch-Maschine-Kommunikation (MMK), in: Balzert H. (Hrsg.): Software-Ergonomie 1983, Stuttgart 1983, S. 30-48

Fischer, G.: Navigationswerkzeuge in wissensbasierten Systemen, in: Office Management 1983 Sonderheft, S. 49-52

Foidl, H., Hillebrand, K., Tavolato, P.: Prototyping, die Methode - das Werkzeug - die Erfahrungen, in: Angewandte Informatik (28) 3/1986, S. 95-100

Frieling, E., Derisavi-Fard, F.: Dialogdesign und Informationsdarstellung am Beispiel einer CAD-Menüvorlage, in: Bullinger, H.J. (Hrsg.): Software-Ergonomie '85, Mensch-Maschine-Interaktion, Stuttgart 1985, S. 155-167

Frieling, H.: Farbe im Raum, angewandte Farbenpsychologie, München 1974

Frieling, H.: Farbe am Arbeitsplatz, Bayerisches Staatsministerium für Arbeit und Soziales (Hrsg.), München 1984

Göritz, E., Herb, A.: Cash und Chips, in: Computer magazin (14) 6/1985, S. 18-27

Griese, J.: Zur geschichtlichen Entwicklung der Software-Häuser, in: Angewandte Informatik (24) 2/1982, S. 146-151

Groh, H., Lutz, K.: Outside-in statt Top-down, in: data report (19) 3/1984, S. 12-18

Guenthner, F., Lehmann, H.: Verarbeitung natürlicher Sprache - ein Überblick, in: Informatik Spektrum, 9/1986, S. 162-173

Hacker, W.: Spezielle Arbeits- und Ingenieurpsychologie in Einzeldarstellungen, Teil 1, Berlin 1980

Hackman, J.R., Oldham, G., Janson, R., Purdy, K.: A new strategy for Job Enrichment, Techn. Report No. 3, Department of Administrative Services, Yale University, May 1974

Hansen, H.R., Amsüss, W.L., Frömmer, N.S.: Standardsoftware - Beschaffungspolitik, organisatorische Einsatzbedingungen und Marketing, Berlin, Heidelberg, New York, Tokyo 1983

Hattke, W.: Bildschirmarbeitsplätze, Frankfurt a.M., Bern 1982

Heibey, H.W., Kühn, M., Luttebeck, B., Töpel, M.: Technologische Gestaltung von Mensch-Computer-Schnittstellen, Universität Hamburg (Institut für Informatik), Bericht Nr. 61, Oktober 1977 (Neuauflage 1979)

Heibey, H.W., Lutterbeck, B., Töpel, M.: Auswirkungen der elektronischen Datenverarbeitung in Organisationen, Universität Hamburg (Institut für Informatik) 1977

Heinecke, A.M.: Konzeption eines ergonomischen Prozeßleitsystems mit veränderter Mensch-Maschine-Schnittstelle, in: Bullinger, H.J. (Hrsg.): Software-Ergonomie '85, Mensch-Maschine-Interaktion, Stuttgart 1985, S. 98-107

Heinisch, I., Sämann, W.: Planzeitwerte im Büro, Berlin, Köln, Frankfurt 1973

Herrmann, K.H.: Offenkundige Mängel in der Benutzerschnittstelle von Werkzeugen, bisher setzten sich nur wenige durch, in: Software-Werkzeuge und Programmierhilfen, Sonderdruck der Computer-Zeitung, o.J., S. 24-25

Hoffmann, C., Valder, W.: Dialogunterstützung durch Expertensysteme, in: Balzert H. (Hrsg.): Software-Ergonomie 1983, Stuttgart 1983, S. 343-356

Höring, K.: Das zukünftige Büro der Fach- und Führungskräfte, Vortrag im Rahmen des DGFP-Kongreß : Das Büro 2000 - Herausfoderungen an die Personalarbeit von heute, Bernkastel-Kues, 13/14.9.1983

Ide, R.T.: Die Technologie, in: Friedrichs, G., Schaff, A. (Hrsg.): Auf Gedeih und Verderb - Mikroelektronik und Gesellschaft, Bericht an den Club of Rome, Wien, München, Zürich 1982, S. 49-100

Integrata GmbH (Hrsg.): EDV-Seminarprogramm, Tübingen 1986

Jöde, R.: Expertenknappheit bleibt ein Symptom der Branche, in: ÖVD/Online 4/1982, S. 68-71

Kähler, W.M.: SPSS - Einführung in das Datenanalysesystem, Braunschweig, Wiesbaden 1984

Karcher, H.: Büro der Zukunft, Baden-Baden 1982

Kaster, J., Widdel, H.: Untersuchung zur formalen Transparenz eines Menüsystems, in: Bullinger, H.J. (Hrsg.): Software-Ergonomie '85, Mensch-Maschine-Interaktion, Stuttgart 1985, S. 228-238

King, A.: Einleitung: Eine neue industrielle Revolution oder bloß eine neue Technologie?, in: Friedrichs, G., Schaff, A. (Hrsg.): Auf Gedeih und Verderb - Mikroelektronik und Gesellschaft, Bericht an den Club of Rome, Wien, München, Zürich 1982, S. 11-47

Kirsch, W., Börsig, C., Englert, G.: Standardisierte Anwendungssoftware in der Praxis, Berlin 1979

Klein, W.: Neue Datenbasis mit DB2, in: IBM-Nachrichten (36) 282/1986, S. 32-35

Klingenberg, H., Kränzle, H.P.: Kommunikationstechnik und Nutzerverhalten - Die Wahl zwischen Kommunikationsmitteln in Organisationen, in: Picot, A., Reichwald, R. (Hrsg.): Forschungsprojekt Bürokommunikation, Band 2, München 1983

Klöpfer, K.: Eine Datenbank mit einer Benutzerschnittstelle für Blinde, in: Bullinger, H.J. (Hrsg.): Software-Ergonomie '85, Mensch-Maschine-Interaktion, Stuttgart 1985, S. 347-354

Kohlbauer, K.: Geschichte des Computers, in: Management Wissen o.J. 1/1985, S. 33-34

Kraft, P.: Verhaltensweisen von Programmierern und deren Einflüsse auf die Produktion von Software, in: Schelle, H., Molzberger, P. (Hrsg.): Psychologische Aspekte der Software-Entwicklung, München, Wien 1983, S. 84-104

Kraiss, K.-F.: Kognitives Verhalten und intelligente Unterstützung bei der Fahrzeug- und Prozeßführung, in: Zeitschrift für Arbeitswissenschaft 37 (9NF) 4/1983, S. 215-226

Krause, J.: Mensch-Maschine-Interaktion in natürlicher Sprache: Evaluierungsstudien zu praxisorientierten Frage-Antwort-Systemen und ihrer Methodik, Tübingen 1982

Kreifelts, Th., Wißkirchen, P.: Informationstechnik im Büro, in: Richter, L., Stucky, W. (Hrsg.): Informationstechnik und Bürosysteme, Stuttgart 1983, S. 45-93

Krückeberg, F.: Bürokommunikation und ihr Umfeld, in: Richter, L., Stucky, W. (Hrsg.): Informationstechnik und Bürosysteme, Stuttgart 1983, S. 96-120

Krueger, H., Müller-Limmroth, W.: Arbeiten mit dem Bildschirm, aber richtig !, Bayerisches Staatsministerium für Arbeit und Sozialordnung (Hrsg.), München 1979

Lawler, III E.E.: Motivierung in Organisationen, Bern, Stuttgart 1977

Lehmann, H., Blaser, A.: Query Languages in Data Base Systems, IBM Wissenschaftliches Zentrum (Hrsg.), Heidelberg 1979

Lindsay, P.H., Norman, D.A.: Einführung in die Psychologie, Berlin, Heidelberg, New York 1981

Lopez-Diaz, G.: Der Markt für Mikrocomputer in Deutschland, in: Office Management (32) 9/1984, S. 760-763

Löser, P.: Normierung der Benutzer-Schnittstelle als Chance zur Erhöhung der Software-Akzeptanz, Vortrag im Rahmen des Workshops "Arbeitswissenschaftliche Aspekte der Software-Gestaltung", Universität Kaiserslautern, 21./22.1.1986, unveröffentlichtes Manuskript

Lutze, R.: Hilfesystem - Ihre Beziehung zu Anwendungssystemen und zukünftige Entwicklungstendenzen, in: Bullinger, H.J. (Hrsg.): Software-Ergonomie '85, Mensch-Maschine-Interaktion, Stuttgart 1985, S. 142-154

Maas, R.E., Suppes, P.: Natural-language interface for an instructabel robot, in: International Journal of Man-Machine Studies (22) 2/1985, S. 215-240

Mambrey, P., Oppermann, R.: Benutzerbeteiligung bei der Systementwicklung - Einschätzung der Möglichkeiten durch Experten, in: Angewandte Informatik (27) 3/1985, S. 111-119

Metzger, W.: Gesetze des Sehens, Frankfurt 1975

Mielke, M.: Korrektive Gestaltung von transaktionsorientierter Standardsoftware, Prinzipien, Probleme, Ergebnisse, in: Bullinger, H.J. (Hrsg.): Software-Ergonomie '85, Mensch-Maschine-Interaktion, Stuttgart 1985, S. 206-217

Moritz, H.: Umsetzung wahrnehmungspsychologischer Erkenntnisse für die Informationsgestaltung am Bildschirm, in: Balzert H. (Hrsg.): Software-Ergonomie 1983, Stuttgart 1983, S. 98-113

Morse, A.: Some Principles for the effective Display of Data, University of Massachusetts, ACM-Siggraph 1979, Vol. 13, S. 94-101

Müller-Merbach, H.: Systemanalyse als gelenkter kreativer Prozeß, in: Schelle, H., Molzberger, P. (Hrsg.): Psychologische Aspekte der Software-Entwicklung, München, Wien 1983, S. 105-132

Müller-Merbach, H.: Informatik integriert in Anwendungsfächer, in: Angewandte Informatik (26) 12/1984 S. 503-506

N.N.: Contracting for computer software development - serious problems require management attention to avoid wasting additional millions, General Accounting Office, Washington DC., Financial and General Studies Div., FGMSD-80-4, National technical Information Service, Springfield Va.22161, Nov. 1979

N.N.: Sprachinformationssysteme - eine neue Art Kommunikationssysteme, in: Office Management (33) 2/1985, S. 92-95

Neugebauer, U., Dehn, D., Thomae, M.: Untersuchungen über Maßnahmen zur Verbesserung der Software-Produktion, Teil 5: Der Markt für Anwendungssoftware in der Bundesrepublik Deutschland, GMD-Bericht Nr. 134, München, Wien 1980

Nick, F.: Neues Software-Tool-System: Effizienz und bewegliche Standards, in: Software-Werkzeuge und Programmierhilfen, Sonderdruck der Computer-Zeitung, o.J., S. 17-19

Nomina Information Services (Hrsg.): ISIS Firmen Report, München, verschiedene Jahrgänge, z.B. 1986

Nomina Information Services (Hrsg.): ISIS Software Report, Band 1.1, Branchenneutrale kommerzielle Anwendungsprogramme, München 1986

Nomina Information Services (Hrsg.): ISIS Software Report, Band 1.2, Branchenspezifische kommerzielle Anwendungsprogramme, München 1986

Nomina Information Services (Hrsg.): ISIS Software Report, Band 1.3, Systemprogramme, technische Programme (ISIS Engineering Report), München 1986

Oetinger, R.: Anforderungen an ein PPS-System aus der Sicht der Software-Gestaltung, VDI-Bildungswerk (Hrsg.): Vortrag im Rahmen des Seminars: Praxis der Einführung und betrieblicher Einsatz von Produktionsplanungs- und Steuerungssystemen, Düsseldorf 1985, unveröffentlichtes Manuskript

Oetinger, R.: Der Einsatz unterschiedlicher Schrift- und Hintergrundfarben am Bildschirmarbeitsplatz zur Unterstützung von Tätigkeiten im Sachbearbeitungsbereich - Ergebnisse einer empirischen Fallstudie zur Untersuchung von Farbpräferenzen, Arbeitspapier, Universität Kaiserslautern, Mai 1985

Oetinger, R.: Integrierte Software für Klein- und Mittelbetriebe, in: IHK Magazin, Wirtschaftsinformationen der Industrie- und Handelskammer für die Pfalz o.J. 4/1986, S. 28-31

Otten, K.W.: Sprachpost: Vervollständigung des elektronischen Büros, in: Office Management (33) 3/1985, S. 224-226

Paetau, M.: Arbeitswissenschaftliche Bewertung der Mensch-Maschine-Kommunikation auf dem Prüfstand, in: Office Management (32) 12/1984, S.1198-1203

Pätzold, W.: Wünsche der Software-Anbieter bezüglich der Normen, in: Angewandte Informatik (27) 7/1985, S. 273-276

Reichwald, R.: Zur Notwendigkeit der Akzeptanzforschung bei der Entwicklung neuer Systeme der Bürotechnik (Arbeitsbericht), München 1978

Reichwald, R., Bodem, H., Odemer, W., Schönecker, H.G., Sorg S.: Bedingungen der Bedienerakzeptanz eines Textverarbeitungssystems - Die Untersuchungskonzeption (Arbeitsbericht), München 1979

Reichwald, R.: Bürokommunikation im Teletex-Dienst aus Anwendersicht - Erste Erfahrungen aus dem Telex-Feldversuch, Arbeitsbericht aus dem Forschungsschwerpunkt "Personal und Organisationsforschung unter besonderer Berücksichtigung technologischer Innovationen, München 1982

Reichwald, R.: Neue Systeme der Bürotechnik und Büroarbeitsgestaltung - Problemzusammenhänge, in: Marr, R., Reichwald, R. (Hrsg.): Neue Systeme der Bürotechnik, Beiträge zur Büroarbeitsgestaltung aus Anwendersicht, Berlin 1982, S. 11-48

Reichwald, R.: Der Einfluß neuer Kommunikationsmedien auf das Büro der Zukunft - Auswirkungen auf das Kommunikationsverhalten und die Arbeitsbedingungen in Organisationen, in: Reichwald, R. (Hrsg.): Die Akzeptanz neuer Bürotechnologie, Heft 18, München 1984

Rich, E.: User are individuals: individualizing user models, in: International Man-Machine Studies (18) 3/1983, London, New York, San Francisco, S. 199-214

Rohrlach, H.J.: BfA informiert aktuell und schnell, in: data report (16) 6/1981, S. 10-14

Rühl, G.: Untersuchung zur Arbeitsstrukturierung, in: Industrial Engineering (22) 3/1973, S. 147-197

Schäfer, W.: Die Benutzerschnittstelle einer integrierten Softwareentwicklungumgebung, in: Bullinger, H.J. (Hrsg.): Software-Ergonomie '85, Mensch-Maschine-Interaktion, Stuttgart 1985, S. 420-429

Schaffitzel, W.:Einsatz EDV-gestützter PPS-Systeme - Zwang oder Chance zur organisatorischen Neugestaltung des Unternehmens, VDI-Bildungswerk (Hrsg.): Vortrag im Rahmen des Seminars: Praxis der Einführung und betrieblicher Einsatz von Produktionsplanungs- und Steuerungssystemen, Düsseldorf 1985, unveröffentlichtes Manuskript

Schefe, P.: Natürlichsprachlicher Zugang zur Datenbanken?, in: Angewandte Informatik (25) 10/1983, S. 419-423

Schellhaas, H., Schönecker, H.G.: Kommunikationstechnik und Anwender, Akzeptanzbarrieren, Bedarfsstrukturen, Einsatzbedingungen, in: Picot, A., Reichwald, R. (Hrsg.): Forschungsprojekt Bürokommunikation, Band 1, München 1983

Schmidtke, H.: Belastung und Beanspruchung, in: Schmidtke, H. (Hrsg.): Lehrbuch der Ergonomie, München, Wien 1981, S. 105-111

Schneider, H.J. (Hrsg.): Lexikon der Informatik und Datenverarbeitung, München, Wien 1983

Schönecker, H.G.: Bedienerakzeptanz und technische Innovation, München 1980

Schönecker, H.G.: Akzeptanzforschung als Regulativ bei Entwicklung, Vorbereitung und Anwendung technischer Innovationen, in: Marr, R., Reichwald, R. (Hrsg.): Neue Systeme der Bürotechnik, Beiträge zur Büroarbeitsgestaltung aus Anwendersicht, Berlin 1982, S. 49-69

Schwetz, R. : Büroökonomie, in: Witte, E. (Hrsg.): Bürokommunikation, ein Beitrag zur Produktivitätssteigerung, Berlin, Heidelberg, New York 1984, S. 38-56

Seidel, N.: Mnemotechnische Symbolik erleichtert auch Ihre Organisations- und Führungsarbeit, in: Management-Zeitschrift io (53) 6/1984, S. 272-277

Smith D.C., Irby C., Kimball R., Verplank B.: Designing the Star User Interface, Byte Vol. 7, No. 4, April 1984, S. 242-282

Smith, L.S., Goodwin, N.C.: Another Look at Blinking Display, in: Human Factors (14) 4/1972, S. 345-347

Sydow von, F.: Zur Prüfung der Einhaltung von Normen - Begriffe, Kriterien, Modelle, in: Angewandte Informatik (27) 6/1985, S. 239-243

Sperry Univac GmbH: Ein Wendepunkt in der 30-jährigen Geschichte der Datenverarbeitung - Prozedurale Revolution bei DV-Anwendungen, in: Software-Werkzeuge und Programmierhilfen, Sonderdruck der Computer-Zeitung, o.J., S. 40-41

Spinas, P., Troy, N., Ulich, E.: Leitfaden zur Einführung und Gestaltung von Arbeit mit Bildschirmsystemen, München 1983

Staehle, W.H.: Einflußfaktoren der Arbeitssituation aus gesellschaftlicher und einzelwirtschaftlicher Sicht, Humanisierung der Arbeitswelt, Schriftenreihe Wissenschaft und Technik, Darmstadt 1978

Staufer, M.J.: Piktogramme für Bürocomputer - Kognitive Verarbeitung und Repräsentation - Methoden zur Produktion und Evaluation, (Diplomarbeit) Psychologisches Institut III, Friedrich-Alexander Universität Erlangen 1984

Stein, R.: Benutzerorientierte Kriterien zur softwareergonomischen Gestaltung der Dialogschnittstelle, (Diplomarbeit) Lehrstuhl für Industriebetriebslehre und Arbeitswissenschaft, Universität Kaiserslautern 1984

Stevenson, H.: Elektronische Datenverarbeitung in Kreditinstituten, Berlin, New York 1971

Stork, B.: Toolintegration in Software-Entwicklungsumgebungen, in: Angewandte Informatik (27) 2/1985, S. 49-57

Szyperski, N., Grochla, E., Höring, K., Schmitz, P.: Bürosysteme in der Entwicklung: Studie zur Typologie und Gestaltung von Büroarbeitsplätzen, Braunschweig, Wiesbaden 1982

Taylor, B.C., Harker, S.D.P: Developing human factors standards for dialogue design: A case study, in: Ergonomics International 85: Proceedings of the Ninth Congress of the International Ergonomics Association, 2-6 September 1985, Bournemouth, England; London, Philadelphia 1985, S. 688-690

Tepper, A.: Betroffenheit oder Interesse als Ausgangspunkt der Beteiligung?; in: Bullinger, H.J. (Hrsg.): Software-Ergonomie '85, Mensch-Maschine-Interaktion, Stuttgart 1985, S. 465-474

Troy, N.: Computergerechte oder menschengerechte Lösungen: Psychologische Probleme der Büroautomatisation, in: Psychosozial 18, Technologie und Kultur, Hamburg 1983, S. 51-69

Turecek, I.: Die stille (Input-) Revolution ..., in: Management-Zeitschrift io (53) 6/1984, S. 252-256

Twiehaus, J.: Berufsbilder und Anforderungen in der Datenverarbeitung im Wandel, in: Office Management (32) 7-8/1984, S. 658-661

Ulich, E.: Arbeitspsychologische Konzepte für computerunterstützte Büroarbeit, Österreichische Gesellschaft für betriebliche Ausbildung (Hrsg.), Wien, o.J.

Ulich, E.: Differentielle Arbeitsgestaltung - ein Diskussionsbeitrag, in: Zeitschrift für Arbeitswissenschaft (37) (9NF) 1/1983, S. 12-15

Ulich, E.: Arbeitspsychologische Konzepte neuer Technologien, in: Zink, K.J. (Hrsg.): Personalwirtschaftliche Aspekte neuer Technologien, Berlin 1985, S. 135-159

Ulmer, H.V.: Arbeitsphysiologie - Umweltphysiologie, in: Schmidt, R.F., Thews, G.: Physiologie des Menschen, Berlin, Heidelberg, New York, 21. Auflage 1983, S. 602-627

Wahlster, W.: Natürlichsprachliche KI-Systeme: Entwicklungsstand und Forschungsperspektiven, in: Wahlster W. (Hrsg.): German Workshop on Artificial Intelligence, Bad Honnef 1982, S. 50-68

Watzlawick, P., Beavin, J.H. und Jackson, D.D.: Menschliche Kommunikation: Formen, Störungen, Paradoxien, Bern, Stuttgart, Wien 1969

Wedekind, H.: Ein Experiment zum Rapid-Prototyping, in: Angewandte Informatik (27) 2/1985, S. 58-61

Werdell, J.: Ford entdeckt das Sprachinformationssystem, in: Office Management (33) 2/1985, S. 114-115

Zink, K.J.: Differenzierung der Theorie von F. Herzberg zur Gestaltung sozio-technologischer Systeme, Frankfurt, Zürich 1975

Zink, K.J.: Notwendigkeit und Möglichkeit einer "individualisierten" Organisation, in: REFA-Nachrichten (30) 4/1977, S.207-211

Zink, K.J.: Begründung einer zielgruppenspezifischen Organisationsentwicklung auf Basis von Untersuchungen zur Arbeitszufriedenheit und Arbeitsmotivation, Köln 1979

Zink, K.J.: Arbeitswissenschaftliche Aspekte des Rechnereinsatzes in der Konstruktion (CAD), Vortrag anläßlich der Tagung "Konstruktionsforum '82 - Rationalisierung und Automatisierung im Konstruktionsbereich", unveröffentlichtes Manuskript, München 1982

Zink, K.J.: Arbeitswissenschaftliche Aspekte bei der Einführung neuer Technologien - eine empirische Studie, in: Zeitschrift für Arbeitswissenschaft 37 (9NF) 3/1983, S. 134-137

Zink, K.J., Oetinger, R.: Ergonomische Beurteilung von Rechnersystemen für Klein- und Mittelbetriebe, in: Fortschrittliche Betriebsführung und Industrial Engineering (33) 4/1984, S. 172-176

Zink, K.J., Schick, G.: Quality Circles (Problemlösungsgruppen), München, Wien 1984

Zink, K.J.: Zur Notwendigkeit eines sozio-technologischen Ansatzes, in: Zink, K.J. (Hrsg.): Sozio-technologische Systemgestaltung als Zukunftsaufgabe, München 1984, S. 25-49

Zink, K.J.: Arbeitsbereicherung durch Werkstattprogrammierung? - Zum Stand der Werkstattprogrammierung bei CNC-Steuerungen. Vortrag auf dem 32. Arbeitswissenschaftlichen Kogreß in Wien, Mai 1985, unveröffentlichtes Manuskript

Zink, K.J.: Veränderte Aufgaben der Personalwirtschaft im Zusammenhang mit neuen Technologien, in: Zink, K.J. (Hrsg.): Personalwirtschaftliche Aspekte neuer Technologien, Berlin 1985, S. 1-29

Zwerina, H., Benz, C., Haubner, P.: Benutzerfreundliche Anwendungsprogramme in Maskentechnik, Siemens AG (Hrsg.), München 1983

Abbildungsverzeichnis

Tabellenverzeichnis

Tabellen im Anhang